中国电子学会 EDP 认证(电子设计工程师认证)指定培训教材

教育部教育管理信息中心 EITP 认证(电子信息技术人才认证)指定培训教材

电子信息技术 3000 问与答

(上册)

孙景琪　孙　京　雷　飞　编著

科学出版社

北　京

内 容 简 介

本书为中国电子学会EDP认证（电子设计工程师认证）、中国教育部教育管理信息中心EITP认证（电子信息技术人才认证）的培训、考证指导用书。本书分为上、下两册出版，其中上册为第1～6章，下册为第7～10章。全书主要内容包括电子元件、信号及基本电路、半导体器件、放大电路、直流稳压源与交流信号源、数字电路、高频电路、微机原理、单片机和嵌入式简介、电子测量、综合应用等十个方面，不仅重于基本原理的阐述，更强调知识的系统性、工程性及实际应用。

本书除作为上述认证用书外，更可作为电类各专业教师在教学、命题、竞赛指导、毕业设计、培训考核等的参考，也可作为高校电类学生、电子信息类工程技术人员自学、竞赛、考评、产品设计、求职应试的参考用书。

图书在版编目(CIP)数据

电子信息技术3000问与答·上册/孙景琪，孙京，雷飞编著.—北京：科学出版社，2013.9

ISBN 978-7-03-038605-2

Ⅰ.①电… Ⅱ.①孙… ②孙… ③雷… Ⅲ.①电子信息-问题解答 Ⅳ.①G203-44

中国版本图书馆CIP数据核字(2013)第217243号

责任编辑：潘斯斯 张丽花 / 责任校对：钟 洋
责任印制：徐晓晨 / 封面设计：迷底书装

科 学 出 版 社 出版
北京东黄城根北街16号
邮政编码：100717
http://www.sciencep.com

北京建宏印刷有限公司 印刷
科学出版社发行 各地新华书店经销

*

2013年9月第 一 版 开本：787×1092 1/16
2019年7月第五次印刷 印张：18
字数：472 000

定价：69.00元

（如有印装质量问题，我社负责调换）

前　　言

中国电子学会主办的“电子设计工程师认证”(EDP 认证)和中国教育部教育管理信息中心主办的“电子信息技术人才认证”(EITP 认证)项目已进行了多个年头,先后对全国几百所高等院校的近千名老师进行了培训认证,并对 2 万多名大学生进行了相关的工程师等级考评,为大学的工程教育起了很好的促进作用。

与其他认证不同,上述认证涉及电子产品、电子系统、电子线路等设计的有关理论、知识、方法、手段、技能、实践等诸多内容,既有硬件,又有软件,既有理论,又有实践,几乎涵盖了电子信息工程、通信工程、自动化、遥控遥测、医疗电子、电子测量、机械电子、计算机、物流等众多专业的主要电类课程。对于在校大学生而言,这种认证的内容与全国大学生电子线路设计竞赛要求类似。

笔者有幸参加了上述两项工程师认证的设计、策划工作,在标准制定、培训、命题、考核等方面尽了微薄之力。特别是在多次与全国众多高校教师们的培训学习与交流中,深感我国高校中工程教育的缺失,深感回归工程教育的必要性与迫切性,也体会到高校师生对认证培训及考评中学习资料的迫切需求。问题是有关电子工程设计所要求的理论、知识、技能实在太多太广,如何由繁到简,由理论到应用,由单元电路到系统集成,由模块到案例,直到如何提高工程实践能力,如何适应认证、贴近论证,并通过认证使广大学生及电子技术爱好者在电子工程设计上有一个提升与飞跃,确实有很多工作需要我们去做。

依据上述要求,根据笔者 50 多年在高校电子技术领域教学、科研中的积淀,及近二十年在全国大学生电路线路设计竞赛中的评审工作和多年来在各类技师考评与电子工程师认证工作中的经历,逐步形成了本书的框架与主体内容。本书由十大模块(章)组成,分上、下两册。上册内容依次为电子元器件,变压器及滤波器,信号简介与 RLC 基本电路,半导体器件,放大电路,直流稳压源与交流信号源,数字电路;下册内容依次为高频电路,微机原理、单片机、嵌入式简介,电子测量,综合应用等,附录中还有两份认证用过的试题。书中各题内容力求贴近电子工程设计所需的各个知识点,各主要课程的应知应会点,全国、省市部分高校大学生电子设计竞赛试题精华以及相关刊物中有价值的案例,力求结合实际、结合应用、结合工程开发。

本书题型分问答、填空等主观题与是非、选择的客观题四类形式,主观题与客观题各占约 50%。主观题的设置主要在于阐述电子工程设计所需的主要理论、知识、方法、技能的依据,揭其本质,溯其源头,使读者对主要问题能知其然,又知其所以然,为进一步掌握信息技术、掌握电子工程设计打下基础;客观题的是非、选择题旨在对所学理论、知识的应用,作为检验自我能力的一种方法与手段,另外这类客观题型也是多种认证、考评所普遍采用的方式,它为计算机阅卷提供了方便。

本书为中国电子学会 EDP 认证、中国教育部教育管理信息中心 EITP 认证的指导用书,笔者坚信本书的出版会对这些认证有所帮助,它也在一定程度上实现了本人对全国许多高校老师在培训考评教材上的承诺。本书除了满足上述认证所需之外,更主要的是它可作为电子信息类教师在教学、命题、培训、竞赛指导、工程设计等方面的参考用书;也可作为电子信息类相关专业大学生、研究生、电子技术爱好者、音/视频及家电类技师等的自学、培训、考证、竞赛、求职、应试时的参考用书。

本书的编撰历经多个年头，诸多同仁、好友、学生、亲朋等为此提供了巨大支持与帮助，作出了很大贡献，这里要特别感谢的是汪啸云高级工程师、吴强教授、严峰高级实验师、王卓峥博士、中国电子学会的戴茗女士、教育部教育管理信息中心的李建海先生，及于梅、余小滢等诸位先生与女士。

与本书配套使用的还有《电子信息技术概论》一书，该书由北京工业大学出版社于 2013 年 9 月正式出版发行，主编仍为本作者。

由于本书涉及的知识浩瀚如海，限于本人的水平与学识，难免挂一漏万，书中定有不少差错与不足，敬请读者批评指正，本人将感激之至。

孙景琪

2013 年 8 月于北京

目　　录

《电子信息技术 3000 问与答(上册)》购买链接

《电子信息技术 3000 问与答(下册)》购买链接

第一章　电子元件、变压器及滤波器

第一部分　电路基本元件 R、L、C

一、问答题

1. 何谓长线？何谓短线？在实验室中做电路实验时，所用的导线是长线还是短线？

答：导线或传输线有长短之分，其主要区别就在于传输线的长 l 与所传送的信号波长 λ 之间的关系：

当 $l \leqslant \lambda/10$ 时，导线或传输线称为短线，此时传输线的分布参数可不必考虑，它可作无损耗、无相移的短线对待。

当 $l > \lambda/10$ 时，导线或传输线称为长线，此时传输线的分布参数（电容、电感等）必须考虑。

在做中、低频电路实验与设计时，所采用的导线均可视作短线。例：频率为100kHz的信号，其波长 $\lambda = 3\times10^8/f = 3\times10^8/10^5 = 3000\text{m}$，$\lambda/10 = 300\text{m}$，故此频率下电路实验所用的导线均视为短线。

2. 一根直导线有电阻吗？有电感吗？其值与什么参数有关？

答：一根直导线，既有电阻也有电感，其电阻又分直流电阻与交流电阻，直流电阻随导线长度增加而增加。而交流电阻由于趋肤效应，随工作频率的升高而加大。如直径为0.644mm的裸铜线，其直流电阻约为0.061Ω/m，工作频率升至10MHz和100MHz时，其交流电阻便由0.47Ω/m增至2.2Ω/m，增幅是甚大的。

直导线的电感量也是存在的，通常1cm的导线其等效的电感量为1～8nH，此值随直导线直径减小而增大，随导线长度增加而增加。1cm的导线在1000MHz频率下工作时，其等效感抗 ωL 约为几欧姆至几十欧姆，它对电路影响是巨大的。

3. 高频信号通过导线时，会有什么物理现象产生？

答：高频信号电流流经导线时，会出现“趋肤效应”的物理现象——即随着工作频率的升高，导线中的电流密度在导线截面上的分布，将由直流状态时的均匀分布，逐渐向外表面扩张，导线中心部分的电流将趋于0，使得导线实际上（等效成）为一环形导体，从而使实际导电截面大大减小，使导线的实际电阻（交流电阻）大大增加，频率越高，这一现象越加明显。

4. 图1-1-1为直导线通过交流电流所产生的电磁现象。在图1-1-1中，导线上若加一高频交流电流，则会产生什么现象？试举一应用实例。

答：直导线在通过高频交流电流时，会在导线四周产生磁场，根据右手螺旋定则，按此时的电流方向，可确定此时刻在垂直导线四周的磁力线是在水平方向逆时针旋转并向外扩散的。

这一现象就是无线电发射机发射天线作电磁辐射的基本原理，可以证明电磁波中的电场与磁场永远是相互依存且成正交关系（相互垂直）。天线所辐射的能量为广大接收机所接收，故接收机就是图1-1-1电路的负载（分布式的负载）。

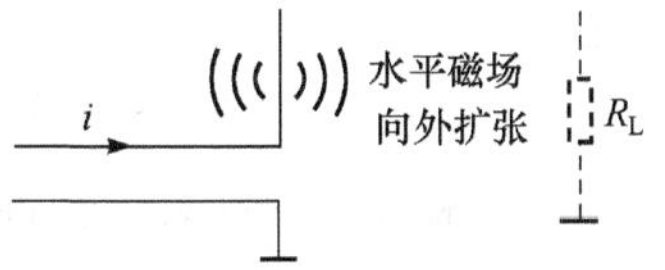

图1-1-1　题1-1-4解

5. 在长度相等的条件下，用平行双线或用双绞线传输交流信号，问哪一种线路的频带更宽？为什么？举出他们的应用实例。

答：双绞线的工作频带更宽，能传送更高频率的信号，因为双绞线间的分布电容要比平行双线小得多，且其分布参数有抵消作用，故这些参数对高频信号的影响甚小。计算机网络用线通常均选用多组双绞线，其频带宽度可达数百兆赫兹或更高，音频信号、电话线路可用平行双线，其频带宽度可达数千赫兹至百千赫兹。

6. 在长度相同的条件下，用平行双线或用双绞线传送 0、1 数码信号，哪一种线路传送的码率(数码速率)高？为什么？

答：双绞线能传送更高的数据码率，理由与应用同上题解答。

7. 一个波形很好(前后沿很陡、顶很平)的 0、1 数码矩形波、经平行双线传输后，在终端所得的波形近似为锯齿波，是何原因？

答：这主要是由于平行双线间的分布参数(电容、电阻、电感等)对矩形波状中所含高频分量的衰减而造成的。一个矩形波的前后沿是否陡直是与其所含高频分量有关，前后沿愈陡直则所含高频分量就愈丰富。而传输线的等效电路具有低通性质，其示意图如图 1-1-2 所示，(图中电感、电容均为传输线的分布参数)很显然，此低通电路就有可能将矩形波中的高频分量给滤除或衰减了。

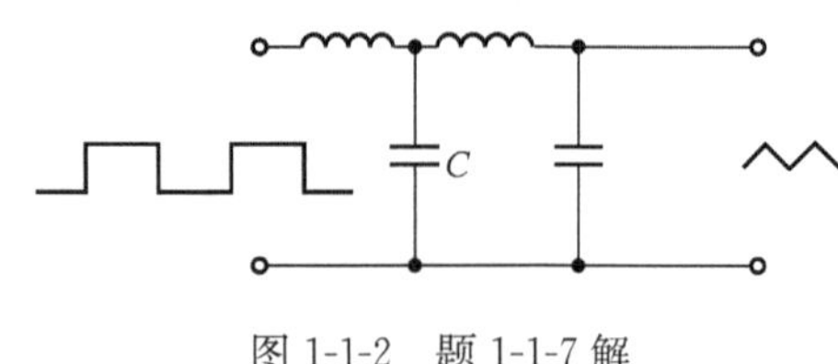

图 1-1-2　题 1-1-7 解

8. 何谓同轴电缆，它有何特点？它的特性阻抗大致为多少？

答：同轴电缆又称同轴传输线，其断面如图 1-1-3 所示意，同轴线的外皮(层)为绝缘层，贴近外皮的为金属网状导线，可起屏蔽作用(使用时常接地)，经填充材料后，中心为金属导线。同轴电缆的特点是信号的辐射损耗小，特别是在高频工作时更为明显；它的结构牢固，工作稳定，外层绝缘性好，可在地下、水下工作，同轴线的特性阻抗常为 50Ω、75Ω、100Ω、150Ω 多种，工作频率范围甚宽(几十兆赫兹至吉赫兹)。

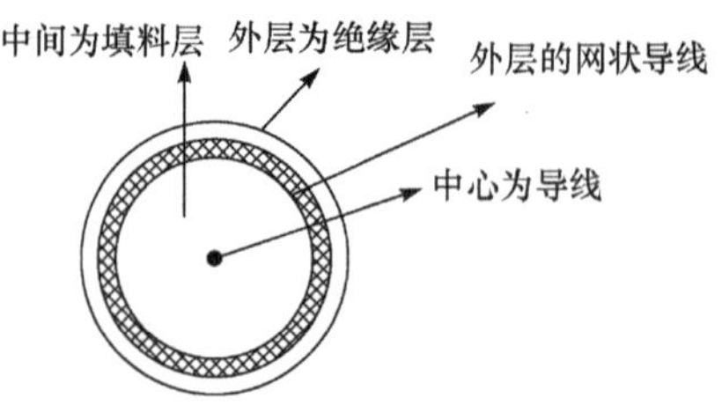

图 1-1-3　题 1-1-8 解

9. 传输线在传送正弦交流信号时，何时呈行波状态？此时的信号传输有何特点？

答：如果传输线的特性阻抗 Z_C 与负载阻抗 Z_L 相匹配，即满足 $Z_C=Z_L$ 条件时，传输线上就只有入射波而无反射波，此时负载能吸收最多的有功功率，传输线上的这种状态即称为行波状态。行波状态下，传输线任一点上的电压与电流均同相，其比值即为特性阻抗 Z_C。

10. 传输线在传送正弦交流信号时，何时呈驻波状态？此时的信号传输有何特点？

答：如果传输线的终端开路($Z_L=\infty$)或阻抗不匹配或只接纯电抗元件，则传输线上除了入射波外，还有反射波存在，这反射波与入射波叠加，在传输线上就形成了电压和电流的波腹和波节，这样的传输状态就称为驻波状态，驻波最大值的点称为波腹，最小值的点称为波节，若波节点之值为零则称为全驻波。

11. 何为驻波系数？其有何意义？试举例说明。

答：驻波系数的定义为

$$\rho=\frac{\text{驻波的最大值(波腹)}}{\text{驻波的最小值(波节)}}$$

当传输线匹配，即 $Z_C=Z_L$ 时，$\rho=1$，信号能量作最佳传输；

在 $Z_L=\infty$，即负载开路时，$\rho=\infty$，负载不吸收任何功率；

在 $Z_C\neq Z_L$，即阻抗不匹配时，$\rho>1$，负载不能很好的吸收所传送的能量，而将部分能量(信号)反射至信号源，此时若信号源内阻又与传输线的特性阻抗不匹配。则信号源又将反射波再次由信号源送至负载，如此可形成多次入射、反射、再入射、再反射……而再入射的信号往往要比前次入射信号有个时间上的延迟。

在电视机的天线阻抗、传输线的特性阻抗、电视接收机的输入阻抗(一般为 75Ω)二者不相等，即会有上述现象发生，严重时会在屏幕图像上形成重影(驻波干扰)。因此电视机对输入端的驻波系数要求较严，一般应小于(2～3)。

12. 已知无损传输线的线长为 1m，输入 300MHz 的高频信号，若传输线的负载阻抗与传输线的特性阻抗相等(满足阻抗匹配条件)，在此传输线的 0.25m、0.5m、0.75m 处均并接一发光管，问三个发光管是否发光？亮度是否一样？为什么？

答：三个发光管均发光，且亮度一样。

原因在于：传输线工作在阻抗匹配条件下，传输线处于行波状态，传输线上任一点的电压值均相同，电压电流比值为常数 Z_C(传输线的特性阻抗)。

13. 已知无损传输线的线长为 1m，输入 300MHz 的高频信号，若传输线的负载端为开路(即 $Z_L=\infty$)，在此传输线的 0.25m、0.5m、0.75m 处均并接一处发光管，问三个发光管是否发光？亮度是否一样？为什么？

答：三个发光管的发光情况不一样，位于 0.25m、0.75m 处的发光管不发光，位于 0.5m 处的发光管能发光，且最亮，原因在于：由示意图 1-1-4 可见：传输线长 l 正好与信号波长相等，而负载开路此处应为电压之波腹、电流之波节，据此 0.5m 也为电压之波腹，0.25m、0.75m 处为电压之波节，波腹处电压最大，故发光管最亮，而波节处电压最小(近于零)，故发光管不亮。

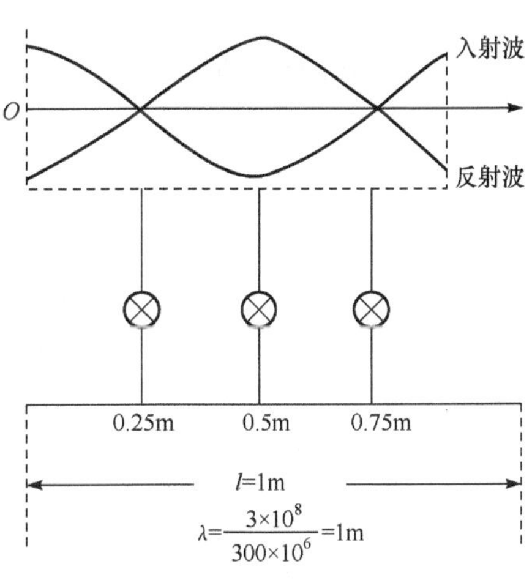

图 1-1-4　题 1-1-13 解

14. 无损传输线在正弦稳定状态下的输入阻抗与什么参量有关？写出它的表达式。

答：其输入阻抗的表达式为

$$Z_j=\frac{Z_L+jZ_C\tan\beta l}{Z_C+jZ_L\tan\beta l}\cdot Z_C$$

式中，Z_C 为传输线的特性阻抗；Z_L 为传输线的终端负载阻抗；l 为传输线的长度；$\beta=2\pi/\lambda$ 为传输线的相移常数，式中 λ 为工作信号的波长。

15. 请画出一段无损传输线在终端负载开路与短路情况下的输入阻抗的特性曲线。

答：终端负载开路与短路两种情况下，无损传输线的线长 l 与其输入阻抗的关系曲线如

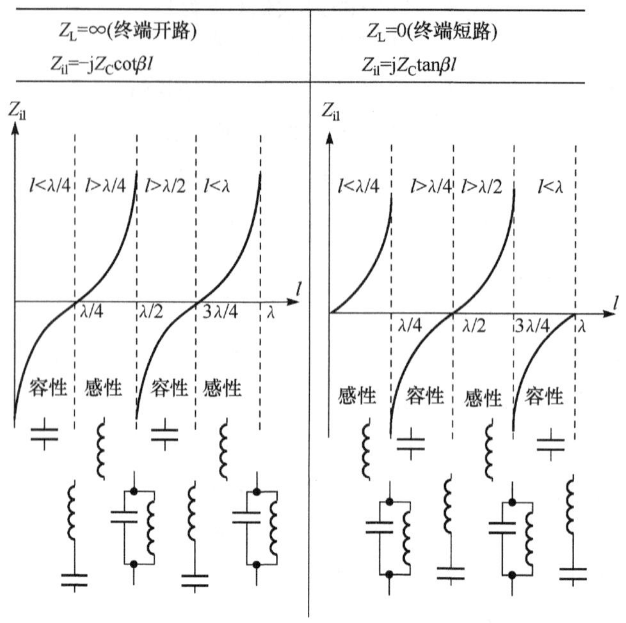

图 1-1-5　题 1-1-15 解

图 1-1-5所示。

例:对于 100MHz 信号,其波长为 3m,$\dfrac{\lambda}{4}=75\text{cm}$;

对于 1000MHz 信号,其波长为 0.3m,$\dfrac{\lambda}{4}=7.5\text{cm}$;

故在信号频率大于 1000MHz 的电路系统中,几厘米长的终端开路线或短路线,就会等效为一电抗元件(电感或电容)使用,在电视机的高频调谐器中即有此例。

16. 线长 $L=\lambda/4$、终端为开路或短路的无损传输线的输入阻抗是怎样的?它们可作何用?

答:由输入阻抗特性曲线可知(见图 1-1-5)。

终端为开路的 $l=\lambda/4$ 的无损传输线,其输入阻抗 $Z_i=0$,相当于短路。

终端为短路的 $l=\lambda/4$ 无损传输线,其输入阻抗 $Z_i=\infty$,相当于开路。

这样的 $\lambda/4$ 的短路线在电路中可作元件的支架,另外若用无穷多根这样的 $\lambda/4$ 短路线可构成一封闭谐振腔,谐振腔是一种微波元件。

17. 线长 $l<\lambda/4$、终端为开路或短路的无损传输线的输入阻抗是怎样的?它们可作何用?

答:由第 15 题的输入阻抗特性曲线可知(见图 1-1-5)。

终端为开路的 $l<\lambda/4$ 的无损传输线,其输入阻抗等效为一电容;

终端为短路的 $l<\lambda/4$ 的无损传输线,其输入阻抗等效为一电感;

这种结构的传输线的等效电容或等效电感常用作超高频调谐电路中的调谐元件,如电视作 UHF 高频调谐的电路中就有这样的实例。

18. 线长 $\lambda/4<L<\lambda/2$,终端为开路或短路的无损传输线的输入阻抗是怎样的?它们可作何用?

答：由第15题的输入阻抗特性曲线可知(见图1-1-5)。

终端为开路的$\lambda/4<L<\lambda/2$的无损传输线，其输入阻抗等效为一电感；

终端为短路的$\lambda/4<L<\lambda/2$的无损传输线，其输入阻抗等效为一电容；

这种等效的电感或电容同样可用作超高频调谐电路中的调谐元件，在电视机UHF高频调谐的电路中也有此应用。

19. 已知一电视接收机天线的特性阻抗为75Ω，传输线的特性阻抗为300Ω，电视机的输入电阻为75Ω，问此电视机的输入系统是否匹配，会产生什么影响？如何解决？

答：此电视机的输入系统未实现阻抗匹配——一是天线阻抗与传输线间的不匹配，二是传输线与电视机输入阻抗间的不匹配，这种不匹配造成了信号功率不能很好地向负载(电视机)传输，使电路出现驻波状态，由于传输线的两端的阻抗均不匹配，结果造成的信号入射、反射、再入射、再反射……的多次接收，使屏幕图像出现多道重影。

解决的办法：将天线与电视机间的传输线由300Ω的扁平线换成75Ω的同轴电缆即可。

20. 已知导线长为10cm直径为0.4mm，求其等效电感量及此导线在工作频率为100kHz、100MHz、1000MHz时的电抗值。

答：10cm长，直径为0.4mm的电感量按下式求出

$$L=0.2l\left(2.3\lg\frac{4l}{d}-0.75\right)=0.2\times100\left(2.3\lg\frac{4\times100}{0.4}-0.75\right)=123\text{nH}$$

此导线在$f=$100kHz、100MHz、1GHz的感抗按计算分别得0.077Ω、77Ω、770Ω。很显然，在高频或超高频工作时，一般导线绝不能当作一短路线对待。

21. 电阻的主要技术参数有哪些？

答：电阻的主要技术参数有阻值、允许误差(精度)、额定功率、尺寸(体积)、频率特性、温度系数等。

22. 从使用角度区分，电阻常分几大类？

答：从使用角度区分，电阻常分如下几类：

(1) 同轴电阻(膜电阻)：这类电阻又常分为碳膜电阻和金属膜电阻两类。

(2) 片状电阻(即LL电阻)：这类电阻又常分为“薄膜型”和“厚膜型”两种，应用较多者为后者。

(3) 特殊电阻：常用的有线绕电阻、水泥电阻、热敏电阻、保险电阻等多种。

23. 碳膜电阻和金属膜电阻各有何特点？

答：碳膜电阻的特点：成本低、精度较低、最高只能做到±5%，负温度系数。

金属膜电阻的特点：精度较高、最高可做到±0.1%～±0.2%，正温度系数。

与碳膜电阻相比，等阻值金属膜电阻的体积要小将近一倍，另外其稳定性能也更好，故得到广泛应用。

24. 何谓片状电阻(LL电阻)？它有什么特点？

答：片状电阻是一种无引线电阻(Lead-Less电阻)，简称LL元件，片状电阻也分“薄膜型”(RK型)和“厚膜型”(RN型)两种，前者阻值精度高，性能稳定，但价格较贵。而应用较多者为后者，与“薄膜型”相比，厚膜片状电阻的功率容量较大，且高频噪声较小。与同轴电阻相比，片

状电阻的体积要小的多,其应用已愈来愈广。

25. 同轴电阻(碳膜电阻与金属膜电阻)的阻值是如何标注的?

答:(1)体积较大的同轴电阻(例 1/8W 的功率以上)阻值常用直接标注法,即在电阻体上直接用数字标注电阻的阻值与精度,这种标注简洁明了。

(2) 1/8W 功率以下碳膜电阻的阻值常采用四色色环标注法,其范例如图 1-1-6(a)所示。

(3) 1/8W 功率以下金属膜电阻的阻值常采用五色色环标注法,其范例如图 1-1-6(b)所示。

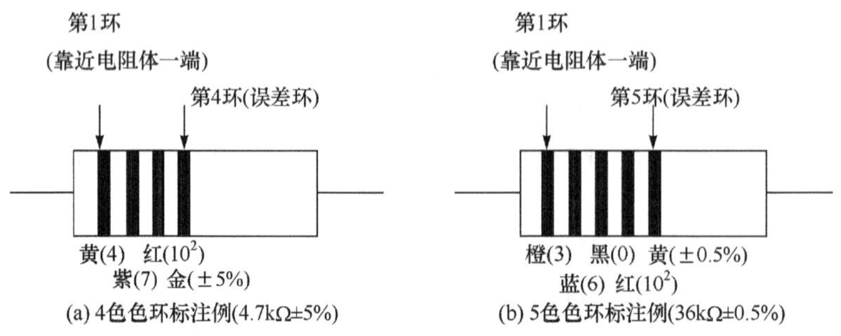

图 1-1-6　题 1-1-25 解

26. 色环标注法中各色标的含义是什么?

答:各环色标的含义如表 1-1-1 所示。

表 1-1-1　色环标注法的含义

色序＼色环	第 1 环(靠近电阻体一端)数值	第 2 环数值	第 3 环		第 4 环		第 5 环 5 色环法为电阻误差
			4 色环法为 0 的个数	5 色环法数值	4 色环法为电阻误差	5 色环法为 0 的个数	
黑	0	0	10^0	0		10^0	
棕	1	1	10^1	1		10^1	±1%
红	2	2	10^2	2		10^2	±2%
橙	3	3	10^3	3		10^3	
黄	4	4	10^4	4		10^4	±0.5%
绿	5	5	10^5	5		10^5	±0.2%
蓝	6	6	10^6	6		10^6	±0.1%
紫	7	7	10^7	7		10^7	
灰	8	8	10^8	8		10^8	
白	9	9	10^9	9		10^9	
金			10^{-1}		±5%	10^{-1}	±5%
银			10^{-2}		±10%	10^{-2}	±10%
无色					±20%		±20%

27. 列表说明片状电阻的阻值是如何标注的？请举例说明。

答：片状电阻阻值的标注通常有 3 种方法，其具体含义如表 1-1-2 所列。

表 1-1-2 片状电阻阻值的标注法

	3 位数学标注法(XYZ)	2 位数字后加 R 法(XYR)	2 位数字中间加 R 法(XRY)
释义	X——表示阻值的第 1 位有效数字 Y——表示阻值的第 2 位有效数字 Z——表示前两位有效数字后“0”的个数。单位为 Ω 3 位表示精度为±5%；4 位表示精度为±1%	X——表示阻值的第 1 位有效数字 Y——表示阻值的第 2 位有效数字 R——字母 R 表示前两位 XY 之间的小数点。单位为 Ω	X——表示阻值的第 1 位有效数字 Y——末尾数字表示该电阻阻值小数点后的有效数字 R——字母 R 表示 X、Y 间的小数点。单位为 Ω
示例	例 1：275——2700000 Ω =2.7M Ω(精度为±5%) 例 2：100→10 Ω(精度为±5%) 例 3：103→10000Ω =10k Ω(精度为±5%)	例 1：51R——5.1Ω(精度为±5%) 例 2：10R——1.0Ω＝1Ω(精度为±5%) 例 3：47R→4.7Ω(精度为±5%)	例 1：5R1→5.1Ω(精度为±5%) 例 2：4R7→4.7Ω(精度为±5%) 例 3：9R1→9.1Ω(精度为±5%) 例 4：5R10→5.1Ω(精度为±1%) 例 5：10R0→10Ω(精度为±1%)
注	通常为大电阻值的标准	通常为小电阻值标准	

28. 何谓线绕电阻？其有何特点？

答：用锰铜、康铜、镍铬电阻丝在陶瓷、树脂等绝缘材料制成的圆柱或薄片骨架上绕制、引线、封装而成的电阻器，即为线绕电阻。

线绕电阻的特点是精度高，功率容量大(从瓦级至几十瓦级甚至更高)，缺点是体积大，并具有较大的寄生电感，不适用中高频电子电路。

另外还有一种无感线绕电阻，这是以双线并绕工艺而制成的一种线绕电阻，这种电阻基本上不存在寄生电感，同时也能防止外侵干扰，性能较好，常用于精密仪器制造，市售不多见。

29. 何谓水泥电阻？其有何特点？

答：用镍铬合金电阻丝，在长方形云母片骨架或圆柱形陶瓷骨架上间绕而成，再以铜线两端引出，并以白水泥浇灌封装而成的电阻器即为水泥电阻。

水泥电阻的特点是：功率容量大、耐热、结实、寿命长，使用于大功率场合，但由于是线绕结构，故存在寄生电感。

30. 何谓保险电阻？其有何特点？

答：保险电阻是一种新型双功能元件，它既有普通电阻的限流降压功能，又有保险丝的熔断功能，近年来已广泛应用于电视、DVD、扩音机等音视频家用电器中，保险电阻又分为：

不可恢复型——超过额定电流时，电阻快速熔断，切断电的通路，熔断后，此电阻不可恢复，必须更换。此类电阻的功率规格为 0.25～3W。阻值范围为 0.22Ω～10kΩ。

可恢复型——在过流状态时，不做破坏性熔断，而是大电流骤然增大时其自身温度随之上升，温度上升导致自身的阻值瞬时变得很大，使流过的电流大大减小，而起到保险(保护)作用。

这种电阻对电网的电流浪涌、雷电、瞬间的静电干扰等均有较好的防护，在这些扰动消失后，此保险电阻的阻值又恢复正常，不影响电路工作。

31. 在高频工作时，同轴式电阻(轴状电阻)还是一个纯电阻吗？请画出它的电路模型。

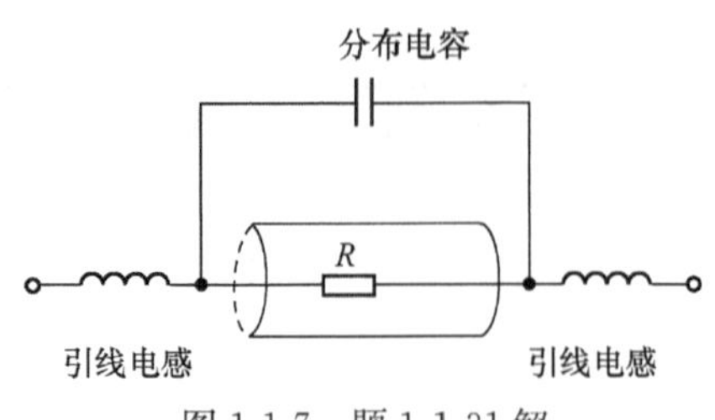

图 1-1-7　题 1-1-31 解

答：电阻器在高频条件下工作，有两个重要因素必须考虑：一是电阻的两端引线以及电阻体的电感；另一是电阻体与电路中其他金属体，如底板、外壳等之间的分布电容。其中引线电感和电阻 R 等效为串联，分布电容和电阻 R 为并联，其等效电路模型如图 1-1-7 所示。

实例表明，一个两端引线各为 10mm，电阻体长为 7mm 的电阻，其寄生电感(引线电感)约为 17.65nH。

32. 电阻上的电压、电流有相位差吗？

答：在中低频乃至较高频率工作时，由于引线电感，分布电容所起的作用甚小，故其电流、电压是同相的，二者间无相位差，但在超高频(300MHz 以上)工作时，这些分布参数不可忽略，其电压、电流之间的相位就会不再相同，此时的电阻器就不是一纯电阻了。

33. 电阻上所产生的噪声属于什么类型的噪声，它的大小与什么参量有关？请写出其相关表达式。

答：电阻上所产生的噪声属于热噪声，也称起伏噪声或白噪声，它的频谱范围是非常宽的。电阻所产生的噪声大小与电阻值 R、绝对温度 T、噪声带宽 Δf_n 有关，其表达式为

$$\overline{U_n^2}=4KTR\Delta f_n$$

式中，K 为波尔兹曼常数，其值为 1.38×10^{-23}J/K。

T 为电阻的绝对温度，$\overline{U_n^2}$ 为电阻两端所产生的热噪声电动势的均方值。

34. 何谓热敏电阻？通常它分几类？各有何特点？

答：阻值随温度变化而变化的电阻称为热敏电阻，此温度包括环境温度和自身的温升。热敏电阻通常分如下三类。

(1) Pt 热敏电阻——这是由贵金属铂(Pt)为敏感元件的薄膜型热敏电阻。其特点是精度高、灵敏度高、线性度好(在室温至 1000℃范围内)坚固可靠，但价格昂贵。

(2) PTV 热敏电阻——这是一种应用十分广泛的正温度系数热敏电阻。其阻值在常温下只有几欧姆或几十欧姆，但温度升至自身的“居里点”时(可在 30～300℃之间选择)，其阻值能在 1～2 秒内急剧升至几百欧姆至几千欧姆，另外 PTV 元件的额定功率很大，可达几瓦至几百瓦。

(3) NTC 热敏电阻——这是一种应用甚为广泛的负温度系数热敏电阻，其负温度系数一般为－2%～6%/℃，在温度为－50～250℃的常用温度范围内，NTC 元件的阻值随温度是线性状态变化，－50℃附近阻值约为数千欧姆，而在 250℃时，阻值可降至几十欧姆，另外 NTC 元件的额定功率很小，约为 mW 级，不能承受过大电流。NTC 元件常用于温度测量和温度控制的设备中。

35. 何谓光敏电阻？通常它分几类？各有何特点？

答：一种以半导体为材料，电阻值能随光照强度变化而变化的电阻，其特点是灵敏度高、光谱响应范围宽、抗过载抗震动冲击能力强，机械强度好，体积小、重量轻、寿命长。光敏电阻一般分为两大类：

可见光敏电阻——应用十分广泛；

不可见光敏电阻——它又分为红外光光敏电阻和紫外光光敏电阻。

通常光敏电阻的阻值是随光照强度增强而减小。

36. 何谓力敏电阻(电阻应变片)?通常它分几类?各有何特点?

答:力敏电阻也称电阻应变片或电阻片。这是一种阻值随外加压力、拉力、重力、应变、加速度、位移等物理量变化而变化的力敏元件。请注意:力敏电阻不是压敏电阻。常用的电阻应变片分为两类:

金属箔式电阻应变片——主要用于测量纵向拉伸应力,性价比高,应用广泛;

金属薄膜式电阻变片——性能好、品质优良、制造工艺要求高。

37. 何谓压敏电阻?通常它分几类?各有何特点?

答:压敏电阻是一种对外加电压(不是压力!)的变化而产生敏感效应的特种电阻,其阻值的变化一般与外加电压的变化成反比关系,即当外加电压升高时,其电阻值将下降。常用的压敏电阻有两种:

硅(Si)压敏电阻——为低电压(最低 0.55V)工作的小型非线性电阻,工作时能吸收和抑制过电压脉冲,对电路能起保护作用。在电路中可作稳压、限幅、非线性补偿之用。硅压敏电阻具有负温度系数特性。

氧化锌压敏电阻——应用极其广泛,其非线性特性明显,限幅特性良好,在高压状态下耐浪涌电流的能力强,能限制电路自身产生的或外部侵入的异常电压冲击,从而能对相关电路与元器件起保护作用。另外它还有响应速度快、漏电流小、电压范围宽、性能稳定、体积小、价廉等优点。

38. 何谓气敏电阻?各有何特点?试举一应用电路。

答:阻值随周围环境中某些随气体(如一氧化碳、甲烷、丁烷、乙醇等被测气体)浓度变化而变化的电阻器称为气敏电阻。

气敏电阻通常为半导体敏感元件,是由非线性化学配比的具有气敏效应的金属氧化物半导体材料以独特工艺、高温烧结而成,它有 N 型和 P 型两种类型。图 1-1-8(a)是气敏电阻工作的典型电路。图 1-1-8(b)是 N 型气敏电阻的敏感特性曲线。

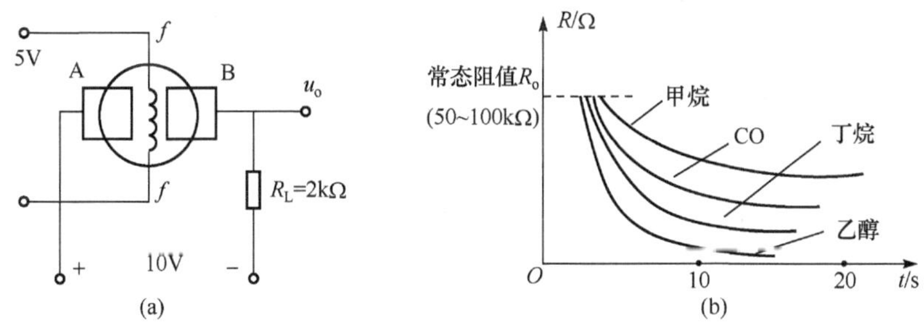

图 1-1-8　题 1-1-38 解

图 1-1-8 的电路中,AB 两端外接正的直流电压,电压范围为 5～40V,灯丝 ff 的外接直流电压不分正负,电压范围为 4.5～5.5V,在常态下,气敏电阻的阻值较大且较稳定,此时输出电压 u_o 较小,约为 0.2V,当被测气体丁烷类的浓度增至 1%时,气敏电阻的阻值随之减小,使输出电压 u_o 增大(至 2V),动态响应时间约为 5s。

39. 什么是电感?写出电感的表达式。

答:电感是一种电磁物理现象的表述:当一线圈(或导线)通过电流后,便在线圈中(或在导

线四周)产生磁通(磁力线),此磁通量的大小与电流 I 的强弱、线圈匝数的多少等因素有关,其表达式为

$$\psi=N\varphi=LI$$

故

$$L=\frac{\psi}{I}=\frac{N\varphi}{I}$$

式中,ψ 为磁通链,φ 为磁通,N 为线圈匝数,I 为流经的电流,系数 L 即为电感(即自感),故电感是通电线圈中磁通链与所通电流之比值。

40. 电感线圈的电感量是常数还是变量?为什么?举出其应用实例。

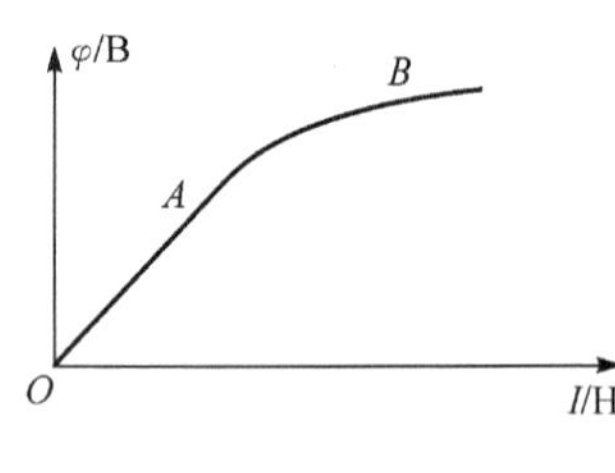

图 1-1-9　题 1-1-40 解

答:在线圈中电流较小时,电感值为一常量,在线圈中电流较大时,由于出现磁饱和现象,其电感值将会减小,为一变量。这一现象可以用线圈的磁化曲线来表述,如图 1-1-9 所示。

图中,OA 为线性段,L 为一常量,AB 为非线性段,L 随电流加大而减小。电感为常数的线圈常用于振荡、选频,滤波等 LC 回路中;而非线性电感常用于补偿电路(如电视机行输出级的锯齿波线性补偿)或振荡电路中作可变电感。

41. 电感线圈上的电流与电压间有什么关系?写出相关的表达式。

答:它们间有密切关系(微分与积分关系),其表达式为

$$u=-L\frac{\mathrm{d}i}{\mathrm{d}t},\qquad \text{——电压是电流的微分}$$

$$i=\frac{1}{L}\int u\mathrm{d}t,\qquad \text{——电流是电压的积分}$$

42. 定量说明电感器的电抗值如何计算?并阐明计算式中各参量的含义。

答:电感器电抗值的计算式如下

$$X_{\mathrm{L}}=\mathrm{j}\omega L=\mathrm{j}2\pi fL\quad(\Omega)$$

式中,f 为工作频率,单位为 Hz;L 为电感器的电感量,单位为 H;j 为虚数,表明电感两端的电压在相位上超前电流 90°。

43. 单层电感线圈的电感量大小与什么参量有关?试举例说明。

答:单层空心线圈电感量的近似计算公式如下

$$L=\frac{N^2D}{100L_0+44D}\qquad(\text{单位为 }\mu\mathrm{H})$$

式中:N——线圈的匝数;D——线圈的直径(外径,单位为 cm);L_0——线圈的轴向长度(单位为 cm),设计时,常取 $L_0=D$,此时线圈的品质因素 Q 值最佳。

例:$N=10$,$L_0=D=0.6\mathrm{cm}$,则 $L=0.7\mu\mathrm{H}$。

44. 在高频工作时,电感器还是一个纯电感吗?请画出此状态下它的电路模型。

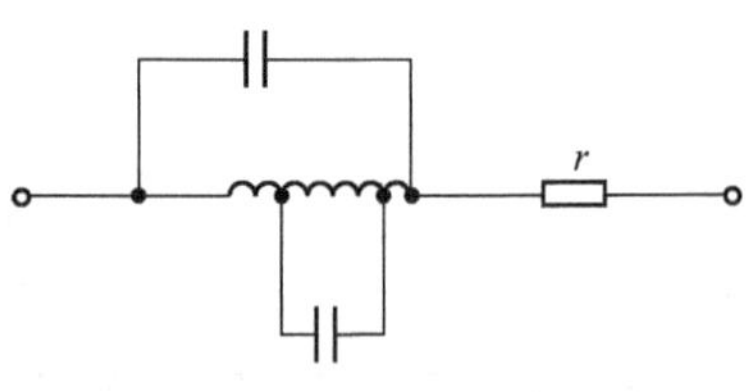

图 1-1-10　题 1-1-44 解

答:电感线圈是由金属导线绕制而成,匝与匝之间是绝缘的(空气或介质)故此线圈的匝间就存在电容(称分布电容)。如图 1-1-10 所示意,此分布电容虽小,但在频率足够高时,它将起不良作用,图中 r 为电感的损耗电阻(也是分布参数)每一电感线圈均有一自谐振频率,其值约等于电感值与其分布电容的并联谐振频率。若外加频率低于

自谐振频率，此电感线圈仍呈电感性质，若外加频率高于自谐振频率，则电感线圈就成为电容性质了。

45. 已知电路如图 1-1-11(a)，请回答：

(1) 若 U 为直流电压，画出开关 S 合上瞬间及合上后 L 中电流波形。

(2) 对应上述电流波形画出 L 两端电压波形。

(3) 对应上述情况，写出 L 两端电压 u_L 的表达式。

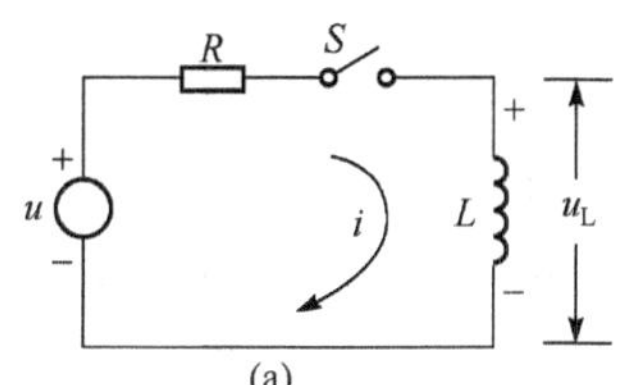

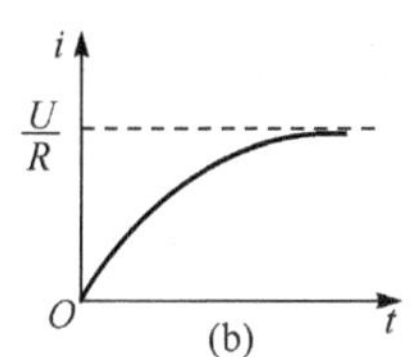

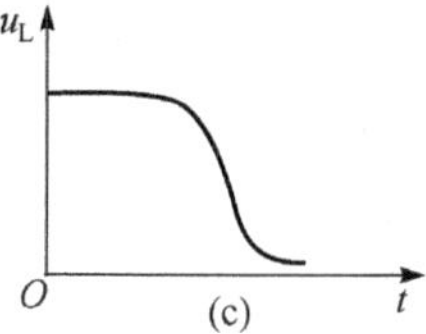

图 1-1-11　题 1-1-45 图与解

答：

(1) 由于电感上的电流不能突变，故开关 S 刚合上的瞬间，电流 i 为零，然后将随时间的增长而呈指数型加大，电流的终值为

$$i=i_{\max}=\frac{U}{R}$$

电流变化的波形如图 1-1-11(b)所示。

(2) 电感上的电压是能突变的，它的极值是按反对电流变化的原则而标定的，其波形如图 1-1-11(c)所示，对于无损电感而言，其两端电压的终值为零。

(3) 电感上电压的表达式为

$$u_L=-L\frac{\mathrm{d}i}{\mathrm{d}t}$$

式中，负号表明电感上电压的方向是按反对电流变化(增加还是减小)的原则标定的，图 1-1-11(a)中电感 L 上电压应上⊕下⊖。

u_L即为自感电动势或感应电压。

46. 在图 1-1-11(a)中，若输入信号为矩形波，则在开关 *S* 合上后，画出电感 *L* 上的电流与电压波形(对应输入电压 *u*)。

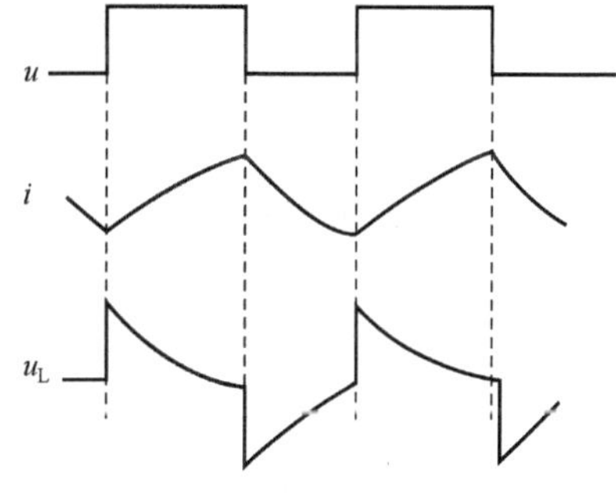

图 1-1-12　题 1-1-46 解

答：此时电感上电流电压的波形如图 1-1-12 所示。

很显然，由于电感上的电流不能实变，它由零值开始然后按指数规律上升，最终至一定值 u/R。至于何时能接近终值，这要看时间常数 L/R 值的大小。

电压 u_L 能突变至 $L\dfrac{\mathrm{d}i}{\mathrm{d}t}$值，然后按指数规律下降。

47. 何谓电感的品质因素(Q)？如何求导 r、L 串联电路和 R、L 并联电路的Q 值？

答：电感线圈的品质因素是一重要技术参数，它是衡量电感线圈能量损耗大小的一个主要指标，也是计算 LCR 选频回路通带宽度的一项主要参量。就实质而言，电感线圈的 Q 值应为存储能量（磁能）与其损耗能量（在电阻上的损耗）之比，据此可直接定出 r、L 串联电路与 R、L 并联电路的 Q 值计算公式

$$Q_{串}=\frac{\omega L}{r}=\frac{1}{\omega cr}=\frac{1}{r}\sqrt{\frac{L}{C}}$$

$$Q_{并}=\frac{R}{\omega L}=\omega CR=R\sqrt{\frac{C}{L}}$$

上式表明：在串联电路中，电阻 r 愈大，则损耗的能量愈多，Q 值即愈小。

在并联电路中，电阻 R 愈大，则损耗的能量愈少，Q 值即愈大。

48. 图 1-1-13 为电感的串联电路及其等效的并联电路，图中，并联电阻 R 是由串联电路中的电阻 r 等效而来，则 R 与 r 的关系如何？

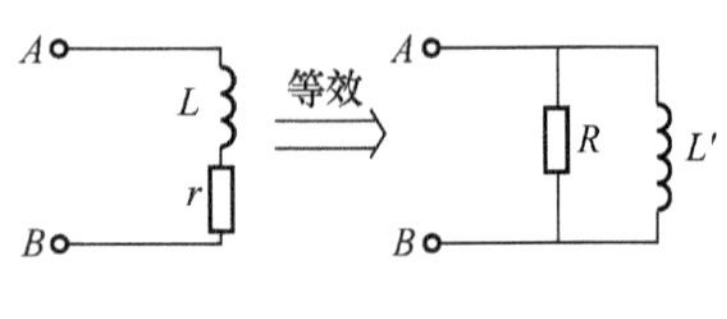

图 1-1-13　题 1-1-48 图与解

答：利用两电路阻抗 Z_{AB} 相等的原则，即

$$\mathrm{j}\omega L+r=\frac{\mathrm{j}\omega L'R}{\mathrm{j}\omega L'+R}$$

可导出

$$L'=L\left(1+\frac{r^2}{\omega^2L^2}\right)=L\left(1+\frac{1}{Q^2}\right)\approx L$$

$$R=r\left(1+\frac{\omega^2L^2}{r^2}\right)=r(1+Q^2)\approx Q^2r$$

上述关系式进一步说明上述 47 题的论述：若与 L 相串联的电阻 $r=0$，则其等效的并联电阻 $R=\infty$，它表明这是一无损电感，其品质因素 $Q=\infty$。

通常，单层空心小电感线圈的 Q 值约在 100～200 之间，收音机用的中频电感线圈（中频变压器）的 Q 值在 80～100 之间。市售的色码小电感的 Q 值通常较低。

49. 电感上存储的是什么能量？它与什么参量有关？如何计算？

答：电感上存储的是磁能，它与所流经的电流大小及电感量的大小有关，其计算式为

$$W=\frac{1}{2}Li^2$$

50. 已知电感线圈的 $L=100\mu\mathrm{H}$。空载 $Q=100$，请回答：

(1) 求此 L 在 $f=1\mathrm{MHz}$ 时的电抗值；

(2) 求此 L 在 $f=1\mathrm{MHz}$ 时的串联损耗电阻值；

(3) 求此 L 在 $f=1\mathrm{MHz}$ 时的并联损耗电阻值。

答：(1) $X_L=\omega L=2\pi fL=6.28\times10^6\times100\times10^{-6}=628\Omega$

(2) $r=\frac{\omega L}{Q}=\frac{2\pi fL}{Q}=\frac{628}{100}=6.28\Omega$

(3) $R=Q\omega L=100\times628=62.8\mathrm{k}\Omega$

或 $R=Q^2r=10000\times6.28=62.8\mathrm{k}\Omega$ 结果相等。

51. 何谓磁芯电感？它通常分几类？各有何特点？

答：在线圈中插入（设置）高磁导率软磁性材料而制成的电感器，即称为磁心电感。插入磁性材料后，会给通过线圈的磁力线提供一个磁阻极小的磁通路，从而增大电感量。根据磁心是闭合式结构还是开路式结构，磁心电路又分为闭路式电感和开路式电感两大类。

开路式磁心电感——磁力线的磁通路由磁性材料通路与空气通路构成，特点是体积小、性能稳定、Q值较高（40～60之间），电感量也比无磁心时增大（0.15μH～22mH），常见的接收机磁性天线、中频变压器等均为此类。其工作频率在80kHz～40MHz之间，工作电流较大（50mA～1.6A）。

闭路式磁芯电感——磁力线能在磁性材料中形成一个闭合回路，特点是电感量大、损耗小、Q值高，但体积较大，磁环电感、磁盒电感等均属此类。

52. 空心线圈中加磁芯、铁芯、铜芯后，其电感量、Q值将如何变化？

答：加入磁心后——电感量加大，Q值提高。

加入铁心后——电感量加大，但由于铁心由涡流损耗，故Q值下降。

加入铜心后——电感量减小，由于铜心有较大的涡流损耗，故Q值更低。

53. 设计中如何提高电感器的品质因素？

答：主要有如下几点：

(1) 选用较粗的导线或多股线或镀银线，尽可能减小导线引起的损耗和高频工作时趋肤效应引起的不良作用。

(2) 优化线圈的结构，使其直径、长度为最优值。

(3) 设置高磁导率软磁材料磁心，以增大电感量，提高Q值。

(4) 采取屏蔽措施，尽量减小磁力线的损失。也可采用磁环、磁盒等制成闭路磁芯电感，使Q值更高。

54. 一正南方向垂直地面的天线，发出高频电磁波，问其正北方位某接收机的磁性天线线圈应如何放置？为什么？

答：其正北方位处某接收机的磁性天线线圈应水平东西放置，其主要原因是：垂直于地面的发射天线所发出的磁力线方向是水平扩散的，故接收天线线圈应置于水平位置，才能使水平的磁力线进入线圈，线圈东西放置，使线圈与磁力线相切，让更多的磁力线通过线圈，获得更多的能量。

55. 什么是耦合系数k？它的大小取决于什么参量？

答：耦合系数是表明两线圈间磁力线耦合程度的一种参量，其计算公式为（M为互感量）：

$$k=\frac{M}{\sqrt{L_1L_2}}$$

若$k=1$则为全耦合（理想耦合），表明初级线圈所产生的磁力线一根不落的全部耦合至次级线圈。理想变压器即为此种假设。

通常，耦合系数k值均为小于1。

56. 在高频工作时，如何选择线圈的磁性材料（如磁芯、磁棒等）？

答：在工作频率为1MHz以下（中长波）时——大多使用锰-锌铁氧体磁性材料；

在工作频率为1～200MHz时——大多数用镍-锌铁氧体磁性材料；

在工作频率为200MHz以上时——则使用超高频软磁铁氧体材料，如镁-锌铁氧体磁性材料、锰-镁-锌铁氧体磁性材料、铜-锌铁氧体磁性材料、铜-锌-锰铁氧体磁性材料、镍-铜-锌铁氧体磁性材料等多种，另外还有平面型六角晶体系列铁氧体材料等。

57. 在有些磁芯线圈或铁芯线圈中，两块磁芯或铁芯之间常留有很小的间隙（空隙），这是为什么？

答：线圈中磁心或铁心间常留有间隙（空隙）的主要原因是增大整个磁路中的磁阻，从而使磁路中的磁通量适当减小，即磁通密度（即磁感应强度）适当减小而避免磁饱和现象，而保持线圈的电感量不减小而为一常数。

58. 已知两种磁性材料的磁滞回线，即 B 与 H 间的关系曲线如图 1-1-14 所示，请回答：

（1）哪种是软磁性材料，它有何特点？有何应用？

（2）哪种是硬磁性材料，它有何特点？有何应用？

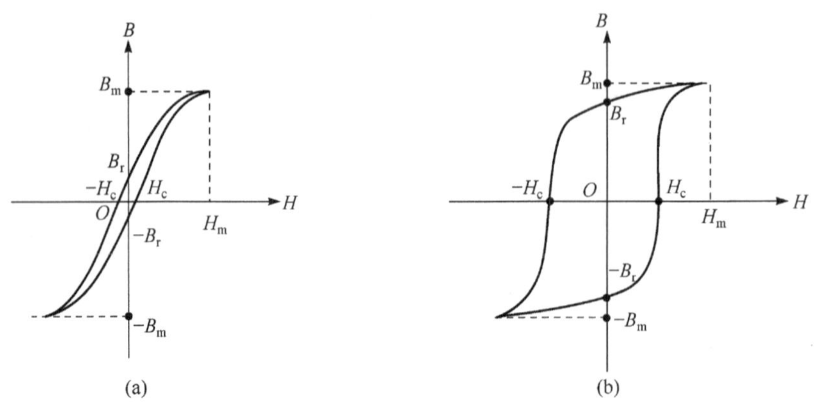

图 1-1-14　题 1-1-58 图

答：（1）图 1-1-14(a)为软磁性材料的磁滞回线，曲线所包含的面积很小，甚至接近于零，其剩磁 B_r 极小，矫顽磁力 H_C 及磁滞损耗均甚小，这种材料常用于各种频率工作时的电感线圈磁芯.

（2）图 1-1-14(b)为硬磁性材料的磁滞回线，曲线所包含的面积很大，并近似为矩形。特点是剩磁 B_r 很大，矫顽磁力 H_C 及磁滞损耗均很大。此种材料常用作永磁材料（元件），如在扬声器、电机中应用。目前，稀土永磁合金材料是充磁后的剩磁感应强度（B_r）最高的磁性材料，其应用最广，用量最大。

59. 何谓铜芯电感？有什么应用？

答：一铜心（铜材料制成）代替磁心或铁心的电感线圈，呈铜心电感，通常以调节铜心在线圈中的位置来调节磁路的磁阻，继而调节了磁路中的磁通量，从而达到控制电感量大小的目的。由于铜心电感在高频条件下，有较高的调节灵敏度，故常用于电视机中频调谐和高频滤波。

60. 何谓贴片电感（LL 电感），它有何特点？

答：贴片电感即为无引线的微型电感，使用时采用粘贴焊接法使其紧贴与线路板之上，贴片之意即来源于此。此类元件的最大外形尺寸约为 3.2mm，磁心为闭合磁心，其体积甚小，线圈匝数不多，故电感量较小（0.0 几微亨至几十微亨的范围），Q 值也较低（在 20～50 之间），其允许电流较大（在 5～30mA 之间），自身固有谐振频率在 10～320MHz 之间。

61. 贴片电感的参数是如何标注的，请举例说明。

答：贴片电感的参量标注常采用数字加英文字母来标注，单位为 μH，其中：

R——表示小数点；

K——表示允许误差为±10%；

M——表示允许误差为±20%。

例　R15K——表示电感的标称值为 0.15μH，误差允许为±10%；

3R9K——表示电感的标称值为 3.9μH，误差允许为±10%；

068M——表示电感的标称值为 0.068μH，误差允许为±20%；

100K——表示电感的标称值为 10μH，误差允许为±10%。

62. 磁开路固定磁芯电感的参量通常是如何标注的？

答：磁开路固定磁心电感的参量有多种标准方法，如：

(1) 直接标注法——直接将电感量及所允许的误差用数字及相关符号标注在电感体上；

(2) 色环标注法——方法与电阻色环标注法相同，此类电感也称色码电感；

(3) 四位或五位符号标注法——常用于 LGA 型固定磁心电感，例

1R8K——电感量为 1.8μH，允许误差为±10%；

5R6M——电感量为 5.6μH，允许误差为±20%；

331K——电感量为 330μH，允许误差为±10%；

330M——电感量为 33μH，允许误差为±20%；

R560K——电感量为 0.056mH(56μH)，允许误差为±10%；

R821M——电感量为 0.82mH(820μH)，允许误差为±20%。

63. 什么是电容器？平板电容器的容量与什么参数有关？

答：电容器是一种能储存电荷（电场能量）的部件，小至两根导线间，大至两块金属平板间均能存储电荷（电能），故它们间就形成一个电容器。

设平板的面积为 S，其间距离为 d，其间绝缘体的介质系数为 ε，则此平板电容器的电容量为

$$C=\varepsilon\frac{S}{d}$$

64. 已知某电容器的容量为 C，所存电荷量为 q，两端电压为 u，流经的电流为 i，请分别写出它们之间的相互关系式，并作简单说明。

答：它们间的相互关系为

$$q = Cu = \int_0^{t_0} i\mathrm{d}t$$

$$i=\frac{\mathrm{d}q}{\mathrm{d}t}=\frac{\mathrm{d}(Cu)}{\mathrm{d}t}=C\frac{\mathrm{d}u}{\mathrm{d}t}$$

$$u = \frac{1}{C}\int_0^{t_0} i\mathrm{d}t$$

说明：

(1) 电容中所流电流 i 与外加电压的变化率成正比。

(2) 若电容的外加电压为直流，则流经电容的电流为零，此说明电容器对直流信号呈开路状态（切断直流通路）。

(3) 电容器是一种具有“记忆”功能的元件，所存电荷只要无泄放通路，即可保存（记忆）。

65. 电容器 C 所吸收（存储）的能量如何计算？

答：电容 C 所存储的电场能的计算公式为

$$W(t) = \int_0^{t_0} ui\,\mathrm{d}t = \frac{1}{2}Cu^2$$

66. 按极板间所用介质区分，电容器有几大类？

答：通常可分如下几大类：

(1) 电解电容——分铝电解、钽电解、铌电解、合金材料电解等电解电容；

(2) 膜介质电容——分有机膜介质和无机膜介质两类，前者如涤纶电容、聚丙烯膜电容、聚碳酸酯膜电容、漆膜电容等，后者有玻璃膜电容等。

(3) 无机介质电容——主要包括磁介质电容、玻璃釉电容、云母电容、金属化纸介电容等。

(4) 独石电容——体积小，但耐压较低(一般不高于 63V)应用甚广。它也属于无机介质电容大类，是一种特制的磁介质电容器。

空气介质电容——常作可变电容，体积大，常作接收机的选台之用。

67. 何谓铝电解电容？它有何特点？

答：铝电解电容是在两等宽铝箔之间(其间有绝缘介质)充以电解物质(电解液)，形成极薄的氧化铝膜作为两极版间的介质，再卷绕封装而成，其结构比较简单。

铝电解电容的主要特点有：

(1) 有正负极之分，使用时不可接错；

(2) 容量大，范围宽：其容量可从 1～10000μF 甚至更高，常用于电源的滤波，退耦及放大器间的耦合；

(3) 漏电较大，即损耗较大，Q 值较低；

(4) 由于此电容是卷绕而成，故有寄生电感存在，只能用于低频电路，在高频电路中作滤波退耦时，它的旁边还应并接一个 0.1μH 左右的无感电容(如独石电容等)

(5) 耐压高的铝电解电容，其体积大，价格也贵。

68. 何谓钽电解电容？它有何特点？

答：钽电解电容又分固体钽电解与液体钽电解电容两种，前者是以多种工艺制成氧化钽薄膜层，并在其上涂覆一层氧化锰固体电解质，再配以引线封装而成，而后者的不同之处是将液体电解质作为负极，再用银壳体密封而成，显然其成本要高于前者，钽电解电容的主要特点是：

(1) 体积小、容量大，即“容量/体积”比大，目前已有贴片式钽电解电容(LL 元件)用于手机电路中；

(2) 性能稳定，漏电小，损耗小，Q 值高；

(3) 工作温度范围宽，使用寿命长(工作温度一般为－55°～＋85℃，优者可达＋125℃)；

(4) 容量尚难做得很大(范围约为 0.1～330μF，优者可达 680μF)；

(5) 耐压也不高，范围为 2～50V，也有正负极之分；

(6) 价格稍贵，要高于铝电解电容；

钽电解电容主要用于要求较高的电压基准电路、时基电路、测量运算放大电路、手机电路、精密遥控电路等电路中。

69. 何谓铌电解电容？它有何特点？

答：铌电解电容是以氧化铌层再涂覆一层氧化锰固体电解质而成的一种电解电容器，其主要特点有：

(1) 由于氧化铌的介电常数更高，故同样容量的铌电解电容器的体积更小，其“容量/体积”比比钽电解电容约大一个数量级；

(2) 性能稳定，漏电小，绝缘强度高，Q 值大；工作温度范围宽，使用寿命长；

(3) 有正负极之分；

(4) 结构形式为贴片式封装，常用于手机等性能要求较高的电路中；

70. 何谓独石电容？它有何特点？

答：独石电容是一种特制的磁介类电容元件。它是钛酸钡为主的陶瓷材料制成薄膜，将多层此类薄膜叠压烧结、切割而成，其主要特点有：

(1) 介质损耗小、Q 值高，故可用于选频、滤波、振荡等高性能电路中；

(2) 精度高、稳定性好、可靠性高、耐湿性好；

(3) 温度系数小，温度性能好，高温长期工作也不易老化(温度范围可达－55～＋155℃)；

(4) 寄生电感小，频率特性好，故适于中、高频电路的要求；

(5) 体积小、重量轻，但耐压较低，最高在 63V 以下；

(6) 容量范围较宽，约为几皮法至 0.22μF。

71. 电容器的容抗与什么参数有关？写出它的计算式，并作适当解释。

答：电容器的容抗(电抗)与工作频率、电容器的容量大小有关，其计算式如下

$$X_C=\frac{1}{\mathrm{j}\omega C}=\frac{-\mathrm{j}}{2\pi fC}$$

说明：(1)电容器的容抗与工作频率成反比，频率升高后，容抗随之降低，故电容器对直流的容抗为∞，相当于开路(断开)；对很高的频率，其容抗甚小，趋近于零，相当于短路。电容器的“隔直通交”即由此得出；但对于某些中高频率，电容器是既不开路，也不短路，而呈现为一阻抗，作为一有效电抗元件使用的(如振荡回路、选频，滤波电路)；

(2) 容抗随电容 C 的容量增大而减小，故电容器对低频电流的压降要大于高频电流的压降；

(3) $-\mathrm{j}$ 的含义表明电容器上的电压相位要落后电流 90°。

72. 电容器上的电压能突变吗？为什么？请画出无损电容器上电压与电流间的相位关系。

答：电容器上的电压是不能突变的(电流能突变)，原因在于：电容器是一个装载电荷的容器，其两端电压是随电荷量的增多而升高的。而电荷量的增多需要有一定时间的积累，其相应关系为

$$u=\frac{q}{C}=\frac{1}{C}\int_0^{t_0} i\mathrm{d}t$$

无损电容上电压与电流之关系可用矢量图 1-1-15 来表述，它表明无损电容上电压的相位落后于电流 90°。

图 1-1-15　题 1-1-72 解

73. 若电容上的外加电压为阶跃信号或正弦信号，则流过电容器上的电流为什么信号？为什么？

答：根据上题电容器上电压与电流的关系式可知：所加电压为阶跃信号时，电容器的电流为指数衰减波形，终值为零；所加电压为正弦信号时，电容器上的电流为余弦波形。

74. 电容器在很高频率工作时，是否还是一纯容性器件？请画出它在高频工作时的电路模型。

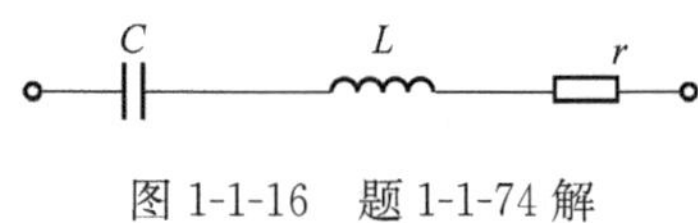

图 1-1-16　题 1-1-74 解

答：电容器 C 的两端有引线，有引线就有引线电感(L)，另外电容器还存在一定损耗(以 r 表示)，据此可画出一个电容器在高频工作时的电路模型，如图 1-1-16 所示，很显然，在高频工作时，电容器已不是纯容抗的元件了。

75. 何谓电容的固有谐振频率(自谐振频率)?当外加信号的频率接近这一频率时,电容器的性质将有何变化?

答:根据电容器在高频工作时的电路模型(见图 1-1-16),可见,其等效阻抗随频率的变化而变化,其变化情况如图 1-1-17 所示,很显然:

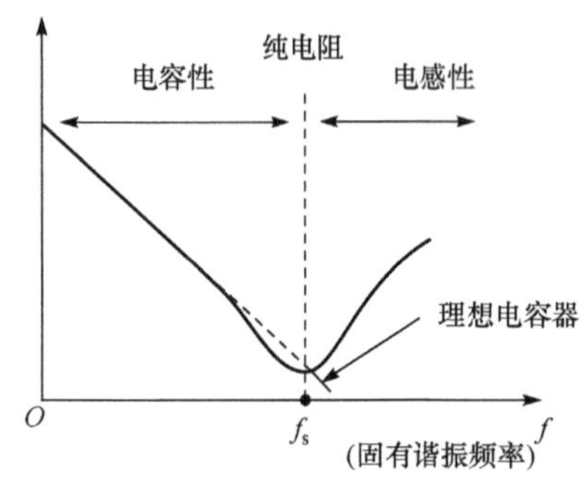

图 1-1-17 题 1-1-75 解

(1) 在工作频率较低时,引线电感的作用可忽略,电容器近似一纯电容(呈容性)。

(2) 在工作频率等于电容器的固有谐振频率(自谐振频率)f_s 时,电容器呈纯电阻性。

(3) 在工作频率高于电容器的固有谐振频率 f_s 时,电容器呈电感性,此时的电容器就成一电感元件了。

实际测量并根据 Smith 圆图计算:56pF 的无引线瓷片电容器的固有谐振频率的约为 213MHz,而 51pF 贴片电容器的固有谐振频率约为 280MHz,二者相差近 70MHz,可见后者更适合高频工作。

76. 何谓贴片电容(即 LL 电容)?它有何特点?

答:贴片电容是一种小型无引线电容元件,此类电容的介质、极板、加工工艺等均很优质、精密,其介质主要由有机膜或瓷片构成。贴片电容的主要特点有:

(1) 体积小、重量轻、可靠性好;

(2) 精度高,其允许误差均≤±5%;

(3) 耐压不高,大多≤63V;

(4) 寄生电容,引线电感均很小,故高频特性好;

(5) 容量范围较宽,一般在 1pF~2μF 间取值。

77. 我国生产的贴片电容器大致有几类?各有何特点?

答:大致有两大类:

一类是陶瓷介质的 CC41 型高频独石类贴片电容器。特点是体积小、精度高、稳定性能好、损耗低、Q 值高,耐压均可达到 63V,容量最小可至 pF 级,常用于耦合、调谐、滤波、温度补偿等要求较高的高频电路中;另一类是陶瓷介质的 CC41 型低频独石类贴片电容器,特点是稳定性稍差、精度、性能均比高频独石类电容逊色,耐压也为 63V,容量最大可达 1pF~2μF,容量范围较宽。

78. 贴片电容器的参数是如何标注的?试举例说明。

答:贴片电容参量的标注有多种方式,现举例说明:

(1) 底色与色环标注法:

底色——浅绿色表明为陶瓷介质,粉色表明为有机膜或半导体介质;

标注法——用电容体表面所标三道色环的颜色表明该电容的电容量:距离电容器金属焊片较近的色环为第 1 环,依次为第 2 环第 3 环,若相邻两环的颜色相同,则两色环合并为一宽环,第 1、2 环颜色所对应的数值与电阻的色环相同,不赘述,第 3 环表示第 1、2 环数字后续零的个数,如:

例 1 第 1 环为棕色(数字 1)、第 2 环为绿色(数字 5)、第 3 环为红色(2 个 0),底色为绿色,则此贴片电容的参数应为:1500pF/63V。允许误差为±5%,介质为有机膜。

例 2 第 1 环、第 2 环均为橙色(数字 3),第 3 环为黑色,此贴片电容的参数应为:33pF/

63V,误差±5%,

(2) 四色色环标注法:与四色色环电阻标注法类同,不重述。

79. 将电容器的电容量 C 与损耗电阻 r 的串联电路等效成并联电路,如图 1-1-18,试求出 R 与 r、C 与 C' 的关系式。

答:根据两电路端点之间阻抗相等的原则,即

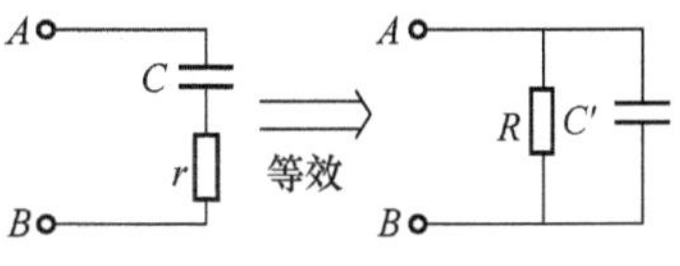

图 1-1-18　题 1-1-79 图与解

$$Z_{AB}=r+\frac{1}{\mathrm{j}\omega c}=\frac{\dfrac{R}{\mathrm{j}\omega c'}}{R+\dfrac{1}{\mathrm{j}\omega c'}}$$

由此可解得

$$R=r(1+Q^2)\approx rQ^2$$

$$C'=C\left(1+\frac{1}{Q^2}\right)\approx C$$

式中,Q 为电容器的品质因素,通常其值较大,故上述近似式误差不大。

80. 何谓电容器的品质因素 Q,其与什么参量有关。写出它的计算式。

答:电容器的品质因素是表征电容器存储电能量、损耗电能情况的一个参量,若其损耗电阻为零,则电容器无损耗,$Q=\infty$,故 Q 的计算式为

$$Q=\frac{\text{存储电能}}{\text{消耗电能}}=\begin{cases}\dfrac{\dfrac{1}{\omega C}}{r}=\dfrac{1}{\omega Cr} & \text{——串联情况}\\[2ex] \dfrac{R}{\dfrac{1}{\omega C}}=R\omega C & \text{——并联情况}\end{cases}$$

81. 多个电容相并相串后,电容的总容量如何计算?

答:(1)多个电容相并后,其总容量为各电容容量之和,即

$$C=C_1+C_2+C_3+\cdots$$

(2) 多个电容相串后,其总容量为

$$C=\frac{1}{\dfrac{1}{C_1}+\dfrac{1}{C_2}+\dfrac{1}{C_3}+\cdots}$$

82. 两个电容器相并相串后,电容上的电压是如何分配的?

答:(1)两电容相并后,各电容两端电压均相同;

(2) 两电容相串后,各电容上的电压随电容量的不同而不同,由图 1-1-19 根据电压分配公式,可求得 C_1、C_2 上的电压为

$$U_1=\frac{C_2}{C_1+C_2}U$$

$$U_2=\frac{C_1}{C_1+C_2}U$$

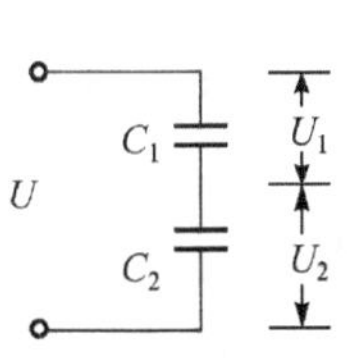

图 1-1-19　题 1-1-82 解

由公式可见,容量大的电容器所分得的电压小,容量小的电容器所分得的电压大。

83. 列表比较 *R*、*L*、*C* 三大元件上电压、电流、功率等参量。

答: R、L、C 上电压、电流、功率等参量的对比如表 1-1-3 所示。

表 1-1-3

	R	L	C
电阻或电抗	R	$X_L = j\omega L = j2\pi fL$	$X_C = \frac{1}{j\omega C} = \frac{-j}{2\pi fC}$
电压	$U = IR$	$U_L = L\frac{di}{dt}$	$U_C = \frac{1}{C}\int idt$
电流	$I = \frac{U}{I}$	$i = \frac{1}{L}\int udt$	$i = C\frac{du}{dt}$
u 与 i 之间相位	同相	电压超前于电流 90°	电压落后于电流 90°
功率	$P = UI = \frac{U^2}{R} = I^2R$	$P = ui = Li\frac{di}{dt}$	$P = ui = Cu\frac{du}{dt}$
能量	$W = Pt$	$W = \frac{1}{2}Li^2$	$W = \frac{1}{2}Cu^2$
品质因素 Q		$Q = \frac{\omega L}{r} = \frac{R}{\omega L}$	$Q = \frac{1}{\omega Cr} = R\omega C$

二、填空题

1. 电阻的常用单位是________、________、________。

2. 电感的常用单位是________、________、________。

3. 电容的常用单位是________、________、________、________。

4. 电阻单位中:1kΩ=________Ω,1MΩ=________Ω。

5. 电感单位中:1mH=________H,1μH=________H。

6. 电容单位中:1μF=________F,1pF=________F,1nF=________F。

7. 在电子电路实验中,所用导线长度通常要比所处理信号的波长________,故称其为________线。

8. 导线本身,既有________,也有________,这些参数在高频工作时影响甚大。

9. 通过导线电流的频率愈高,其内部的________效应愈严重,对外部的________强度也会愈强。

10. 双线传输线(长线)的工作频率一般在________MHz 以下。其特性阻抗一般在________之间。

11. 同轴线的工作频率一般在________MHz 以下,特性阻抗一般在________之间。

12. 传输线处于行波状态时,其特性阻抗与负载阻抗的关系是________。此时传输线负载所获得(吸收)的功率将________。

13. 驻波系数越大的传输线,其信号的反射越________,负载所吸收的有功功率将越________。

14. 碳膜电阻的精度较低,最高只能做到________,其温度系数为________。

15. 金属膜的电阻精度较高,可做到________,其温度系数为________。

16. 与薄膜电阻相比,厚膜电阻所承受的功率要________,高频噪声要________。

17. 常用的大功率电阻有________、________等。

18. PTC热敏电阻的温度系数为________值，NTC热敏电阻的温度系数为________值。

19. 线绕电阻常采用________和________丝缠绕在绝缘骨架上制成。

20. 在高频工作时，大功率负载电阻常选用________和________电阻。

21. 水泥电阻也是一种线绕电阻，特点是________、适用________电路工作。

22. 人体的电阻大约为________，当皮肤角质层被破坏后，人体的电阻会________。

23. 流过人体的电流超过________以上时，就会有生命危险，人体的安全电压为________伏。

24. 一个4色色环电阻器，由靠近电阻体一端起，其4色环依次为红、黑、黄、银，则此电阻器的阻值为________，允许误差为________。

25. 一个5色色环电阻器，由靠近电阻体一端起，其5色环依次为棕、蓝、绿、黑、金，则此电阻器的阻值为________。允许误差为________。

26. 光敏电阻是一种电阻值随外界光照强弱（明暗）变化而变化的电阻，通常光照愈强则电阻值愈________，光照愈弱则电阻值________。

27. 空心电感线圈的Q值一般在________的范围内。磁芯线圈的Q值一般在________之间。

28. 空心线圈加入磁芯后，其电感量会________，Q值会________。

29. 锰锌铁氧体（MXO）的工作频率通常在________以下，镍锌铁氧体（NXO）的工作频率通常在________范围。

30. 在电子线路中，电感器常用作________、________等。

31. 两电感L_1，L_2（之间无互感）相串后的电感量为________，相并后的电感量为________。

32. 一平板电容器，其容量与________成正比，与________成反比。

33. 铝电解电容器的特点是容量________、误差________、体积________。

34. 钽电解电容器的容量大致在________之间，耐压往往低于________伏。

35. 铌电解电容器与钽电解电容器相比，其容量更________，体积更________。

36. 独石电容器的特点是体积________，精度________，工作较稳定。

37. 独石电容器的容量范围不大，约为________，耐压低于________伏。

38. 排电阻也称集成电阻器或电阻器网络，常见的排电阻以________脚为居多，其中一个引脚是________，一般均在两侧，用色点标注。

39. 用于检测R、L、C元件参数的仪器仪表，通常有________和________等。

三、是非题

1. 在高频条件下工作时，由于趋肤效应，采用空心导线或多股绞线会更好。 （ ）

2. 垂直于地面的导线，在通过电流后，会在它的四周产生水平方向的磁场，磁场与电场应是相互垂直的。 （ ）

3. 通常在做电路实验时，所用的导线均为长线。 （ ）

4. 通常，长线是指线长L大于1/10信号波长的传输线。 （ ）

5. 与长线相比，短线的电阻、电感等分布系数的影响可忽略。 （ ）

6. 通过导线电流的频率越高，导线的交流等效电阻越小。 （ ）

7. 驻波系数为 1 的传输线，线路上将无信号反射，负载将会吸收最大有功功率。 (　　)

8. 传输线处于行波状态时，线路上也会出现电压的波腹与波节。 (　　)

9. 传输线上出现驻波时，将意味着终端负载电阻所获的有功功率将减小。 (　　)

10. 镀银导线在高频工作时，由于趋肤效应，其损耗要比非镀银导线小。 (　　)

11. 在低频(例 50Hz)远距离交流输电系统中，是不考虑分布参数影响的。 (　　)

12. 严格地说，电阻器均具有非线性因素，即其伏安特性不是一条直线。 (　　)

13. 在高频工作时，电阻器可能等效为一电感或一电容。 (　　)

14. 电阻是无源元件，在工作时它不产生噪声。 (　　)

15. 电阻器在工作时，除了会产生起伏噪声(热噪声)外，还会产生闪烁噪声(即 $1/f$ 噪声)。 (　　)

16. 电阻器所产生的起伏噪声(热噪声)的频率是十分宽的，几乎涵盖了整个电子技术领域各个频段。 (　　)

17. 电阻器本身具有固有电感和固有电容，在高频工作时应特别注意这一问题。 (　　)

18. 信号通过电阻网络时，不会产生相位移，即便在高频工作时也如此。 (　　)

19. 在低频工作时，纯电阻网络对信号无相移、无延时，其理想带宽为无穷大。 (　　)

20. 选用电阻器时，其功率容量只要等于或略大于工作时的实际耗电功率即可。 (　　)

21. 可以购买 1kΩ、11kΩ、105kΩ 的成品电阻器。 (　　)

22. 所有线绕电阻均具有寄生电感，只能在低频电路中工作。 (　　)

23. 相同阻值的贴片电阻，其寄生参数要小于同轴电阻，其高频性能更好。 (　　)

24. 电感器上的电压不能突变。 (　　)

25. 电感器上电压的相位总是落后于电流 90°。 (　　)

26. 无损电感器两端的电压(电势)是所流过电流的微分，直流电流在无损电感的两端无任何压降。 (　　)

27. 电容器两端的电压(电位)是所流过电流的积分。 (　　)

28. 电感线圈的电感量 L 应为常数，它与所流过电流的大小无关。 (　　)

29. 含铁心的电感线圈与空心线圈相比，更易饱和，成为非线性电感。 (　　)

30. 工作频率高于一定值后，电容器可能不再是电容器，而为电感器了。 (　　)

31. 相同容量的贴片电容，其寄生参数要低于独石电容，自然谐振频率会更高，可在更高频率下工作。 (　　)

32. 电容器中所流过的电流大小与外电压的变化率成反比。 (　　)

33. 电容器中所存电荷量愈多，其两端的电压(电位)即愈高，所储电能也愈多。 (　　)

34. 电容器对交流信号是短路的，对直流信号是断开的，即所谓的“隔直通交”。 (　　)

35. 两电容相串联，容量小的电容器所承担(分得)的电压要更小一点。 (　　)

36. 电容器参量的色环标注法基本上与电阻器的色环标注法相同。 (　　)

37. 可以购置到 100pF、110pF、115pF、1150pF 的成品电容器。 (　　)

38. 非电解电容器的 Q 值一般要比电感器的 Q 值高。 (　　)

39. 电容器可作为电路的供电电源，其所存储的电解与电容上电压的平方成正比，也与电容器的容量成正比。 (　　)

40. 电容 C 和电感 L 在任何条件下均属于线性元件。 (　　)

四、选择题

1. 一根直导线的电阻值，感抗值与工作频率的关系是（　　）。

A. 二者与频率无关，仅与线长有关　　B. 二者均随频率的增高而加大

C. 二者均随频率的增高而减小　　D. 前者随频率的增高而增大，后者正相反

2. 长线与短线之分，是由线长 L 与工作信号波长 λ 之间的关系决定的（　　）。

A. 长线的 $L>\lambda/10$，短线的 $L<\lambda/10$，　B. 长线的 $L<\lambda/10$，短线的 $L>\lambda/10$

C. 长线的 $L>10\lambda$，短线的 $L<10\lambda$　　D. 长线的 $L<10\lambda$，短线的 $L>10\lambda$

3. 做电路分析时，用集总参数模型的条件是线长 L 与工作信号波长 λ 的关系应满足（　　）。

A. $L\approx\lambda$　　B. $L\gg\lambda$　　C. $L<0.1\lambda$　　D. 二者关系不大

4. 已知无损传输线的特性阻抗为 Z_C，终端负载为 Z_L，若 $Z_L=Z_C$ 或 $Z_L=\infty$，则此传输线（　　）。

A. 均处于行波状态　　B. 均处于驻波状态

C. 前者为驻波状态，后者为行波状态　　D. 与 C 答案相反

5. 已知无损传输线的特性阻抗为 Z_C，终端负载为 Z_L，若 $Z_L=\infty$ 或 $Z_L=0$，则此传输线（　　）。

A. 均处于行波状态　　B. 均处于驻波状态

C. 前者为驻波状态，后者为行波状态　　D. 与 C 答案相反

6. 某电视机的输入电阻为 75Ω，电视天线的等效阻抗为 75Ω，若它们间用 300Ω 的扁平电缆传输，则（　　）。

A. 传输线上为行波状态，信号能有效传输，无来回反射。

B. 传输线上为行波状态，信号不能有效传输，存在来回反射。

C. 传输线上为驻波状态，信号能有效传输，无来回反射。

D. 传输线上为驻波状态，信号不能有效传输，存在来回反射。

7. 驻波状态下的传输线，其各点处的电压、电流（　　）。

A. 大小均相等　　B. 大小均不相等

C. 电压处处相等，电流处处不相等　　D. 电流处处相等，电压处处不相等

8. 在相同条件下，用平行双线或用双绞线传输交变信号，两线路的频带宽度为（　　）。

A. 二者的频带宽度基本相同　　B. 前者的频带宽，后者的频带窄

C. 前者的频带窄，后者的频带宽　D. 频带宽度仅与信号种类有关，与所用线型无关

9. 已知无损传输线，线长 $L=\lambda/4$（λ 为信号波长），终端为短路，如图 1-1-20 所示，则由 AB 端口看进去的输入阻抗为（　　）。

A. $Z_{AB}=\infty$相当于开路　　B. $Z_{AB}=0$，相当于短路

C. Z_{AB}为容抗，等效为一电容　　D. Z_{AB}为感抗，等效为一电感

10. 已知无损传输线，线长 $L=\lambda/4$（λ 为信号波长），终端为开路，如图 1-1-21 所示，则由 AB 端口，看进去的输入阻抗为（　　）。

A. $Z_{AB}=\infty$相当于开路　　B. $Z_{AB}=0$，相当于短路

C. Z_{AB}为容抗，等效为一电容　　D. Z_{AB}为感抗，等效为一电感

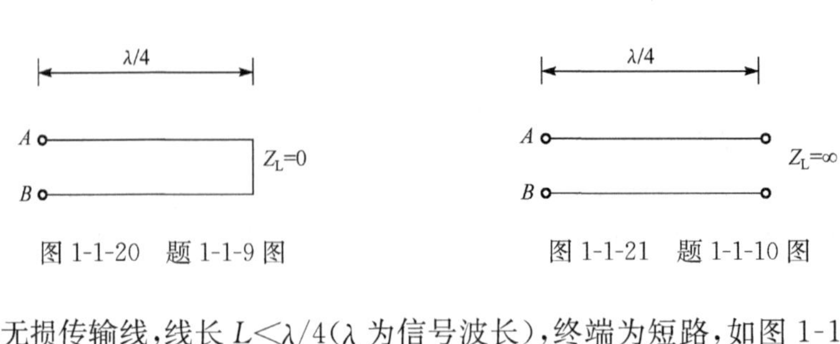

图 1-1-20　题 1-1-9 图　　　　图 1-1-21　题 1-1-10 图

11. 已知无损传输线，线长 $L<\lambda/4$（λ 为信号波长），终端为短路，如图 1-1-22 所示，则由 AB 端口看进去的输入阻抗为（　　）。

A. $Z_{AB}=\infty$相当于开路　　B. $Z_{AB}=0$，相当于短路

C. Z_{AB}为容抗，等效为一电容　　D. Z_{AB}为感抗，等效为一电感

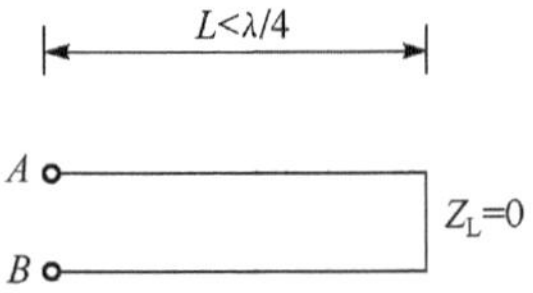

图 1-1-22　题 1-1-11 图

12. 同上题，若终端为开路（$Z_L=\infty$），其他条件不变，则由 AB 端口看进去的输入阻抗为（　　）。

A. $Z_{AB}=\infty$相当于开路　　B. $Z_{AB}=0$，相当于短路

C. Z_{AB}为容抗，等效为一电容　　D. Z_{AB}为感抗，等效为一电感

13. 碳膜电阻与金属膜电阻的温度系数为（　　）。

A. 均为正温度系数　　B. 均为负温度系数

C. 前者为正温度系数，后者为负温度系数

D. 后者为正温度系数，前者为负温度系数

14. 厚膜片状电阻（LL 电阻）与薄膜电阻相比（　　）。

A. 前者的功率小，高频噪声大　　B. 前者的功率较大，高频噪声小

C. 前者的功率小，高频噪声小　　D. 前者的功率较大，高频噪声大

15. 标注为为 5R1 的片状电阻，其阻值及所允许的误差为（　　）。

A. 5.1Ω，允许误差±10%　　B. 5.1Ω，允许误差±5%

C. 510Ω，允许误差±20%　　D. 0.51Ω，允许误差±20%

16. 标注为 3R90 的电阻，其阻值及所允许的误差为（　　）。

A. 3.9Ω，允许误差±1%　　B. 3.9Ω，允许误差±5%

C. 39Ω，允许误差±5%　　D. 390Ω，允许误差±5%

17. 标注为 273 的贴片电阻，其阻值为（　　）。

A. 273Ω　　B. 273kΩ　　C. 27kΩ　　D. 27MΩ

18. 标注为 200 的贴片电阻，其阻值为（　　）。

A. 200Ω　　B. 20kΩ　　C. 20Ω　　200kΩ

19. 一单层空心线圈的电感量 L 与线圈匝数 N、线圈直径 D 的大致关系为（　　）。

A. L 与 N^2 成正比，与 D 也有关　　B. L 与 N^2 成正比，与 D 无关

C. L 与 N 成正比，与 D 也有关　　D. L 与 N 成正比，与 D 无关

20. 单层间绕空心小电感线圈的品质因素 Q 值的大致范围为（　　）。

A. 小于 10　　B. 小于 50　　C. 几十至 200　　D. 200～400

21. 电感线圈的电感量 L 与所流过的电流大小的关系为（　　）。

A. L 值与所流过的电流大小无关

B. 电流小时，L 值为常量，电流很大时，L 值要减小

C. L 值随电流的增大而增大

D. L 值随电流的增大而减小

22. 一电感线圈中加入磁心后，其电感量 L 与 Q 值将(　　)。

A. 均增大　　B. 均减小

C. L 值加大，Q 值减小　　D. L 值减小，Q 值加大

23. 一电感线圈中加入铁心后，其电感量 L 与 Q 值将(　　)。

A. 均增大　　B. 均减小

C. L 值加大，Q 值减小　　D. L 值减小，Q 值加大

24. 一电感线圈中加入铜心后，其电感量 L 与 Q 值将(　　)。

A. 均增大　　B. 均减小

C. L 值加大，Q 值减小　　D. L 值减小，Q 值加大

25. 已知一无损电感旁并接了 80kΩ 电阻，测得其 $Q_0=100$，若在 80kΩ 电阻旁再并接上 80kΩ，则此电路的 Q 值为(　　)。

A. Q 值会下降至 50　　B. Q 值会升高至 200

C. Q 值变化不大　　D. Q 值下降至 80

26. 标注为 1R8K 的电感器，其电感器的参数为(　　)。

A. 18μH 允许误差为±10%　　B. 1.8μH 允许误差为±10%

C. 1.8μH 允许误差为±5%　　D. 1.8μH 允许误差为±20%

27. 标注为 331M 的电感器，其电感器的参数为(　　)。

A. 331μH 允许误差为±5%　　B. 331μH 允许误差为±10%

C. 330μH 允许误差为±20%　　D. 330μH 允许误差为±10%

28. 标注为 330K 的电感器，其电感器的参数为(　　)。

A. 330μH 允许误差为±10%　　B. 330μH 允许误差为±5%

C. 33μH 允许误差为±5%　　D. 33μH 允许误差为±10%

29. 电容 C、电感 L 上电压与电流间的关系为(　　)。

A. 电压均为电流的微分

B. 电压均为电流的积分

C. 电容上的电压是电流的微分，电感上的电压是电流的积分

D. 电容上的电压是电流的积分，电感上的电压是电流的微分

30. 电容 C 上存储的电能，电感 L 上存储的磁能与其上电压电流的关系是(　　)。

A. 均与电压的平方成正比

B. 均与电流的平方成正比

C. 电容上的电能与电压的平方成正比，电感上的磁能与电流的平方成正比

D. 电容上的电能与电流的平方成正比，电感上的磁能与电压的平方成正比

31. 已知加给电感上的电压为矩形波，则电感上电流的波形为(　　)。

A. 为矩形波　　B. 为三角波　　C. 为锯齿波　　D. 为正弦波

32. 已知加给电感上的电流为正弦波，则电感上的电压的波形为(　　)。

A. 为正弦波　　B. 为余弦波　　C. 为锯齿波　　D. 为矩形波

33. 已知加给电容上的电流波形为正弦波，则电容上的电压的波形为(　　)。

A. 为正弦波　　B. 为余弦波　　C. 为锯齿波　　D. 为矩形波

34. 已知加给电容上的电流波形为矩形波，则电容上的电压的波形为(　　)。
A. 矩形波　　B. 三角波　　C. 正弦波　　D. 锯齿波
35. 标注为103K的电容器，其主要参数为(　　)。
A. 10000pF 允许误差为±20%　　B. 1000pF 允许误差为±10%
C. 103pF 允许误差为±10%　　D. 10000pF 允许误差为±10%
36. 标注为470J的电容器，其电容容量和误差分别为(　　)。
A. 47pF±5%　　B. 4.7pF±5%　　C. 470pF±10%　　D. 4700pF±10%
37. 标注为4n7的电容器，其电容容量为(　　)。
A. 4.7pF　　B. 47pF　　C. 470pF　　D. 4700pF
38. 标注为2p2的电容器，其电容容量为(　　)。
A. 2.2pF　　B. 22pF　　C. 220pF　　D. 2200pF
39. 标注为R10的电容器，其电容容量为(　　)。
A. 10pF　　B. 100pF　　C. 1pF　　D. 0.1pF
40. 标注为562K的电容器，其电容容量为(　　)。
A. 5600pF±10%　　B. 5600pF±5%　　C. 562pF±10%　　D. 5600pF±20%

五、填空题、是非题、选择题答案

(一) 填空题

1. Ω,kΩ,MΩ
2. H,mH,μH
3. F,μF,nF,pF
4. 10^3,10^6
5. 10^{-3},10^{-6}
6. 10^{-6},10^{-12},10^{-9}
7. 短得多，短
8. 分布电阻，分布电感
9. 趋肤，电磁辐射
10. 200～300,300～700Ω
11. 3000～4000,50～150Ω
12. 相等，最大
13. 大，小
14. ±5%，负
15. ±0.2%～±0.1%，正
16. 大，小
17. 水泥电阻，线绕电阻
18. 正，负
19. 康铜，锰铜
20. 大功率无感膜电阻，无感线绕电阻
21. 功率大，稳定，直流，低频
22. 10kΩ～100kΩ，降低
23. 50mA,36V
24. 200kΩ,±10%
25. 165kΩ,±5%
26. 小，大
27. 100～250,40～100
28. 增大，增大
29. 1MHz,1～200MHz
30. 滤波(选频)，调谐
31. L_1+L_2,$\dfrac{L_1L_2}{L_1+L_2}$
32. 面积S，距离d
33. 大，大，大
34. 0.1～470μF,50
35. 大，小
36. 小，较高
37. 1pF～0.47μF,63V
38. 9，公共引脚
39. 三用表，Q表

（二）是非题

1. √	2. √	3. ×	4. √	5. √	6. ×	7. √	8. ×	9. √	10. √
11. ×	12. √	13. √	14. ×	15. √	16. √	17. √	18. ×	19. √	20. ×
21. ×	22. ×	23. √	24. ×	25. ×	26. √	27. √	28. ×	29. √	30. √
31. √	32. ×	33. √	34. ×	35. ×	36. √	37. ×	38. √	39. √	40. ×

（三）选择题

1. B	2. A	3. C	4. D	5. B	6. D	7. B	8. C	9. A	10. B
11. C	12. D	13. D	14. B	15. B	16. A	17. C	18. C	19. A	20. C
21. B	22. A	23. C	24. B	25. A	26. B	27. C	28. D	29. D	30. C
31. C	32. B	33. B	34. D	35. D	36. A	37. D	38. A	39. D	40. A

第二部分　变压器与滤波器

一、问答题

1. 什么是变压器？它的主要作用是什么？

答：利用电感线圈以电磁感应为原理能对交流电压电流作变换的电器部件即称为变压器。也可以认为变压器是一个线圈由电生磁、经磁耦合，在另一个线圈中再由磁生电的电磁变换装置。

变压器的主要作用：

变压——将高电压变为所需的低电压或相反，如在直流稳压电源的电路中，变压器通常就是将 220V 的交流市电变换成所需的 15V、18V 等的交流电压。当然也有将低压变换成高压的需求。

变流——将小电流变换成大电流输出或相反。

变阻——将小的负载电阻变换成（等效成）大的负载电阻或相反，前者应用更广。

2. 何谓变压器绕组的同名端？同名端电压的极性呈何关系？请用图示意。

答：在同一铁心或磁心上以相同方向绕制的两个线圈的起始端或两终端即为同名端；同理，若以相反方向绕制的两线圈，则一个线圈的始端与另一个线圈的终端即为同名端，而它们的始端即为异名端，其示意如图 1-2-1 图中：

线圈 L_1、L_2 的同名端为 A 与 C、B 与 D；

线圈 L_1、L_3 的同名端为 A 与 F、B 与 E；

线圈 L_2、L_3 的同名端为 E 与 D、F 与 C；

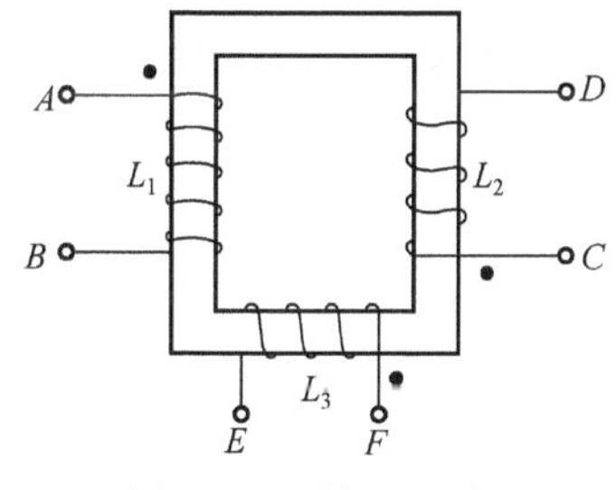

图 1-2-1　题 1-2-2 解

变压器的同名端一般为“·”或“*”符号标出，变压器的同名端电压的极性是相同的。

3. 变压器有哪些主要技术参数？

答：主要的技术参数有以下几种。

（1）额定功率：这一参数一般用于功率变换的变压器，如工频变压器（例直流稳压电源中的变压器），开关电源中的脉冲变压器等，功率大的变压器其体积也大，质量也大。

（2）线圈绕组的匝数比：初次级绕组间的匝比与其电压之间的关系为

$$n=\frac{U_1}{U_2}=\frac{N_1}{N_2}\text{——匝比与其相关的电压成正比}$$

(3) 效率:效率是在额定功率负载时,变压器输出功率(负载所得的总功率)与初级输入功率的比值,不同作用的变压器其效率各不相同,一般在60%~95%之间,通常大功率变压器的效率要大于小功率变压器的效率,此效率的大小与变压器的铜损及铁损直接相关。

(4) 频率特性:变压器在不同频率下工作有不同的特性,对于普通的变压器,由于它存在较大的分布电容,其上限截止频率较低,一般在几十千赫兹量级(近百 kHz),同时,由于成本与体积所限,其电感也不能做得很大,故其下限截止频率也不可能很低,而传输变压器其上限截止频率可接近千兆赫兹。

(5) 体积、重量、功率大的变压器其体积愈大,也愈重。

4. 何为理想变压器?它与实际用的变压器有何差别?

答:理想变压器有三个理想条件:

(1) 初次级线圈间的耦合系数 $k=1$,即初级线圈中的所有磁力线一根不少的全部耦合至次级线圈,即无漏磁性。

(2) 无铁损、铜损等任何功率损耗,即电源送到变压器初级线圈的功率被全部送到次级绕组的负载,即变压器的效率为100%。

(3) 初级线圈绕组的电感量 L_1、L_2(或匝数 N_1、N_2)应趋于无穷大。

实际应用的变压器无法达到上述三个理想化条件,其耦合系数 $k<1$,总有漏磁存在,铜损、铁损也是不可避免的,实际变压器的效率达到80%~90%已是很不错的了,至于绕组的电感量由于成本、体积、重量等指标的限制,只能尽可能大一点而已。

5. 已知电路如图 1-2-2 所示,变压器按理想化处理,已知:$u_S=10\cos\omega t$(V),请回答:

(1) 画出 R_L 等效至初级的等效电路并求等效值;

(2) 求次级电压 u_2。

答:(1)R_L 等效至初级后的等效电路如图 1-2-3 所示,图中未画出原初级绕组的电感 L_1,因为按理想条件它是很大的,可认为它是开路的。

(2) 先求等效电阻 R'_L

$$R'_L=R_L\left(\frac{1}{10}\right)^2=\frac{100\Omega}{100}=1\Omega$$

故得

$$u_1=u_S\frac{R'_L}{R_1+R'_L}=\frac{1}{2}u_S=5\cos\omega t\text{(V)}$$

$$u_2=10u_1=50\cos\omega t\text{(V)}$$

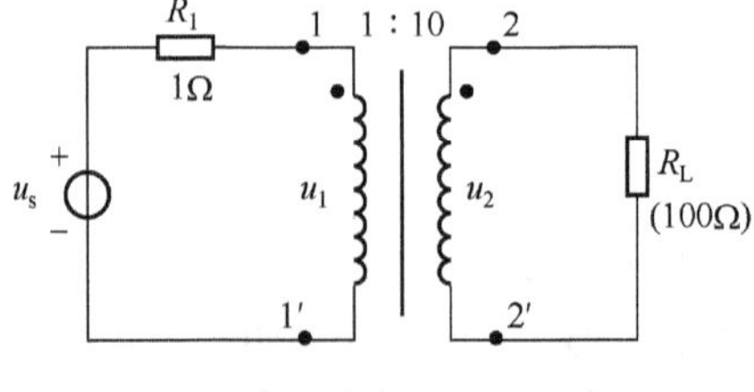

图 1-2-2　题 1-2-5 图

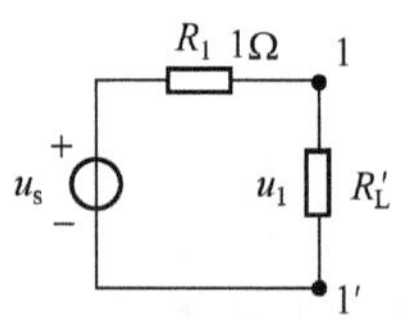

图 1-2-3　题 1-2-5 解

6. 已知电路如图 1-2-4 所示，变压器按理想化处理，请回答：

(1) 画出 R_L 等效至初级的等效电路并求等数值；

(2) 求使负载 R_L 获得最大功率时的初次线圈匝比 n。

答：

(1) R_L 等效至初级后的等效电路如图 1-2-5 所示。

$$R'_L = n^2 R_L = 10n^2 \Omega$$

(2) 为了使负载 R_L 获得最大功率，则必须符合阻抗匹配条件，即满足

$$R'_L = 50\Omega = 10n^2$$

故得匝比

$$n = \sqrt{\frac{50}{10}} = \sqrt{5} = 2.24$$

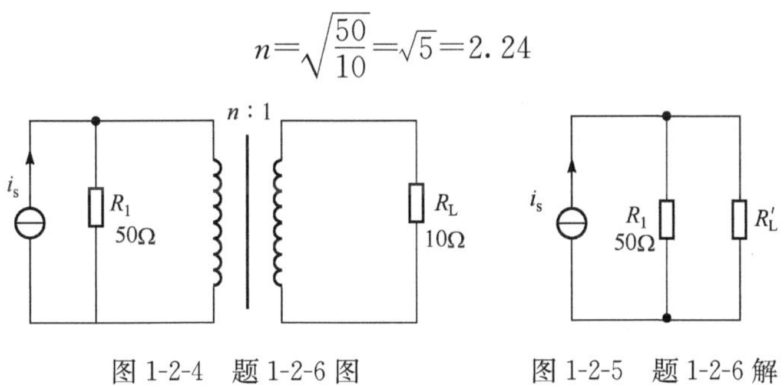

图 1-2-4　题 1-2-6 图　　　图 1-2-5　题 1-2-6 解

7. 已知理想变压器的电路如图 1-2-6，已知初级绕组为 1100 匝，施加 50Hz、220V 交流电压，若次级电压为 15V，请回答：

(1) 求次级数圈匝数；

(2) 求初、次级线圈中的电流 i_1、i_2；

(3) 求电源供给本电路的功率；

(4) 求等效至初级的等效电阻。

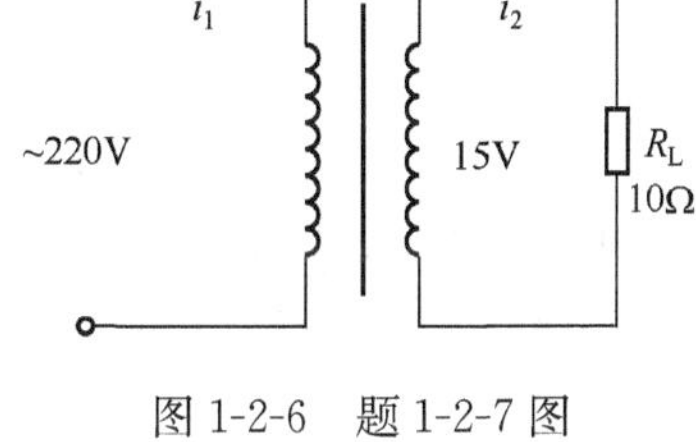

图 1-2-6　题 1-2-7 图

答：(1) 次级线圈的匝数为（根据变压器初次级电压之比等于二者匝比的原则）

$$N_2 = N_1 \frac{U_2}{U_1} = 1100 \frac{15}{220} = 82.5 \text{ 匝}$$

(2) 先求次级电流 i_2，再求初级电流 i_1

$$i_2 = \frac{15\text{V}}{10\Omega} = 1.5\text{A}$$

$$i_1 = i_2 \frac{U_1}{U_2} = 1.5 \frac{15}{220} = 102.3\text{mA}$$

(3) 图中变压器是理想的，无功率损耗，故负载上所得功率即为电源供给电能的功率，为

$$P_0 = \frac{U_2^2}{R_L} = \frac{15^2}{10} = \frac{225}{10} = 22.5\text{W}$$

(4) 10Ω 负载等效至初级的值为

$$R'_L = R_L \left(\frac{N_1}{N_2}\right)^2 = 10\left(\frac{220}{15}\right)^2 = \frac{10 \times 48400}{225} = 2151.11\Omega$$

8. 在图 1-2-7 中，功率放大器输出变压器的次级绕组有抽头，以便接 8Ω 或 3.5Ω 的扬声器（分别接），要求两者都能达到阻抗匹配，试求次级绕组两部分的匝数之比 N_2/N_3＝？

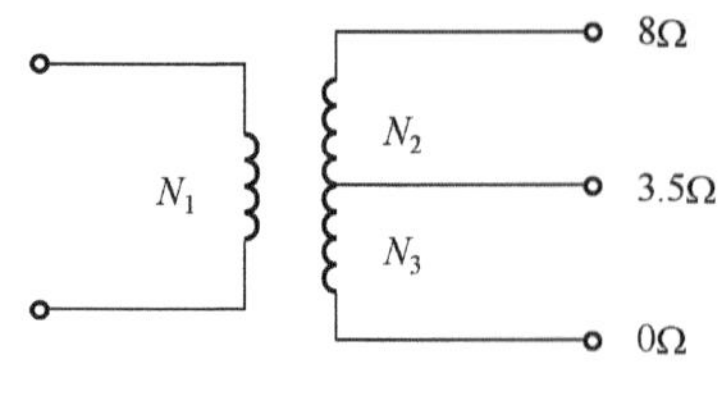

图 1-2-7　题 1-2-8 图

答:根据任一负载电阻接入后均要达到功率匹配的要求,则接 8Ω 负载等效至初级后的阻值应等于 3.5Ω 负载等效至初级的阻值,故有

$$8\left(\frac{N_1}{N_2+N_3}\right)^2=3.5\left(\frac{N_1}{N_3}\right)^2$$

由此可得

$$\frac{N_2}{N_3}=\sqrt{\frac{8}{3.5}}-1=1.51-1=0.51\approx\frac{1}{2}$$

9. 在图 1-2-8 中,已知理想变压器的次级负载电阻为 R_L,负载电容为 C_2,变压器初次级匝数为 N_1、N_2,请回答:

(1) 画出次级负载等效至初级的等效电路;求等效后的 R'_L、C'_L。

(2) 有何应用?

答:(1) 负载 C_L、R_L 等效至初级的等效电阻如图 1-2-9 所示;等效后的 R'_L、C'_L 分别为

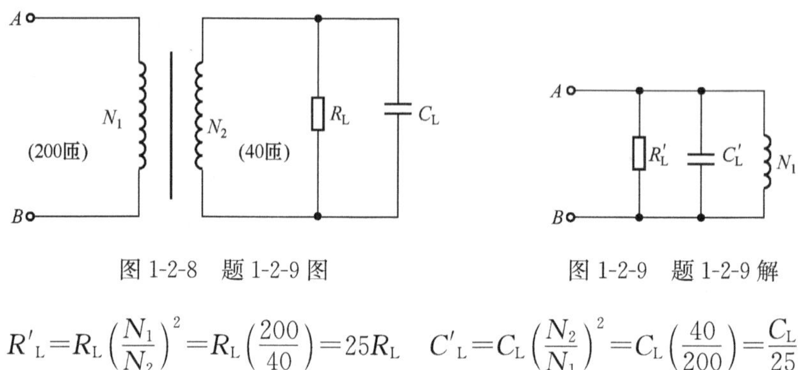

图 1-2-8　题 1-2-9 图　　　图 1-2-9　题 1-2-9 解

$$R'_L=R_L\left(\frac{N_1}{N_2}\right)^2=R_L\left(\frac{200}{40}\right)=25R_L \quad C'_L=C_L\left(\frac{N_2}{N_1}\right)^2=C_L\left(\frac{40}{200}\right)=\frac{C_L}{25}$$

(2) 常用于通信、广播电路中作阻抗变换。

由上变换式可见,对于降压变压器而言,可将小的负载电阻增大匝比的平方倍,将大的负载电容减小匝比的平方倍,如此即可减弱负载对前级回路的影响,此类变换在广播、电视设备中随处可见。

10. 已知自耦变压器式(负载部分接入)电路如图 1-2-10 所示,设 L_1、L_2 间无互感耦合,请回答:

(1) 画出 R_L、C_L 等效至 AB 两侧之等效电路;求等效后,R_L、C_L 的等效值 R'_L、C'_L;

(2) 电路的作用如何?

答:(1) 等效电路如图 1-2-11 所示;等效后的 R'_L、C'_L 为

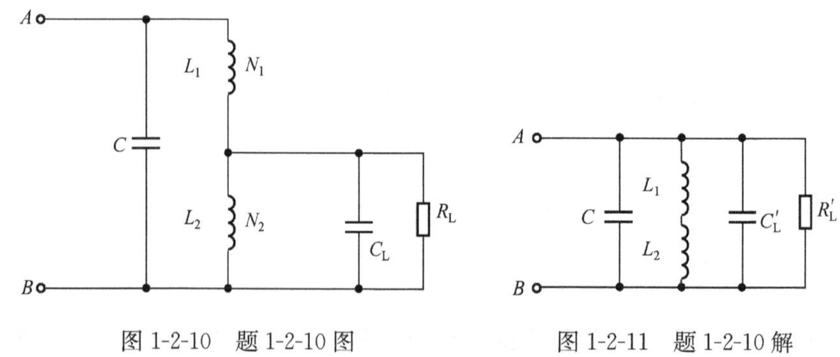

图 1-2-10　题 1-2-10 图　　　图 1-2-11　题 1-2-10 解

$$R'_L = R_L\left(\frac{N_2+N_1}{N_2}\right)^2\text{——阻值增大匝比的平方倍}$$

$$C'_L = C_L\left(\frac{N_2}{N_2+N_1}\right)^2\text{——电容减小匝比的平方倍}$$

(2) 作用：减弱负载 R_L、C_L 对 LC 回路的影响(对谐振频率和对带宽的影响)。

11. 以变压器芯片所用材料区分，变压器大致有几类？各有何用途及特点？

答：主要有三大类：

(1) 硅钢片为芯片的变压器——常用于工频电源变压器，特点是价格较低，但频率较低、体积较大。

(2) 薄膜合金为芯片的变压器——常用作音频变压器、中频和脉冲变压器，特点是效率高、体积小，但价位稍贵。

(3) 铁氧体磁性材料为芯片的变压器——常用作中频变压器、高频变压器，特点是工作效率高、频率高、体积小。

12. 电源变压器各绕组导线直径与所流过电流的大小有什么近似关系？

答：流过的电流越大，则导线的直径越粗，反之则越细，此直径的工程计算式如下

$$d=(0.5\sim0.8)\sqrt{I}\quad(\text{单位 mm})$$

式中，I 为流过线圈的电流值，单位为安培(A)。

系数的取值范围：100W 以下的小功率电源变压器，取 0.6～0.7；100W 以上的较大功率电源变压器，取 0.7～0.8。

例 1：18V、4A 的电源变压器线圈绕组导线的直径应为

$$d=(0.6\sim0.7)\sqrt{4}=(0.6\sim0.7)\times2=(1.2\sim1.4)\text{mm}$$

例 2：220V、0.64A 的电源变压器线圈绕组导线的直径应为

$$d=(0.7\sim0.8)\sqrt{0.64}=(0.7\sim0.8)\times0.8=(0.56\sim0.64)\text{mm}$$

由上两例可知：绕组导线粗的电流大，其两端电压越低，匝数越少；绕组导线细的电流小，其两端电压越高，匝数越多。

13. 一未标参数的变压器如何初步判别它各绕组电压、电流之状态？

答：应根据变压器的工作原理，如电压之比与电流之比正好相反等原则结合观察，切忌盲目加电测试。初步判断的原则如下。

(1) 从变压器体积的大小来判断：通常体积大的其功率容量也大，体积小的功率容量也小，如电源变压器一般在 10W 以上，体积不可能太小。

(2) 从变压器所用的芯片材料来判断：芯片用硅钢片者大多数为电源变压器，常用于 220V、380V 的工频电源电路。

(3) 观察变压器各绕组线圈层间是否有绝缘层(绝缘纸或绝缘布等)：有绝缘介质者耐压高，无绝缘介质耐压低，电源变压器各线圈层间均有绝缘介质。

(4) 观察各绕组线圈所用导线的粗细：粗者电流大，电压低，在电源变压器中它大多为低压次级，导线细者电流小，在电源变压器中一般为初级，可接 220V 交流电源。

(5) 可用三用表的电阻挡分别测各绕组的直流电阻，其中阻值较大的一般为初级，可加高压，阻值较小者一般为次级，切不可加高压。

14. 如何对一未标变压器做加电测试(中小型变压器)?

答:按照上题的初步细致观察后,可对一未标参数的变压器进行测试,需注意的问题是有如下几点。

(1) 若尚不能断定为电源变压器时,切不可盲目加 220V 交流电压进行测试,以免损坏变压器,通常可用调压器将 220V 先降下来,以适当的低压对变压器进行测试,无问题后再逐步进行。

(2) 也可用低频信号源,对被测变压器加低频信号源(几十赫兹至几百赫兹)以测量各绕组的电压关系。

(3) 交流信号电压应加至变压器初级(通常为个各绕组中导线最细的线圈),然后测其他各绕组的电压值,切忌将 220V 电源加至粗导线的绕粗,以免升压过高,使绕组的绝缘层遭到破坏。

15. 已知一变压器有两个匝数相同的初级绕组,其部分结构如图 1-2-12 所示,它们的额定电压均为 110V,今欲接至 220V 电源,请回答:

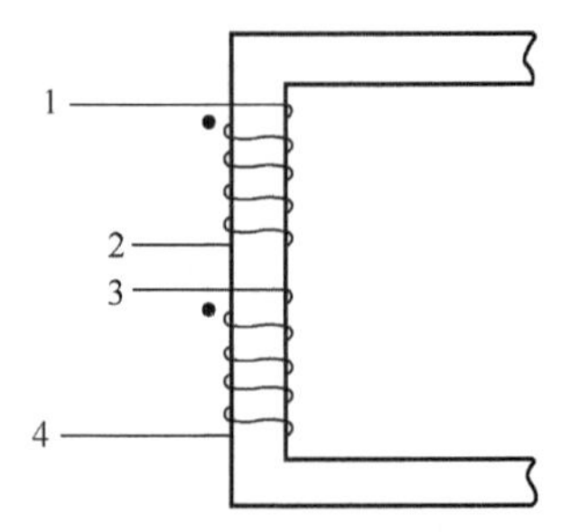

图 1-2-12　题 1-2-15 图

(1) 两个绕组如何连接? 为什么?

(2) 是否只用一个绕组接 220V,另一个绕组不用? 为什么?

答:(1)应将 2、3 端子相连接,用 1、4 两端子接 220V 交流电源。原因:根据图中所标同名端的位置可知,如此连接后,两线图中电流所产生的磁力线的方向是一致的,二者所产生的感应电动势的极性也是一致的,故两线圈的作用被充分利用。

(2) 原则上不可以,因为每个绕组原设计电压为 110V 耐压,其绝缘层介质的选用、绕制工艺均按 110V 考虑的,现在要加 220V,电压提高了一倍。绝缘层可能会因耐压不够而被损坏(击穿),另外,其他各绕组所得电压均将提高一倍。在个别情况下,如果这 110V 变压器原设计比较保守,对绝缘介质要求较高,工艺也很讲究,单用 110V 绕组接 220V 也是可以的,这样的例子也不少,但要慎重。

16. 什么是传输线变压器? 它有何特点?

答:是一种将分布参数的传输线与传统变压器工作机理相结合的一种电气部件,即称为传输线变压器,这种变压器的显著特点是:

(1) 上限截止频率大大提高,具有很宽的频率特性。其上限介质频率一般可达 700～1000MHz,而普通变压强的这一频率仅百千赫兹。

(2) 磁芯的铁磁损耗较低,在高频时,输入信号是以电磁能交换形式自始端传至终端的,由于理想电感和电容均不损耗高频能量,故负载可以取得信号源供给的全部能量。

17. 传输线变压器中,高频信号源的能量是怎样由源送至负载的?

答:传输线是一分布参数电路,每段导线均有电感存在,二线之间又有分布电容存在,其等效电路如图 1-2-13 所示,当高频信号加于传输线的输入端时,信号源将向电容 C 充电,使其储能,C 又通过电感放电,使电感储能,然后电感又与后面的电容进行能量交换,如此往复不已,这样,输入信号就以电磁能交换的方式,将能量传送至负载,由于理想的电感与电容均不损耗能量,故负载获得最大能量输出。若不是理想的电感与电容,则情况会有很大的不同。

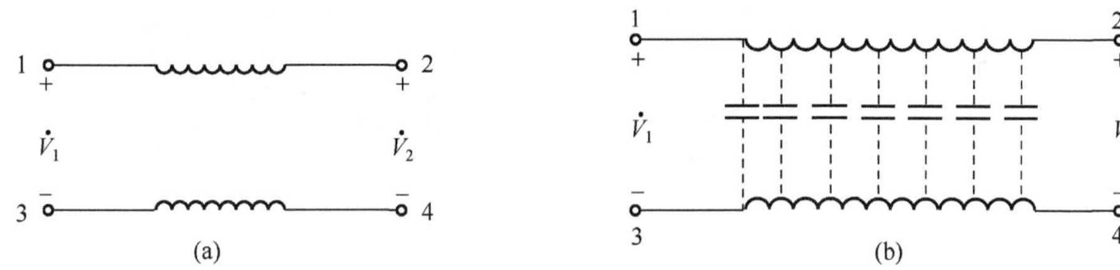

图 1-2-13　题 1-2-17 解

在传输低频信号时,图中小电感与电容均不起作用,信号加于 1、2 端口时,能量可以像普通变压器那样,以磁能耦合的方式,在次级产生感应电压,将能量传输到负载上。

18. 典型的传输线变压器的结构形式是怎样的?请画出其示意图及等效电路图。

答:

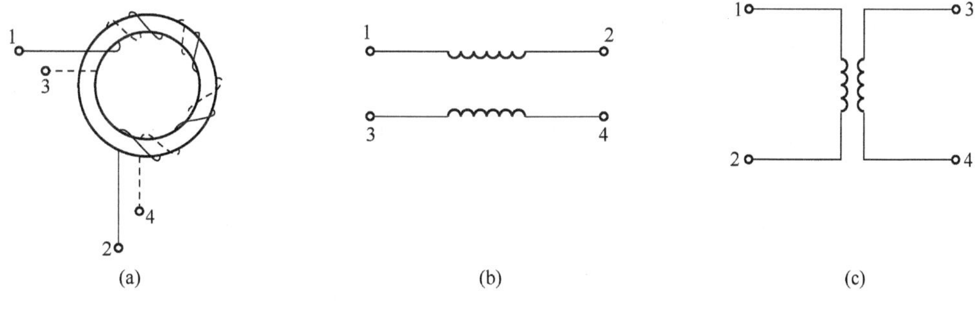

图 1-2-14　题 1-2-18 解

(1) 典型的传输线变压强的结果示意图如图 1-2-14(a)所示:它通常是用高强度漆包线以双线形式在高磁导率的磁环或磁芯上穿绕或缠绕若干圈而成,另外也有在双孔磁环上穿绕的传输线变压器。它们常用于阻抗变换。

(2) 其高频信号传输的等效电路如图 1-2-14(b)所示,这是按高频信号在传输线分布电容、分布电感上作电磁能交换的工作原理而等效的。

(3) 其低频信号传输线的等效电路如图 1-2-14(c)所示,这是按信号在普通变压强上以磁能耦合方式传输能量的原理等效的。

19. 何谓 1∶1 传输线变压器?它有何应用?

答:(1) 上题图例即为 1∶1 传输线变压器的结构示意及高低频等效电路。

(2) 主要应用:作同相电压传输——1、3 端口接信号源,2、4 端口接负载电阻,地线为 3 或 4 端子。

将不平衡输入转为平衡对称输出——1、3 端口接信号源,2、4 端口接两个等值负载,两负载的中间接地。

将平衡输入转为不衡输出——1、3 端口接两个信号源,两信号之间接地,2、4 端口间接负载,输出地为 2 或 4 均可。

20. 何谓 1∶4 和 4∶1 阻抗变换传输线变压器?画出其连接示意图及相关电路图。

答:在较高频率、较宽频带范围内能对阻抗作 1∶4(升阻)和 4∶1(降阻)变换的变压器即为 1∶4 和 4∶1 阻抗变换传输变压器,其连接的示意图和相关电路如图 1-2-15 所示。

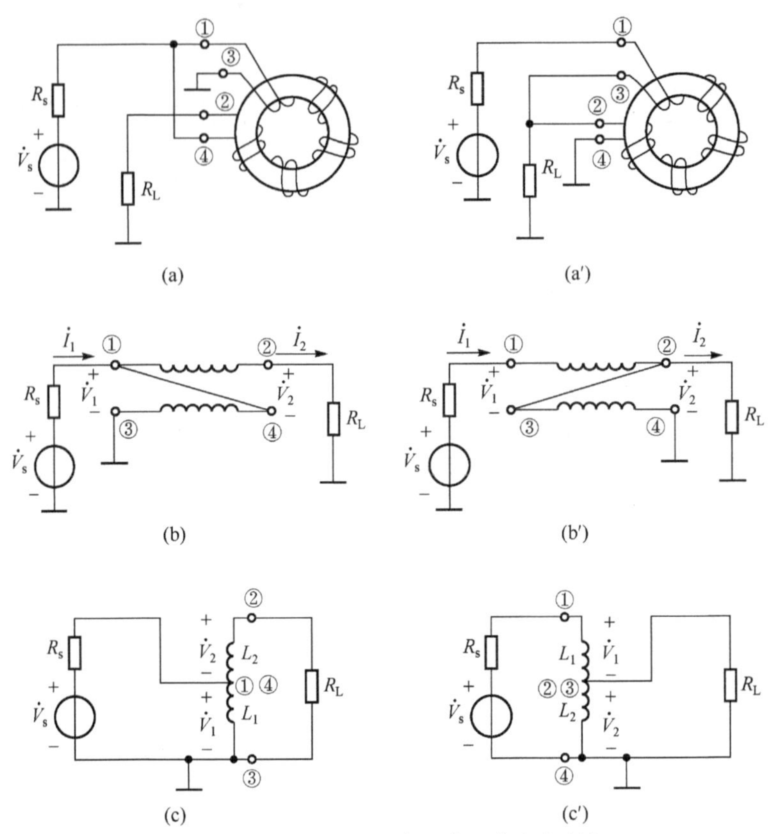

(a)、(b)、(c)电路适用于 $R_L>R_S$,(a′)、(b′)、(c′)电路适用于 $R_L<R_S$

图 1-2-15　题 1-2-20 解

21. 何谓滤波器?

答:能让输入信号中某些频率的信号通过,而滤除(禁止)某些不需要的频率信号的元件或电路即为滤波器。

22. 按频率特性区分,滤波器通常分几大类?

答:就频率特性而言,滤波器通常可分五大类:

(1) 低通滤波器——只能让上限截止频率 f_H以下的频率信号通过,而滤除其他。

(2) 高通滤波器——只能让下限截止频率 f_L以上的频率信号通过,而滤除其他。

(3) 带通滤波器——只能让某段频率(f_H与 f_L之间)的信号通过,而滤除其他。

(4) 带阻滤波器——不能让某段频率(f_H与 f_L之间)的信号通过,而让其他通过。

(5) 全通滤波器——能让各种频率信号均通过。

23. 按所用元器件特点,滤波器分几大类? 并举例说明。

答:按所用元器件,滤波器可分为无源滤波器和有源滤波器两大类:

无源滤波器——电路由无源元件组成,如 RLC 滤波器、石英晶体滤波器、陶瓷滤波器、声表面波滤波器(SAWF)等。

有源滤波器——电路中含有有源元件(如放大器等)的滤波器,如 RC 有源滤波器,开关电容滤波器等。

24. 按处理信号的不同,滤波器分几大类?

答:按处理信号的形式不同,滤波器可分为:

模拟滤波器——处理的是模拟信号，即连续时间信号，RLC 滤波器都属于此类。

数字滤波器——处理的是数字信号，是经量化后的信号。

抽样数据滤波器——它与模拟滤波器的区别是它所处理的是离散时间信号而不是连续时间信号，它与数字滤波器的区别是它所处理的是未经量化的信号。

25. 滤波器的主要技术指标有哪些？试举例说明。

答：这里以低通滤波器为例，简述一下滤波器的主要技术指标，其示意如图 1-2-16 所示。

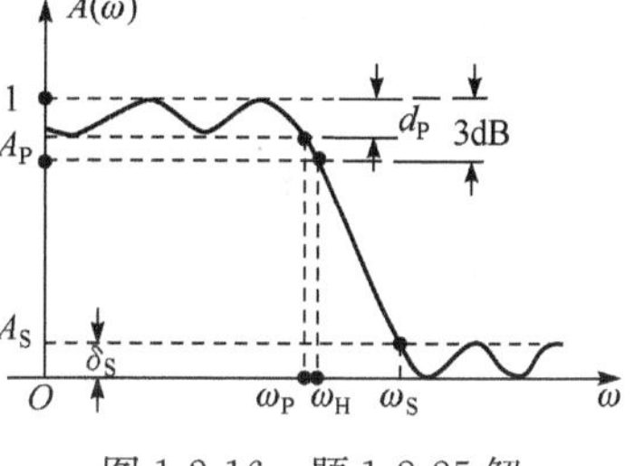

图 1-2-16　题 1-2-25 解

(1) 通带内的最大衰减 A_P，通常允许 0.5～3dB。

(2) 通带角频率 ω_P，这是 A_P所对应的角频率。

(3) 上限截止频率 ω_H，通常定义为幅频特性下降(衰减)3dB 处的角频率，这一频率不能与 ω_P混淆。

(4) 通带内幅度起伏 δ_P，就是衡量滤波器通带内波纹大小的一个主要参量，应越小越好。

(5) 阻带内幅度起伏 δ_S。

(6) 阻带边缘角频率 ω_S，情况如图中所示。

26. 何谓滤波器的逼近法？利用此法的滤波器主要有几种？

答：理想滤波器的幅频特性应该是：通带内信号的衰减为零，在通带外的阻带内，其衰减为无穷大，即其选频特性或衰减应为一矩形，实际上，不可能用元器件或电路实现这样的理想特性，只能根据需要来逼近它，常用的逼近方法有：

巴特沃思逼近——巴特沃思低通滤波器；

切比雪夫逼近——切比雪夫低通滤波器；

贝赛尔逼近——贝赛尔低通滤波器；

椭圆函数逼近——椭圆函数低通滤波器。

27. 简述巴特沃斯低通滤波器，切比雪夫低通滤波器、贝塞尔低通滤波器、椭圆函数低通滤波器的特点。

答：巴特沃思低通滤波器的特点——在低频通带内，幅频特性最平、起伏最小。

切比雪夫低通滤波器的特点——在低频通带内，幅频特性的幅度起伏以振荡形式均匀分布，波纹 δ_P约为 0.5dB，很小。

贝赛尔低通滤波器的特点——在低频通带内，相频特性最平、起伏最小。

椭圆函数低通滤波器的特点——频率特性中的幅频具有陡峭的边缘，即通带、阻带间的过渡带狭窄。

28. 何谓低通滤波电路？试举例写出它的传递(输)函数表达式，画出它的频率特性曲线。

答：(1)能让低于某一频率的全部信号通过而滤除高于此频率信号的滤波电路即称为低通滤波器。

(2) 图 1-2-17(a)就是常见的一阶 RC 低通滤波电路，其传递(输)函数的表达式为一阶函数(U_i、U_o 均为复数)：

$$A(\mathrm{j}\omega)=\frac{u_o}{u_i}=\frac{\dfrac{1}{\mathrm{j}\omega C}}{R+\dfrac{1}{\mathrm{j}\omega C}}=\frac{1}{SRC+1}$$

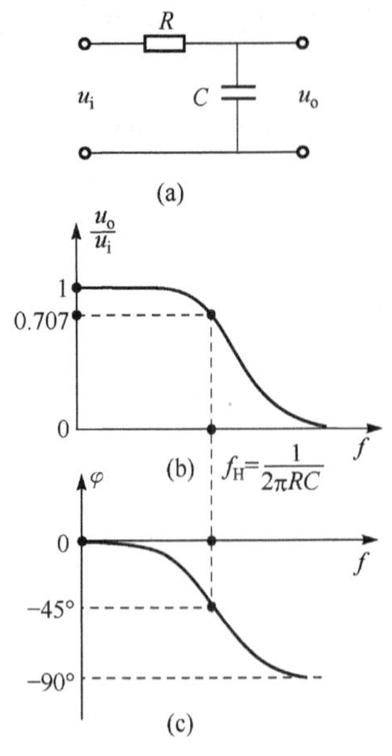

图 1-2-17　题 1-2-28 解

故幅频特性为

$$|A\mathrm{j}\omega|=\left|\frac{u_o}{u_i}\right|=\frac{1}{\sqrt{1+\left(\frac{\omega}{\omega_H}\right)^2}}=\frac{1}{\sqrt{1+\left(\frac{f}{f_H}\right)^2}}$$

相频特性为

$$\varphi=-\arctan\frac{f}{f_H}\begin{cases}\to 0 & f\ll f_H\\ -45° & f=f_H=\frac{1}{2\pi RC}\\ \to -90° & f\gg f_H\end{cases}$$

（3）根据上述表达式，可以画出一阶 RC 低通滤波器的幅频特性曲线和相频特性曲线，分别如图 1-2-17(b)～(c)所示，图中：

$f_H=\frac{1}{2\pi RC}$，为低通滤波器的上限截止频率，它是对应于幅频特性由最大值 1 下降至 0.707(−3 dB)处所对应的频率值，即通频带的边界值。

相频特性中，对应于 f_H 处，滤波器能使输入信号相移−45°，在很高的频率处，电路最大相移接近−90°，而且是输出信号 U_o 落后与输入信号一个相位角，在 $f\ll f_H$ 的低频通带内，信号无相位移。

29. 何为高通滤波电路？试举一例，写出它的传递(输)函数表达式，画出它的频率特性曲线。

答：(1)能让高于某一频率的信号通过，而滤除低于这一频率信号的滤波电路即为高通滤波电路。

(2) 图 1-2-18(a)就是常见的一阶 RC 高通滤波电路，其传递函数表达式为一阶函数

$$A(\mathrm{j}\omega)=\frac{u_o}{u_i}=\frac{R}{R+\frac{1}{\mathrm{j}\omega C}}=\frac{\mathrm{j}\omega RC}{1+\mathrm{j}\omega RC}=\frac{1}{1+\frac{1}{\mathrm{j}\omega RC}}=\frac{SRC}{1+SRC}$$

故此滤波器的幅特性为

$$|A(\mathrm{j}\omega)|=\left|\frac{u_o}{u_i}\right|=\frac{1}{\sqrt{1+\left(\frac{\omega_L}{\omega}\right)^2}}=\frac{1}{\sqrt{1+\left(\frac{f_L}{f}\right)^2}}\quad\left(\text{式中 }\omega_L=\frac{1}{RC}\right)$$

其相频特性为

$$\varphi=\arctan\frac{f_L}{f}=\begin{cases}\text{当 } f\gg f_L \text{ 时，} & \varphi\to 0°\\ \text{当 } f=f_L \text{ 时，} & \varphi=45°\\ \text{当 } f\ll f_L \text{ 时，} & \varphi\to 90°\end{cases}$$

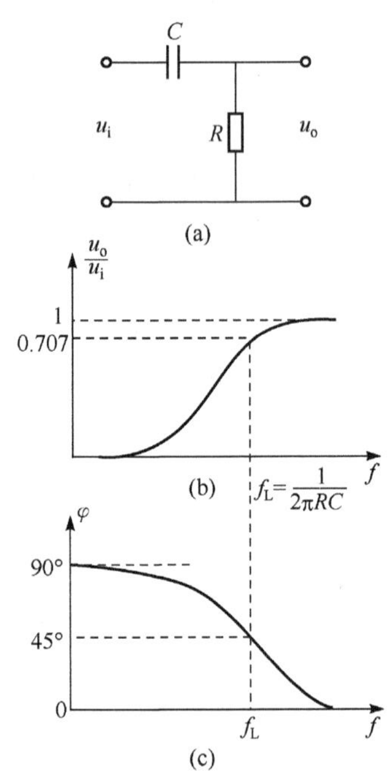

图 1-2-18　题 1-2-29 解

（3）根据上述表达式，可以画出一阶 RC 高通滤波器的幅频特性曲线和相频特性曲线，分别如图 1-2-18(b)、(c)所示，图中：

$f_L=\dfrac{1}{2\pi RC}$，为高通滤波器的下限截止频率，它是对应于幅频特性由最大平稳值下降至0.707(即−3dB)处所对应的频率值。

相频特性中，对应于 f_L 处，滤波器能使输入信号相移 45°，在很低的频率处，电路的最大相移接近 90°，而且是输出信号 u_o 超前于输入信号一个相位角，在 $f\gg f_L$ 的通带内，信号的相位移近似为零，且频率越高，此相位移越小。

30. 何为带通滤波电路？试举一例，并写出它的传递(输)函数表达式，画出它的幅频特性和相频特性曲线。

答：(1) 能让某一频段(某一频带)的信号通过，而滤除带外的低频与高频信号的滤波电路即为带通滤波器。

(2) 图 1-2-19(a)就是典型的二阶 *RC* 带通滤波电路，常用作 *RC* 正弦波振荡器中作选频电路，其传递(输)函数的表达式为

$$A(j\omega)=\frac{u_o}{u_i}=\frac{Z_2}{Z_1+Z_2}=\frac{1}{3+j\omega RC+\dfrac{1}{j\omega RC}}=\frac{1}{3+j\left(\dfrac{\omega}{\omega_0}-\dfrac{\omega_0}{\omega}\right)}=\frac{1}{3+j\left(\dfrac{f}{f_0}-\dfrac{f_0}{f}\right)}$$

式中，$f_0=\dfrac{1}{2\pi RC}$，称为带通滤波器的中心频率或谐振频率。

(3) 滤波器的幅频特性为

$$|A(j\omega)|=\left|\frac{u_o}{u_i}\right|=\frac{1}{\sqrt{3^2+\left(\dfrac{f}{f_0}-\dfrac{f_0}{f}\right)^2}}\begin{cases}f\ll f_0 \text{ 时}, |A(j\omega)|\to 0\\ f=f_0 \text{ 时}, |A(j\omega)|=\dfrac{1}{3}\\ f\gg f_0 \text{ 时}, |A(j\omega)|\to 0\end{cases}$$

(4) 相频特性为

$$\varphi=\arctan\left(\frac{\dfrac{f}{f_0}-\dfrac{f_0}{f}}{3}\right)\qquad\begin{cases}f\ll f_0 \text{ 时}, \varphi\to 90^\circ\\ f=f_0 \text{ 时}, \varphi=0^\circ\\ f\gg f_0 \text{ 时}, \varphi\to -90^\circ\end{cases}$$

(5) 根据上述表达式，可以画出二阶 RC 带通滤波器的幅频特性曲线和相频特性曲线，分别如图 1-2-19(b)、(c)所示，图中：

f_H、f_L 分别为带通滤波器通带的上、下限边界频率，通常定义为幅频特性由最大值下降 3dB 处所对应的频率值，带通滤波器的通带宽度为

$$BW=f_H-f_L$$

由相频特性曲线可知，对应于 f_L、f_H 处，电路对输入信号的相位移分别为＋45°和－45°，而在 f_0 处，电路对信号的相位移为零(即电路呈纯阻性)。

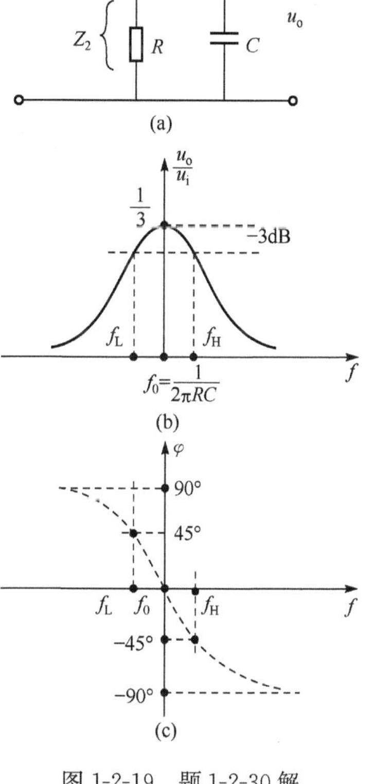

图 1-2-19　题 1-2-30 解

31. 何为带阻(阻带)滤波电路？试举一例，并画出它的幅频特性和相频特性曲线。

答：(1) 能让高于某一频率的信号和低于某一频率的信号通过，而滤除(阻止)某一频带内

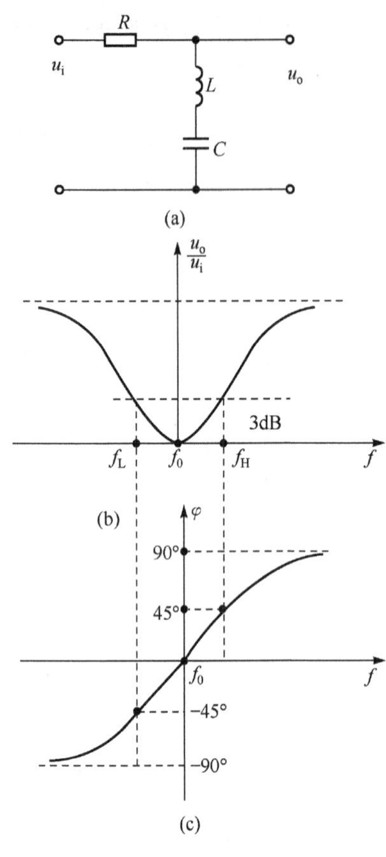

图 1-2-20　题 1-2-31 解

信号的电路即称为带阻滤波电路。

(2) 图 1-2-20(a)是一典型的 LCR 带阻滤波电路，在通信、电视等系统中也称此电路为陷波电路或吸收电路。其应用较为广泛。

(3) 图 1-2-20(b)是它幅频特性曲线，图中：

$$f_0=\frac{1}{2\pi\sqrt{LC}}\qquad \text{——为阻带的中心频率}$$

f_L、f_H——为阻带的下、上限边界频率，故带阻滤波器的带宽为

$$BW=f_H-f_L$$

(4) 图 1-2-20(c)为相频特性曲线，图中：

当 $f\ll f_0$ 时，$\varphi\to-90°$

当 $f=f_0$ 时，$\varphi=0°$

当 $f\gg f_0$ 时，$\varphi\to90°$

当 $f=f_L$ 时，$\varphi\to-45°$

当 $f=f_H$ 时，$\varphi=+45°$

32. 何为石英晶体滤波器？它有何特点？有何应用？

答：(1)利用石英晶片(石英谐振器)而制成的滤波器即称为石英晶体滤波器。由于石英谐振器有压电效应和反压电效应，故它的等效电路与电抗特性曲线如图 1-2-21 所示，由图可见，它有两个谐振频率：

f_S——串联谐振频率，在此频率工作时，石英谐振器相当于短路(等效为串联谐振)，信号被短路，由图(a)电路，可求得 f_S 表达式为

$$f_S=\frac{1}{2\pi\sqrt{L_qC_q}}$$

f_p——并联谐振频率，在此频率工作时，石英谐振器相当于开路，信号很难通过，由图(a)电路可求得 f_p 的表达式为

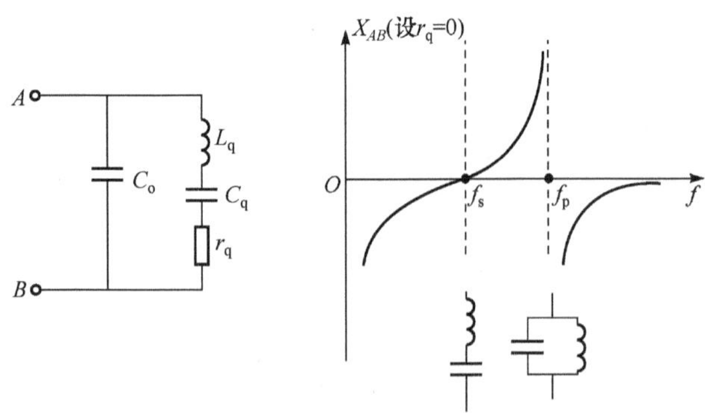

图 1-2-21　题 1-2-32 解

$$f_P=\frac{1}{2\pi\sqrt{L_q\left(\frac{C_0C_q}{C_0+C_q}\right)}}=f_S\sqrt{1+\frac{C_q}{C_0}}$$

通常，$C_0 \gg C_q$，故 f_P 与 f_S 之间的差值甚小，通常在几十赫兹至几百赫兹范围，在此区段工作时，石英谐振器等效为一电感，这在石英晶体振荡器中是常选用的。

(2) 石英晶体滤波器的主要特点有：

Q 值高，选频特性好，精度高，频率十分稳定，即频率稳定性能好；体积小，重量轻；带宽很窄，且一块晶体只有一个工作频率(一般为 f_S)，频率不易改动。

33. 何谓陶瓷滤波器？它有何特点？有何应用？

答：某些陶瓷材料也有类似于石英晶体的压电效应和反压电效应，因而也能制成多种带通或带阻滤波器，常用作收音机中的中放选频电路、电视机中的 6.5MHz 的选通或吸收电路。陶瓷滤波器的主要特点如下。

(1) 其品质因素 Q 值约为几百，比石英晶体谐振器低许多，但比 LCR 滤波器高不少，故其通频带较宽，选择性稍差，均逊于晶体滤波器。

(2) 制造工艺简单、频率特性曲线形状可控、体积小、重量轻、成本低。

(3) 耐热性、耐湿性均较好。

34. 何为声表面滤波器(SAWF)？它的工作机理是什么？

答：声表面滤波器是一种以铌酸锂、锆钛酸铅或石英晶体等压电材料为基体而构成的一种电声换能滤波元件，其结构如图 1-2-22 所示意，图中，发端换能器以反压电效应原理将高频电信号转换成随信号变化的弹性波(即声波)沿基体表面以下约 10μm 的深度(故称声表面波)向接收端传播，收端换能器再以压电效应原理将此弹性震动转换成电信号送至负载，由于发端、收端换能器的结构、尺寸的不同，故它们对不同频率的信号即有不同的转换效率(即不同的衰减)，如此即可获得所需的频率特性。

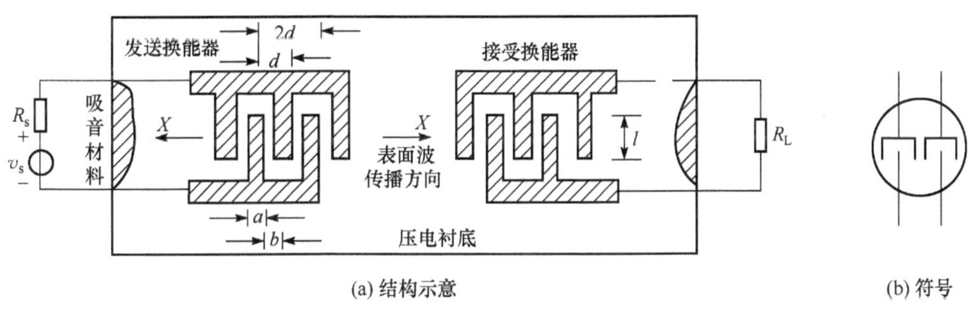

(a) 结构示意　　(b) 符号

图 1-2-22　题 1-2-34 解

35. 声表面滤波器有什么主要特点？有何应用？

答：声表面滤波器的主要特点如下。

(1) 滤波特性好，矩形系数接近理想的 1(约 1.2)，最大带外衰减可达 50～80dB。

(2) 频率高、通带宽，通常工作在高频与超高频(几兆赫兹至 0.5f_0)的电路中，其通带宽 50kHz～0.5f_0，但不适用于中低频电路。

(3) 频率特性可按用户要求设计，如电视机中频放大器特殊的频率特性要求常由声表面滤波器来完成。

(4) 体积小、重量轻、制造简单、重复性好、便于集成。

(5) 插入损耗较大(6～25dB),使用时常加补偿放大器补偿这一损失。

使用情况:常用于电视、雷达、通信系统中。

36. 何为螺旋滤波器？它有何特点？有何应用？

答:由螺旋谐振器组成的滤波器即称为螺旋滤波器,螺旋滤波器类似于一个 $\lambda/4$ 的同轴线谐振器(即 $\lambda/4$ 传输线谐振器),唯一不同之处在于前者的内导体是螺旋管式,而不像同轴谐振器内导体是直的,其结构形式如图 1-2-23 所示,电磁波在螺旋管式内导体的同轴传输线线中传播,其相速度由于螺旋而大大降低(低于光速),螺旋谐振器的回路电感、等效分布电容、谐振频率、空载品质因数 Q、特性阻抗等参数均与谐振器的结构有关,利用其结构的不同可获得所需的频率特性。

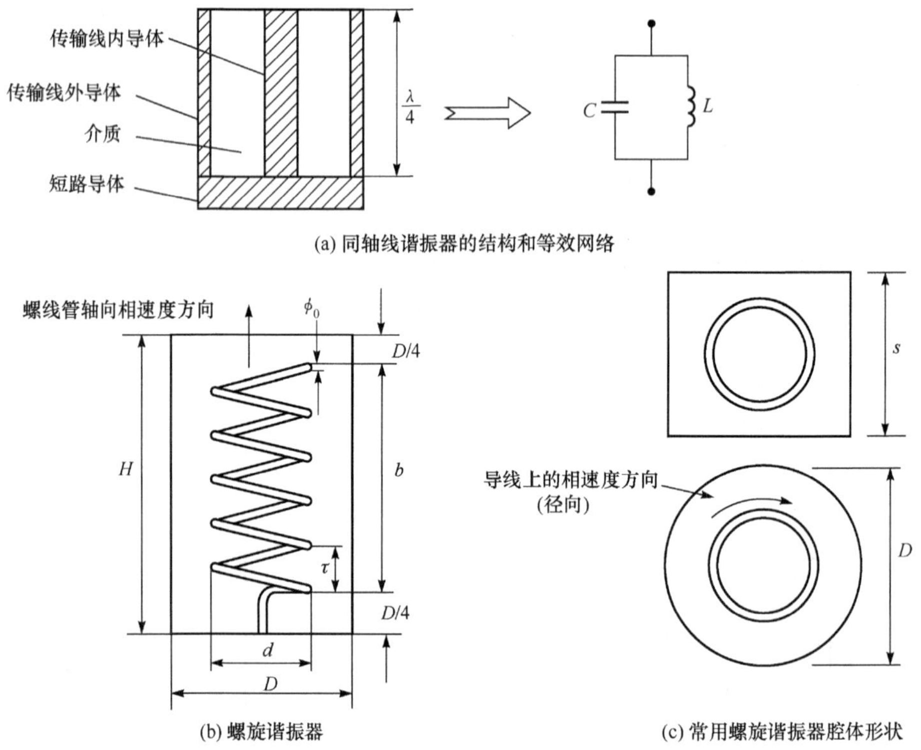

图 1-2-23　题 1-2-36 解

螺旋滤波器的主要特点为:

(1) 工作频率高,通常工作在几十兆赫兹至千兆赫兹;

(2) 空载 Q 值高(约为 1000),插入损耗小;

(3) 体积小、重量轻,但其体积一般要比声表面滤波器,石英晶体滤波器、陶瓷滤波器大;

(4) 多级螺旋谐振器可以组成频带较宽、特性良好的带通滤波器,如某三腔式的螺旋滤波器,其中心频率为 612MHz,带宽可达 6～8MHz;

螺旋滤波器被广泛用于卫星接收机、电视接收机、有线电视网络等电子设备中。

二、填空题

1. 变压器的基本原理是基于________和________而存在的。

2. 普通变压器的工作频率范围大致为________，常用于________电路与设备中。

3. 传输线变压器的工作原理是基于________与________结合在一起的一种变压器。

4. 传输线变压器的主要技术指标是________、________、________。

5. 变压器常用芯片有________、________、________等多种。

6. 传输线变压器的显著特点是________、________。

7. 理想变压器的耦合系数 k 为______，铁损与铜损为______，线圈的电感量为________，实际上这是无法达到的。

8. 理想变压器是将信号对初级线圈提供的能量______次级负载，变压器本身既不______，也不________。

9. 变压器的主要作用为________、________、________。

10. 要将输入信号中某段频率的信号滤除，应采用________滤波电路，要将其中某段频率的信号选出，应采用________滤波电路。

11. 阶数愈高的低通滤波器，其通、阻带之间的幅频特性曲线会愈________，滤波特性愈________。

12. 滤波器使传输信号幅度不失真的条件是频带内幅频特性________，传递系数为________。

13. 滤波器传输信号相位不失真的条件是各通过信号的附加相移值与信号的频率______，即其________不随信号的频率变化而变化。

14. 低通滤波器对于很低频率($f \ll f_H$)信号的相移近似为________，对很高频率($f \gg f_H$)信号的相移接近________。

15. 高通滤波器对于很低频率($f \ll f_L$)信号的相移接近为________，对很高频率($f \gg f_L$)信号的相移近似为________。

16. 带通滤波器对于很低频率($f \ll f_0$)信号的相移接近为________，对很高频率($f \gg f_0$)信号的相移接近________。

17. 带阻滤波器对于很低频率($f \ll f_0$)信号的相移接近为________，对很高频率($f \gg f_0$)信号的相移接近________。

18. 声表面滤波器适用的频率范围为________至________，不适于________电路应用。

19. 所谓全通滤波电路，实质上就是电路的传递(传输)函数为______，与信号频率______。

20. 模拟滤波器处理的是________信号，数字滤波器处理的是________信号，抽样数据滤波器处理的是________信号。

21. 抽样数据滤波器的单元电路主要有________、________、________。

22. 滤波器的数字描述通常使用 S 域有理多项式，以________、________在复平面上的位置来确定其幅频特性与相频特性。

23. 有源 RC 滤波器的设计方法，通常可选用________、________、________等多种方法。

24. 数字滤波器是一种对输入信号进行离散时间处理的系统，其输入信号可以是______、________、________。

25. 数字滤波器的设计方法一般可分为________和________。

26. 数字滤波器按其频率特性也有________、________、________、________、________等

多种类型。

三、是非题

1. 变压器能对各种信号电压进行电→磁→电的能量转换。 ( )

2. 变压器同名端的电压极性是相同的。 ( )

3. 变压器中，匝数愈多的绕组，加电后其上的电压愈高，所允许流过的电流也愈大。 ( )

4. 在同一变压器中，导线细的绕组电压较高，导线粗的绕组电压较低。 ( )

5. 在同一变压器中，导线细的绕组电流应比导线粗的绕组电流大。 ( )

6. 实际变压器中，次级负载所获得的能量就等于电源（信号源）给初级线圈所提供的全部能量。 ( )

7. 传输线变压器的特性阻抗应和负载相匹配，这样才能有效地传输能量。 ( )

8. 功率二分配器实际上是由 1∶4 传输线变压器和适当电阻构成的。 ( )

9. 功率二分配器的两路负载可获得信号源提供的一半功率，但有一路负载损坏后，另一路负载所获得的功率必将改变，不再是原来的一半了。 ( )

10. 已知电视机的输入阻抗为 75Ω，由天线下来的传输线（扁平电缆）的阻抗为 300Ω，则必须选用 4∶1 传输线变压器进行阻抗变换。 ( )

11. 变压器实质上是一带通滤波电路，过低和过高频率的信号，它均难以变换和传递。 ( )

12. 信号经过滤波电路不会产生相位移。 ( )

13. 信号经过滤波电路不会产生时延。 ( )

14. 滤波电路输出信号的相位总是要落后于输入信号一个相位角。 ( )

15. 在一阶低通滤波器的上限截止频率（f_H）处，信号的相位移为$-45°$，即输出信号落后于输入信号一个相位角。 ( )

16. 在一阶高通波滤器的下限截止频率（f_L）处，信号的相位移为$+45°$，即输出信号超前于输入信号一个相位角。 ( )

17. 一阶低通或高通的带外衰减是每 10 倍频程衰减 20dB 或每倍频程衰减 6dB。 ( )

18. 滤波器的负载大小会对滤波器的特性起重大影响。 ( )

19. 信号源的内阻大小不会对滤波器特性产生多少影响。 ( )

20. 陶瓷滤波器的通带宽度与石英晶体滤波器的通带宽度相差无几。 ( )

21. 声表面波滤波器的工作频率范围很宽，它涵盖了中、高频段及超高频段。 ( )

22. 声表面滤波器的通频带可做得很宽，工作频率很高，但插入损耗较大。 ( )

23. 无源 LCR 滤波电路不能工作在中、低频段（如几百赫兹至几千赫兹）。 ( )

24. 有源 RC 滤波电路的最大优点是可以集成化，且可在低频条件下工作，但其稳定性、准确性稍差。 ( )

25. 抽样数据滤波电路的准确性与稳定性均较好，也易集成化。 ( )

26. 数字滤波器不能对连续信号进行离散时间处理。 ( )

四、选择题

1. 变压器绕组匝数的多少与其上电压高低及所允许流过电流大小的关系是(　　)。
   A. 匝数多的绕组电压高,所允许的电流大
   B. 匝数多的绕组电压高,所允许的电流小
   C. 匝数多的绕组电压低,所允许的电流大
   D. 匝数多的绕组电压低,所允许的电流小
2. 已知理想变压器初次级的匝数比为 N_1/N_2,则次级的负载电阻、负载电容等效至初级后的值为(　　)。
   A. 均加大 N_1/N_2 倍　　B. 均减小 N_1/N_2 倍
   C. 等效后负载电阻加大$(N_1/N_2)^2$ 倍,负载电容等效后减小$(N_1/N_2)^2$ 倍
   D. 等效后负载电阻减小$(N_1/N_2)^2$ 倍,负载电容等效后加大$(N_1/N_2)^2$ 倍
3. 在图 1-2-24 中,设变压器为理想变压器,则次级负载电阻、负载电容等效至初级后的 R'_L、C'_L 为(　　)。

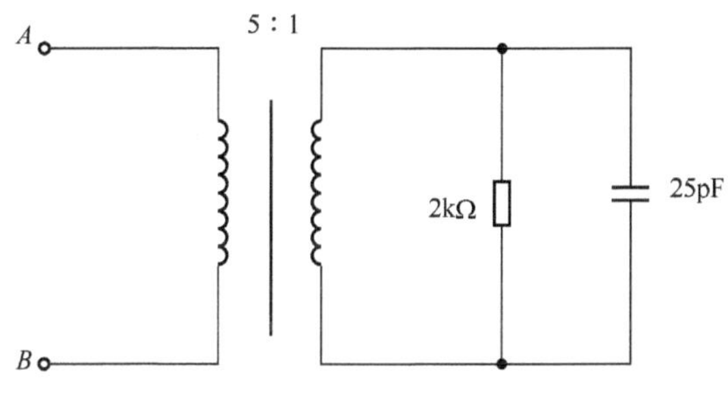

图 1-2-24　题 1-2-3 图

   A. $R'_L=50k\Omega, C'_L=1pF$　　B. $R'_L=50k\Omega, C'_L=625pF$
   C. $R'_L=10k\Omega, C'_L=1pF$　　D. $R'_L=10k\Omega, C'_L=125pF$
4. 普通变压器的最高工作频率大致为(　　)。
   A. 几千赫兹　B. 十几千赫兹　C. 百千赫兹　D. 几兆赫兹
5. 传输线变压器的最高工作频率大致为(　　)。
   A. 几百千赫兹　B. 几兆赫兹　C. 几十兆赫兹　D. 吉赫兹
6. 在低通、高通滤波电路中,其输出电压 u_o 与输入电压 u_i 间的相位关系是(　　)。
   A. u_o 与 u_i 同相,无相位差
   B. u_o 均落后 u_i 一个相位角
   C. 低通 u_o 超前于 u_i 一个相位角,高通 u_o 落后于 u_i 一个相位角
   D. 低通 u_o 落后于 u_i 一个相位角,高通 u_o 超前于 u_i 一个相位角
7. 二阶低通或高通滤波器电路幅频特性的带外衰减为(　　)。
   A. 每 10 倍频程为－20dB　　B. 每 10 倍频程为－40dB
   C. 每 10 倍频程为－6dB　　D. 每 10 倍频程为－12dB
8. 在带通、带阻滤波器中,其中心频率 f_0 处信号的相位移为(　　)。
   A. 全为 0,即无相位移　　B. 全为一负相位移
   C. 全为一正相位移　　D. 带通为正相位移,带阻为负相位移

9. 在 LCR 滤波电路中，若品质因素 Q 值越高，则滤波器的通频带与选择性为(　　)。

A. 通频带越宽，选择性越差　　B. 通频带越宽，选择性越好

C. 通频带越窄，选择性越差　　D. 通频带越窄，选择性越好

10. 收音机或电视机要从天线或电缆中接收所需的电台信号，其输入端应采用哪种滤波电路？(　　)

A. 低通滤波器　B. 高通滤波器　C. 带通滤波器　D. 带阻滤波器

11. 收音机或电视机的接收端要将中频干扰滤除，应采用何种电路？(　　)

A. 低通滤波器　B. 高通滤波器　C. 带通滤波器　D. 带阻滤波器

12. 电路如图 1-2-25 所示，图中满足 $R_1C_1=R_2C_2$ 条件，则此电路为(　　)。

A. 低通　B. 高通　C. 带通　D. 全通

13. 已知电路如图 1-2-26 所示，这是什么滤波电路？(　　)

A. 低通　B. 高通　C. 带通　D. 带阻

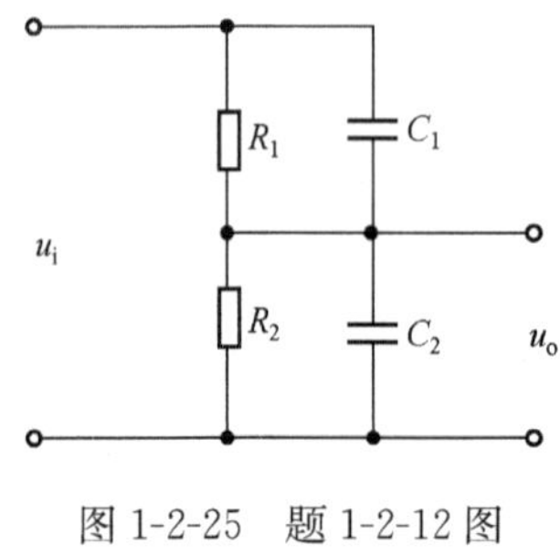

图 1-2-25　题 1-2-12 图

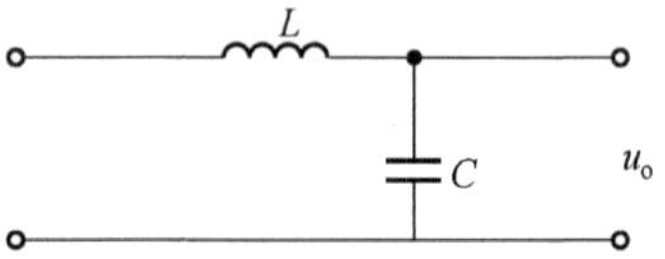

图 1-2-26　题 1-2-13 图

14. 已知电路如图 1-2-27 所示，这是什么滤波电路？(　　)

A. 低通　B. 高通　C. 带通　D. 带阻

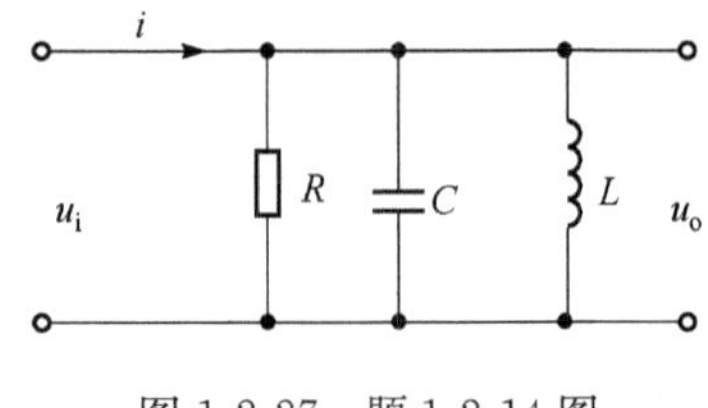

图 1-2-27　题 1-2-14 图

15. 在题图 1-2-27 电路中，若并联电阻增大，则滤波电路的损耗及选频特性将(　　)。

A. 损耗加大，选频特性变得更差

B. 损耗减小，选频特性变得更好

C. 损耗加大，选频特性变得更好

D. 损耗减小，选频特性变得更差

16. 已知电路如图 1-2-28 所示，这是什么滤波电路？(　　)

A. 低通　B. 高通　C. 带通　D. 带阻

17. 在上题图 1-2-28 电路中，若串联电阻增大，则滤波电路的损耗及选频特性将(　　)。

A. 损耗加大，选频特性变得更差

B. 损耗减小，选频特性变得更好

C. 损耗加大，选频特性变得更好

D. 损耗减小，选频特性变得更差

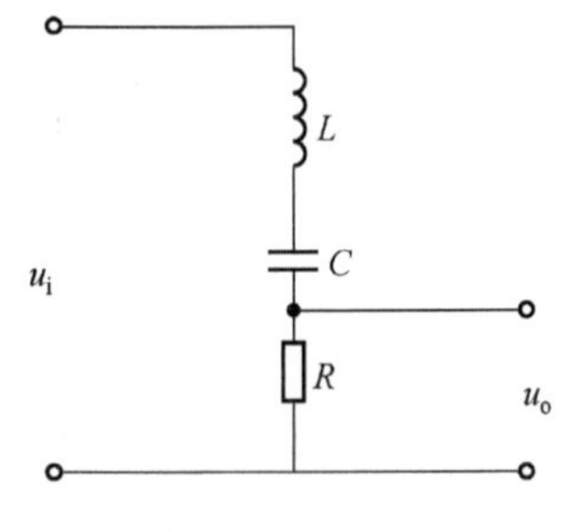

图 1-2-28　题 1-2-16 图

18. 已知电路如图 1-2-29 所示，三回路的谐波频率分别为 f_1、f_2、f_3，且 $f_1>f_2>f_3$，三个频率相差不大，问这是

什么滤波电路?

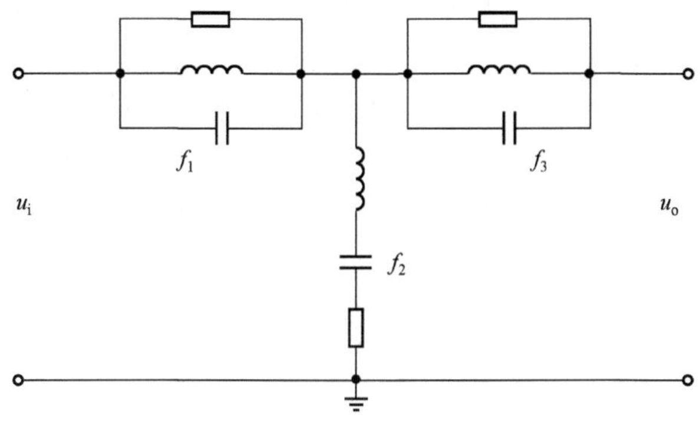

图 1-2-29　题 1-2-18 图

A. 低通　　B. 高通　　C. 带通　　D. 带阻

19. 在上题图 1-2-29 电路中,若三个电容均由铝电解电容改为钽电解电容,则滤波电路的损耗及选频特性将(　　)。

A. 损耗均减小,选频特性变得更差　　B. 损耗均减小,选频特性变得更好

C. 损耗均加大,选频特性变得更差　　D. 损耗均加大,选频特性变得更好

20. 在图 1-2-29 电路中,若三个电感均选用高 Q 电感器,但电感量不变,则滤波电路的带内衰减量及选频特性将(　　)。

A. 带内衰减量更大,选频特性变得更好　　B. 带内衰减量更大,选频特性变得更差

C. 带内衰减量变小,选频特性变得更好　　D. 带内衰减量变小,选频特性变得更差

21. 已知电路如图 1-2-30 所示,这是什么滤波电路?(　　)

A. 低通　　B. 高通　　C. 带通　　D. 带阻

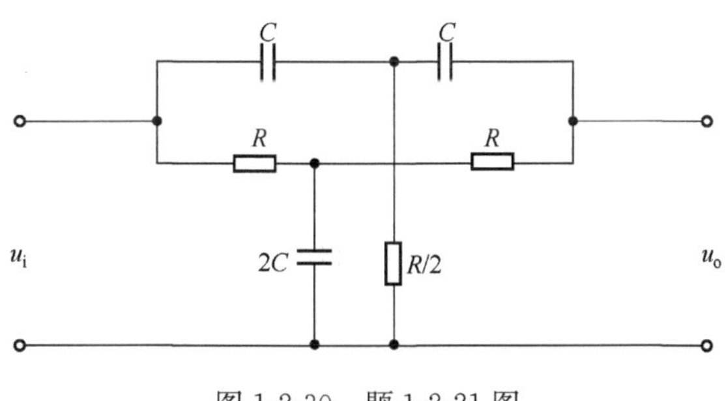

图 1-2-30　题 1-2-21 图

22. 巴特沃斯滤波器、切比雪夫滤波器、贝塞尔滤波器、椭圆函数滤波器等四种滤波器中,通带内频幅特性最平、起伏最小的滤波器是(　　)。

A. 巴特沃斯滤波器　　B. 切比雪夫滤波器

C. 贝塞尔滤波器　　D. 椭圆函数滤波器

23. 巴特沃斯滤波器、切比雪夫滤波器、贝塞尔滤波器、椭圆函数滤波器等四种滤波器中,通带内幅频特性的幅度起伏以振荡形式均匀分布(起伏约 0.5dB)的滤波器是(　　)。

A. 巴特沃斯滤波器　　B. 切比雪夫滤波器

C. 贝塞尔滤波器　　D. 椭圆函数滤波器

24. 巴特沃斯滤波器、切比雪夫滤波器、贝塞尔滤波器、椭圆函数滤波器等四种滤波器中，通带内相频特性最平、起伏最小的滤波器是(　　)。

A. 巴特沃斯滤波器　　B. 切比雪夫滤波器

C. 贝塞尔滤波器　　D. 椭圆函数滤波器

25. 巴特沃斯滤波器、切比雪夫滤波器、贝塞尔滤波器、椭圆函数滤波器等四种滤波器中，其幅频特性具有陡峭边缘或狭窄过渡频带的滤波器是(　　)。

A. 巴特沃斯滤波器　　B. 切比雪夫滤波器

C. 贝塞尔滤波器　　D. 椭圆函数滤波器

26. 巴特沃斯滤波器、切比雪夫滤波器、贝塞尔滤波器、椭圆函数滤波器等四种滤波器中，按频率特性区分为(　　)。

A. 均为高通滤波器

B. 均为低通滤波器

C. 前二者为低通滤波器，后二者为高通滤波器

D. 前二者为低通滤波器，后二者为带通滤波器

27. 已知电路如图 1-2-31 所示，这是什么滤波电路？(　　)

A. 无源低通　B. 有源低通　C. 无源高通　D. 有源高通

28. 已知电路如图 1-2-32 所示，这是什么滤波电路？(　　)

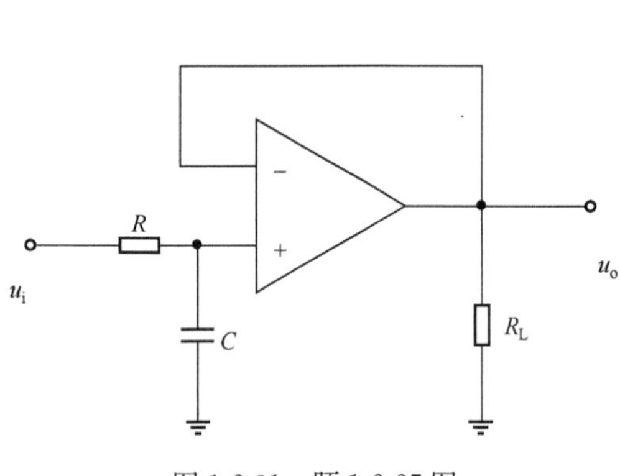

图 1-2-31　题 1-2-27 图

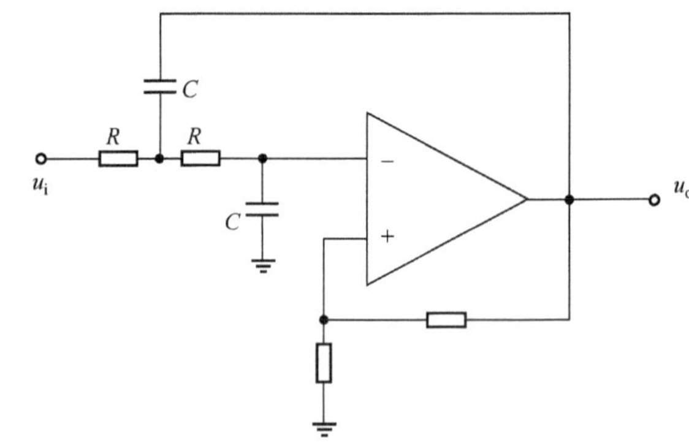

图 1-2-32　题 1-2-28 图

A. 一阶有源低通　B. 二阶有源低通　C. 一阶有源高通　D. 二阶有源高通

29. 已知某滤波电路的传递函数为 $A(S)=\dfrac{1}{S^2+\sqrt{2}S+1}$，则此电路属于哪种滤波电路(　　)。

A. 二阶带通滤波器　　B. 二阶带阻滤波器

C. 二阶低通滤波器　　D. 二阶高通滤波器

30. 已知某滤波电路的传递函数为 $A(S)=\dfrac{2S}{S^2+0.2S+1}$，则此电路属于哪种滤波电路(　　)。

A. 二阶带通滤波器　　B. 二阶带阻滤波器

C. 二阶低通滤波器　　D. 二阶高通滤波器

五、填空题、是非题、选择题答案

(一) 填空题

1. 电磁,磁电转换
2. 几十赫兹～百千赫兹,低,中频
3. 将分布参数传输线,普通变压器工作机理
4. 特性阻抗,插入损耗,上限截止频率
5. 铁芯(硅钢片),薄膜合金,铁氧体磁性材料
6. 工作频率高(达千兆赫兹),能量损耗小
7. 1,0,∞
8. 全部传输至,储能,耗能
9. 电压变换,电流变换,阻抗变换
10. 带阻,带通
11. 陡峭,好
12. 平坦,常数
13. 成正比,群延时(群时延)
14. 0°,−90°
15. 90°,0°
16. 90°,−90°
17. −90°,90°
18. 几兆赫兹,吉赫兹,中、低频
19. 常数,无关
20. 连续时间,经过量化的编码,离散时间
21. 开关电容电路,开关电流电路,由电荷耦合器件构成的电路
22. 零点,极点
23. 级联法,替代法,运算仿真法
24. 抽样信号,数字序列,连续信号
25. 无限长单位样值响应(IIR)
有限长单位样值响应(FIR)
26. 低通,高通,带通,带阻,全通

(二) 是非题

1. ×	2. √	3. ×	4. √	5. ×	6. ×	7. √	8. √	9. ×	10. √
11. √	12. ×	13. ×	14. ×	15. √	16. √	17. √	18. √	19. ×	20. ×
21. ×	22. √	23. ×	24. √	25. √	26. ×				

(三) 选择题

1. B	2. C	3. A	4. C	5. D	6. D	7. B	8. A	9. D	10. C
11. D	12. D	13. A	14. C	15. B	16. C	17. A	18. D	19. B	20. A
21. D	22. A	23. B	24. C	25. D	26. B	27. B	28. B	29. C	30. A

第二章　信号简介与 RLC 基本电路

第一部分　信号简介

一、问答题

1. 什么是信息？什么是信号(电信号)？

答:信息——某种事件的物理表述形式,如语言、文字、图像、编码等都是一种信息(消息)要传递的方式。

信号——信息的表现形式,信息是信号的具体内容,通常信号是随时间变化的某种物理量,是信息的载体。

电信号通常是指随时间而变化的电压或电流,也可以是电容上的电荷,线圈中的磁通,空间的电磁波等的变化,也可以是开关的通断,光照的有无等。

2. 按幅值与时间关系,电信号通常分几大类？

答:通常分模拟信号、数字信号、离散信号三大类。

3. 按信号用途区分,电信号通常分几大类？

答:通常分语音信号(有时也称音频信号)、图像信号(有时也称视频信号)、温度信号、压力信号、光信号等。

4. 什么是模拟信号？试举例说明。

答:时间和幅值均为连续的信号称为模拟信号,即为连续时间信号。如 220V 交流供电信号,正弦信号源的输出信号等均为模拟信号,另外如温度随时间变化的信号,光照强弱变化的信号等均属于模拟信号之列。图 2-1-1 为模拟信号实例。

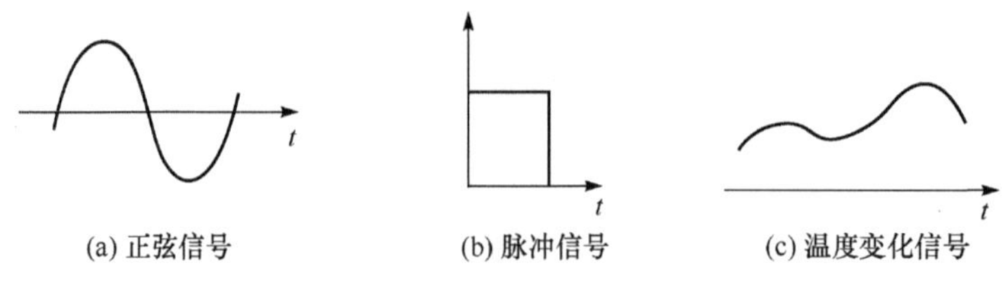

图 2-1-1　题 2-1-4 解

5. 什么是离散信号？试举例说明。

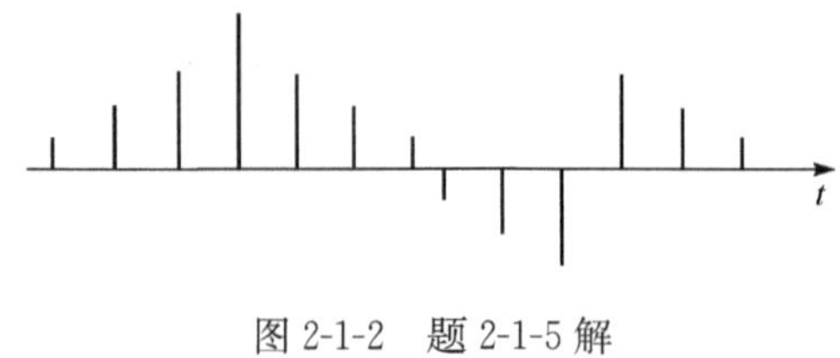

图 2-1-2　题 2-1-5 解

答:时间是离散的但幅值在特定位置上有确定值的信号称为离散信号,也称离散时间信号,它只有在某些不连续的某些瞬时才给出函数值,而在其他时间则无定义。如 A/D 转换中对模拟信号各个抽样点的值即为离散信号。图 2-1-2 为离散信号一例。

6. 什么是数字信号？试举例说明。

答: 在时间上离散,在幅值上有两个或多个离散值(其值均为某个最小数量整数倍)的信号即为数字信号。如幅值为 0、1 的二进制数码、多电平(其幅值有多个离散值)的数码等均为数字信号。如图 2-1-3 所示。

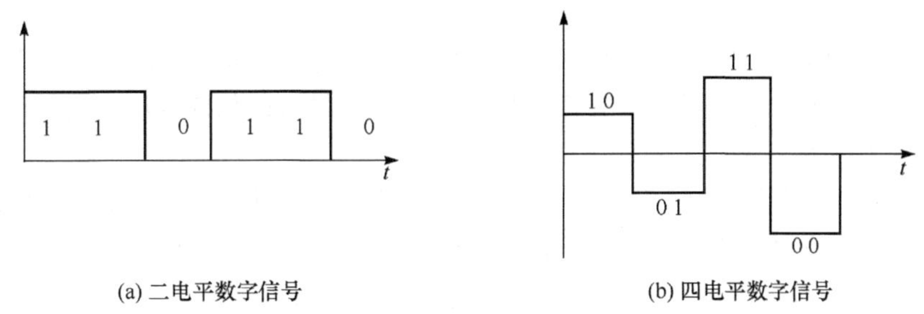

图 2-1-3　题 2-1-6 解

7. 什么是周期信号？试举例说明。

答:所谓周期信号就是依一定时间间隔周而复始，且是无始无终的信号，它的表达式可写作 $f(t)=f(t+NT)$，式中，$N=0,\pm1,\pm2,\cdots$(任意整数)，T 称为信号的周期，若此 T 趋于无限大，则成为非周期信号，图 2-1-4 中所述各例均属周期信号。

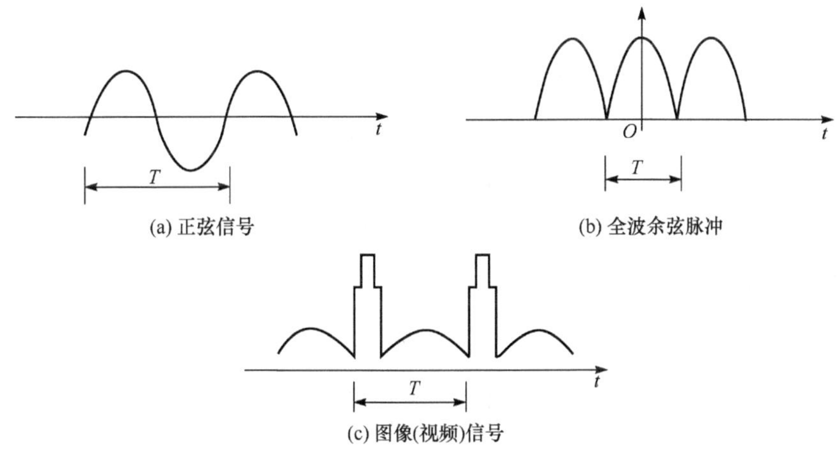

图 2-1-4　题 2-1-7 解

8. 什么是随机信号？试举例说明。

答:不可预知的无确定性的信号称为随机信号。即随机信号不是一个确定的时间函数，当给定一个时间值时，其函数值并不确定，而只是知道此信号取某一数值的概率。严格地说，除了信号发生器所产生的有规律的信号外，一般的信号都属于随机信号。通信广播系统中所传送的信号也不例外，因为信号如果是完全确定了的时间函数，就不可能得到任何新的信息，这就失去了通信广播的目的。

9. 语言(音乐)信号是什么样的信号？

答:语音(音乐)信号属于随机信号，人们无法预知或确定它的未来。但在工程或实验研究中，在一定时间内仍可对它作近似处理，视其为周期信号，如此可使问题分析大大简化。

10. 以 0、1 表述的数字信号(数码)是什么样的信号？

答:以 0、1 表述的数字信号也属于随机信号，它未来的状态(即下一时刻或时段的表述)是无法预知和确定的。但在工程实践或作分析研究时，在一定时间内仍可对它作近似处理，视其为周期信号，如此可使问题大大简化。

11. 信号（电信号）的表述方法有几种？其各有何特点？各用什么仪器检测？

答：有两种：

时域法——以时间为变量的时间函数表达法。即常见的以时间为横坐标，电压或电流为纵坐标的波形表达法。这种表达法的特点是直观、概念清楚，在某种程度上能反映事物的变化本质或趋势，可用示波器对它进行观察和测量。

频域法——以频率（或角频率）为变量的频率函数表述法，即常见的以频率为横坐标，幅值或相位角为纵坐标的频率特性表示法，这种表述法的特点是简单、作图方便、便于分析，它在研究信号带宽时十分有用，可用频谱分析仪对它进行观察与测量。

12. 信号的时域表述与频域表述间有何关系。它们间如何转换？

答：同一种事物（信号）用两种不同方式表述，这两种方式必定会有直接关系。信号的时域表述与频率表述由数学上的傅里叶变换联系在一起。即信号的频域函数是由其时域函数作傅里叶正变换而得，信号的时域函数是其频域函数作傅里叶反变换而得。对连续信号而言，它们的数学关系归纳为：

傅里叶正变换（由时域函数变换至频域函数）

$$F(\omega)=\mathscr{F}[f(t)]=\int_{-\infty}^{\infty}f(t)\mathrm{e}^{-\mathrm{j}\omega t}\mathrm{d}t$$

傅里叶反（逆）变换（由频域函数变换至时域函数）

$$f(t)=\mathscr{F}^{-1}[f(\omega)]=\frac{1}{2\pi}\int_{-\infty}^{\infty}F(\omega)\mathrm{e}^{\mathrm{j}\omega t}\mathrm{d}\omega$$

13. 写出周期信号的傅里叶级数展开式，并举一实例。

答：设周期信号为 $f(t)$，当它满足狄里赫利条件时，它即可展开成三角形式的傅里叶级数，由此可得到此信号所包含的各种频率分量

$$f(t)=a_0+\sum_{n=1}^{\infty}(a_n\cos n\omega_1 t+b_n\sin n\omega_1 t)$$

例：如图 2-1-4(b)全波余弦半波脉冲信号的傅里叶级数开示为

$$f(t)=\frac{2E}{\pi}+\frac{4E}{3\pi}\cos 2\omega_0 t-\frac{4E}{15\pi}\cos 4\omega_0 t+\frac{4E}{35\pi}\cos 6\omega_0 t+\cdots$$

即全波余弦半波脉冲中含有直流分量，2 次谐波余弦分量，4 次谐波余弦分量等偶次谐波项，由于 $f(t)$为偶函数，故其分解式中无奇次谐波及正弦谐波（奇函数）项。

14. 试用图解法表述一个方波信号所含的各频率分量。

答：方波的分解情况如图 2-1-5 所示。

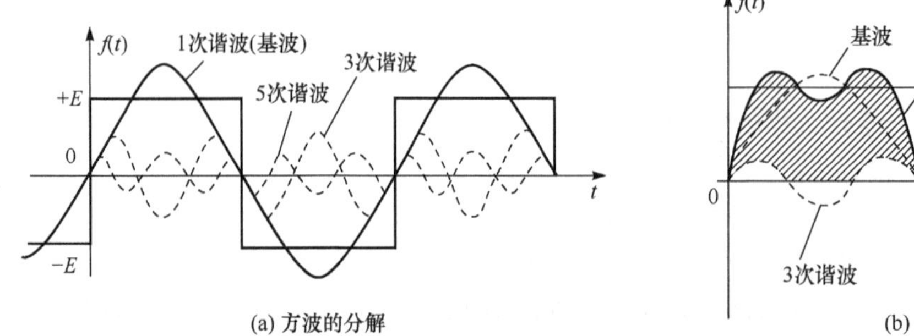

(a) 方波的分解

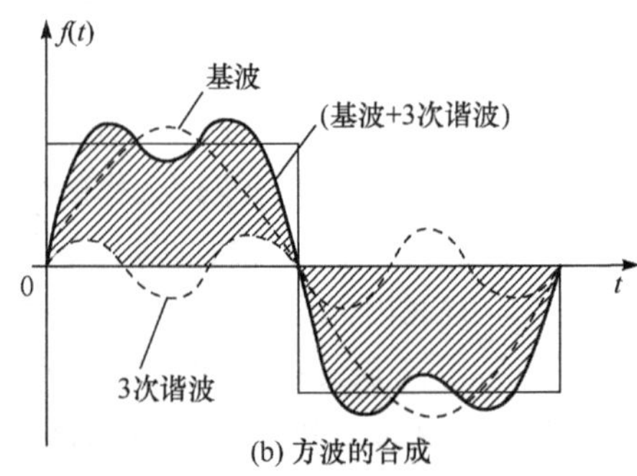

(b) 方波的合成

图 2-1-5　题 2-1-14 解

15. 写出上题方波信号的傅里叶级数展开式。

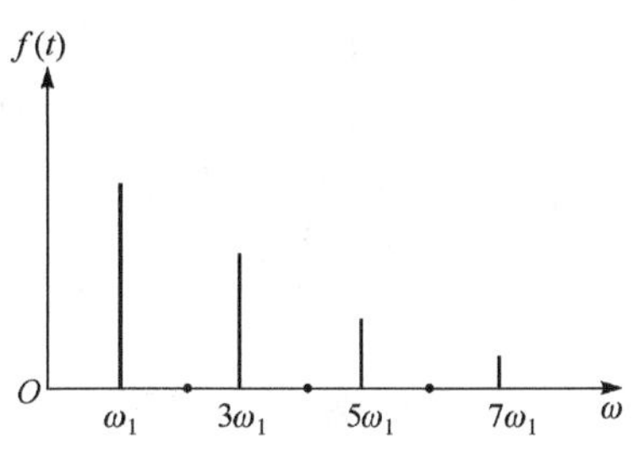

图 2-1-6　题 2-1-15 解

答:其傅里叶级数展开式为

$$f(t)=\frac{4E}{\pi}\left(\sin\omega_1 t+\frac{1}{3}\sin3\omega_1 t+\frac{1}{5}\sin5\omega_1 t+\cdots\right)$$

其频谱图如图 2-1-6 所示。由图可见,谐波次数愈高,其幅值愈小,函数是收敛的。

16. 上题中,由方波的分解与合成,能得出什么有用的结论?试举例说明。

答:有用的主要之点是:

(1) 对称于横轴的方波其分解后无直流分量;

(2) 对称于纵轴的偶函数,其分解后无奇函数(正弦量)分量出现;

(3) 对称于一、三象限的奇函数,其分解后无偶函数(余弦量)分量出现;

(4) 一个方波(或脉冲)的前后沿是否陡峭与其所含高次谐波分量的多少有关,其所含的高次谐波愈多,则其前后沿就愈陡峭。通常取 9-11 次谐波合成,则合成后波形的前后沿的陡度即能满足工程或实验的要求,因为谐波分量的幅值随谐波次数的升高而降低。

(5) 一个方波的顶部是否平坦,与其所含低次谐波(主要是一次谐波)有关。

实例:一个黑白图形,其对应的电信号就是高低电平变化,如果此信号经过放大器后由低至高的电平不是跳变而上,则恢复出的图像必定在黑白条带之间出现灰暗等级,如此图像的清晰度即下降。究其原因是放大器的带宽不够,将输入脉冲中的高频成分给衰减或削弱了,其示意图如图 2-1-7 所示。

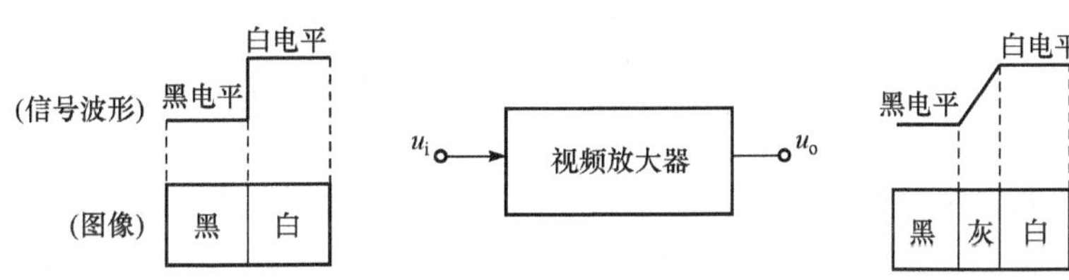

图 2-1-7　题 2-1-16 解

17. 已知电路如图 2-1-8 所示,输入信号为周期 1μs 的方波信号,RLC 串联回路调谐于 1MHz 的频率上,则在电阻 *R* 上输出的是什么信号?为什么?(设回路的品质因素 *Q* 值足够大)

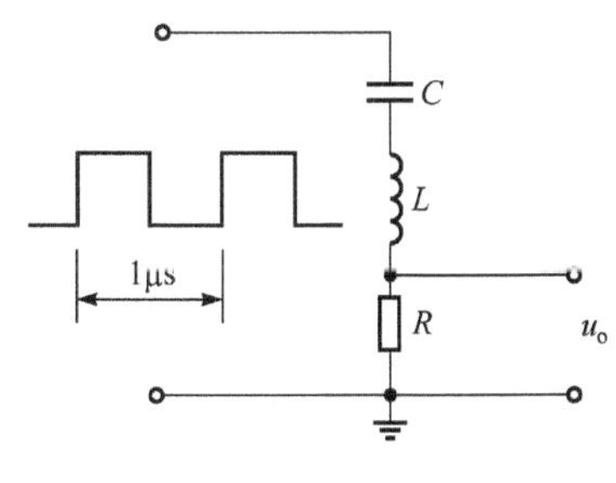

图 2-1-8　题 2-1-17 图

答:(1) 在 R 上输出的是频率为 1MHz 的正弦信号。

(2) 原因:周期为 1μs 的方波,其基波分量即为 1MHz 的正弦或余弦信号。RLC 串联回路正好调谐于此频率上,故能将此基波分量选出,而滤除其他分量。在高频丁类(D 类)放大器中常利用这一选频电路。

18. 已知周期性余弦半波脉冲信号如图 2-1-9 所示,试完成以下各题。

(1) 此信号是否含有直流分量?

(2) 此信号是否含有正弦分量?

(3) 写出它的傅里叶级数展开式。

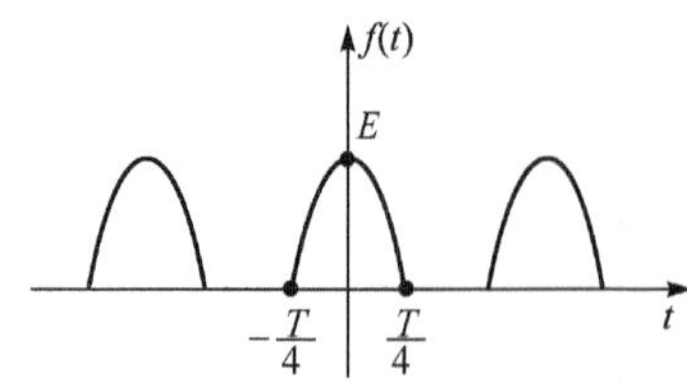

图 2-1-9　题 2-1-18 图

答:(1) 有直流分量,因为这一信号的波形不对称于横轴。

(2) 无正弦信号分量,因为这一信号对称于纵轴,为偶函数。

(3) 其傅里叶级数展开式为

$$f(t)=\frac{E}{\pi}+\frac{E}{2}\left(\cos\omega_1 t+\frac{4}{3\pi}\cos2\omega_1 t-\frac{4}{15\pi}\cos4\omega_1 t+\cdots\right)$$

可见,周期性余弦半波信号中含有直流、基波和偶次谐波分量。

19. 已知周期性锯齿脉冲信号如图 2-1-10 所示,试完成以下各题。

(1) 此信号是否含有直流分量?

(2) 此信号是否含有余弦分量?

(3) 写出它的傅里叶级数展开式。

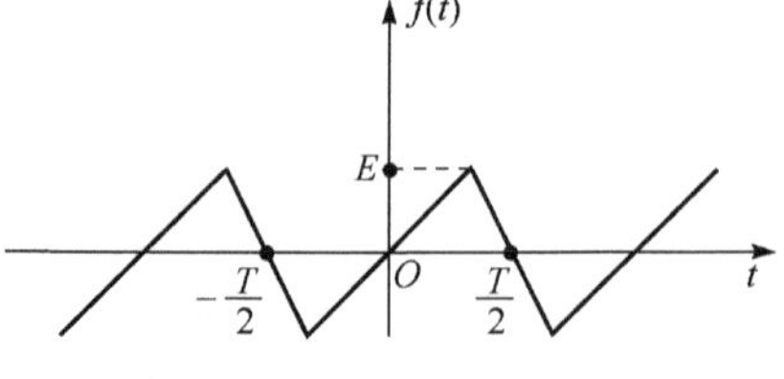

图 2-1-10　题 2-1-19 图

答:(1) 无直流分量,因为这一信号的波形对称于横轴;

(2) 无余弦分量,因为这一信号的波形在第一、三象限中对称(以原点为对称),为奇函数;

(3) 其傅里叶级数展开式为

$$\begin{aligned}f(t)&=\frac{2E}{\pi}\left(\sin\omega_1 t-\frac{1}{2}\sin2\omega_1 t+\frac{1}{3}\sin3\omega_1 t-\frac{1}{4}\sin4\omega_1 t+\cdots\right)\\&=\frac{2E}{\pi}\sum_{n=1}^{\infty}(-1)^{n+1}\frac{1}{n}\sin n\omega_1 t\end{aligned}$$

可见,此周期锯齿形脉冲信号中只含有正弦分量,其谐波的幅度以 $1/n$ 的规律收敛,下降速度稍慢。

20. 一个周期为 1μs 的理想方波信号要尽可能使幅度不失真的通过某一网络或放大器,则此网络或放大器的上、下限截止频率大致为多少? 为什么?

答:给定方波的周期 $T=1\mu s$,由此可求出此方波的基波频率为

$$F_1=1/T=1/10^{-6}=1\text{MHz}$$

根据方波的傅里叶级数展开可知,若要其幅度不失真的通过较理想的方波,就必须让方波的基波及 9～11 次高次谐波通过,由此可得此网络或放大器的上、下限截止频率为

$$f_L<1\text{MHz}$$

$$f_H>(9\sim11)f_1=(9\sim11)\text{MHz}$$

21. 周期信号与非周期信号的频谱各有何特点? 试举例说明。

答:周期信号的频谱—是离散的线状谱,其谐波幅度随谐波次数增高而下降,即函数是收敛的,上述 13、15、18、19 题各例充分证明了这一点。

非周期信号的频谱—是连续的面状谱,其谐波成分有无限多。如开关脉冲、阶跃脉冲、冲击函数等的频谱均如此,这些信号能对各种频段的电路与系统产生干扰。

22. 何为傅里叶变换? 它与傅里叶级数有何不同?

答:傅里叶变换是针对非周期信号作时域、频域间转换的一种数学表述。因为非周期信号可看成是周期信号的周期 T 趋于无限大而得到的结果,因此可以用周期信号的傅里叶级数通过极限的方式导出非周期信号的频谱表达式。此变换即称为傅里叶变换,与周期信号类似,由

时域至频域，用傅里叶正变换，由频域至时域用傅里叶反(逆)变换

$$F(\mathrm{j}\omega)=\mathscr{F}[f(t)]=\int_{-\infty}^{\infty}f(t)\mathrm{e}^{-\mathrm{j}\omega t}\mathrm{d}t$$

$$f(t)=\mathscr{F}^{-1}[f(\mathrm{j}\omega)]=\frac{1}{2\pi}\int_{-\infty}^{\infty}F(\omega)\mathrm{e}^{\mathrm{j}\omega t}\mathrm{d}\omega$$

其中，$F(\omega)$是 $f(t)$信号的频谱函数，它一般是复函数，可写成

$$F(\mathrm{j}\omega)=|F(\omega)|\mathrm{e}^{\mathrm{j}\varphi(\omega)}$$

23. 已知单位阶跃信号的波形如图 2-1-11 所示，请问这是周期信号还是非周期信号，它所含的频率成分是怎样的？

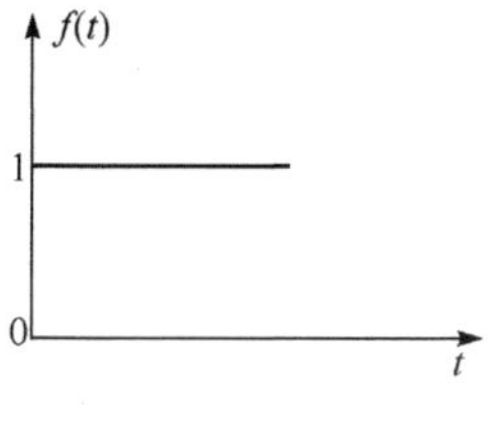

图 2-1-11　题 2-1-23 解

答：这是非周期信号，故其频谱是连续的，即其含有很多的频率成分；又由于它的上升沿十分陡直，故它一定含有许多高频分量。

电路接通电源的瞬间，其直流供电电压的建立即是阶跃信号一例。

24. 何谓互为正交的函数(或互为正交的信号)？试举例说明。

答：满足两函数积之积分为零的两函数即互为正交的函数，即满足下述关系的 $f_1(t)$和 $f_2(t)$即互为正交

$$\int_{t_1}^{t_2}f_1(t)f_2(t)\mathrm{d}t=0$$

例如：正弦与余弦函数它们在相位上相差 90°，其二者乘积的积分等于 0，故它们即互为正交，属正交函数。在电视与通信中，正交函数的应用十分广泛。

25. 何谓拉普拉斯变换(简称拉氏变换)？它在电子技术中有何应用？

答：拉普拉斯变换是研究时域与复频域(S 域)函数关系(变换)的一种数字方法。拉氏变换可以理解为一种广义的傅里叶变换。

在电子技术中常遇到的指数函数、超越函数以及有不连续点的函数(信号)，它们经拉氏变换可变换成简单的初等函数。对于非周期的具有不连续点的函数，若用经典法求解则比较繁琐，而用拉氏变换方法就很简单。因此拉氏变换在信号与系统的分析中具有十分重要地位，它的主要缺点是物理概念被冲淡或掩盖。

26. 拉普拉斯变换与傅里叶变换有什么相同相异之处？写出它们的变换式。

答：这两种变换定义的表示形式相似，它们的性质也有许多相同之处，概括而言，傅里叶变换是研究信号时域与频域间相互关系(变换)的一种数学方法，而拉氏变换则是研究信号时域与复频域间相互关系的一种数学方法，二者的表达式为

$$F(\omega)=\int_{-\infty}^{\infty}f_1(t)\mathrm{e}^{-\mathrm{j}\omega t}\mathrm{d}t \qquad \text{——傅里叶变换(正变换)}$$

$$F(s)=\int_{0}^{\infty}f(t)\mathrm{e}^{-st}\mathrm{d}t \qquad \text{——拉普拉斯变换(正变换)}$$

由频域(复频域)到时域的反(逆)变换

$$f(t)=\frac{1}{2\pi}\int_{-\infty}^{\infty}F(\omega)\mathrm{e}^{\mathrm{j}\omega t}\mathrm{d}\omega \qquad \text{——傅里叶反变换(逆变换)}$$

$$f(t)=\frac{1}{2\pi\mathrm{j}}\int_{\sigma-\mathrm{j}\infty}^{\sigma+\mathrm{j}\infty}F(s)\mathrm{e}^{st}\mathrm{d}s \qquad \text{——拉普拉斯反变换(逆变换)}$$

式中，$s=\delta+\mathrm{j}\omega$；$\mathrm{d}s=\mathrm{d}\delta+\mathrm{j}\mathrm{d}\omega$；$f(t)$为原函数 $F(s)$为象函数。

上述表明，傅氏变换实际上是拉氏变换中取 $S=j\omega$ 的一种特殊结果。其主要优点是物理概述十分清楚，并便于将数学分析与实际测量相结合。

27. 何谓傅里叶变换的频移特性？它在电子技术中有何应用？

答：傅里叶变换的频移特性即为：若时间信号 $f(t)$ 乘以 $e^{j\omega_0 t}$，则等效于 $f(t)$ 的频谱 $F(\omega)$ 沿频率轴搬移 ω_0 值。

在电子技术中的调制与解调就是这一特性的典型应用。例如要将频率为 1kHz 的余弦信号 $\cos 2\pi\times10^3 t$ 的频谱搬移至 1MHz 处，则将它乘以 $\cos 2\pi\times10^6 t$ 即可

$$\cos 2\pi\times10^3 t\cdot\cos 2\pi\times10^6 t=\frac{1}{2}\cos 2\pi(10^6+10^3)t+\frac{1}{2}\cos 2\pi(10^6-10^3)t$$

28. 何谓信号处理？信号处理的目的是什么？

答：对信号进行加工、变换、改造等的工作即为信号处理。其目的主要是为了更好传输、更方便分析、更有利应用，如：

要对弱信号进行放大，对强信号进行衰减，要选出有用信号而滤除不需要的干扰与噪声，要对基带信号进行调制，以便于信道传输，要对模拟信号进行 A/D 变换，以利于信息的智能化处理，要对数字信号进行加密与解密，以使知识产权得到保护，要对图像信号进行数据压缩，以降低其带宽和数据速率等等，所有这些工作都属于信号处理。

29. 何谓电路？何谓网络？试举例说明。

答：由导线（或波导）将电源、元器件等按一定规则连接在一起，并能实现一定功能的装置即为电路。如能对信号进行放大的放大电路，能提供能源的 220V 交流供电电路，能滤除干扰而使所需频率信号通过的滤波电路等等。电路也称为电网络或网络，当研究一般性的抽象规律时多用网络一词，而讨论一些指定的具体问题时常称之为电路。

30. 何谓系统？试举例说明。

答：由若干相互作用和依存的单元（电路）或设备，并按一定原理组合而成的具有某种功能的整体即为系统。

系统有大小之分：如一组放大器，可能称为一个放大系统，一个能接收广播信号的装置可称为一个接收系统……这些系统规模较小，也不复杂，人们常称其为小系统。而像通信系统、电视广播系统、导航系统、计算机系统等则是规模很大的大系统。

31. 何谓系统模型？试举例说明。

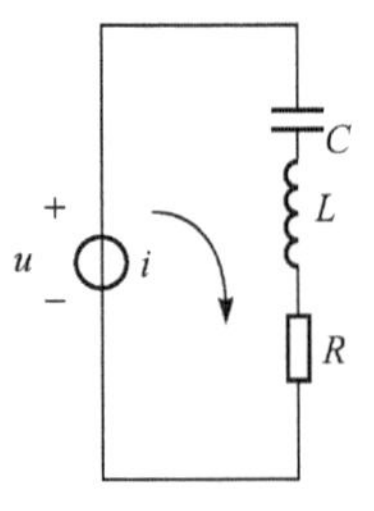

图 2-1-12　题 2-1-31 解

答：所谓系统模型是指系统物理特性的数学抽象，即以数学表达式或具有理想特性的符号组合图形（电路）来表征系统特性的一种方式。

例如：由 RLC 三大元件组成的电路（系统）模型如图 2-1-12 所示，这是一个很简单的电路，其数学模型如下列微分方程所示

$$u=Ri+L\frac{\mathrm{d}i}{\mathrm{d}i}+\frac{1}{c}\int_0^t i\mathrm{d}t$$

32. 何谓连续时间系统？何谓离散时间系统？简述它们的区别，并举实例说明。

答：连续时间系统—其输入、输出都是连续时间信号，系统的数学模型是微分方程，我们熟知的 RLC 电路、模拟放大电路等均属此类。

离散时间系统——其输入、输出都是离散时间信号，系统的数学模型是差分方程，数字计算机即为典型的离散时间系统。

33. 何谓线性系统与非线性系统？试举例说明。

答：线性系统——由线性元器件组成并具有叠加性与均匀性(也称齐次性)的系统。如线性元件 R、C 所组成的电路，小信号放大电路等均属线性系统，其数学模型常为微分方程。

非线性系统——由非线性元器件组成并不满足叠加性或均匀性的系统。如乙类功率放大电路，频率变换电路(如调制解调电路)，变容管振荡电路，非线性电感补偿电路等均属非线性系统。但非线性元器件在一定条件下，可以看成是线性元件。

34. 何谓系统的叠加性和均匀性(齐次性)？

答：系统的叠加性—若有多个激励(信号)同时作用于某系统(电路)上时，系统的总响应(总输出)等于各个激励单独作用于系统所产生响应(输出)之和的特性，即

若 $e_1(t)\to r_1(t)$，$e_2(t)\to r_2(t)$，$e_3(t)\to r_3(t)$

则 $e_1(t)+e_2(t)+e_3(t)\to r_1(t)+r_2(t)+r_3(t)$

系统的均匀性(齐次性)—当输入激励(信号)改变(增大或缩小)为原来 K 倍时，输出响应也改变(增大或缩小)为原来的 K 倍的特性，即

若 $e_1(t)\to r_1(t)$，$e_2(t)\to r_2(t)$

则 $k_1e_1(t)\to k_1r_1(t)$，$k_2e_2(t)\to k_2r_2(t)$

在一般情况下，符合叠加条件的系统同时也具有均匀性(齐次性)。

35. 系统分析的主要任务是什么？

答：这里的系统分析着重于线性时不变系统的分析。因为这类系统是常用系统，而且，还有一些非线性系统或时变系统在限定范围与指定条件下，也遵循线性时不变系统的规律，另外线性时不变系统的分析已日趋完善与成熟。

系统分析的主要任务：通常是在给定系统(电路)的结构和参数的情况下，去研究系统的特性，如已知系统的输入激励、分析与求导输出响应，也可从已知的输入激励与输出响应分析系统内部的特性等。

36. 系统分析的主要步骤有哪些？

答：主要有如下几步：

(1) 建立系统的数学模型(代数方程、微分方程等)；

(2) 运用数学模型进行分析与处理。如解出系统在一定初始条件和一定的输入激励下的输出响应(时域响应或频域响应)；

(3) 对所得的数学解给以物理解释，赋予物理意义。

37. 系统的数学描述有几类？请简述之。

答：系统的数学描述主要两大类型、分别为：

输入、输出描述法——着眼于系统输入激励与输出响应之间的关系描述，对系统内部的变量并不关心。如对放大器的分析、触发电路等单输入、单输出系统的分析。

状态变量描述法——此法不仅可以给出系统的响应，还可提供系统内部各变量的情况。主要用于多输入、多输出系统的分析，它也便于利用计算机求解。

系统数学模型的求解方法大体上又分为时间域方法和变换域方法两大类型。

38. 常用的系统模型变换域数学分析方法主要有哪几种？

答：主要有如下几种：

(1) 傅里叶变换(FT)——将信号与系统模型的时间变量函数变换成相应的频率域的变量函数。

(2) 拉普拉斯变换(LT)与 Z 变换——注重研究零点与极点的分布,利用 S 域(复频域)或 Z 域的特性来解释现象与说明问题。

(3) 离散傅里叶变换(DFT)、离散沃尔什变换(DWT)——离散系统中对正交变换的分析与解说。

(4) 快速傅里叶变换(FFT)——用来计算离散傅里叶变换的高效率算法。应用这种快速算法比直接用离散傅里叶变换算法,在速度上要提高大约$\frac{N}{\log_2 N}$倍,点数 N 值越大,提高速度的倍数也越大。例:$N=32$ 时,其计算速度提高 6.4 倍,$N=128$ 时,速度提高 18.3 倍。

39. 何谓 Z 变换?

答:在离散时间信号(即序列)与系统中,求解差分方程是较为困难的,可以通过一种变换域的方法,将问题从离散的时域变换到一个 Z 域,这样就可以将求解线性差分方程的工作转换为求解线性代数方程的工作,从而使分析、计算大大简化,这种变换即为 Z 变换。

40. 何谓系统(电路)函数的零、极点?

答:已知某电路系统如图 2-1-13 所示,其系统函数 $H(S)$(也称传递函数)可用下式表示

$$H(S)=\frac{R(S)}{E(S)}=\frac{a_m(S-Z_1)(S-Z_2)\cdots\cdots(S-Z_n)}{b_n(S-P_1)(S-P_2)\cdots\cdots(S-P_n)}$$

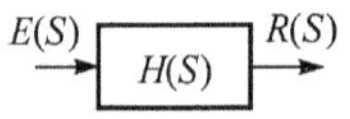

E(S) → H(S) → R(S)

图 2-1-13 题 2-1-40 题

式中,a_i、b_i 均为系数;m、n 均为正整数。

由 $H(s)$式可了解电路系统零、极点的含义:

零点——使函数 $H(s)=0$,即分式中使分子为零的 $s=z_i$ 任一根值 z_i。

极点——使函数 $H(s)=\infty$,即分式中使分母为零的 $s=p_i$ 任一根值 p_i。

41. 系统零、极点分析有何实际意义?

答:主要有如下几点:

(1) 可以预言系统的时域特性,便于划分系统响应的各个分量,也可用来说明系统的正弦稳态响应特性;

(2) 有利于网络、控制系统中频率响应特性的分析与综合;

(3) 有利于系统稳定性的研究,如常常用于放大器或反馈系统的稳定性判别以及用来说明自激振荡器建立自激振荡的条件。

42. 给定如下信号的时域波形,如图 2-1-14 所示,要求写出它的 $H(s)$表达式,并画出它们在复平面上零、极点分布图。

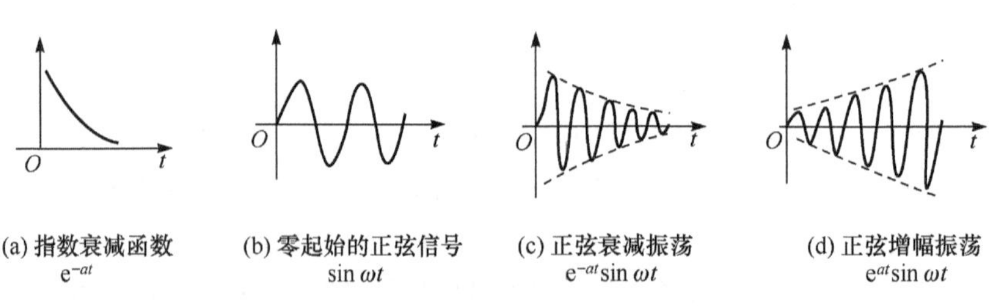

(a) 指数衰减函数 e^{-at}　(b) 零起始的正弦信号 $\sin\omega t$　(c) 正弦衰减振荡 $e^{-at}\sin\omega t$　(d) 正弦增幅振荡 $e^{at}\sin\omega t$

图 2-1-14 题 2-1-42 图

答:各波形的零、极点的分布及 $H(s)$ 表达式如图 2-1-15 所示。

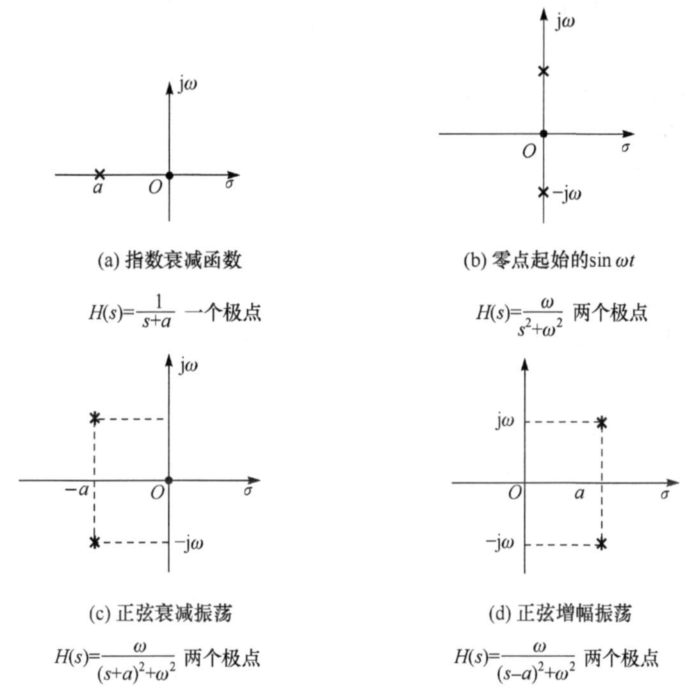

图 2-1-15　题 2-1-42 解

43. 根据系统在复平面上零、极点的位置,可否初步判别该系统的工作状态?

答:可以,简述如下:

(1) 若极点位于 S 平面的左半侧的实轴上,则表明系统响应是指数衰减形式,系统稳定。若极点位于 S 平面的右半侧的实轴上,则表明系统响应是指数增长(增幅)形式,系统不稳定。

(2) 若两个共轭极点位于纵轴的 $\pm \mathrm{j}\omega$ 位置,则表明系统响应为等幅振荡。

(3) 若两个共轭极点位于左半平面上的 $(-a\pm \mathrm{j}\omega)$ 位,则表明系统响应为正弦衰减振荡,系统稳定。

上述几种情况读者可参阅图 2-1-15。

二、填空题

1. 信号是消息的__________,消息是信号的__________。

2. A/D 转换器输入的是__________信号,其输出的是__________信号。

3. D/A 转换器的输入的是__________信号,其输出的是__________信号。

4. __________和__________均为连续的信号称为模拟信号。

5. 非电类信号可以通过__________转换成电信号;同样,电信号也可通过__________转换成非电类信号。

6. 数字信号的电平(幅值)可以是__________数码,也可以是__________数码。

7. 连续信号的时域表述,通过__________变换,可转换成频域表述;相反也可将信号的频域表述用__________变换,转换成时域表述。

8. 只要符合一定条件,任何周期信号可以用傅里叶级数展开,分解成__________、

__________和__________分量。

9. 周期性信号可用傅里叶__________表示(展开),非周期信号则用傅里叶__________表示。

10. 周期信号的频谱有三个特性,即__________、__________、__________。

11. 周期信号的频谱是__________的,非周期信号的频谱是__________的。

12. 周期信号的表达式为 $f(t)=f(t+NT)$,式中的__________趋于无穷大时,此信号成为__________信号。

13. 一方波信号通过网络(或放大器),若输出方波的前后沿由陡变坡,则表明此信号中的__________分量损失较多,若方波顶由平变下垂,则表明信号中__________分量损失较多。

14. 一方波信号通过网络(或放大器),若输出方波的前后沿由陡变坡,则表明此网络的__________不够高,若方波的波峰由平变下垂,则表明此网络的__________不够低。

15. 一交直流信号在某电阻上所产生的平均功率应等于__________和__________之和,也等于奇分量功率与偶分量功率之和。

16. 当信号通过一网络(电路)后,若信号中任一频谱分量的幅值或__________发生相对变化,则此网络输出的信号波形将要产生__________。

17. 对模拟信号进行抽样后所得的信号(采样信号)常称为__________信号,量化编码后的信号称为__________信号。

18. 傅里叶变换建立了信号的__________和__________间的联系。

19. 拉普拉斯变换建立了信号的__________和__________间的联系。

20. 拉普拉斯变换将时域中两函数的__________运算,转换为变换域中两函数的__________运算,在此基础上建立了系统函数的概念。

21. 拉普拉斯变换可以很好分析、处理__________系统,而难以分析、处理__________系统。

22. Z 变换是对__________信号与系统进行分析、处理的一种变换域方法,它的输入输出之间的关系可以用__________方程来描述。

23. 数字基带信号是随机的脉冲序列,没有确定的__________,所以只能用__________来描述它的频谱特性。

24. 线性系统一定具有__________性与__________性,这是两个独立要求。

25. 线性时不变系统的基本特性是其输出响应波形仅取决于__________,而与__________的时刻无关。

26. 在线性时不变系统的分析中,系统响应为__________和__________之叠加。

27. 系统的时域数学模型描述通常分__________和__________两大类型。

28. 线性系统就是服从线性方程的系统,这些方程既可以是__________方程,也可以是__________方程,或__________方程。

29. 所谓时不变系统,是指系统的__________不随时间改变的系统,故在同样的起始状态之下,系统响应与激励施加于系统的时刻__________。

30. 在信号的傅里叶分析中,符号“FFT”的含义是__________。

31. 在信号的傅里叶分析中,符号“DFT”的含义是__________。

32. 任意波形信号通过线性系统不产生波形失真的两个条件是系统的幅频特性在输入信号整个频率范围内__________,系统的相频特性应是__________。

33. 系统的时域、频域特性可集中地以其系统函数的__________点和__________点在 S 复平面上的分布体现出来。

34. 极点在左半平面实轴上($-a$)处的系统，其系统的时域波形应为__________，函数表达式为__________。

35. 极点在右半平面实轴上(a)处的系统，其系统的时域波形应为__________，函数表达式为__________。

36. 两极点位于复平面纵轴(虚轴)$\pm j\omega$ 处的系统，其时域波形应为__________，函数表达式为__________。

37. 两共轭极点位于复平面左半面的($-a\pm j\omega$)处的系统，其时域波形应为__________，函数表达式为__________。

38. 两共轭极点位于复平面右半平面的($a\pm j\omega$)处的系统，其时域波形应为__________，函数表达式为__________。

39. 稳定系统的极点一定在复平面的__________，不稳定系统的极点一定在复平面的__________。

40. 等幅正弦振荡系统的极点一定在复平面的__________，阶跃函数的系统其极点一定在复平面的__________。

41. 输出信号中未产生新频率成分的失真称为__________失真，产生新频率成分的失真称为__________失真。

42. 非正弦周期信号的有效值等于其__________与__________之和的开方。

三、是非题

1. 正弦或余弦信号属于周期性的单一频率模拟信号，也称简谐信号。 (　　)

2. 正弦或余弦信号属于周期性的单一频率模拟信号，无法做傅里叶变换。 (　　)

3. 在所讨论的时间间隔内，对任意时间值都有确定的函数值与其对应的信号即称为连续信号，连续信号允许有若干不连续的点。 (　　)

4. 所有模拟信号均为连续信号，都可以用傅里叶级数作分析展开。 (　　)

5. 矩形波信号、锯齿波信号均不属于连续信号，都不可用傅里叶级数展开。 (　　)

6. 指数衰减信号、阶跃信号均属于周期信号。 (　　)

7. 语音、音乐信号在一定条件下，也能近似表现为某种周期变化的波形，也可用周期信号方式来进行分析与处理。 (　　)

8. 从严格意义来说，通信、广播、电视上所传输的信号都具有确定性，都不属于随机信号范畴。 (　　)

9. 周期信号中的周期 T 值若趋于无穷大，则此信号就成为非周期信号。 (　　)

10. 任何信号(周期的、非周期的)都可以用傅里叶级数展开。 (　　)

11. 周期信号的傅里叶级数总是一个收敛性函数，谐波次数愈高，其幅值则愈低。 (　　)

12. 指数信号经微分或积分后，所得的信号仍为指数信号。 (　　)

13. 傅里叶级数中的常数即为信号一个周期中的平均分量，也就是此信号所含的直流分量。 (　　)

14. 时域波形对称于横轴的信号不含直流分量。 (　　)

15. 时域波形对称于纵轴的信号不含余弦分量。 (　　)

16. 时域波形对称于原点(斜对称)的信号为奇函数,其傅里叶级数展开式中无奇次谐波分量。 (　　)

17. 线性系统一定具有叠加性,但不一定具有均匀性(齐次性)。 (　　)

18. 对所传递的信号无时延,波形无失真的系统称为时不变系统。 (　　)

19. 稳定后的时不变(恒系数)线性系统不会使输出信号产生新的频率成分。 (　　)

20. 非周期信号既可以用傅里叶积分来分析,也可以用傅里叶级数来展开。 (　　)

21. 就实质而言,傅里叶变换是拉普拉斯变换取 $S=j\omega$ 的一种特例。 (　　)

22. 拉普拉斯变换可以理解为一种广义的傅里叶变换。 (　　)

23. Z 变换能将离散系统的差分方程转换为代数方程,使求解得以简化。 (　　)

24. 取样脉冲(离散信号)只能用 z 变换分析,不能用拉普拉斯变换求解。 (　　)

25. 拉普拉斯变换是研究线性、连续、时不变系统的有力工具,而对离散、非线性系统无能为力。 (　　)

26. 非正弦信号作用于线性电路时,其功率的计算可用其傅里叶级数中各分量单独作用的结果相叠加来求得。 (　　)

27. 一基带信号(如语音信号、编码信号)与一高频信号 $\cos\omega_0 t$ 相乘,其结果是将基带信号的频谱搬移(平移)至高频信号角频率 ω_0 的两侧,这就是傅里叶变换的频谱搬移特性。(　　)

28. 一已调信号(频带信号)若与一个与其同频同相的 $\cos\omega_0 t$ 相乘,其结果是将已调信号的频谱搬至(平移)零频和 $2\omega_0$ 的两侧。 (　　)

29. 在连续时间信号及其系统中,其输入与输出之间的关系可用微分方程来描述,其变换域只能是拉普拉斯变换。 (　　)

30. 离散时间信号(序列)的频谱函数是原函数的频谱与冲激序列频谱函数的乘积。

(　　)

31. 数字电子计算机是离散时间系统最典型的例子。 (　　)

32. 平均电压相同的直流、正弦波、方波、锯齿波和高斯噪声在相同电阻上所引起的热效应是完全不同的。 (　　)

33. 一个信号在时域中的能量等于在频域中的能量。 (　　)

四、选择题

1. 已知信号波形如图 2-1-16 所示,图中哪种信号属于模拟信号(　　)。

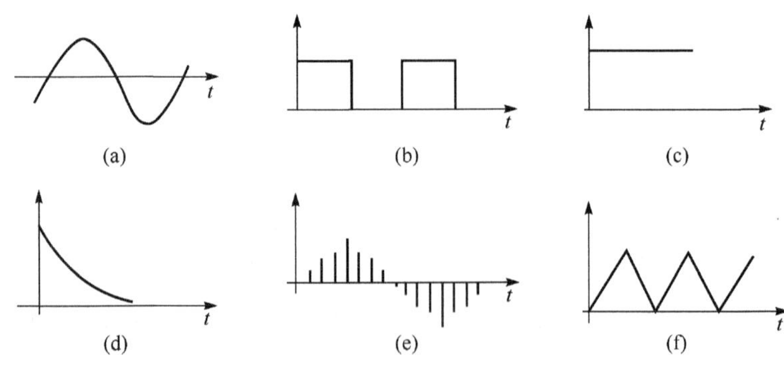

图 2-1-16　题 2-1-1 图

A. 图(a)　　B. 图(b)　　C. 图(c)　　D. 图(d)

2. 已知信号波形如图 2-1-16 所示,图中哪种信号属于数字信号(　　)。

A. 图(a)　　B. 图(b)　　C. 图(c)　　D. 图(d)

3. 已知信号波形如图 2-1-16 所示,图中哪种信号属于离散信号(　　)。

A. 图(c)　　B. 图(d)　　C. 图(e)　　D. 图(f)

4. 已知信号波形如图 2-1-16 所示,图中哪种信号属于周期信号(　　)。

A. 图(a)、(b)　　B. 图(b)、(c)　　C. 图(c)、(d)　　D. 图(c)、(e)

5. 已知信号波形如图 2-1-16 所示,图中哪种信号属于非周期信号(　　)。

A. 图(a)、(b)　　B. 图(b)、(c)　　C. 图(c)、(d)　　D. 图(b)、(d)

6. 已知信号波形如图 2-1-16 所示,图中哪种信号属于无直流分量(　　)。

A. 图(a)、(e)　　B. 图(b)、(c)　　C. 图(c)、(d)　　D. 图(f)、(e)

7. 已知信号波形如图 2-1-16 所示,图中哪种信号的频谱是连续的(　　)。

A. 图(a)、(b)　　B. 图(b)、(c)　　C. 图(c)、(d)　　D. 图(d)、(e)

8. 已知信号波形如图 2-1-16 所示,图中哪种信号可用傅里叶级数展开(　　)。

A. 图(a)、(b)　　B. 图(b)、(c)　　C. 图(c)、(d)　　D. 图(d)、(e)

9. 已知信号波形如图 2-1-16 所示,图中哪种信号不可用傅里叶级数展开(　　)。

A. 图(a)、(b)　　B. 图(b)、(c)　　C. 图(c)、(d)　　D. 图(d)、(e)

10. 已知信号波形如图 2-1-16 所示,图中哪种信号用 Z 变换求解比用拉普拉斯变换更简单(　　)。

A. 图(a)　　B. 图(b)　　C. 图(e)　　D. 图(f)

11. 已知信号波形如图 2-1-16(a)、(b)、(c)、(f)图中频带最宽者为(　　)。

A. 图(a)　　B. 图(b)　　C. 图(c)　　D. 图(f)

12. 已知信号波形如图 2-1-17 所示,下列哪种说法是正确的(　　)。

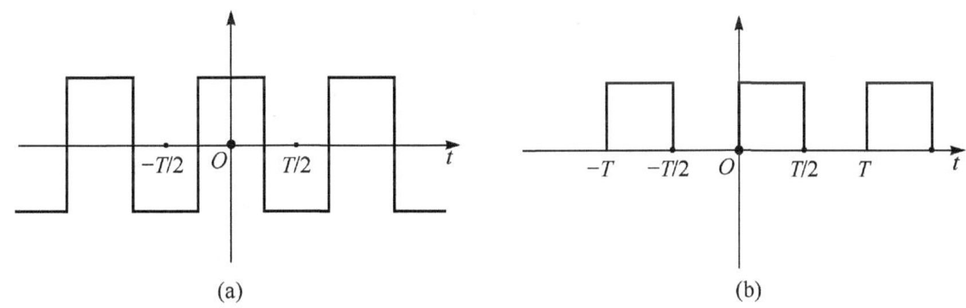

图 2-1-17　题 2-1-12 图

A. 二者均为奇函数,其分解式中不含正弦分量

B. 二者均为偶函数,其分解式中不含余弦分量

C. (a)图为奇函数、(b)图为偶函数

D. (a)图为偶函数、(b) 图为奇函数

13. 已知信号波形如图 2-1-17 所示,下列哪种说法是正确的(　　)。

A. 二者的傅氏展开式中均为各正弦分量之和

B. 二者的傅氏展开式中均为各余弦分量之和

C. (a)图傅氏展开式中为直流与各正弦分量之和(b)图傅氏展开式中为直流与各余

弦分量之和

D. (a)图傅氏展开式中为各余弦量之和,(b)图傅氏展开式中为直流与各正弦量之和

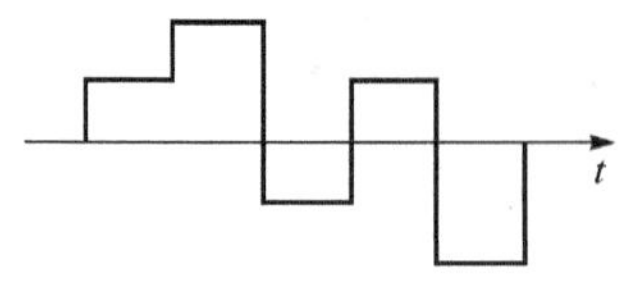

图 2-1-18　题 2-1-14 图

14. 已知电视、现代通信中的多电平信号如图 2-1-18 所示,此信号属于(　　)。

A. 模拟信号　　B. 数字信号

C. 离散信号　　D. 不连续信号

15. 模拟信号在 A/D 变换过程中,编码前与编码后的信号属于(　　)。

A. 均为数字信号　　B. 均为离散信号

C. 编码前为数字信号,编码后为离散信号　D. 编码前为离散信号,编码后为数字信号

16. 阶跃信号、开关脉冲的频谱为(　　)。

A. 均为离散性频谱　　B. 均为连续性频谱

C. 前者为连续性频谱,后者为离散性频谱　D. 前者为离散性频谱,后者为连续性频谱

17. 周期为 1 μs 的方波信号通过一网络或放大器,要使信号波形不失真(前后沿仍很陡峭),则网络的上限截止频率应(　　)。

A. f_H>1MHz　B. f_H>3MHz　C. f_H>5MHz　D. f_H>10MHz

18. 周期为 1μs 的方波信号通过一网络或放大器,要使波形不失真(方波顶边底边仍很平直)则网络的下限截止频率应(　　)。

A. f_L<1MHz　B. f_L>3MHz　C. f_L>5MHz　D. f_L>1MHz

19. 周期为 1μs 的方波信号通过一网络或放大器,要输出 1MHz 的正弦波信号,则此网络应具有什么样的特性?(　　)

A. 中心频率为 1MHz 的带通特性

B. 上限截止频率为小于 1MHz 的低通特性

C. 下限截止频率为大于 1MHz 的高通特性

D. 中心频率为 1MHz 的带阻特性

20. 已知 50Hz 余弦交流信号的半波整流信号与全波整流信号的波形如图 2-1-19 所示,则(　　)。

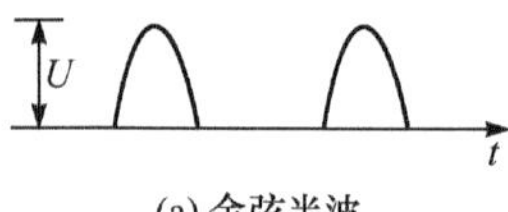

(a) 余弦半波

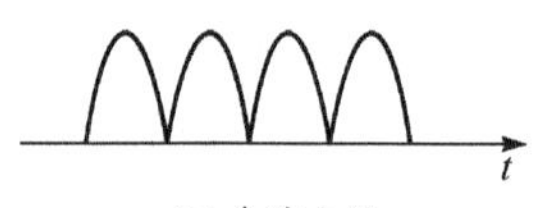

(b) 余弦全波

图 2-1-19　题 2-1-20 图

A. 二者频谱中均含 50Hz 基波分量

B. 二者频谱中均含 100Hz 基波分量

C. (a)图中的基波分量为 100Hz,(b)图中的基波分量为 50Hz

D. 与(c)答相反

21. 数字信号的脉冲宽度与其频带宽度的关系是(　　)。

A. 脉冲宽度愈窄,其频带宽度也愈窄　B. 脉冲宽度愈窄,其频带宽度即愈宽

C. 二者无直接关系　　D. 二者的关系仅与数码的速率有关

五、填空题、是非题、选择题答案

(一) 填空题

1. 表现形式(载体),具体内容
2. 模拟,数字
3. 数字,模拟
4. 时间,幅值
5. 传感器,传感器
6. 0、1,多电平(多进制)
7. 傅里叶正,傅里叶反
8. 直流,基波,各次谐波
9. 级数,积分
10. 离散性,谐波性,收敛性
11. 离散,连续的
12. 周期 T,非周期
13. 高频,低频
14. 上限截止频率 f_H,下限截止频率 f_L
15. 直流功率,交流功率
16. 相位,失真
17. 离散,数字
18. 时域,频域
19. 时域,复频域
20. 卷积,乘法
21. 连续线性时不变,离散非线性时变
22. 离散(也称序列),代数
23. 频谱函数,功率谱
24. 叠加,均匀(齐次)
25. 激励信号波形,施加激励
26. 零输入响应,零状态响应
27. 输入-输出函数描述,状态变量描述
28. 线性代数,线性差分,线性微分
29. 系统参数,无关
30. 快速傅里叶变换
31. 离散(系统)傅里叶变换
32. 为一常数,一条斜直线
33. 零点,极点
34. 指数衰减型,e^{-at}
35. 指数增幅型,e^{at}
36. 零起点的正弦型,$\sin\omega t$
37. 正弦衰减振荡,$e^{-at}\sin\omega t$
38. 正弦增幅振荡,$e^{at}\sin\omega t$
39. 左半平面,右半平面
40. 纵轴(虚轴)上,坐标原点
41. 线性,非线性
42. 直流分量的平方,各次谐波有效值的平方

(二) 是非题

1.√	2.×	3.√	4.×	5.×	6.×	7.√	8.×	9.√	10.×
11.√	12.√	13.√	14.√	15.×	16.×	17.×	18.√	19.√	20.×
21.√	22.√	23.√	24.×	25.√	26.√	27.√	28.√	29.×	30.×
31.√	32.√	33.√							

(三) 选择题

1.A	2.B	3.C	4.A	5.C	6.A	7.C	8.A	9.C	10.C
11.C	12.D	13.D	14.B	15.D	16.B	17.D	18.A	19.A	20.D
21.B									

第二部分 RLC 基本电路

一、问答题

1. 何谓电路?试举例说明。

答:以导线将电源与电子元器件按一定规则连接在一起,并具有一定功能的装置即为电路。最简单的是手电筒电路、交流电网供电电路等。

2. 电子电路中常用的电源有几种？试举例说明。

答：电子电路中常用的电源有如下几种：

(1) 电压源——又分直流电压源和交流电压源，电池、蓄电池是常用的直流电压源，交流市电提供的是220V、380V交流电源。电压源的内阻应该愈小愈好，理想电压源的内阻应为零，内阻小，其带载能力强，即负载变化时，其所供的电压值变化不大。电压源负载不能短路。

(2) 电流源——其供出的电流不随负载变化而变化(或变化很小)，它也有交流与直流之分，理想电流源的内阻为无穷大，其内阻愈小，带载能力愈强。电流源负载不能开路。

(3) 受控源——有受控电压源与受控电流之分，其大小受另一参量(电压或电流)控制。如晶体管放大器的集电极电流就是受基极电流控制的受控电流源而场效应管的漏极电流则是受栅极电压控制的受控电压源。受控源属于"非独立"电源。

3. 何谓线性电路？何谓非线性电路？试举例说明。

答：由线性元件组成的电路称为线性电路，否则为非线性电路。所谓线性元器件即为元器件的参数不随所加电压、电流变化而变化的元器件。严格地说，电路中元器件的参数总是或多或少的随所加电压、电流的变化而有所改变，故一切电路均具有非线性本质，只是在一定条件下将非线性近似成线性处理罢了，如小信号电压放大电路即如此。

4. 给定电路如图 2-2-1 所示，试完成以下各题。

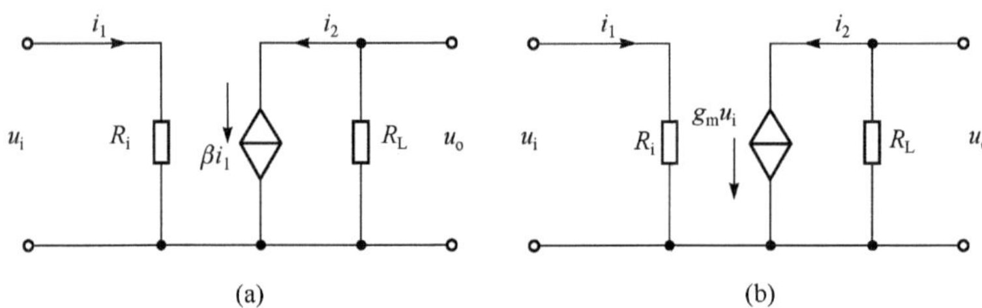

图 2-2-1　题 2-2-4 图

(1) 图中是什么电源，受什么信号控制。

(2) 求传递函数，即$\frac{u_o}{u_i}$之比(即为增益)。

答：(1) 均为受控电流源，(a)图输出电流 i_2，受输入电流 i_1 控制，为受控电流源，(b)图输出电流受输入电压 u_i 控制，为压控电流源。

(2) (a) 图的传递函数或增量为

$$A_V=\frac{u_o}{u_i}=\frac{-\beta i_1 R_L}{i_1 R_1}=-\frac{\beta R_L}{R_i}$$

(b) 图的传递函数或增益为

$$A_V=\frac{u_o}{u_i}=\frac{-g_m u_i R}{u_i}=-g_m R_i$$

5. 给定电路如图 2-2-1 所示，试完成以下各题。

(1) 两电路有何特点？

(2) 各举一应用实例。

答：(1) 从两电路的输出回路来看，由于均为受控电流源，故器件的内阻甚大，即电路的输出电阻甚大；图 2-2-1(a)电路是由输入电流 i_1 起控制作用，故电路的输入电阻不会大，而

图 2-2-1(b)电路是由输入电压 u_i 起控制作用，不需要输入电流，故其输入电阻可以做得很大。

(2) (a)双极型晶体管基本共发射极放大电路的交流等效电路即如此；

(b)场效应管基本共源极放大电路的交流等效电路即如此。

由这两电路即可求出相关放大器的电压增益、输入阻抗、输出阻抗等主要技术参量。

6. 一个用完了的旧电池，其两端仍有一定的电压(如 1.1～1.4V)，问此电池是否还能继续使用？为什么？

答：新电池与用完了的旧电池，其最大差别表现在内阻的不同，新电池的内阻甚小，而旧电池内阻较大或甚大，因此新旧电池在接不同负载电阻时，负载所分得的电压会有很大不同，如图 2-2-2 中：

设新电池的内阻为 1Ω，电压为 1.5V，旧电池的内阻为 100Ω，电压为 1.3V；负载分别为 100Ω 和 1000Ω，则新电池供电时负载上所得电压分别为

图 2-2-2 题 2-2-6 解

$$U_o=1.5\frac{100}{1+100}\approx 1.5\text{V}$$

$$U_o=1.5\frac{1000}{1+1000}\approx 1.5\text{V}$$

旧电池供电时负载上所得电压分别为

$$U_o=1.3\frac{100}{100+100}\approx 0.65\text{V}$$

$$U_o=1.3\frac{1000}{100+1000}\approx 1.18\text{V}$$

计算表明，旧电池内阻大，能量低，在大负载电阻时，尚能分得一点电压；而在负载小，需要一定电流(能量)时，它就无能为力了。为了“废物”利用，日常生活中，可将对讲机、遥控汽车、驱动电机等处用过的电池转用到钟表、遥控器上，因为这些设备所需电流很小，电阻较大。

7. 可否用万用表的直流电压挡直接判定一个电池的新旧？为什么？

答：不能如此判定。因为三用表电压挡的输入内阻较大，通常在数十千欧姆量级，所需电流(能量)甚小。根据上题图 2-2-2 可见，当负载 R_L 值甚大(数十千欧姆)时，不管是新电池还是旧电池，R_L 所分得的电压基本接近电池的电动势，故很难判定电池的新旧。当然，如果旧电池的电量已很小，内阻已很大，此法仍可作一粗略判别。

8. 电池的串并联应注意什么问题？

答：串联应用时，应注意新、旧电池不要混搭使用，以免内阻小的新电池在内阻甚大的旧电池上引起较大的电能消耗。

并联应用时，应为相同端电压(电势)电池的并联，否则高电压(电势)的电池会对低电压(电势)的电池充电，严格地说，电池并联时，要求各个电池不仅端电压(电势)相等，其内阻也应相等。

9. 大电容器可作电池使用吗？为什么？试举例说明。

答：大电容可作电池使用，为电路工作提供能源。原因在于电容器的主要作用就是存储电荷，即存储电能。设某一电容器的容量为 100F，电容器的两端电压为 12V，则此电容器所存储的电能为 $W=\frac{CU^2}{2}=\frac{1}{2}\times 100\times 12^2=7200\text{J}$。

近年来，电容器的容量已有数百法拉至数千法拉的产品问世，故用它作为电池已不成问题，这种电池的最大特点是充电时间特别短，并无环境污染。

应用例子：(1) 在电路中作辅助电源，如在 0TL 功放电路中早有应用；

(2) 作太阳能路灯或庭院灯的电池，白天充电，晚上放电；

(3) 作短途电动汽车的电池。

10. 交流市电(220V 或 380V)是电压源还是电流源？为什么？

答：为电压源。由于电压源的内阻很小，故能保证在不同的负荷下，电网上的电压不会有多大的变化。

11. 交流电网对远处采用高压方式供电是何原因？

答：根据供电功率 $P=UI$ 公式，可见在相同负荷的条件下，提高电压后可减小传输的电流，电流减小后所用导线的直径可下降，导线的重量随之减小，另外，电流小，其电辐射也会减弱，有利于环境保护。

当然，几十万伏的高电压输电线路的绝缘又带来了诸多难题。

12. 交流电网供电，为何有时电压偏高？有时电压偏低？何时偏高？何时偏低？为什么？

答：当用电低谷，即电网负荷较轻时，电网路中，电压偏高，如午夜、清晨等人们下班之后；当用电高峰，即电网负荷较重时，电网电压偏低，如上午 10 时、下午及晚间等时段。其主要原因是由于供电系统内阻存在而引起的，当用电负荷重时，所传输的电流大，大电流在内阻上的压降也大，故用户(负荷)所得的电压也就偏低了一点。

13. 何谓基尔霍夫电流定律(KCL 定律，即节点电流定律)？试举例说明。

答：在集总电路中，任一瞬时，流入电路中任一结点的电流之和应该等于该结点流出电流之和，也可以说成，任一时刻，电路中某一结点进出电流的代数和为零，即

$$\sum I = 0$$

14. 何谓基尔霍夫电压定律(KVL 定律，即回路电压定律)？试举例说明。

答：在集总电路中，任一瞬时，沿电路中任一回路，其电压(电位)升之和等于其电压降之和，也可以说成，任一时刻，电路中任一回路其电压的代数和为零，即

$$\sum U = 0$$

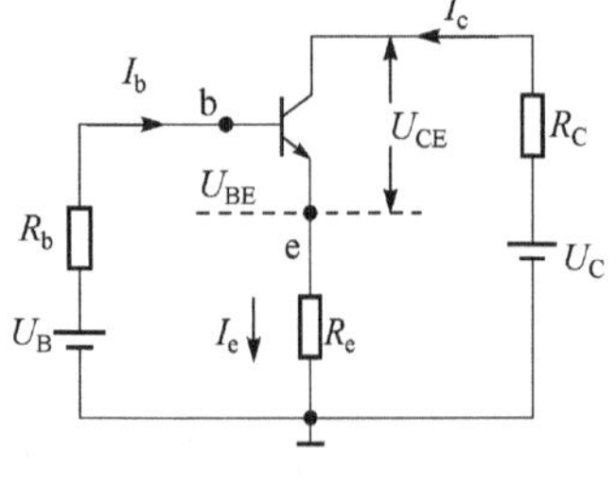

图 2-2-3　题 2-2-15 图

15. 已知基本放大电路如图 2-2-3 所示，试完成以下各题。

(1) 用 KCL 定律写出 I_e 的公式；

(2) 用 KVL 定律写出电压 U_{BE}、U_{CE}的表达式。

答：(1) 利用 KCL 定律，可求得三极管发射极的电流

$$I_e = I_b + I_c$$

(2) 利用 KVL 定律，可求得三极管

$$U_{BE} = U_B - I_b R_b - I_e R_e$$

$$U_{ce} = U_c - I_c R_c - I_e R_e$$

16. 何谓叠加定理？使用叠加定理应注意什么问题？

答：叠加定律可表述为：在线性电路中，某处(某点或某支路)的电压或电流都是该电路中各独立电源单独作用时在该处分别所产生的电压或电流的叠加。

使用叠加定理时应注意以下几点：

(1) 叠加定理只适用于线性电路，不适用非线性电路。

(2) 用叠加定理分析电路时，暂不作用的电压源用短路线代替，暂不作用的电流源处以开路代替，而电路中的所有电阻都不予更改。

(3) 受控源仍保留在原处不动，因为它不是独立电源。

17. 已知电路如图 2-2-4 所示，图中电容 C 对输入交流短路，请用叠加定理回答下列各问：

(1) 求三极管 u_{BE} 的表达式；

(2) 画出 u_{BE} 的波形图。

答：(1)12V 直流电压单独作用在 be 处产生的直流电压为

$$U_{BE}=12-103\times10^{-6}\times110\times10^{3}=12-11.33=0.67\text{V}$$

u_i 交流电源单独作制在 be 处产生的交流电压为

$$u_{be}=u_i=10\cos\omega t\ \text{mV}$$

故

$$u_{BE}=U_{BE}+u_{be}=0.67+0.01\cos\omega t$$

(2) u_{BE} 的波形可根据 u_{BE} 表达式画出，如图 2-2-5 所示，实际的基本共发射极放大器的输入电路与本例大致相同。

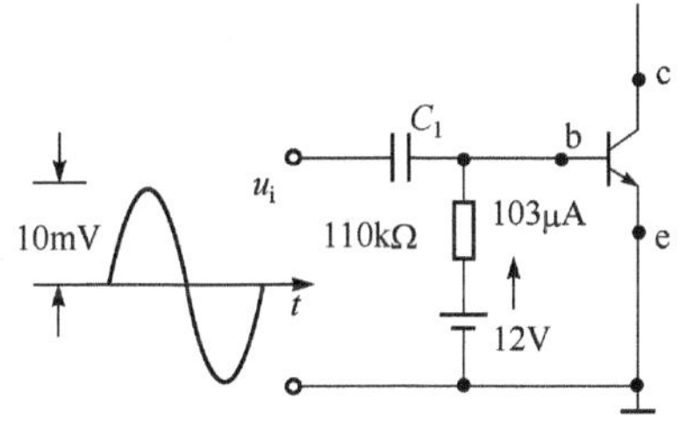

图 2-2-4　题 2-2-17 图

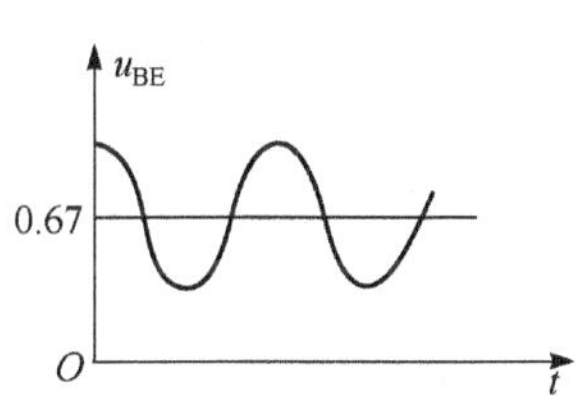

图 2-2-5　题 2-2-17 解

18. 何谓戴维宁定理？试举例说明。

答：戴维宁定理的含义是：一个含独立电源、线性电阻和受控源（此受控源不能受外电路的参量控制）电路中的某一端口，对外电路而言，它可以用一个电压源和电阻的串联组合来代替。此电压源的电压等于此端口的开路电压，其电阻（内阻）等于端口内全部独立电源置零（电压源短路、电流源开路）后的等效电阻（从端口看进去的电阻）。图 2-2-6 即为一例，AB 之左为所需等效的电路，其等效后为开路电压 U_{ABO} 及等效电阻 R_O 所代替，如此可使电路分析大大简化。

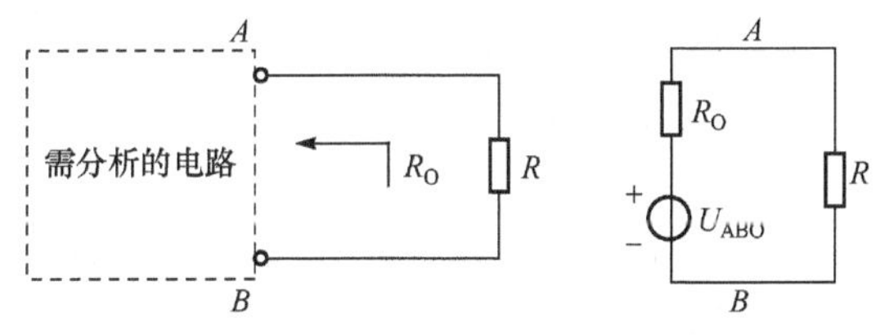

图 2-2-6　题 2-2-18 解

19. 何谓诺顿定理？

答：诺顿定理的含义与戴维宁定理相仿，不同之处只是将需分析的电路用一电流源和电阻（内阻）的并联组合来代替罢了，图 2-2-6中 AB 端口之左的诺顿等致电路如图 2-2-7 所示。图中电流源的电流 I 等于端口 AB 短路后所得的电流值，电阻 R_O 与戴维宁定理的求法相同。

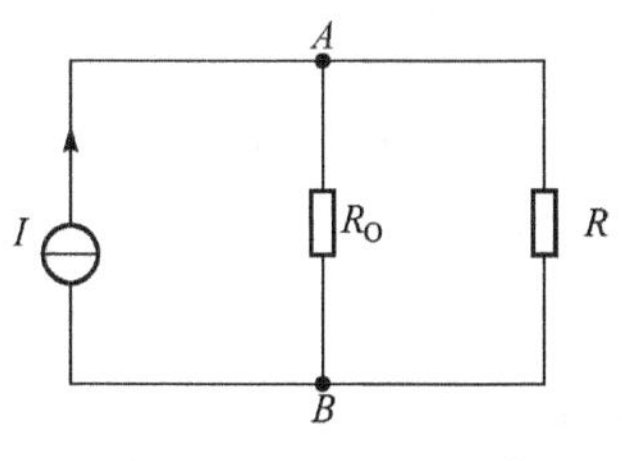

图 2-2-7　题 2-2-19 解

20. 一信号源的内阻为 R_S，电压为 u_S 负载电阻为 R_L，试完成以下各题。

(1) R_L 为多大时，能获得最大功率输出？

(2) 此最大功率值为多少？

(3) 负载 R_L 获得最大功率时，电路的传输效率为多少？

答：(1) 负载 R_L 与信号源内阻 R_S 相等时，负载所获得最大功率传输，此称功率匹配条件。

(2) 此最大功率值为

$$P_L = I^2 R_L = \left(\frac{u_S}{R_S + R_L}\right)^2 R_L = \frac{u_S^2}{(2R_S)^2} \times R_S = \frac{u_S^2}{4R_S}$$

(3) 功率匹配时，电路传输效率为

$$\eta = \frac{R_L}{R_S + R_L} = \frac{1}{2} = 50\%$$

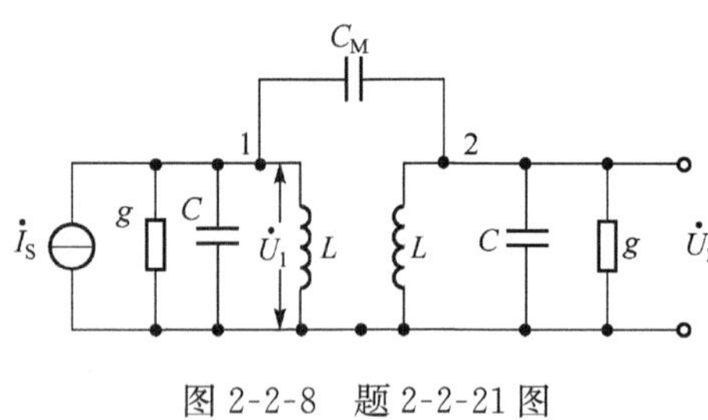

图 2-2-8　题 2-2-21 图

21. 给定电路如图 2-2-8 这是一双调谐回路，常用于广播、电视的接收机电路中，试完成以下各题。

(1) 电路中有几个独立节点？

(2) 用节点法列出电路方程。

答：(1) 有 2 个独立节点 1 与 2，节点 3 为参考地点，故只要立 2 个独立方程即可求解此电路

(2)
$$\begin{cases} \dot{I}_S = \dot{U}_1 g + \dfrac{\dot{U}_1}{j\omega L} + j\omega C \dot{U}_1 + j\omega C_M (\dot{U}_1 - \dot{U}_2) \rightarrow \text{节点 1 方程} \\ 0 = \dot{U}_2 g + \dfrac{\dot{U}_2}{j\omega L} + j\omega C \dot{U}_2 + j\omega C_M (\dot{U}_2 - \dot{U}_1) \rightarrow \text{节点 2 方程} \end{cases}$$

由这两个方程可解出两个所需 $\dot{U}_1$ 和 $\dot{U}_2$。

22. 已知某晶体管放大器的交流等效电路如图 2-2-9 所示，试完成以下各题。

(1) 求电路的输入电阻 R_i；

(2) 求电路的电压放大倍数(即传递函数) $\dfrac{u_o}{u_i}$。

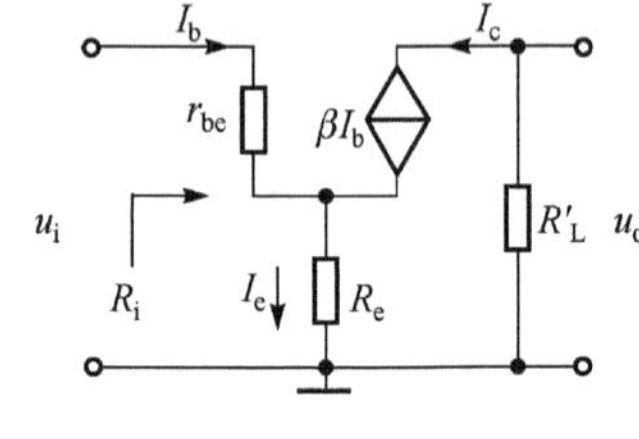

图 2-2-9　题 2-2-22 图

答：(1) 放大电路的输入电阻为

$$R_i = \frac{u_i}{I_b} = \frac{I_b r_{be} + I_e R_e}{I_b} = \frac{I_b r_{be} + (I_b + \beta I_b) R_e}{I_b} = r_{be} + (1+\beta) R_e$$

请注意：$R_i \neq r_{be} + R_e$，因为两电阻上所流过的电流不一样，这是经常出现的错误。

(2) 放大器的放大倍数为

$$A_V = \frac{u_o}{u_i} = \frac{-I_C R'_L}{I_b r_{be} + (1+\beta) I_b R_e} = \frac{-\beta I_b R'_L}{I_b r_{be} + (1+\beta) I_b R_e} = \frac{-\beta R'_L}{r_{be} + (1+\beta) R_e}$$

请注意：式中的负号代表电压与输入电压反向 180°，这一点可在图 2-2-9 中清楚看出。

23. 画出指针式万用表电阻测试挡的原理电路，并作简单说明。

答：电阻测试挡的原理电路如图 2-2-10 所示，几点说明：

(1) 指示表头均用几微安至几十微安的表头，分流电阻为扩大表头量程之用；

(2) 电气调零是指在输入短路时使表头指示为零；

(3) 测电阻时，电路中一定串接了电池，以提供能源，使表头指针转动；

(4) 电阻换挡，测大电阻 R_x 时，用小电阻 R 挡；

(5) 红表笔为内接电池的负端，电池一般为 1.5V，测大电阻时有时也用 9V。

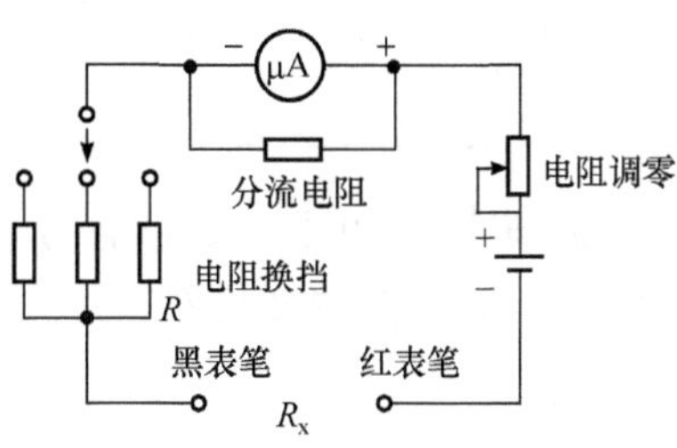

图 2-2-10　题 2-2-23 解

24. 何谓网络分析？试举例说明。

答：网络分析是指给定电路结构与参数，求解电路性能指标的过程，如已知某放大电路的结构与放大管及电路参数而求放大倍数，输入、输出电阻等指标的过程。

25. 何谓网络综合？试举例说明。

答：网络综合是网络分析的逆过程。它是指给定电路（网络）性能指标后，求解（设计）电路结构、参数的过程，如果在综合过程中还考虑诸如灵敏度、优化、成本、工艺等因素，则此综合过程称为电路（网络）设计。如给定放大器的增益、输入阻抗、输出阻抗、频带宽度等技术指标与参数，要求设计一具体放大电路的过程即为网络综合。

26. 何谓网络函数？试举例说明。

答：这是一个衡量电路（或系统）输出变量（信号）与输入变量（信号）之间关系，描述电路频率特性的一个量。例如电路在正弦信号源激励并稳定时，各部分响应都是同频率的正弦量，其网络函数定义为

$$H(j\omega)=\frac{R(j\omega)}{E(j\omega)}$$

式中，$R(j\omega)$——电路输出端口的响应，为电压相量或电流相量；

$E(j\omega)$——电路输入端口的激励，为信号源的电压相量或电流相量。

网络函数 $H(j\omega)$ 的单位可为阻抗、导纳、电压比、电流比。

27. 已知电路如图 2-2-11 所示，试完成以下各题。

(1) 画出开关合上后，电容 C 上的电压 u_o 变化曲线。

(2) 大约经过多长时间，电压 u_o 值能接近 u_i 值(1V)？

(3) 在纵轴上标出与时间 $t=RC$、$2RC$、$3RC$、$4RC$、$5RC$ 的 U_o 电压值。

答：(1) 电压 u_o 的变化曲线如图 2-2-12 所示，由于电容 C 上的电压不能突变，只能按指数增长规律而加大。

(2) 经过 $5RC$～$6RC$ 的时间，u_o 即可增至电源电压 U_i 处(接近 1V)。

(3) 时间常数 RC 值与电压 u_o 的对应情况如下表所列：

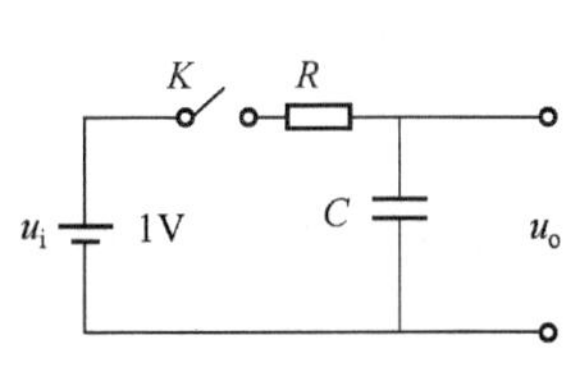

图 2-2-11　题 2-2-27 图

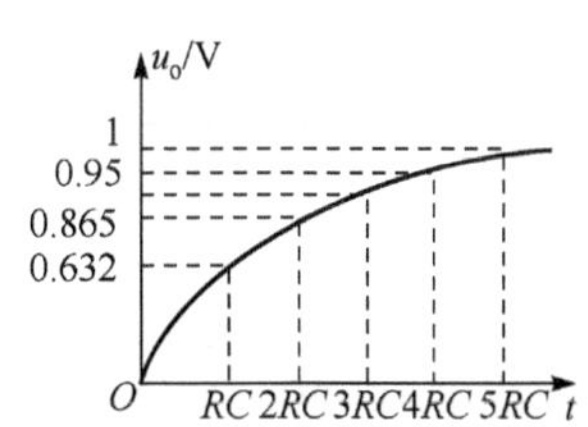

图 2-2-12　题 2-2-27 解

RC	$1RC$	$2RC$	$3RC$	$4RC$	$5RC$
u_o	$0.632U_i$	$0.865U_i$	$0.95U_i$	$0.982U_i$	$0.993U_i$

28. 电路图如图 2-2-11 所示，在 RC 乘积由小至大变化时，请画出电压 U_o 与时间常数 RC 的关系曲线，并解释变化原因。

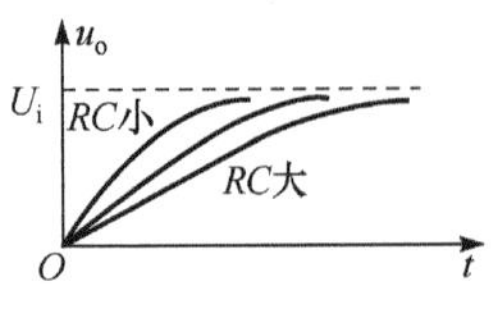

图 2-2-13　题 2-2-28 解

答：上题中若 RC 值由小变大，则 u_o 的上升速度会由快变慢，变化曲线如图 2-2-13 所示。

(1) R 值增大，回路阻力加大，使充电电流变小，故 u_o 电压增长变慢；

(2) C 值增大，即电容的容器加大，故其两端的电位上升速度也变慢。

29. 已知 RC 电路如图 2-2-14 所示，请列出电路的微分方程；列出回路电流 i 的表达式；列出电容 C 上的 u_c 表达式。

答：各方程与表达式如下

$$u_i=RC\frac{du_o}{dt}+u_o \qquad (\text{即 } u_i=iR+u_o)$$

$$i=C\frac{du_o}{dt}=\frac{u_i}{R}e^{-\frac{t}{RC}} \qquad \text{— 指数衰减型}$$

$$u_c=u_i(1-e^{-\frac{t}{RC}})=u_o \qquad \text{— 指数增长型}$$

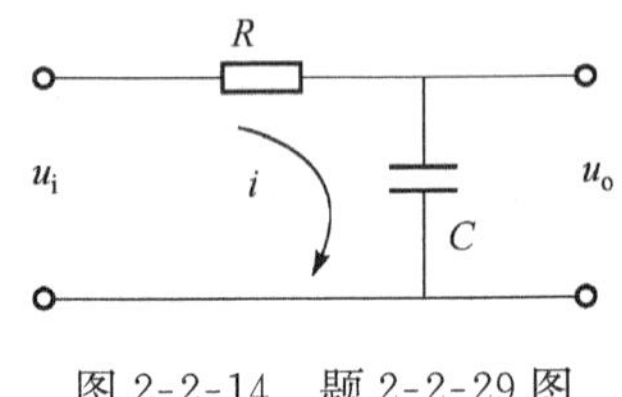

图 2-2-14　题 2-2-29 图

30. 已知 RC 电路如图 2-2-14 所示，试完成以下各题。

(1) 列出电路传递函数$\frac{u_o}{u_i}$的表达式。

(2) 何谓电路的幅频特性？

(3) 何谓电路的相频特性？

答：(1) 电路的传递函数表达式为

$$\frac{u_o}{u_i}=\frac{\frac{1}{j\omega C}}{R+\frac{1}{j\omega C}}=\frac{1}{1+j\omega RC}=\frac{1}{1+SRC} \qquad \text{单极点一阶函数}$$

(2) 电路的幅频特性即为电路对不同频率输入信号传输能力的特性，此特性可由电路传递函数的模求得，如本电路：

$$\frac{u_o}{u_i}=\frac{1}{1+j\omega RC}=\frac{1}{1+j\frac{f}{f_H}}=\frac{1}{\sqrt{1+\left(\frac{f}{f_H}\right)^2}}\angle-\arctan\frac{f}{f_H}$$

式中，模$\frac{1}{\sqrt{1+\left(\frac{f}{f_H}\right)^2}}$即为电路的幅频特性；$f_H=\frac{1}{2\pi RC}$，即为电路的上限截止频率。

(3) 电路的相频特性，即为电路对不同频率输入信号相移(时延)的特性，此特性可由电路传递函数的相位角求得，即

$$\varphi=-\arctan\frac{f}{f_H}$$

当 $f \ll f_H$ 时，$\varphi=0$，$f=f_H$ 时，$\varphi=-45°$，$f\to\infty$时，$\varphi=-90°$

31. 已知 RC 电路如第 29 题图 2-2-14 所示，输入 u_i 为多频率交流信号，试完成以下各题。

(1) 画出电路的幅频特性曲线，标出其上限截止频率 f_H。

(2) 画出电路的相频特性曲线。

(3) 求出电路上限截止频率 f_H 处对应的信号相移值。

(4) 若 RC 值由小至大改变，请在同一张图上画出其幅频特性曲线和相频特性曲线变化情况。

答：(1) 电路的幅频特性曲线如图 2-2-15(a)所示。

(2) 电路的相频特性曲线如图 2-2-15(b)所示。

(3) 通常，电路的上限截止频率定义在幅值由最平处(低频范围)下降 3dB 所对应的频率值，这也就是本电路通频带的定义。f_H 的计算式可由上题幅频特性的公式求导出。

$$f_H=1/2\pi RC$$

(4) RC 时间常数由小变大时，电路输出信号的幅度、相位随频率的变化如图 2-2-15 所示，很显然，RC 值增大时、f_H 值下降。电路的高频特性变差。对应 f_H 处的相位移为 $-45°$。

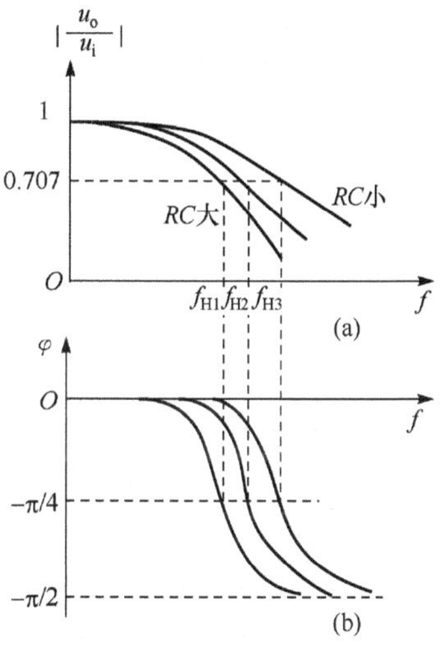

图 2-2-15　题 2-2-31 解

32. 已知 RC 电路如第 29 题图 2-2-14 所示，试完成以下各题。

(1) 电路的输出信号 u_o 与输入信号 u_i 之间有相位差吗？请用矢量图来进一步说明。

(2) 说明本电路的基本作用。

答：(1) 输入与输出信号间有相位差，且输出信号的相位要落后于输入信号一个相位角，其主要原因是电容 C 上的电压不能突变，它要慢慢升高，故信号一定有延时，其矢量关系如图 2-2-16 所示。

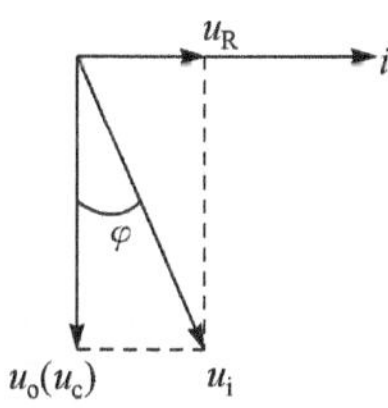

图 2-2-16　题 2-2-32 解

(2) 应用范围甚广，主要有：

作低通滤波——能让低于 f_H 的频率信号通过，而滤去 f_H 以上的频率信号。

作积分电路——能让方波转换成三角波，能使矩形波转换成锯齿波，但此时的 RC 积较大。

作相移电路　此点已在图 2　2　16 的矢量关系中看出，输出信号落后的相角由上述第 30 题的相频公式 $\arctan(f/f_H)$求得。

33. 在第 29 题图 2-2-14 电路中，若输入为一方波信号，其周期为 $T=2\tau$，试完成以下各题。

(1) 若 $RC\ll\tau$，对应 u_i 波形画出输出 u_o 的波形，此时的电路起什么作用？

(2) 若 $RC\gg\tau$，对应 u_i 波形画出输出 u_o 的波形，此时的电路起什么作用？

答：(1) $RC\ll\tau$ 时的 u_o 波形如图 2-2-17(a)所示，此时因为 $f_H=1/2\pi RC$ 值很大(即通频带较宽)，能让方波中很高的频率项通过，故信号能不太失真的通过本电路，输出仍近似为方波。

(2) $RC\gg\tau$ 的 u_o 波形如图 2-2-17(b)所示，此时因为 f_H 值较小(即通频带较窄)，电路不

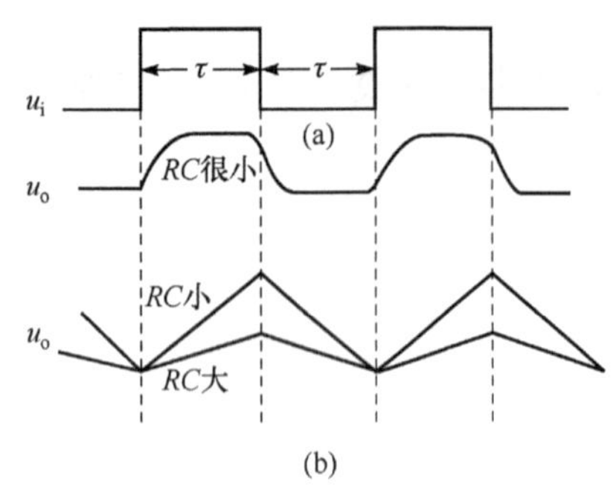

图 2-2-17　题 2-2-33 解

能让方波中高次频率项通过(被滤除了),故其上升沿与下降沿均由陡变坡(仅为电容 C 充电的指数函数的起始部分),成为近似的三角波形了。

34. 电路如图 2-2-14 电路所示,试完成以下各题。

(1) 本电路是否可传递高速率数码信号?为什么?

(2) 试举应用实例。

答: 数据的脉冲宽度 τ 远大于电路和的时间常数 RC 时,即满足 $\tau \gg RC$ 的条件时,本电路可不失真传送此类高速数码信号。若电路的时间常数 RC 值较大,不满足上述条件,则就很难传送或根本无法传送高速数码信号了,这一命题已在上题中论证过。

应用实例:在分布参数的电路或放大器中,元器件、连接线等之间(或与地之间)总是存在较大的分布电容,这是电路或放大器的上限截止频率 f_H(即通频带宽度)不能提高的一个主要原因。减小元器件连接线之间的分布参数是电路及放大器设计、版图及工艺设计、电路安装调试中的一个重要课题。

35. 平行双线与双绞线哪一个频带宽?哪一个能传递速率更高的数码信号?为什么?

答: 平行双线——由于线间的分布电容较大,这些电容与双线的分布电阻及信号源内阻等组成了如图 2-2-14 所示的 RC 电路,其上限截止频率 f_H 不可能很高(即通频带较窄),故难以传送高速数码信号。

双绞线——分布电容较小,f_H 较高,通频带较宽,能传送高速率数码信号,计算机和网络用线均采用双绞线就是这个原因。

36. 已知电路如图 2-2-18 所示,试完成以下各题。

(1) 画出开关合上后,电阻上的电压 u_o 变化曲线。

(2) 大约经过多长时间,电压 u_o 值能接近 0V?

(3) 在纵轴上标出与时间 $t=RC$、$2RC$、$3RC$、$4RC$、$5RC$ 时的 u_o 值。

答: (1) 电压 u_o 的变化曲线如图 2-2-19 所示,由于电容 C 上的电压不能突变,只能按指数函数增长,故开关合上后的瞬间电压只能加在电阻上,然后,电阻上的电压按指数函数衰减。

(2) 大约经过 $5RC$～$6RC$ 的时间,u_o 值即可下降至 0 伏附近(此时电容上的电压已升至 U_i 值附近)。对比上述图 2-2-12,二者对应点之值(例 RC、$2RC$ 等处)之和必为常数 1V(即为 U_i 值)。

(3) 时间常数 RC 值与 u_o 电压的对应关系如下表所列(以图 2-2-19 中实线为例):

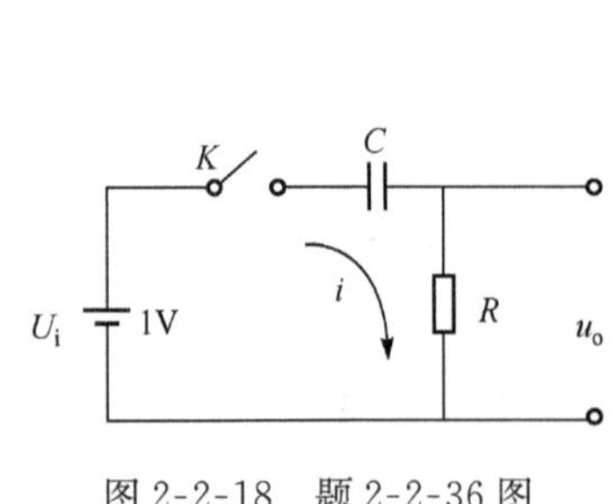

图 2-2-18　题 2-2-36 图

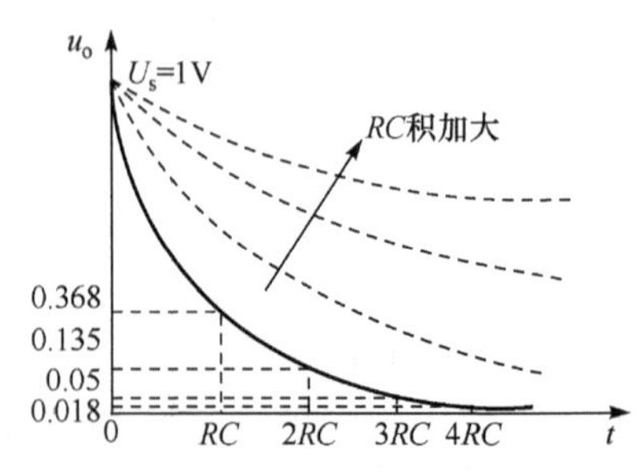

图 2-2-19　题 2-2-36 解

RC 值	$1RC$	$2RC$	$3RC$	$4RC$	$5RC$
u_o 值	$0.368U_i$	$0.135U_i$	$0.05U_i$	$0.018U_i$	$0.007U_i$

37. 电路如图 2-2-18 所示，在时间常数 RC 值由小至大变化时，请在图 2-2-19 中画出电压 U_o 与时间常数 RC 的关系曲线，并解释变化原因。

答：上题中，若 RC 值由小至大变化，则 u_o 的下降速度由快变慢，变化曲线如图 2-2-19 中的虚线所示，其主要原因为：

(1) R 值增大回路阻力加大，使充电电流变小，电容上的电压增长速度变慢，故电压 u_o 的下降速度也变慢。

(2) C 值增大，C 上的电压增长速度同样变慢，导致电阻上的电压下降陡变慢。

38. 已知 RC 电路如 36 题图 2-2-18 所示，要求列出电路传递(传输)函数 $\frac{u_o}{u_s}$ 的表达式，并根据表达式画出电路的幅频特性曲线和相频特性曲线。

答：(1) 电路的传递函数表达式为

$$\frac{u_o}{U_i}=\frac{R}{R+\frac{1}{j\omega C}}=\frac{j\omega RC}{1+j\omega RC}=\frac{SRC}{1+SRC}$$

(2) 电路的幅频特性即为电路对不同频率输入信号传输能力的特性，此特性可由电路传递函数的模与相角求得

$$\frac{u_o}{u_i}=\frac{R}{R+\frac{1}{j\omega RC}}=\frac{1}{1+\frac{1}{j\omega RC}}=\frac{1}{\sqrt{1+\left(\frac{f_L}{f}\right)^2}}\angle\arctan\frac{f_L}{f}$$

电路的幅频特性由传递函数的模 $\frac{1}{\sqrt{1+\left(\frac{f_L}{f}\right)^2}}$ 决定，其变化曲线如图 2-2-20(a)所示：

电路的相频特性由传递函数的相位角 $\arctan\frac{f_L}{f}$ 来决定，其变化曲线如图 2-2-20(b)所示：

由频率特性可见：$RC\uparrow\rightarrow f_L\downarrow$ 电路的低频特性变好，反之则变差。

在 f_L 处，电路对输入信号的相位移为 $45°\left(\frac{\pi}{4}\right)$。

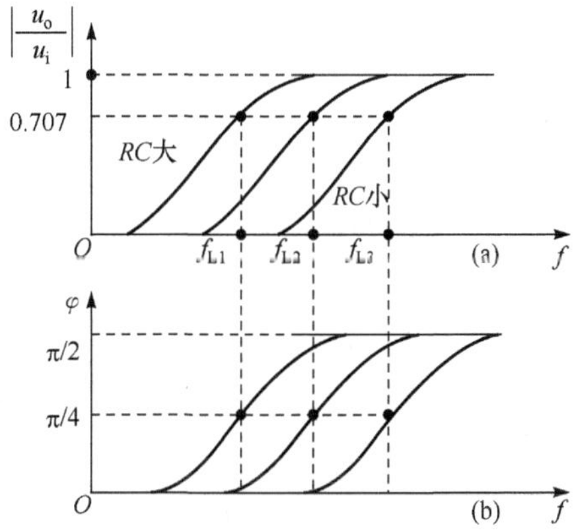

图 2-2-20　题 2-2-38 解

39. 已知电路如第 36 题图 2-2-18 所示，试完成以下各题。

(1) 电路的输出信号 u_o 与输入信号 U_i 之间有相位差吗？请用矢量图作进一步说明。

(2) 说明本电路的基本应用。

答：(1) 输入与输出信号间有相位差，且输出信号的相位要超前于输入信号一个相位角，其主要原因是电容上的电压不能突变，故输入信号的突变全部转换到电阻 R 上了。

(2) 这种电路应用范围较广，主要有：

作高通滤波——能让高于 f_L 的频率信号通过，而滤除 f_L 以下的低频信号，此点可由图 2-2-20的幅频特性曲线清楚看出。

作微分电路——能使输入的方波，矩形波信号转换成正、负小尖脉冲输出，电路符合微分电路的条件是 $RC \ll \tau$（τ 为方波或矩形波脉冲的宽度）。

作移相电路——相移值可从上题传递函数的公式中直接求出，即 $\varphi = \arctan \dfrac{f_L}{f}$。

40. 在图 2-2-18 的电路中，若输入信号 u_i 为一方波波形，其周期 $T=2\tau$，试完成以下各题。

(1) 若电路时间常数 $RC \gg \tau$ 对应 u_i 画出输出 u_o 的波形，此时的电路起什么作用？

(2) 若电路时间常数 $RC \ll \tau$ 对应 u_i 画出输出 u_o 的波形，此时的电路起什么作用？

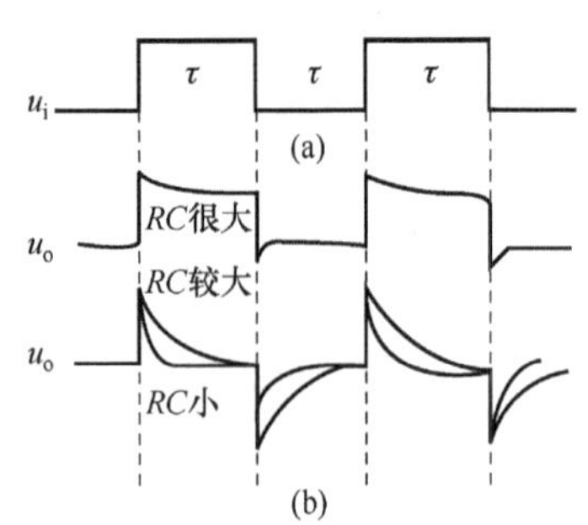

图 2-2-21　题 2-2-40 解

答：(1) $RC \gg \tau$ 时的 u_o 波形如图 2-2-21(a)所示，此时因为 $f_L = 1/2\pi RC$ 值很小，能让方波中低的频率项通过，故信号能不太失真的通过本电路，输出仍近似为方波。

(2) $RC \ll \tau$ 时的 u_o 波形如图 2-2-21(b)所示，此时因为电路的下限截止频率 f_L 值较高，电路不能让方波中的基波及低次谐波分量通过（被滤除了），故方波的波峰迅速下降至0，而饱含高频分量的方波，其上升、下降沿仍能保持陡峭（方波的前后沿是否陡峭是由其所含的高频分量决定）。

41. 已知放大电路的示意如图 2-2-22 所示，图中 R_i 为放大器的输入电阻，C 为级间耦合电容，u_i 为需放大的音频信号，其频率范围为 20Hz～15kHz，试完成以下各题。

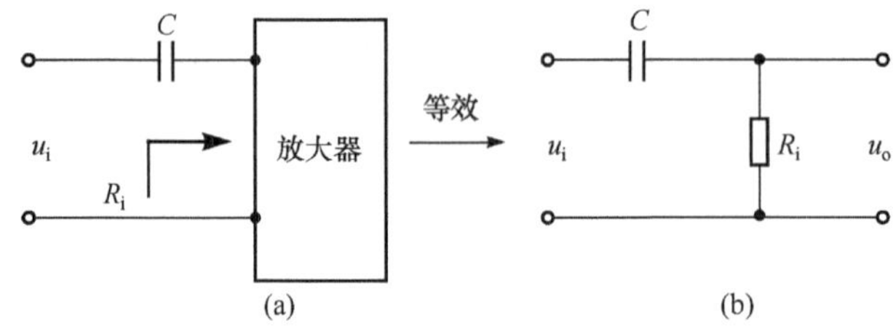

图 2-2-22　题 2-2-41 图

(1) 若 RC 值不够大，会使放大器的什么指标受到什么影响？

(2) 对晶体管共发射极放大器而言，若 $R_i = 1\text{k}\Omega$，则要使 20Hz 信号顺利通过放大器，则电容 C 的容量应为多少？

(3) 对场效应管共源放大器而言，若 $R_i = 1\text{M}\Omega$，则要使 20Hz 信号放大器顺利通过放大器，则电容 C 的容量又为多少？

答：(1) RC 值不够大，则电路的下限截止频率 $f_L = \dfrac{1}{2\pi RC}$ 就不够低，如此将使输入信号中的低频分量被衰减甚至滤除，即使放大器的低频特性变差。

(2) $R_i = 1\text{k}\Omega$，要求 20Hz 通过，则电容 C 的容量应为

$$C > \frac{1}{2\pi f_L R_i} = \frac{1}{6.28 \times 20 \times 10^3} \approx 8\mu\text{F} \quad \text{——实际电路中常用}(10 \sim 20)\mu\text{F}$$

(3) $R_i=1\text{M}\Omega$，要求 20Hz 通过，则电容 C 的容量应为

$$C>\frac{1}{2\pi f_L R_i}=\frac{1}{6.28\times20\times10^6}\approx0.0088\mu\text{F}\quad\text{——实际电路中常选用 }0.01\mu\text{F}$$

42. 已知三级 RC 电路如图 2-2-23 所示，试完成以下各题。

(1) 要求电路为积分电路，则对时间常数 RC 值有什么要求？若此时输入为矩形波，则其输出为什么波形？试举一应用实例。

(2) 要求电路为移相电路，则能够移相的最大角度是多少？试举一应用实例。

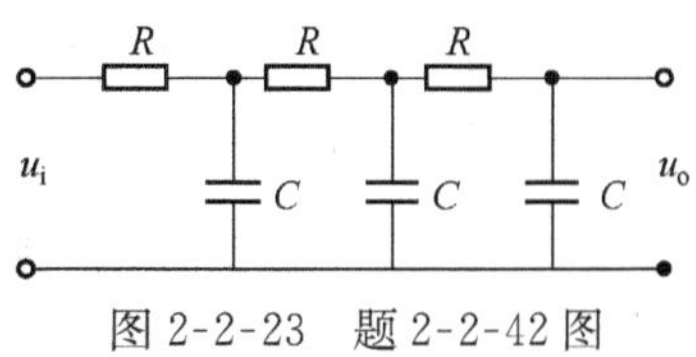

图 2-2-23　题 2-2-42 图

答：(1) 作积分电路和时，要求时间常数 RC 值远大于输入脉冲(数码)的宽度 τ，若输入为矩形波，则电路的输出信号应为锯齿波。在模拟电视接收机中常用此电路作行场同步信号的分离，分离后的场同步信号送场扫描振荡电路。本电路也可作低通电路，以滤除不需要的高频成分。

(2) 三级 RC 移相电路最大的相移角度理论上为 270°(每级最大移 90°)，但这是不可能的，因为每级移 90°时，其输出电压即为零，无任何意义，在实际电路中通常移相 45°～60°。这种电路以前常用作移相 RC 振荡器的移相电路。作 180°移相之用(平均每级相移 60°)。

43. 上题中，三级 RC 电路中，若 R 与 C 换位，则 u_o 与 u_i 的相位有何关系？试举一应用实例。

答：上题中若将 R 与 C 换位，则 u_o 的相位要超前于 u_i 一个相位角，这种电路以前也用作移相 RC 振荡器的移相电路，作 180°移相之用。

44. 已知 LC 电路如图 2-2-24 所示，请列出开关刚合下后的电路微分方程、回路电流表达式、输出电压 u_o 表达式。

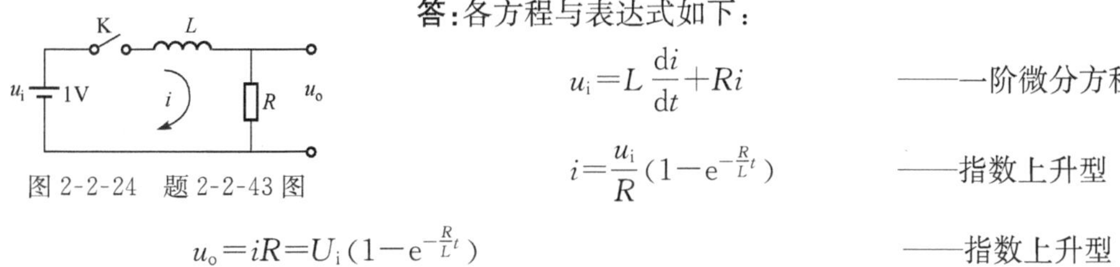

图 2-2-24　题 2-2-43 图

答：各方程与表达式如下：

$$u_i=L\frac{\text{d}i}{\text{d}t}+Ri\quad\text{——一阶微分方程}$$

$$i=\frac{u_i}{R}(1-\text{e}^{-\frac{R}{L}t})\quad\text{——指数上升型}$$

$$u_o=iR=U_i(1-\text{e}^{-\frac{R}{L}t})\quad\text{——指数上升型}$$

45. 已知 LR 电路如图 2-2-24 所示，开关合上后请回答下述问题：

(1) 画出电压 u_o 随时间变化的曲线。

(2) 大致要经过多少时间，u_o 之值将接近 u_i 值(图中 1V)？

(3) 时间常数 L/R 由小至大改变时，再画出 u_o 变化曲线。

答：(1) u_o 的变化曲线可由上题 u_o 公式画出，为指数上升型，终值趋近于 u_i，如图 2-2-24 所示。

(2) 大致要经过(5～6)L/R 时间，u_o 才能趋近于终值 u_i(1V)，这一点与 RC 电路相似，此电路的时间常数为 L/R，u_o 与时间的关系如下表所列：

时间	$1\frac{L}{R}$	$2\frac{L}{R}$	$3\frac{L}{R}$	$4\frac{L}{R}$	$5\frac{L}{R}$
u_o	$0.632U_i$	$0.865U_i$	$0.95U_i$	$0.982U_i$	$0.993U_i$

(3) 时间常数 L/R 由小至大变化时，u_o 的变化曲线已在图 2-2-25 中画出，主要原因为：

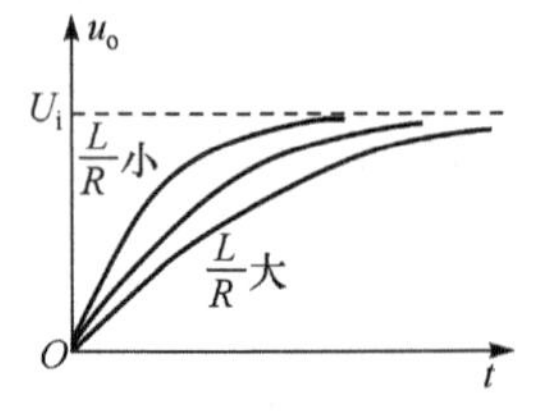

图 2-2-25　题 2-2-45 解

电感 L 值愈小，其上的反电动势也愈小，故电流的上升速度愈快，电压 U_o 的上升速度也愈快；电阻 R 值愈大，与其串联的电感作用就愈小，故其反电势的作用也愈小，如此也会使电流上升快，u_o 增速快。

46. 已知 LR 电路如图 2-2-26，若流过电感 L 上的电流为锯齿波形，则电感两端电压 u_L、电阻 R 两端的电压 u_R 各为什么波形？为什么？此电路有何应用？

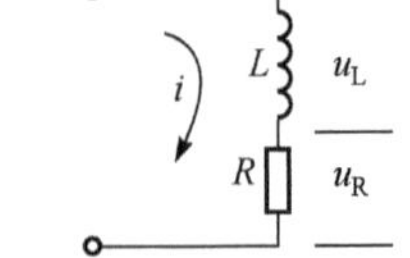

图 2-2-26　题 2-2-46 图

答：(1) 根据 $u_L=L\dfrac{di}{dt}$ 的数学关系，i 若为锯齿波，则 u_L 必为矩形波。

(2) $u_R=iR$，故 u_R 仍为锯齿波。

(3) 可用于波形变换，如电视机行扫描电路即用到这样的电路。

47. 已知 RLC 并联电路如图 2-2-27 所示，i 为多频率的输入总电流，试完成以下各题。

(1) 电路在什么情况下，输出 u_o 才能获得最大值？为什么？

(2) 画出电路的选频特性曲线(即幅频特性曲线)。

答：(1) 电路在谐振时，即输入信号的频率等于回路的谐振频率时，输出 u_o 即可获得最大值，谐振频率为

$$f_o=\frac{1}{2\pi\sqrt{LC}}$$

其原因在于：回路对于很低的频率，其感抗($X_L=2\pi fL$)很小，无法获得大电压输出；回路对于很高的频率，其容抗$\left(X_C=\dfrac{1}{2\pi fC}\right)$很小，也难获得大电压输出。因而只有不高不低的某一频率(即谐振频率 f_o)回路的 X_L、X_C 均不很小，而使输出 u_o 最大。

(2) 电路的选频特性曲线如图 2-2-28 所示。

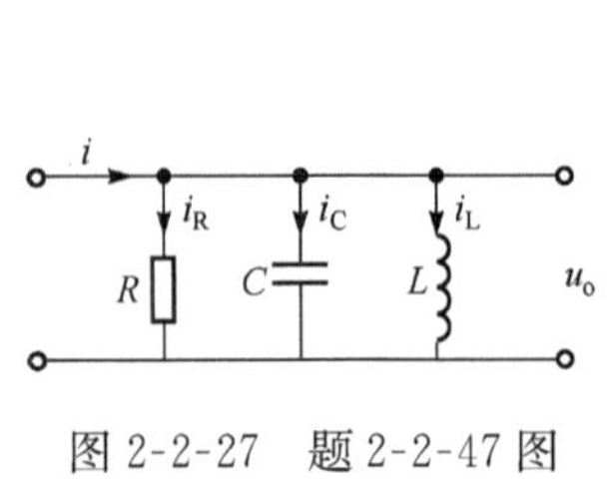

图 2-2-27　题 2-2-47 图

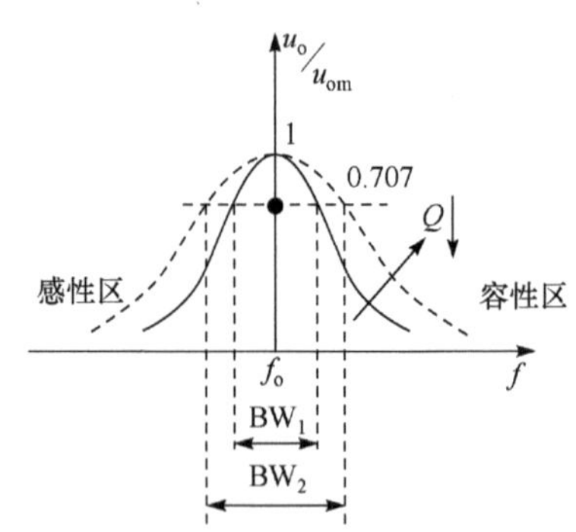

图 2-2-28　题 2-2-47 解

48. 已知 RLC 并联电路如图 2-2-27 所示，i 为多频率的输入总电流，试完成以下各题。

(1) 列出各电流之关系式。

(2) 在电路谐振时，求各电流 i_R、i_C、i_L 的方向与大小。

(3) 求谐振时输出电压 u_o 的表达式。

答：(1) 各电流之关系为

$$\dot{i}=\dot{i}_R+\dot{i}_C+\dot{i}_L \qquad \text{——矢量和}$$

(2) 谐振时：

因为

$$|i_C|=|i_L|=Qi$$ ——L 与 C 上的电流大小相等，方向相反而抵消，但其值为输入电流 i 的 Q 倍。

故

$$i_R=i \qquad \text{——输入总电流全部流入电阻支路。}$$

(3) 谐振时输出电压 u_o 的表达式

$$u_o=i_R R=iR=U_{om} \text{——电路获最大输出电压。}$$

49. 已知 RLC 并联电路如图 2-2-27 所示，i 为多频率的输入总电流。试完成以下各题。

(1) 回路选频特性的优劣与什么参量有关？在图 2-2-27 上表明它们间的关系。

(2) 何谓回路的品质因素 Q？说明 Q 与回路参量之关系。

(3) 如何求导回路的通频带宽(BW)？

答：(1) 回路选频特性的优劣与回路的品质因素 Q 值有关，其关系曲线如图 2-2-28 中虚线所示。

Q 值高，选频特性好，但通频带窄；Q 值低，选频特性差，但通频带宽。

(2) 回路的品质因素 Q 的物理概念是回路存储能量(L 或 C)与消耗能量(R)之比，故可得

$$Q=\frac{R}{\omega_o L}=R\omega_o C=R\sqrt{\frac{C}{L}}$$

在并联回路中，电阻 R 值越大，流经的电流越小，耗能也越小，故 Q 值越高。

(3) 回路通频带宽度与 Q 值直接有关，即 $BW=\frac{f_o}{Q}$。

所以，Q 值越大，BW 越窄；Q 值越小，BW 越宽。

50. 已知 RLC 串联电路如 2-2-29 所示，u 为多频率的输入电压。试完成以下各题。

(1) 电路在什么情况下，输出 u_o 才能获得最大值？为什么？

(2) 画出电路的选频特性曲线。

答：(1) 电路在谐振时，即输入信号的频率等于回路的谐振频率时，输出电压 u_o 才可获得值，谐振频率为

$$f_o=\frac{1}{2\pi\sqrt{LC}}$$

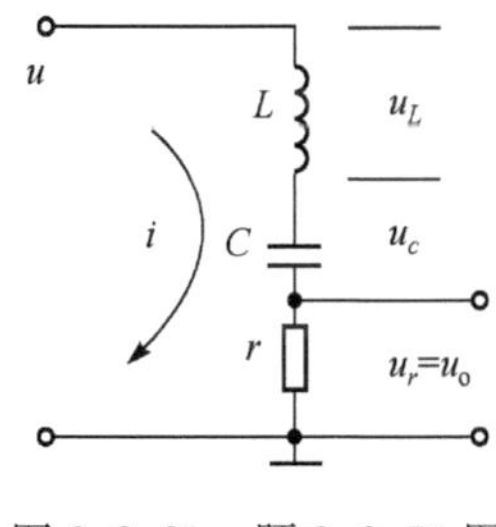

图 2-2-29　题 2-2-50 图

其原因在于：电路对于很低的频率信号，其容抗$\left(X_C=\frac{1}{2\pi f_C}\right)$很大，信号衰减大，阻力大，故输出 u_o 值小；电路对于很高的频率信号，其感抗($X_L=2\pi fL$)很大，信号衰减大，阻力大，输出 u_o 值也小。因而，只有频率不高不低的某信号(即谐振频率)，回路的 X_L、X_C 均不很大，而使 i 在 r 上产生最大输出。

(2) 其选频特性曲线与图 2-2-28 完全相同。其不同之点在于：f_o 之左为容性区(因为容抗大)，右侧为感性区(因为感抗大)。

51. 已知 LC 串联电路如图 2-2-29 所示，u 为多频率的输入电压。试完成以下各题。

(1) 列出电路中各电压之关系式。

(2) 在电路谐振时，求各电压的大小与方向。

(3) 求谐振时回路电流 i 的表达式。

答:(1) 各电压之关系式为

$$u=u_L+u_C+u_r,\text{矢量和}$$

(2) 谐振时:

$|u_L|=|u_c|=Qu$,L 与 C 上的电压大小相等方向相反而抵消,但其值为 u 的 Q 倍。

$u_o=u_r=u$,输入总电压全部加至电阻 r 上,为最大值。

(3) 谐振时回路电流为

$$i=\frac{u}{R}=i_{max}$$

谐振时回路电流最大。

52. 已知 LC 串联电路如图 2-2-29 所示,设输入信号为周期 1μs 的方波,LC 串联谐振于 1MHz 的频率上。试完成以下各题。

(1) 电阻 r 上获得的是什么样的信号? 为什么 ?

(2) 若方波的幅值为 20V,试求输出 u_o 的幅值。

(3) 试举一应用实例。

答:(1) 输出为 1MHz 的正弦或余弦信号。原因是:根据信号的博里叶级数展开式,可知 1MHz 方波(周期为 1μs)中一定含有 1MHz 正弦或余弦基波及 3MHz、5MHz 等高次正弦或余弦谐波,这些信号经 LCr 串联回路的选频作用,将 3MHz、5MHz 等谐波成分滤除而选出 1MHz 正弦信号在电阻 r 两端输出。

(2) 1MHz 基波分量在电阻 r 两端的输出幅度为 $u_o=20\times\frac{2}{\pi}\approx12.74\text{V}$。

(3) 实际应用——常用于丁类(D 类)功率放大电路的负载电路,在污水处理等电子设备中应用。

53. 已知某带阻电路(也称为陷波电路或吸收电路)如图 2-2-30(a)所示,设输入为多频率信号,若 LC 串联谐振于 f_o(如 30MHz)的频率上,则本电路不能证什么信号输出? 并请画出本电路的选频曲线,指明它的应用实例。

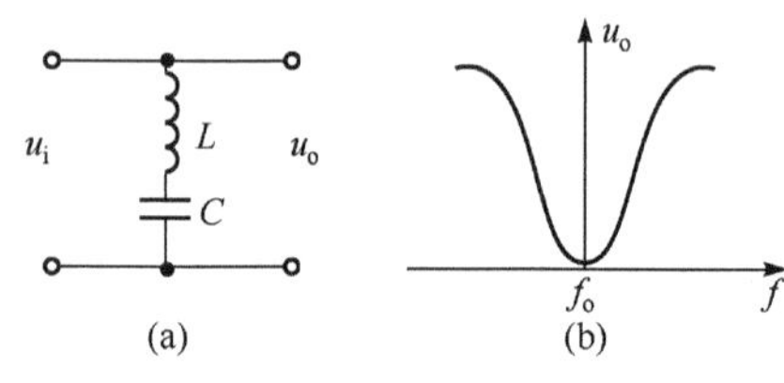

图 2-2-30 题 2-2-53 图与解

答:(1) 本电路是带阻滤波电路,它滤除了频率为 f_o 的信号(L、C 上的电压大小相等方向相反而抵消),故输出 u_o 中无频率为 f_o 的信号。

(2) 电路的选频特性(幅频特性)如图 2-2-30(b)所示。

(3) 在传统电视机的中频放大、亮度通道等电路中常有应用。

54. 什么电路的输入、输出信号间不会产生相位移(即时延)? 什么电路会产生相位移? 此相位移的大小与电路的什么参量有关?

答:(1) 纯电阻电路(网络)不产生相移,电路的输出信号与输入信号始终同相。

(2) 含电容 C 和电感 L 的电路会产生相移,电路的输出信号与输入信号不同相。原因是:电容 C 和电感 L 均有存储能量的作用(前者存电能,后者存磁能),而存储、释放能量需要时间,故此类电路的输入信号传至输出会有时延,有时延即有相移。

(3) 电路相移的大小直接与电路的频带宽度有关,通带越窄的电路其相位移越大(即时延越大),反之则越小,可参阅 RC 电路频率特性的分析。

55. 已知某应用电路的组成如图 2-2-31 所示。试完成以下各题。

(1) 信号 u_1、u_2 能否同时到达相加电路？为什么？

(2) 如不同时到达，应采取什么措施解决这一问题。

(3) 举一应用实例。

图 2-2-31 题 2-2-55 图

答：(1) 二者不能同时到达相加电路，因为宽带电路对信号的相移小(即时延小)，而窄带电路对信号的相移大(即时延大，)故同一输入信号分别经两电路处理后，u_1 比 u_2 先到达相加电路。

(2) 应在宽带电路的通道内串接延时电路，使两路信号同时到达相加电路。

(3) 应用实例——在电视机的亮度通道(带宽 6MHz)和色度通道(最窄带宽为 1.3MHz)就存在上述问题，故须在亮度通道内加入 0.6μs 的延时装置，以保证亮度信号、三色差信号同时到达彩色矩阵。

56. 继电器的工作原理如图 2-2-32 所示。试完成以下各题。

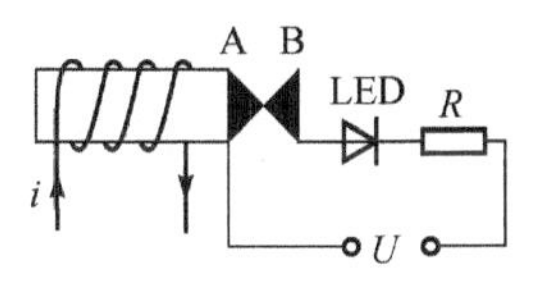

图 2-2-32 题 2-2-56 图

(1) 线圈通入直流电流之后会产生什么现象？

(2) 通电线圈还可作何用？

答：线圈通入直流电流后，在线圈中产生磁力线，使线圈成为等效磁体，故而能对铁质触点产生吸引力，使其闭合，接通电路，LED 发光。切断电流后，触点断开，LED 熄灭。

(2) 通电线圈即能成为磁体，即可作磁铁使用，常于各个领域，如选矿，从杂品堆中选废铁等。

57. 当一电感线圈通以大功率高频电流后，置于线圈中的铁质工件是否可被加热？为什么？有何应用？

答：(1) 铁质工件能被加热。原因：当电感线圈通以电流后，在其当中的铁质工件内产生涡流，使铁件发热。当电流的频率升高后，涡流加大(铁损增加)，铁件的温度也会增高。另外，由于高频有趋肤效应，故铁件的表面温升比其中心高。

(2) 常用于工业中的高频淬火，使被淬工件外刚内柔，大大提高工件的品质。

58. 已知扬声器的结构如图 2-2-33 所示，图中线圈套在铁氧体磁心上，线圈粘贴在可发声的纸盒上。试完成以下各题。

(1) 当线圈通入音频信号的电流后，纸盒为什么会发声？

(2) 此结构的扬声器可否作送话器使用？为什么？

答：(1) 线圈通入电流后，即具有磁性，成为一个磁体。此磁体与线圈内的固有磁体发生相吸相斥作用，从而带动纸盒运动而发出声音。

(2) 可作送话器使用，即声音振动推动纸盒前后运动，使线圈在铁氧体磁心上运动而切割磁力线，如此即可在线圈两端产生电信号输出，但这种送话器的灵敏度低，体积大，不便使用。

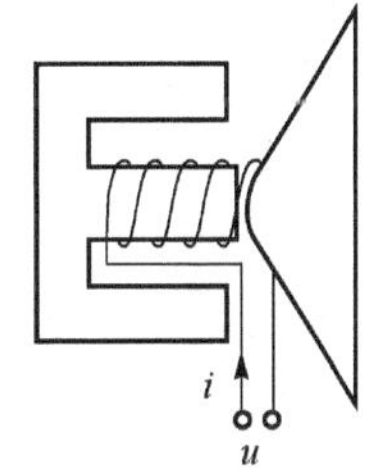

图 2-2-33 题 2-2-58 图

59. 已知显像管中电子束偏转的原理如图 2-2-34 所示，两偏转线圈水平(左右)放置。试完成以下各题。

(1) 若线圈中的电流如图 2-2-34 所示，则在两线圈间产生什么样的磁场？

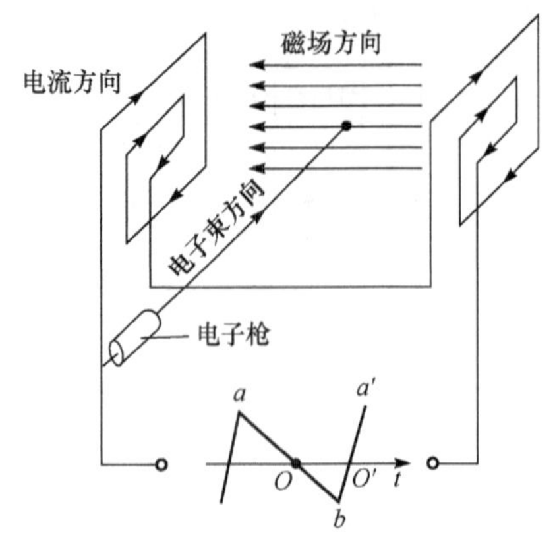

图 2-2-34　题 2-2-59 图

(2) 若一电子束垂直进入纸面，则电子束的运动方向将怎样改变?

(3) 若线圈中加入一线性良好的锯齿波电流，则显像管屏幕上呈现什么图形?

答:(1) 产生水平磁场，磁力线的方向是由右至左。

(2) 根据左手定则，可知电子束的运动方向是向下变化。

(3) 屏幕中心出现一条垂直亮线。

60. 承上题，完成以下各题。

(1) 若电子束作水平运动，则两线圈如何放置?

(2) 若电子束在屏幕既能作水平移动(扫描)，又能作垂直(上下)移动，则线圈如何放置?

(3) 若在屏幕上出现水平方向上的一条条光栅(亮线)，线圈中应通入什么波形的电流?

答:(1) 在显像管管颈的上下两侧置一对线圈，通电后产生垂直方向的磁场，使进入纸面的电子束发生水平偏转。

(2) 既要在显像管管颈的水平两侧置一对线圈使电子束作上下垂直运动，又要在管颈上下两侧置一对线圈，使电子束作水平(左右)运动。

(3) 分别在两对线圈中加入线性良好的锯齿波电流即可，但使电子束水平移动的速度远远大于垂直(上下)移动的速度，如在电视机中，前者移动的频率为 15.625kHz(行频)，后者为 50Hz(场频)。由此可在屏幕上扫出 312.5 行光栅。

61. 何谓三相电路? 何谓对称的三相电路? 何谓不对称的三相电路?

答:三相电路是电力系统主要供电方式，它是由三组相位不同的电源与三组负载共同组成的电力系统(电路系统)。

如果三组电源，除其相位各依次相差 120°外，其余均相等，三个负载的复阻抗也彼此相等，则称这个三相电路为对称三相电路。否则为不对称三相电路。

62. 何谓发电机的星形联接? 何谓负载的星形联接? 试图示之。

答:发电厂的交流电动机多数是三相的，它有三个绕组。若这三个绕组的终端连在一起，它的始端作为三根输出线，则此接法为发电机的星形联接，如图 2-2-35 所示。

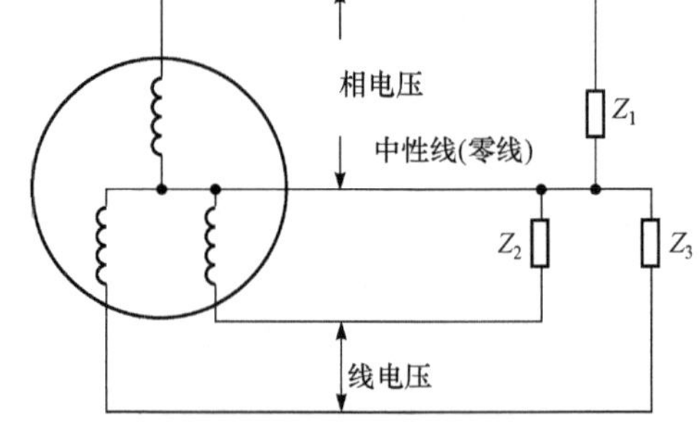

图 2-2-35　题 2-2-62 解

供电系统终端有三个负载:Z_1、Z_2、Z_3，这三个负载如图 2-2-35 所示，则称负载为星形联接。

63. 何谓发电机的三角形联接? 何谓负载的三角形联接? 试图示之。

答:发电机三个绕组两两始末端相连后，再分别引出三个输电线，此种接法称为发电机的三角形联接，如图 2-2-36 所示。

如果三相电用户负载也两两端相连，再引出三根引线与输电线相连，则称负载为三角形联接，如图 2-2-36 所示。

64. 何谓三相四线制电路？何谓三相三线制电路？试图示之。

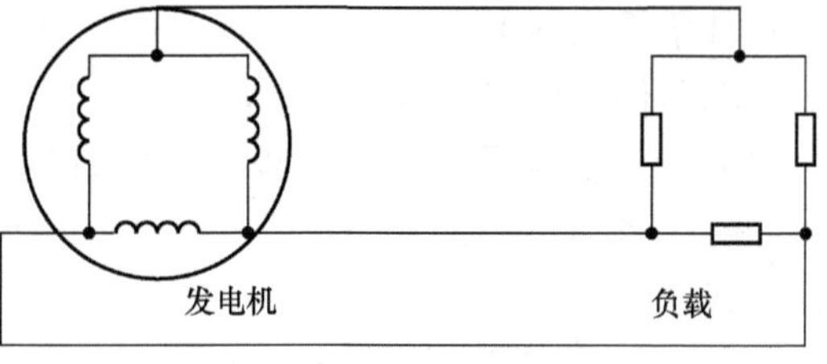

图 2-2-36 题 2-2-63 解

答:在图 2-2-35 的星形联接系统中，各发电机绕组的相连端引出的一根线(称中性线或零线)，三绕组的另一端引出的三根线，即组成三相四线制供电系统。

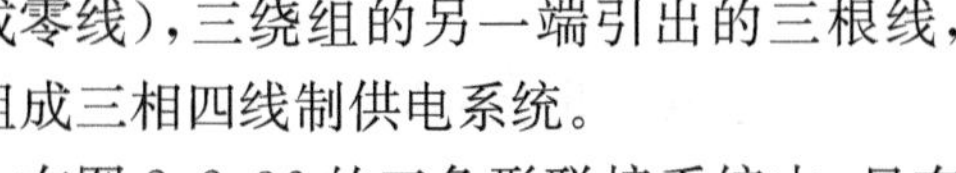

在图 2-2-36 的三角形联接系统中，只有三根输电线，故称三相三线制供电系统。三线制系统应用极为广泛(如接三相电动机)。

65. 试完成以下关于三相电路的问题。

(1) 何谓相电压?

(2) 何谓线电压?

(3) 相电压与线电压有何关系？它们与负载的联接方式有关吗?

(4) 相电流与线电流有何关系？它们与负载的联接方式有关吗?

答:(1) 相电压——每相绕组始端与末端间的电压，亦即每根相线与零线(中性线)间的电压即为相电压，如图 2-2-35 所示。在低压配电系统中，相电压通常为 220V。

(2) 线电压——发电机三个绕组中任意两绕组的始端间的电压，亦即两相线之间的电压即为线电压，如图 2-2-35 所示。在低压配电系统中，相电压通常为 380V。

(3) 在负载为三角形联结中，线电压＝相电压，在星形联结中，线电压的幅值比相电压大 $\sqrt{3}$倍，相位超前相电压 30°，即 $\dot{U}_L=\sqrt{3}U_P e^{j30^\circ}$。

(4) 在负载为星形联接中，线电流＝相电流，在三角形联结中，线电流的幅值比相电流大 $\sqrt{3}$倍，相位落后相电流 30°，即 $\dot{I}_L=\sqrt{3}\dot{I}_P e^{-j30^\circ}$。

66. 何谓工作零线？何谓保护零线？何谓工作接地？试图示之。

答:上述三问的解释可在图 2-2-37 中得到。

(1) 工作零线即电网中的零线(中性线)，它在建筑物的入口处即接地(导线零连接埋在大地中的金属体)。

(2) 保护零线为电网零线引入用户的一根保护线，以保人身安全。

(3) 工作接地。

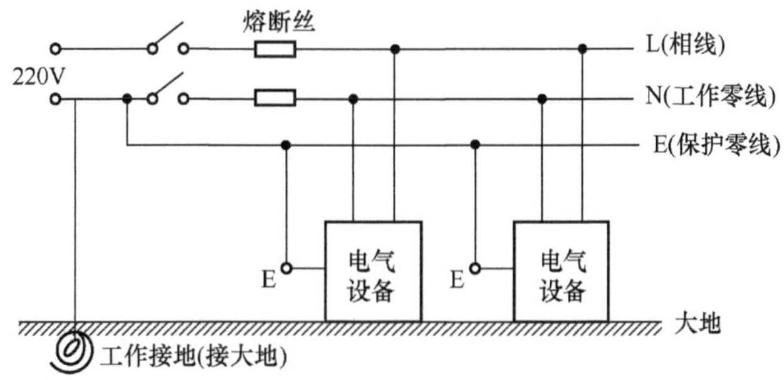

图 2-2-37 题 2-2-66 解

67. 在三相电路中，零线有电流吗？工作零线有电流吗？为什么？

答:在供电线路的三组负载完全对称(相等)的条件下，零线(中性线)或工作零线上无电流，这种条件实际上是无法达到的。通常，零线上有电流，对地电压也不为零；距电源越远，此电压越高，但一般在安全值以下，无危险。

68. 人体的电阻大致是多少？人体的安全电压、安全电流大致是多少？

答：人体的电阻为 10kΩ～100kΩ；当皮肤的角质外层被破坏时，此电阻可降至 800～1000Ω。

人体的安全电压约为 36V；在潮湿场所，所规定的安全电压低于 36V。

人体的安全电流约为 50mA。

69. 在三相电路中，有关功率的计算问题。

（1）三相电路中，总的有功率大小与负载的联接方式有关吗？

（2）如何计算总的有功功率？

答：（1）在三相电路中，总的有功功率大小与负载是星形联接，还是三角形联接无关。

（2）总的有功功率等于各相有功功率之和。当负载为对称时，每相有功功率是相等的，故其总的有功功率为 $P=3P_P=3U_PI_P\cos\varphi$。

式中，φ 为相电压与相电流 I_P 之间的相位差，此相位差通常是由感性负载造成的，它是总有功功率下降的关键原因。$\cos\varphi$ 称为三相电路的功率因数，它是供电系统中的关键指标，此值应越大越好。

70. 如何提高供电系统的功率因数 $\cos\varphi$？

答：由于电网的实际用电大户常为工厂、企业，负载以大功率电动机为主体，属感性负载，它使电路的功率因素 $\cos\varphi$ 大大降低。解决的办法往往强制这些用户在电网上并接大功率的电力电容器，以容性负载来补偿感性负载，使 $\cos\varphi$ 值尽可能提高。

二、填空题

1. 理想电压源的内阻为__________，它的输出__________十分稳定，带负载能力很__________。

2. 理想电流源的内阻为__________，它的输出__________十分稳定，负载不能__________。

3. 在电池供电电路中，电池内部的电流是由__________极流向__________极，外电路中正相反。

4. 晶体管或场效应管的输出特性类似于__________源，故其管内等效电阻__________。

5. 在电子电路中，负载获得最大功率的条件是__________，此时电路的传输效率为__________。

6. 在电阻并联的电路中，电阻小的支路所得电流__________，所消耗的功率__________。

7. 在两电容相串联的电路中，容量小的电容器所承受的电压__________，电容器大的电容器所承受的电压__________。

8. 对于充满电的新电池，其内阻__________，用完电的旧电池其内阻__________。

9. *LCR* 串联电路谐振时，其回路中的电流__________，电阻上的电压__________。

10. *LCR* 串联电路谐振时，电容 C 的电压与电感 L 上的电压关系是__________、__________。

11. *LCR* 串联电路中的电阻值越大，则电路的品质因素 Q 值越__________，回路的通频带越__________。

12. *LCR* 并联电路谐振时，其回路两端的电压__________，电阻上的电流__________。

13. *LCR* 并联谐振回路谐振时，电容支路中的电流与电感支路中电流的关系是__________、__________。

14. 单层空心小电感线圈的 Q 值为__________至__________；磁心小电感线圈的 Q 值为__________至__________。

15. *LCR* 电路的 Q 值越低，其通频带越__________，选择性越__________。

16. 对称的三相电源是由 3 个__________相等、__________相等、初相角依次落后为__________的正弦电源组成。

17. 三相电源的源与负载均可接成__________形和__________形两种联结方式。

18. 在三相电路中，相电压是__________与__________之间的电压。

19. 在三相电路中，线电压是__________与__________之间的电压。

20. 在三角形联接的三相电源中，若相电压为 220V，则线电压为__________；在星形联接的三相电源中，若相电压为 220V，则线电压为__________。

21. 家用电器或灯泡应接在交流电网的__________与__________之间，供电电压为__________。

22. 大功率交流电机常接在交流电网的__________与__________之间，供电电压为__________。

23. 我国交流电网入户（居民户）电源的频率为__________，电压的有效值为__________。

24. 美日欧交流电网入户（居民户）电源的频率为__________，电压的有效值为__________。

25. 由于负载不对称，三相四线制中性线（零线）中的电流__________，故此中性线对地的电压__________。

26. 在电力系统中，主要负载是__________机，属于__________负载，这是功率因数不为 1 的主要原因。

27. 对于容量为 100kVA 的变压器，如果功率因数为 $\cos\varphi=1$，则能供出的有用功率为__________而当 $\cos\varphi=0.8$ 时，则供出的有用功率为__________。

28. 在直流电路中，负载所获得的功率计算式为 $P=$__________；在三相电路中，负载所获得的有用功率计算式为 $P=$__________。

29. 在供电系统中，若电压为 U，电流为 I，两者之间的相位差为 ϕ，则其总功率容量为__________，有功功率为__________，无功功率为__________。

30. 按照交流电网供电使用规范，工矿企业的功率因数不能低于__________，否则应采取措施进行补偿。

31. 提高功率因数的有效方法是在感性负载的状态下，用__________作并联补偿，以减小电厂（电源）与用户（负载）之间的__________。

32. 变频调速装置主要由__________和__________两大部分组成。

33. 变频调速器中的逆变器作用是将__________转换成频率可调、电压有效值__________的交流电，供给交流电动机而得到无级调速。

34. 步进电机是一种利用电磁铁的作用原理将__________转换为__________的电机，它按电脉冲一步一步地转动。

35. 步进电机的转速决定于电脉冲的__________，并与其__________。

三、是非题

1. 欧姆定律既适用于线性电路，也适用于非线性电路。 (　　)

2. 基尔霍夫定理既适用线性电路，也适用于非线性电路。 (　　)

3. 叠加定律既适用于线性电路，也适用于非线性电路。 (　　)

4. 戴维宁定理既适用于线性电路，也适用于非线性电路。 (　　)

5. 叠加定律、戴维宁定理既适用于纯阻的实数电路，也适用于复参数的 LCR 电路。 (　　)

6. 电路中的功率计算不能用叠加定律。 (　　)

7. 电路中，负载获得最大功率的条件也是电路电能传输效率最大的条件。 (　　)

8. 在正弦稳态电路中，负载阻抗获得最大功率的条件是此阻抗应与信号源内阻成共轭匹配关系。 (　　)

9. 对于同一电压，功率越大的灯泡，其内阻也越大。 (　　)

10. 一只 30W 的灯泡与一只 60W 的灯泡串联后接在电网上，则仍然是 60W 的灯泡更亮。 (　　)

11. 电路中受控源也属于独立源。 (　　)

12. 理想电压源或电流源的带载能力都很强。 (　　)

13. 交流供电网络可看成是一个电压源供电系统，希望电路的损耗电阻尽可能小。 (　　)

14. 在三相电路中，若源为三角形联接，则负载也必须作三角形联接。 (　　)

15. 在三相电路中，若源为星形(Y 形)联接，则负载也必须作星形联接。 (　　)

16. 在电源为星形(Y 形)，负载也为星形联接的三相电路中，应采用三相四线制联接方式。 (　　)

17. 在三相电路中，电源是对称的，三条输电线的阻抗是对称(相等)的，则负载也应该是对称的。 (　　)

18. 在三相电路中，只有星形(Y 形)联接才有四根电力线。 (　　)

19. 三角形联接的三相电路中不能引出中性线(即无零线)。 (　　)

20. 在三相电路中，若相电压为 220V，则线电压为 380V，它与负载的连接方式无关。 (　　)

21. 在供电系统中，功率因数是电路与负载实际消耗的功率与视在功率之比值的余弦函数。 (　　)

22. 发电厂发出的功率应为有功功率与无功功率之代数和。 (　　)

23. 在供电系统中，负载的电抗分量(主要是电动机的电感)越大，则功率因数 $\cos\varphi$ 值越大。 (　　)

24. 三相供电电路中，工作零线(中性线)中通常有电流，而保护零线中不应有电流。 (　　)

四、选择题

1. 1 度(1 千瓦小时)的电能相当于(或转换成)多少焦耳热能，其关系式及结果为(　　)。

A. 1 度电＝1 千瓦小时＝1000(瓦)×60×60(秒)＝3.6×10^6 焦耳(J)

B. 1 度电＝1 千瓦小时＝1000(瓦)×60(分)＝6×10^4 焦耳(J)

C. 1 度电＝1 千瓦小时＝1000(瓦)×1(时)＝10^3 焦耳(J)

D. 1 度电＝1 千瓦小时＝1000(瓦)×60×60(秒)×0.24＝8.64×10^5 焦耳(J)

2. 1 度电(1 千瓦小时)的电能相当于(或转换成)多少卡热能，其关系式及结果为(　　)。

A. 1000×60×60×1000＝3.6×10^9 卡(Cal)

B. 1000×60×60×4.186＝15.7×10^6 卡(Cal)

C. 1000×60×60÷0.24＝15×10^6 卡(Cal)

D. 1000×60×60×0.24＝0.86×10^6 卡(Cal)

3. 在电子电路中，已知信号源内阻为 $Rs+jXs$，则负载(R_L、X_L)获得最大功率传输的条件是(　　)。

A. $R_L=R_S$　$X_L=0$　　　B. $R_L=R_S$　$X_L=-X_S$

C. $R_L=R_S$　$X_L=X_S$　　　D. $R_L>R_S$　$X_L=-X_S$

4. 用戴维宁定理求一电路的等效串联电源时，应将(　　)。

A. 电路内的电流源短路、电压源开路，各电阻保留不变

B. 电路内的电流源开路、电压源短路，各电阻保留不变

C. 电路内的电流源、电压源均短路，各电阻保留不变

D. 电路内的电流源、电压源均开路，各电阻保留不变

5. 用戴维宁定理求一电路的等效串联电源时，对电压源、电流源、受控源处理的原则是(　　)。

A. 均作短路处理，但保留各电阻不变

B. 均作开路处理，但保留各电阻不变

C. 电压源短路、电流源开路，受控源及各电阻保持不变

D. 电压源开路、电流源短路，受控源及各电阻保持不变

6. 已知电路如图 2-2-38 所示，负载 R_L 为多少时才能获得最大功率。(　　)

A. 20Ω　　B. 10Ω

C. 5Ω　　D. 2.5Ω

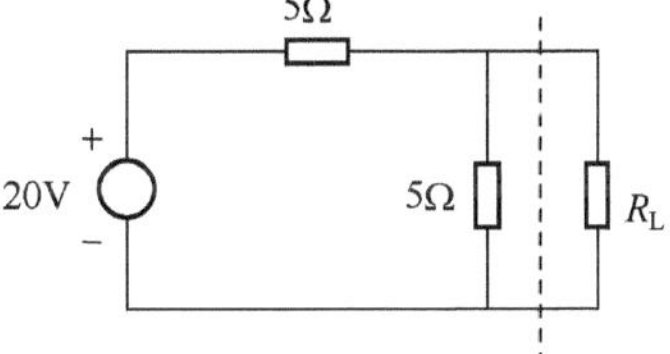

图 2-2-38　题 2-2-6 图

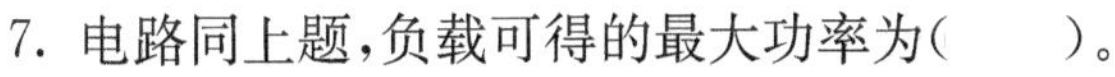
7. 电路同上题，负载可得的最大功率为(　　)。

A. 20W　　B. 10W

C. 5W　　D. 2.5W

8. 在多信号源的线性电路中，某一负载上的电压、电流、功率的计算可(　　)。

A. 均可用叠加定理求解

B. 电压、电流可用叠加定律求解，功率则不可

C. 电压、功率可用叠加定律求解，电流则不可

D. 电流、功率可用叠加定律求解，电压则不可

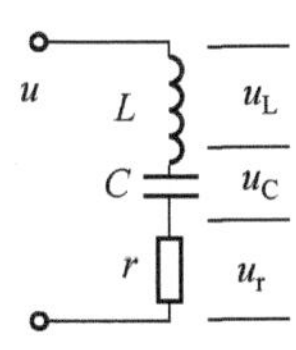

图 2-2-39　题 2-2-9 图

9. 已知 RLC 电路如图 2-2-39 所示，$u=5\cos\omega t$，回路 $Q=20$，则电路谐振时，$u_r=$？(　　)。

A. 条件不够无法求解　　B. $u_r=\frac{5}{3}\cos\omega t$

C. $u_r=100\cos\omega t$　　D. $u_r=u=5\cos\omega t$

10. 电路、已知条件均同上题，则电路谐振时，u_L＝？ u_C＝？（　　）

A. 条件不够无法求解

B. $u_L = u_C = \frac{5}{3}\cos\omega t$

C. u_L 与 u_C 大小相等，方向相反，为$\pm 100\cos\omega t$

D. u_L 与 u_C 大小相等，方向相同，为 $100\cos\omega t$

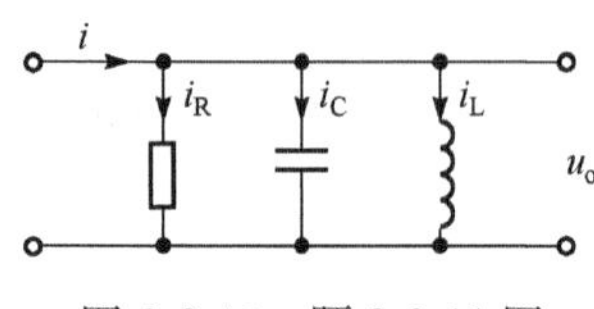

图 2-2-40　题 2-2-11 图

11. 已知 RLC 并联电路如图 2-2-40 所示，则电路谐振时电阻中的电流与总电流的关系为（　　）。

A. 条件不够，无法求解　　B. $i_R = i$

C. $i_R < i$　　D. $i_R > i$

12. 电路同上题，电路谐振时，电容、电感上的电流与总电流的关系为（　　）。

A. 条件不够，无法求解　　B. $i_L = i_C = i$，大小相等，方向相同

C. $i_L = i_C = Qi$，大小相等，方向相同　　D. $i_L = i_C = Qi$，大小相等，方向相反

13. RC 电路、RL 电路的时间常数分别为（　　）。

A. RC、RL　　B. RC、$\frac{L}{R}$　　C. RC、$\frac{R}{L}$　　D. $\frac{1}{RC}$、$\frac{1}{RL}$

14. 在 RLC 并联回路中，若加大回路的并联电阻值，则回路的通频带宽与选择性将（　　）。

A. 通频带加宽，选择性变好　　B. 通频带加宽，选择性变差

C. 通频带变窄，选择性变好　　D. 通频带变窄，选择性变差

15. 已知电路如图 2-2-41 所示，输入为正弦信号，其输出信号与输入信号之间的相位关系为（　　）。

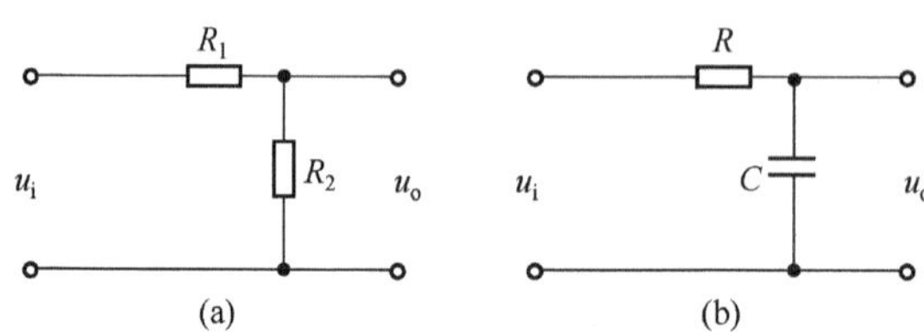

图 2-2-41　题 2-2-15 图

A. u_o 均与 u_i 同相　　B. u_o 均超前 u_i 一个相位角

C. u_o 均落后 u_i 一个相位角

D. 图(a)中 u_o 与 u_i 同相 图(b)中 u_o 落后 u_i 一个相位角

16. 已知电路同图 2-2-41 所示，则两个电路的频带宽度为（　　）。

A. 图(a)带宽为无限宽，图(b)带宽为$\frac{1}{2\pi RC}$

B. 图(a)带宽为无限宽，图(b)带宽为$\frac{1}{RC}$

C. 图(a)带宽为$\frac{1}{2R_1R_2}$，图(b)带宽为$\frac{1}{RC}$

D. 图(a)带宽为$\frac{1}{2R_1R_2}$,图(b)带宽为$\frac{1}{2\pi RC}$

17. 已知电路如图 2-2-42 所示,则两电路输出信号与输入信号之间相位关系为(　　)。

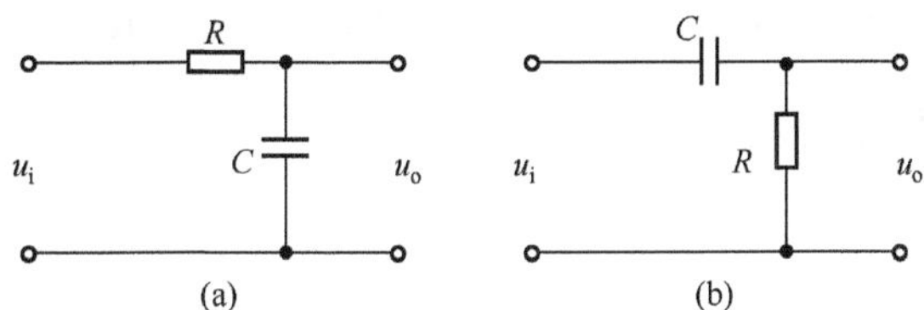

图 2-2-42　题 2-2-17 图

A. u_o 均落后于 u_i 一个相位角

B. u_o 均超前于 u_i 一个相位角

C. 图 2-2-42(a)的 u_o 落后于 u_i 一个相位角 图 2-2-42(b)的 u_o 超前于 u_i 一个相位角

D. 图 2-2-42(a)的 u_o 超前于 u_i 一个相位角 图 2-2-42(b)的 u_o 落后于 u_i 一个相位角

18. 已知电路同图 2-2-42 所示,设输入信号为脉宽 τ 的方波,电路的时间常数满足 $RC \gg \tau$ 的条件,则电路是否能不失真的传输此方波信号?(　　)

A. 均不能传输不失真的方波信号　　B. 均能传输不失真的方波信号

C. 图(a)电路能,图(b)电路不能　　D. 图(a)电路不能,图(b)电路能

19. 已知电路同图 2-2-42 所示,设输入信号为脉宽 τ 的方波,电路的时间常数满足 $RC \ll \tau$ 的条件,则电路是否能不失真地传输此方波信号?(　　)

A. 均不能传输不失真的方波信号　　B. 均能传输不失真的方波信号

C. 图(a)电路能,图(b)电路不能　　D. 图(a)电路不能,图(b)电路能

20. 已知电路如图 2-2-42(a)所示,设输入信号为脉宽 τ 的方波,若要输出获得线性较好的三角波,则 τ 与电路的时间常数 RC 之间的关系大致为(　　)。

A. $RC=(1\sim2)\tau$　B. $RC=(5\sim6)\tau$　C. $RC \gg \tau$　D. $RC \ll \tau$

21. 已知电路如图 2-2-42 所示,若要使输入信号经电路移相 180°,则应采用几节这样的电路级联?(　　)。

A. 一级　B. 二级　C. 三级　D. 四级

22. 在图 2-2-43 中,水平实线为磁力线方向,电子束垂直于纸面(磁场)进入,则电子束的运动方向(　　)。

A. 与磁场方向相反,向右运动

B. 与磁场方向相同,向左运动

C. 与磁场方向相垂直,向上运动

D. 与磁场方向相垂直,向下运动

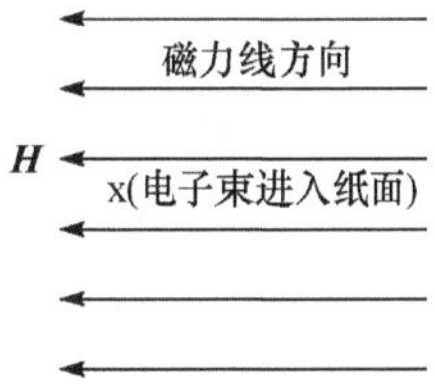

磁力线方向
H
x(电子束进入纸面)

图 2-2-43　题 2-2-22 图

23. 一 220V 交流供电的日光灯电路中,测得电流为 0.3A,已知消耗功率为 40W,则此电路的功率因数约为(　　)。

A. 0.61　B. 0.42　C. 0.30　D. 0.83

24. 在交流供电网络中,变压器的容量为 10KVA,若功率因数 $\cos\phi=0.8$,则其供出的有功功率与无功功率分别为(　　)。

A. 8kW,2kW　B. 8kW,6kW　C. 6kW,2kW　D. 2kW,8kW

25. 220V 交流电网上并接两只灯泡，一只 50W、一只 100W，则当两只灯泡正常发光时，其等效电阻 R_1、R_2 分别为(　　)。

A. $R_1=968\Omega$　$R_2=484\Omega$　　B. $R_1=484\Omega$　$R_2=968\Omega$

C. $R_1=484\Omega$　$R_2=242\Omega$　　D. $R_1=242\Omega$　$R_2=484\Omega$

五、填空题、是非题、选择题答案

(一) 填空题

1. 零(0)，电压，强
2. 无穷大(∞)，电流，开路
3. 负，正
4. 电流，很大
5. $R_L=R_S$，50%
6. 高(大)，低(小)
7. 高，低
8. 很小，很大或较
9. 最大，与输入电压相等
10. 大小相等，方向相反
11. 小，宽
12. 最大，与输入电流相等
13. 大小相等，方向相反
14. 几十，200，几，几十
15. 宽，差
16 频率，幅度(幅值)，120°
17. 三角形，星形(Y 形)
18. 相线，中性线(零线)
19. 相线，相线
20. 220V，380V
21. 相线，零线，220V
22. 相线，相线，380V
23. 50Hz，220V
24. 60Hz，110V
25. 不为零，不为零
26. 电动机，感性
27. 100kW，80kW
28. UI，$UI\cos\varphi$
29. UI，$UI\cos\varphi$，$UI\sin\varphi$
30. 0.9～0.95
31. 电容器，能量交换
32. 整流器，逆变器
33. 直流电，可调
34. 电脉冲信号，线位移或角位移
35. 频率，同步

(二) 是非题

1. ×　2. √　3. ×　4. ×　5. √　6. √　7. ×　8. √　9. ×　10. ×
11. ×　12. √　13. √　14. ×　15. ×　16. √　17. ×　18. √　19. √　20. ×
21. √　22. ×　23. ×　24. √

(三) 选择题

1. A　2. D　3. B　4. B　5. C　6. D　7. B　8. B　9. D　10. C
11. B　12. D　13. B　14. C　15. D　16. A　17. C　18. D　19. C　20. A
21. C　22. D　23. A　24. B　25. A

第三章　半导体器件

第一部分　半导体二极管

一、问答题

1. 何谓半导体？常用的半导体材料有哪些？它们有何特点？

答：介于导体与绝缘体之间的材料称为半导体。常用的半导体材料有硅(Si)、锗(Ge)、砷化镓(GaAs)、硼(B)、磷(P)、铟(In)等。其特点是受外界光、热、电等作用时，其导电能力将发生显著变化。

2. 何谓本征半导体？它有什么特点？

答：本征半导体是一种完全纯净的、结构完整的半导体晶体，在温度 $T=0\text{K}$(即$-273℃$)时，本征半导体为一绝缘体，其电导率为零。在本征半导体内，自由电子和空穴是成对出现的(电子带负电，空穴带正电)。

3. 何谓N型半导体？N型半导体中的多数载流子(多子)是什么？少数载流子(少子)是什么？

答：在纯净的四价元素硅(或锗)的晶体内掺入少量的五价元素(磷或砷等)，使其取代晶格中硅(或锗)原子的位置，如此形成共价键后，多出了一个电子，掺杂愈多，多出的电子数量也愈多，由此形成的半导体称为N型半导体，N型半导体中的多数载流子为电子，少子为空穴。

4. 何谓P型半导体？P型半导体中的多数载流子(多子)是什么？少数载流子(少子)是什么？

答：在纯净的四价元素硅(或锗)的晶体内掺入少量的三价元素(硼或铟等)，使其取代晶格中硅(或锗)原子的位置，如此形成共价键后，多出了一个空穴(缺一个电子)掺杂愈多，多出的空穴数量也愈多，由此形成的半导体称为P型半导体，P型半导体中的多数载流子是空穴，少数载流子为电子。

5. N型或P型半导体中的多数载流子与少数载流子的数量与什么因素有关？

答：多数载流子的数量与掺杂浓度有关，掺入的杂质(硼、磷等)数量愈多。则N型或P型半导体中的多数载流子就愈多，而少子是受本征激发形成的，受外界的温度，光、热等影响很大。

6. 何谓PN结？它有何特性？

答：采用不同的掺杂工艺，将N型半导体与P型半导体制作在同一块硅片上，由于扩散和漂移的结果，在它们的交界处就出现了电子与空穴浓度的差别，在N区侧多了空穴少了电子，而在P区则多了电子少了空穴，形成了空间电荷区，产生了内电场，这就是PN结，如图3-1-1所示。PN结的主要特性是单向导电性。其内电场的方向是由N区指向P区。

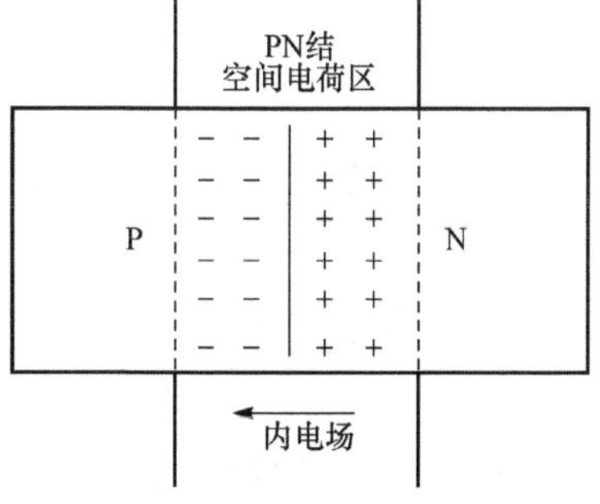

图3-1-1　题3-1-6解

7. 何谓载流子的扩散？何谓载流子的漂移？

答：在 PN 结形成的过程中，由于多数载流子浓度的差异，P 区中的多数载流子空穴要向 N 区中移动，N 区中的多数载流子流子电子要向 P 区中移动，此种由于浓度差异而产生的多数载流子的移动就称为扩散，扩散的结果在空间电荷区形成了内电场。其方向是由 N 区指向 P 区，此内电场将不利于(阻止)多数载流子的扩散。但有利于少子的漂移(N 区中的空穴，P 区中的电子)，当扩散运动与漂移运动相等时，PN 结即处于平衡状态，使空间电荷区维持一定宽度。

8. 何谓半导体二极管？其阴极、阳极从何处引出？

答：将一个 PN 结用外壳封装起来，并加上电极引线即为半导体二极管，有时也称为晶体二极管。由 P 区引出的电极称为阳极，由 N 区引出的电极称为阴极。

9. 按结构的不同，半导体二极管可分哪几类？各有何特点？

答：按结构不同，半导体二极管可分为：

点接触型——结电容小(1pF 以下)，电流小，工作频率可高至数百 MHz。

面接触型——电容稍大，工作频率较低，电流较大，可作整流管、开关管使用。

10. 按功能区分，半导体二极管可分哪几类？

答：按功能区分，半导体二极管可分为：

普通二极管、整流二极管、稳压二极管、变容二极管、开关二极管、发光二极管、光电二极管、激光二极管、隧道二极管等多种。

11. 在同一张图上画出硅半导体二极管和锗半导体二极管的伏安特性，并作一简单比较。

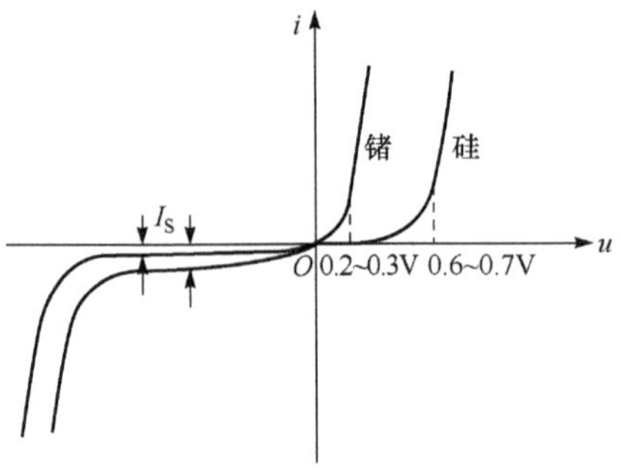

图 3-1-2　题 3-1-11 解

答：其全伏安特性曲线如图 3-1-2 所示：硅管开启电压(阈值电压)约 0.5V，导通电压为 0.6～0.7V，反向电流 I_s 甚小。

锗管开启电压(阈值电压)约 0.1V，导通电压为 0.2～0.3V，反向电流 I_s 比硅管大 1～2 个数量级。

二者的反向击穿电压均在十几伏至数百伏量级。

12. 写出半导体二极管的伏安特性方程，并作简单解释。

答：半导体二极管的伏安特性方程为

$$i=I_s(e^{u/U_T}-1)$$

式中，I_s——为管子的反向饱和电流，其值甚小；U_T——与温度有关的一个量，在室温条件下，一般取 $U_T=26mV$；u——二极管外加电压，

当二极管加正向电压，$u \gg U_T$ 时(经常如此)，则上述方程是指数关系

$$i=I_s e^{u/U_T}$$

当二极管加反向电压，且 $|u| \gg U_T$(容易满足)，上述方程为常数

$$i=I_s$$

13. 半导体二极管的主要参数有哪些？

答：主要参数有：

(1) 最大整流电流 I_F——指二极管长期工作时所允许流通的最大正向平均电流，若超过此电流，二极管会因结温升高而烧毁。

(2) 反向击穿电压 U_R——指二极管工作时所允许的最大反向电压，超过此值时，二极管有可能因反向击穿而损坏，通常 U_R 为击穿电压的一半。

(3) 反向饱和电流 I_s——二极管未击穿时的反向电流，I_s 对温度较敏感。

(4) 最高工作频率 f_m——此值与二极管 PN 结的结电容有关，高频二极管的 f_m 可达数百兆赫兹(MHz)。

14. 已知半导体二极管的正向伏安特性如图 3-1-3 请说明它的直流电阻与交流电阻的定义及数值大小之关系。

答：某点直流电阻的定义是该点电压 U 与电流 I 之比值，为

$$R_{-}=U/I$$

某点交流电阻的定义是该点附近电压的变化值 ΔU 与电流变化值 ΔI 之比值，即为该点斜率之倒数，为

$$R_{\sim}=\Delta U/\Delta I=1/g_m\approx 26\text{mV}/I$$

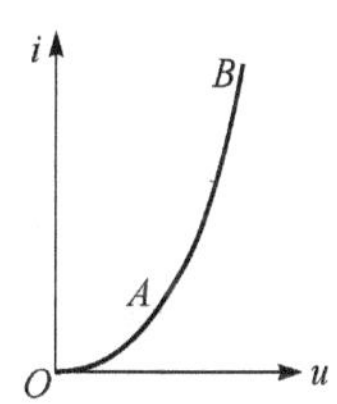

图 3-1-3　题 3-1-14 图

很显然，由二极管的正向特性可见，OA 非线性区域的交流电阻远远大于 AB 线性区域的交流电阻，由于线性区的曲线很陡直，故其交流电阻值甚小，且变化不大，具有稳压性能。

15. 用三用表不同电阻挡检测半导体二极管的正向电阻，试完成以下各题。

(1) 不同挡所测结果是否一样？为什么？

(2) 所测电阻是直流电阻还是交流电阻？

答：(1) 所得结果不一样。因为三用表不同电阻挡给出的电流是不一样的，由图 3-1-3 可见，不同电流的工作点其电阻是不相同的。

(2) 所测电阻是直流电阻。

16. 半导体二极管的正向特性可作低压稳压管使用吗？为什么？

答：可作低压稳压管使用。因为二极管的正向特性有一段区域非常陡直，其交流电阻甚小，完全可作低压稳压管(0.7V 左右)使用，在集成电路中，常常就是利用它作为放大管的固定偏置。

17. 半导体二极管的交流压降和直流压降相等吗？其值大致为多少？

答：二者不相等，其直流压降大致为 0.2～0.3V(锗管)或 0.6～0.7V(硅管)，即为其导通电压，它的交流压降很小，为几毫伏至十几毫伏(因为此区域的伏安特性很陡直)。

18. 半导体二极管主要有哪些应用？

答：半导体二极管应用极广，主要有限幅、整流、检波、稳压、调幅、混频、开关等。

19. 已知电路如图 3-1-4 所示，二极管为普通硅管，试完成以下各题。

(1) 若输入信号的幅值为 $U_i=0.1$V，请画出输出 U_o 的波形图。

(2) 若输入信号的幅值为 $U_i=2$V，请画出输出 U_o 的波形图，并标出其幅值。

答：对应 U_i 两种情况下输出信号的波形如图 3-1-5 所示，相关幅值已在图中标出。

对于小信号—正半周、二极管截止、输出信号基本与输入相同：负半周、二极管略为导通，工作在非线性区域，但由于输入信号幅值小，不会被限幅。

对于大信号—正半周、二极管截止、输出基本与输入相同;负半周、二极管导通并限幅。

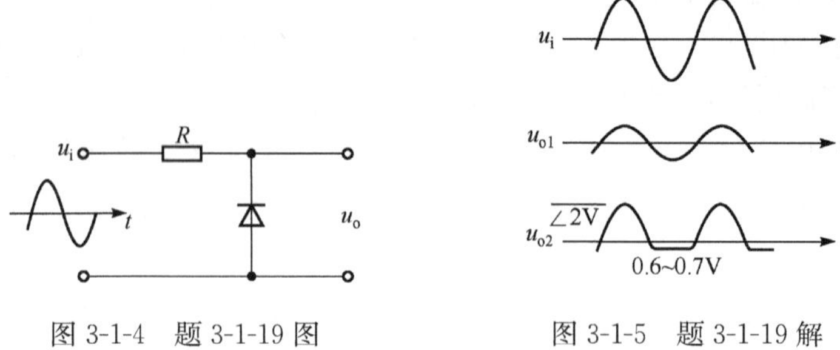

图 3-1-4　题 3-1-19 图　　　图 3-1-5　题 3-1-19 解

20. 已知电路如图 3-1-6 所示,二极管为普通硅管,试完成以下各题:

(1) 若输入信号的幅值为 $U_i=0.1V$,请画出输出信号 U_o 的波形图。

(2) 若输出信号的幅值为 $U_i=5V$,请画出输出信号的波形图,并标出其幅值。

(3) 此电路可作何用?

答:(1) 对于小幅度的输入信号,输出信号的波形与输入无多大差别,其原因与波形与上题图 3-1-5 中的 u_{o1} 相似。

(2) 对于大幅度的输入信号,两个二极管起了双向限幅作用,将输出信号限制在±(0.6～0.7)V 的范围内。

(3) 这一电路常用于接收小信号设备的输入端,以让小信号顺利通过而将大信号的干扰(如雷电干扰)作限幅处理,以保护设备的安全。

21. 已知电路如图 3-1-7 所示,二极管为普通硅管,试完成以下各题:

(1) 电路起何作用? 有何应用?

(2) 求输出电压 U_o。

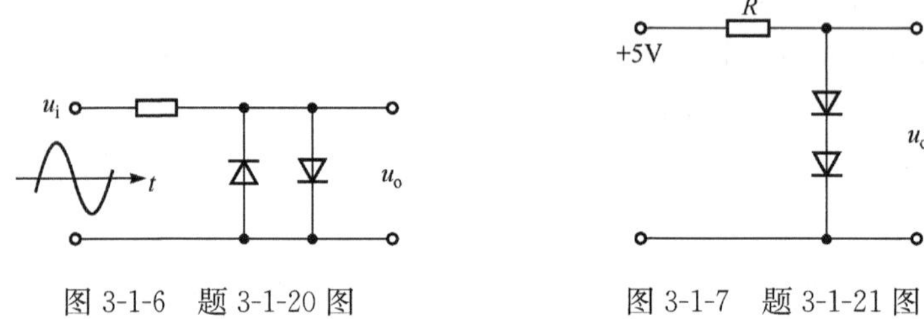

图 3-1-6　题 3-1-20 图　　　图 3-1-7　题 3-1-21 图

答:(1) 电路起低压稳压作用。

在集成电路内常作晶体管放大电路的偏置电压,也有在电子设备中作低压稳压管使用,因为低压稳压管极少有成品出售。

(2) $u_o=2\times0.7=1.4V$。

22. 已知电路如图 3-1-8(a)所示,二极管为普通硅管,输出 u_i 为正弦信号。试完成以下各题。

(1) 电路起何作用?

(2) 画出 u_o 的波形图。

(3) 标出 u_o 的幅值。

答:(1) 电路起半波整流作用,将交流信号转换成脉动的半波信号输出。

(2) u_o 的波形图如图 3-1-8(b)所示。

(3) u_o 的幅值接近于 10V,因为半导体二极管的交流压降是很小的。

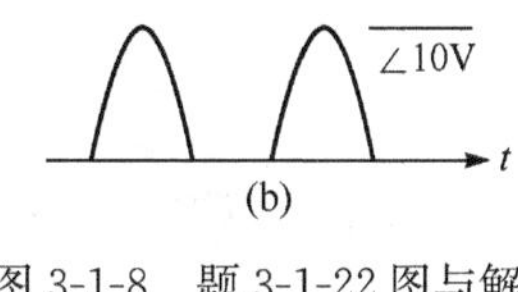

图 3-1-8 题 3-1-22 图与解

23. 电路如上题图 3-1-8(a)所示,若输入为 $u_i = 3 + 2\cos\omega_0 t$ 伏,试完成以下各题。

(1) $R = 1\text{k}\Omega$,求输出 u_o 表达式。

(2) $R = 100\Omega$,求输出 u_o 表达式。

答:(1)$R = 1\text{k}\Omega$ 时,先求直流电压

$$u_o = 3 - 0.7 = 2.3\text{V}$$

再求交流电压幅值

$$U_{om} = \frac{2R}{r_D + R} = \frac{2R}{\frac{26\text{mV}}{I} + R} = \frac{2000}{\frac{26\text{mV}}{\frac{2.3\text{V}}{1000}} + 1000} = \frac{2000}{11.3 + 1000} \approx 2\text{V}$$

(2) $R = 100\Omega$ 时,先求直流电压

$$U_o = 3 - 0.7 = 2.3\text{V}$$

再求交流电压幅值

$$U_{om} = \frac{2R}{r_D + R} = \frac{2R}{\frac{26\text{mV}}{I} + R} = \frac{200}{\frac{26\text{mV}}{\frac{2.3\text{V}}{100}} + 100} = \frac{200}{1.13 + 100} \approx 1.977 \approx 2\text{V}$$

故得交流输出电压为

$$u_o \approx 2.3 + 2\cos\omega_0 t$$

上述计算表明,半导体二极管的交流压降是很小很小的,一般可忽略之。

24. 已知电路如 2 题图 3-1-8 所示,若负载旁并接一较大的电容器,试完成以下各题。

(1) 请画出输出电压 u_o 之波形图。

(2) 若电容器容量很大,再在同一张图上画出 u_o 之波形图。

(3) 此电路可作何用?

答:(1) u_o 之波形如图 3-1-9 所示。

(2) 电容器容量增大时的 u_o 波形也示于图中,可见 C 值越大,所得直流值越大。

(3) 此电路可作整流滤波之用,可将脉动交流信号转换成直流输出。

25. 已知电路如图 3-1-10 所示,输入为调幅波,二极管为高频锗管,试完成以下各题。

(1) 对应 u_i 画出输出 u_o 波形图.

(2) 电路起什么作用?

(3) 二极管若反接,再画 u_o 波形图。

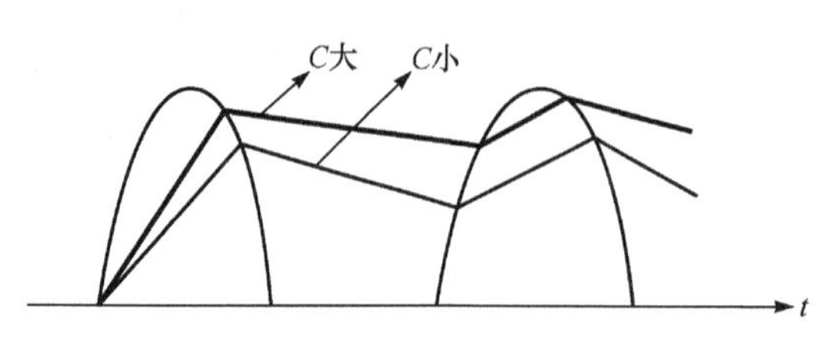

图 3-1-9　题 3-1-24 图

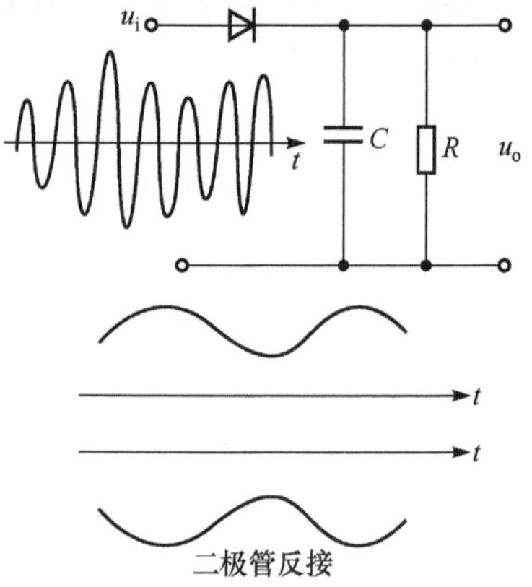

图 3-1-10　题 3-1-25 图

答:(1) u_o 的波形图已在图 3-1-10 输出端画出。

(2) 电路起检波作用,可将输入信号的包络变化解调出(还原出)来。

(3) 二极管反接后,可将信号的负半周的包络解调出来。

检波原理与题 24 整流电路的原理相同——利用二极管导通时电阻小,u_i 对 C 充电快;二极管截止时,C 通过大电阻 R 放电慢而获得本题的结果。

26. 已知电路如图 3-1-11(a)所示,输入为正弦信号,试完成以下各题。

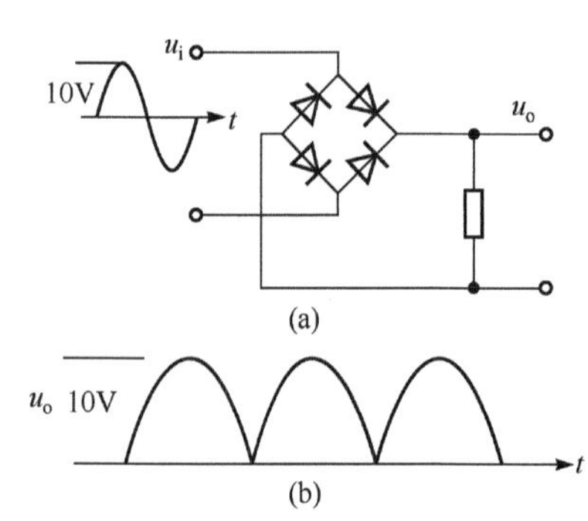

图 3-1-11　题 3-1-26 图与解

(1) 这是什么电路? 起什么作用?

(2) 画出输出 u_o 的波形。

(3) 与上题相比,此电路有什么特点?

(4) 有何应用?

答:(1) 这是桥式整流电路,能将输入的正弦信号转换成全波余弦脉冲信号输出。

(2) 输出 u_0 的波形如图 3-1-11(b)所示。

(3) 电路简单对变压器绕组无特殊要求。

(4) 被广泛应用的在稳压电源中作全波整流电路,市场上有多种规格的桥式整流器件出售,不必再用分立无器件搭建。

27. 已知电路如图 3-1-12 所示,试完成以下各题。

(1) 画出输出电压 u_o 之波形图。

(2) 二极管起何作用?

(3) 此电路有何应用?

答:(1) u_o 之波形如图 3-1-12 输出端所示。

(2) 二极管作门开关之用,当输入信号,u_i 的幅值大于右侧 A 点之电压的值时,二极管导通,门打开,u_i 被送至输出端,其它低于 A 点电压的各 u_i 均不能被传送。

(3) 在电视机中的高放 AGC 延迟电路及场消隐等电路中均采用此种方法让所需信号传输,而去除其它不需的信号。

28. 什么是稳压二极管? 画出它的伏安特性曲线。

答:(1) 能稳定输出电压的二极管称为稳压二极管,它是利用自己的电流变化通过外电路电压降的变化来实现其端电压基本不变的原理进行稳压的。

(2) 稳压二极管典型的伏安特性如图 3-1-13 所示，AB 区为稳压工作区，很显然，稳压二极管工作时，其两端应加反向电压。

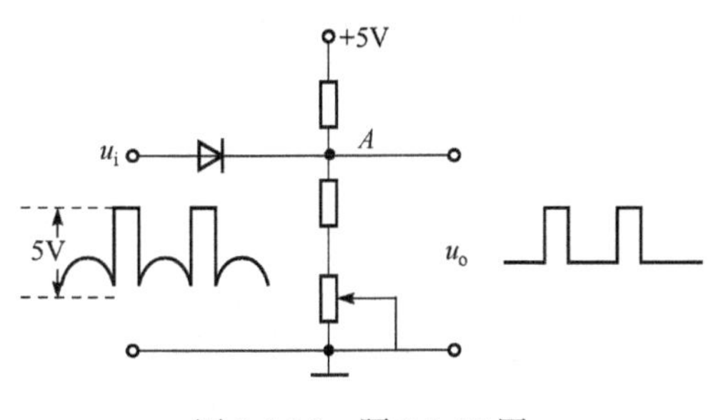

图 3-1-12　题 3-1-27 图

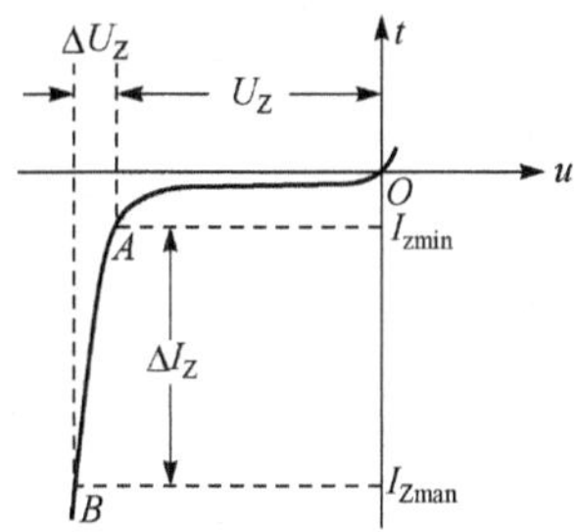

图 3-1-13　题 3-1-28 解

29. 稳压二极管的主要技术参数有哪些?

答:稳压二极管的主要技术参数有：

(1) 稳定电压 U_Z——在规定电流下稳压管的反向击穿电压，如上题图 3-1-13 中所示。

(2) 稳定电流 I_Z——为稳压管工作在稳压状态下的最小电流，常记为 I_{Zmin}。

(3) 额定功率 P_{ZM}——为稳定电压 U_Z 与最大稳定电流 I_{ZM} 之乘积，工作时不可超过此值，否则管子会因 PN 结结温过高而损坏。

(4) 动态电阻 r_Z——在稳压区内 $r_Z=\Delta U_Z/\Delta I_Z$，此值实为上题图 3-1-13 曲线 AB 段斜率之倒数，很显然：曲线愈陡直，r_Z 值愈小，稳压管的稳压特性也愈好。

(5) 温度系数小——通常低于 4V 的稳压二极管其温度系数为负值；而高于 7V 的稳压二极管其温度系数为正值；而 4～7V 的稳压二极管其温度系数接近于零，其稳定电压值与温度无关。

30. 画出稳压二极管的稳压电路，说明在输入电压变化及负载变化时的稳压过程。

答:(1) 稳压二极管的稳压电路如图 3-1-14 所示。

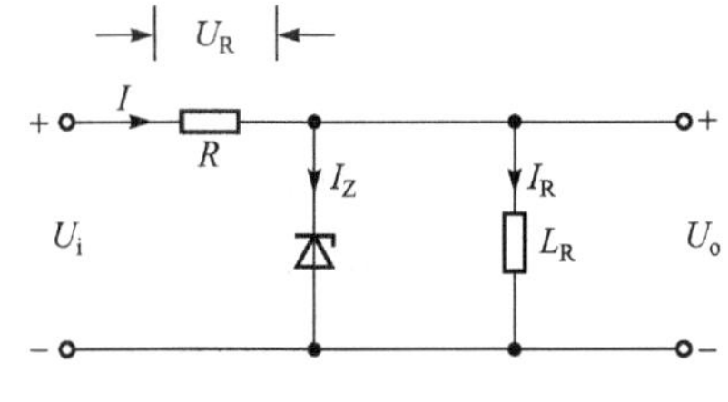

图 3-1-14　题 3-1-30 解

(2) 输入电压变化时的稳压过程：

设 $U_i\uparrow\rightarrow$若 $U_o\uparrow\rightarrow$则 $I_z\uparrow\rightarrow I\uparrow\rightarrow U_R\uparrow\rightarrow U_o\downarrow$ ($U_o=U_i\uparrow-U_R\uparrow$)至不变。

同理：当 $U_i\downarrow$ 时——$U_R\downarrow\rightarrow U_o$ 不变，可见通过 I_Z 的改变，使 U_R 改变，而保持 U_o 基本不变。

(3) 负载电阻 R_L 变化时的稳压过程：

设 $R_L\uparrow\rightarrow I_R\downarrow\rightarrow U_R\downarrow\rightarrow U_o\uparrow\rightarrow I_Z\uparrow\rightarrow I$ 基本不变（$I=I_Z\uparrow+I_R\downarrow$）$\rightarrow U_R$ 基本不变——U_o 基本不变($U_o=U_i-U_R$)。

同理：当 $R_L\downarrow$ 时——$I_R\uparrow\rightarrow U_o\downarrow\rightarrow I_Z\downarrow\rightarrow I$ 基本不变→U_R、U_o 基本不变。

31. 已知电路如图 3-1-15 所示，请画出输出信号 u_o 的波形，标出其幅值(两只稳压二极管反向串接其稳压值均为 5V)。

答:(1) u_o 之波形已画在图的输出端，输入信号正半周时，上一管导通，下一管稳压，输入信号负半周时，下一管导通，下一管稳压，导通时管子的交流压降很小，稳压时管压降为 5V。

(2) u_o 之幅值已标在图中

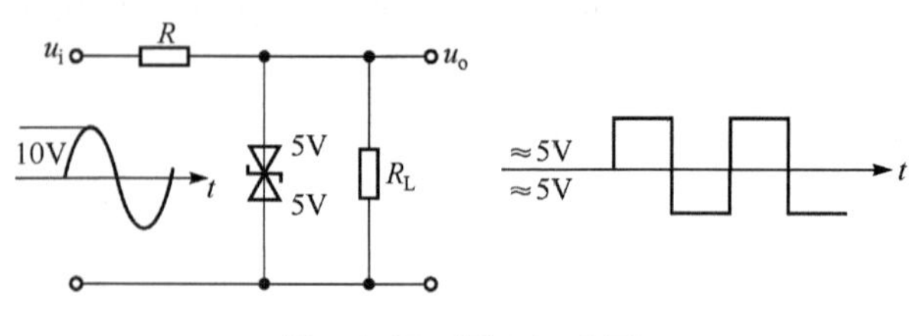

图 3-1-15　题 3-1-31 图

32. 什么是变容二极管,画出它的电压与电容量的关系曲线。

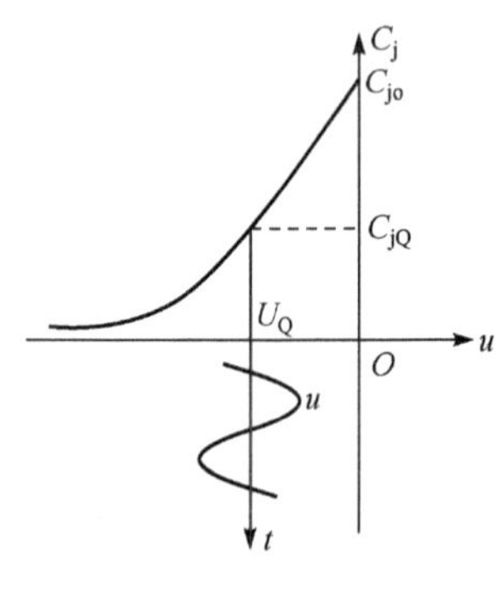

图 3-1-16　题 3-1-32 解

答:从 PN 结的形成与结构来分析,其结电容 C_j 是随外加反向电压的变化而变化的,根据此原理而专门制作而成的二极管即为变容二极管,通常的半导体三极管,其 be 结、bc 结同样存在结电容,也具有变容管的性能,只是其电容变化范围较小而已。变容管的相关特性曲线如图 3-1-16 所示。

33. 写出变容管的电容量与外加电压关系式。

答:变容管所加反向电压与结电容的关系式如下

$$C_j=\frac{C_{jo}}{\left(1+\frac{u}{U_D}\right)^r}=\frac{C_{JQ}}{\left(1+\frac{u}{U_D+U_Q}\right)^r}=\frac{C_{jQ}}{(1+m\cos\omega t)^r}$$

式中,U_D 为 PN 的接触电位差,约为零点几伏;u 为交流信号电压,如 $u=U\cos\omega t$;U_Q 为变容管工作时直流工作点的电压,以保证在交流信号 u 的变化范围内,使 C_j 与交流电压 u 呈线性变化关系;C_{jQ} 为变容管工作点的结电容,如今市售电容管结电容的变化范围约从几皮法至几百皮法。

34. 已知电路如图 3-1-17(a)所示,试完成以下各题。

(1) 直流电压 U 起什么作用?

(2) 交流电压 u 起什么作用?

(3) 画出此电路的交流等效电路。

(4) 此电路可作何用?

答:(1) 直流电压的作用是选取变容管的直流工作点,一般在图 3-1-16曲线线性区的中点 。

(2) 交流电压是为了由电压变化而获得所需的电容值的变化,即 $C_j=f(u)$。

(3) 其交流等效电路如图 3-1-17(b)所示。

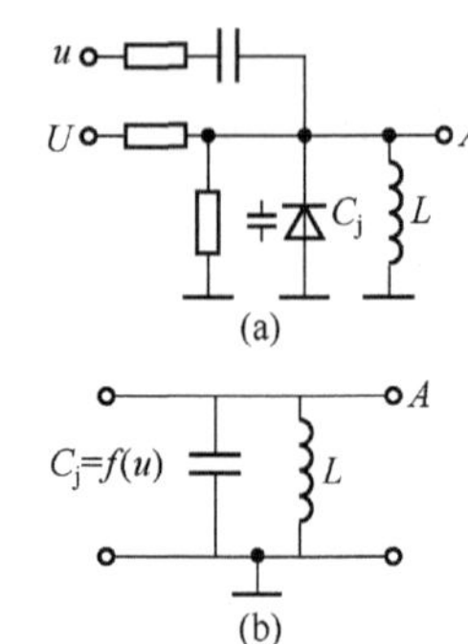

图 3-1-17　题 3-1-34 题与解

(4) 常用于通信、广播、电视设备中作选台和调频之用,如图,C_j 与电感 L 组成并联调谐回路,回路的调谐频率为

$$f_o=\frac{1}{2\pi\sqrt{LC_j}}$$

35. 何谓发光二极管(LED)?它主要有哪些技术参数?

答:利用电子与空穴直接复合而放出能量将电信号变为光信号的半导体器件即为发光二

极管，其主要技术参数(特性)如下：

颜色(波长)——由半导体材料所决定，通常有红色(波长 635～655nm)、黄色(585nm)、绿色(565nm)、蓝色(480nm)、红外光(900nm)。

正向电压(开启电压)——比普通二管大，红光为 1.6～1.8V，黄光为 2～2.2V，绿光为 2.2～2.4V，红外光为 1.3～1.5V。

正向电流—较大，一般为几 mA 至十几 mA，红外管正向电流较大，最大可达 50mA。

光强(10mA 时)——0.5～4mcd。

特点是：驱动电压低、功耗小、寿命长、可靠性高、近年来高效发光二极管问世、应用已愈来愈广泛。

36. 何谓光电二极管？画出它的伏安特性曲线，说明它的主要特点。

答：(1) 这是一种将光信号转变成电信号的半导体光敏器件，通常作红外光的接收。

(2) 它的伏安特性如图 3-1-18 所示。

(3) 主要特点：

具有单向导电性，外加正向电压时。其电流与端电成指数关系上升，外加反向电压时，其反向电流的绝对值与光照强度成正比，其灵敏度的典型值约为 0.1μA/tx。

光电二极管主要用于红外光等的接收. 正常工作时，应外加反向电压。

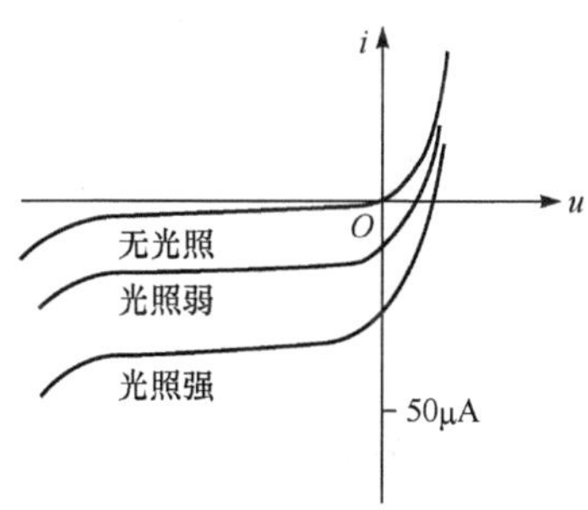

图 3-1-18　题 3-1-36 解

37. 何谓红外光二极管？它有什么特点？

答：能发射红外光线的二极管称为红外光二极管。红外光属于不可见光(可见的红光与不可见的红外光的波长界线大概在 780nm 附近分界)，目前常用的红外光管的波长在 900～950nm，红外光二极管的主要技术参数和特点为：

(1) 正向电压较大——1.3～1.5V。

(2) 耗电功率小——一般在 50mW 以下，故耗电省、发热少。

(3) 响应速度快——可用脉冲编码调制信号驱动，使平均功耗更小，其驱动电路简单，易于和集成电路配合使用，调整也很方便。

(4) 体积小、质量轻、寿命长、可靠性高，且耐振动和耐冲击。

目前电视机、机顶盒、空调机等的遥控器均采用具有上述特点的红外光二极管作为遥控光源。

38. 图 3-1-19 为二极管发光电路，已知二极管为红色发光管，请回答：

(1) 若电路中的正向电流达到 5～20mA 才能发光，则 R 值大致为多少？

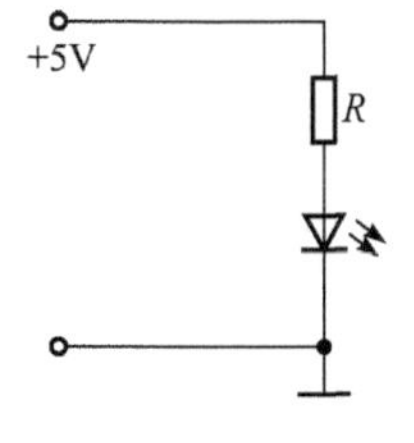

图 3-1-19　题 3-1-38 图

(2) 若改为绿色发光管，则 R 值应变大还是变小一点才能正常发光？为什么？

答：(1) 红光的导通电压 U_D 为 1.4～1.6V，供电 5V 时，R 之值为(设 U_D＝1.6)V：

$$R_{max}=\frac{5V-1.6V}{5mA}=\frac{3.4V}{5mA}=680\Omega$$

$$R_{max}=\frac{5V-1.6V}{20mA}=\frac{3.4V}{20mA}=170\Omega$$

故 R 值应在 170～680Ω 之间选择。

(2) 若改为绿色发光管时，其正向导通电压为 2.2～2.4V，则电阻 R 要变小，其值的范围如下

$$R_{max}=\frac{5-2.2}{5}=\frac{2.8V}{5mA}=560\Omega$$

$$R_{max}=\frac{5-2.2}{20}=\frac{2.8V}{20mA}=140\Omega$$

39. 已知光电二极管接收电路如图 3-1-20 所示，试完成以下各题。

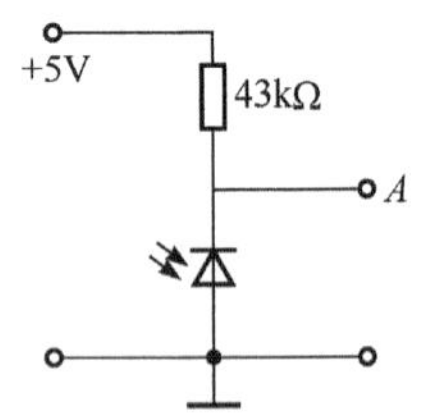

图 3-1-20　题 3-1-39 图

(1) 若无光照时，光电管的反向电流为 0.2μA，求 A 点电位值。

(2) 若有光照时，光电管的反向电流为 20μA，求 A 点电位值。

答：(1) 无光照时

$$U_A=5V-8.6\times10^{-3}V\approx5V$$

(2) 有光照时

$$U_A=5V-0.86\times10^{-3}V=4.14V$$

故无光照与有光照时 A 点的电位差约为 0.86V 考虑到杂散光的影响，真正的无光照是很难达到的，故实际无光照时 A 点的电位要低于 5V，若无光照时光电管的反向电流为 2μA，则 A 点电位为

$$U_A=V-86\times10^{-3}V=4.914V$$

40. 已知电视机红外遥控器红外发光管的电路如图 3-1-21 所示，输入为矩形波基带信号或脉冲编码频带信号(A 或 B)试举例说明：

(1) 发光二极管所发射的红外光波长大致为多少？

(2) 设三极管的饱和压降为 1.2V，发光管的导通电压为 1.6V，发光管的导通电流为 10～40mA，试求电阻的选用范围。

(3) A 信号激励或 B 信号激励电路中的平均电流有什么不同？结果会怎样？

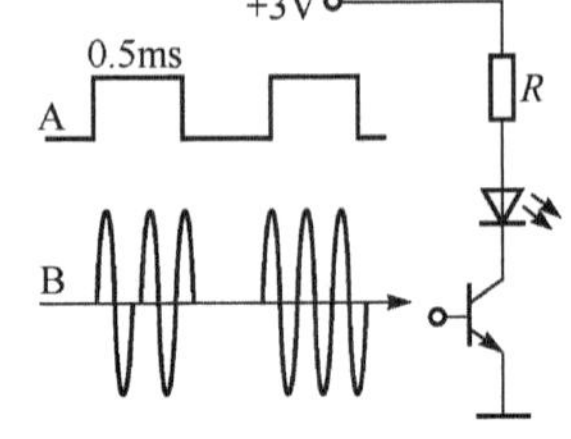

图 3-1-21　题 3-1-40 图

答：(1) 电视遥控发射器红外发光管的红外光波长大致为 940nm 左右。

(2)

$$R_{max}=\frac{3-1.6-1.2}{10mA}=\frac{0.2V}{10mA}=20\Omega$$

$$R_{min}=\frac{3-1.6-1.2}{40mA}=\frac{0.2V}{40mA}=5\Omega$$

在实际遥控发射电路中，R 值一般为几 Ω。

(3) A 信号激励时，发光管电路中的平均电流较大，B 信号激励时，发光管电路中的平均电流要小。原因是：在 0.5ms 脉冲宽度内，B 信号是由若干高频正弦信号(一般为 38kHz)，或方波信号组成，而正弦信号有正负半周之分，负半周时，三极管不导通，电路无电流，故 B 信号激励时，管子实际导通的时间更短，故平均电流小，管耗低、省电。一般家用电器遥控器均采用 B 信号激励方式。

41. 何谓激光二极管？它有何特点？有何应用？

答：(1) 激光二极管所发出的也是不可见的红外线，其波长一般为 780～820nm。此管的物理结构是在二极管的 PN 结间安置了一层具有光活性的半导体(双异质结构)其端面被抛光而具有部分反射功能，因而形成了一光谐振腔。这样的结构可以将较低的电流密度激发出高密度的电子与空穴，即将光进行谐振、放大、从而产生功率强大、方向(相位)十分一致的激光输出。

(2) 主要特点：

激光波长——此前基本为波长 780～820nm 的红外光，现在已有波长为 400～500nm 的蓝光激光管投放市场，用于 DVD 机中。

正向导通电压——1.5～2.5V。

正向导通电流(工作电流)——50～100mA。

输出功率——0.1～5mW。

寿命——几万至几百万小时。

(3) 主要应用：十分广泛，如 DVD 机、PC 机中光盘驱动器，激光打印机中的激光打印头等均要用到激光二极管。

42. 何谓 PIN 型光电二极管？它有何特点？

答：这是一种用特殊工艺制造的三层半导体二极管，即 P、I、N 三层。其 PN 结耗尽区 I 层的厚度大于 P、N 层厚度，由红外光照射后所产生的光电子，由 P 层入射后在 I 层激起电子，并与空穴复合而产生光电流。管子的内阻由进入管内光通量的大小来决定、PIN 管的特点为：

(1) 无红外光照射时，管子的内阻很大，可达几兆欧，在阳光照射下，其内阻为几千欧，在红外光照射下，其内阻迅速下降，光电流很快上升且数值较大，故管子的光照灵敏度很高。

(2) PIN 管的结电容很小，工作频率高，工作频带较宽，可达数百兆赫兹。

43. 何谓恒流二极管？画出它的电路符号及伏安特性曲线。

答：恒流二极管属于两端结型场效应恒流器件，其电路符号及伏安特性如图 3-1-22 所示。工作时，其正极(靠近管壳实起的引线)应加正电压。在其伏安特性中：

U_s——为起始电压；U_{BO}——为正向击穿电压(可达几十伏)，

I_H——恒定电流，一段只有几毫安。

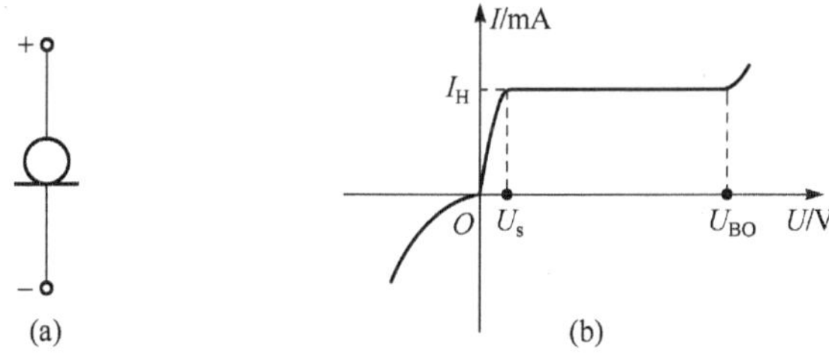

图 3-1-22　题 3-1-43 解

二、填空题

1. 在绝对温度零度(0K)时，本征半导体导电率为______随着温度升高，本征半导体的导电率将______。

2. 半导体中的多数载流子(多子)是由______而形成,与______无关。

3. 半导体中的少数载流子(少子)是由______而形成,与______等因素影响有关。

4. 使电子克服原子共价键的束缚而成自由电子所需的最小能量为______电子伏特。

5. 四价元素硅掺杂______价元素磷、砷、锑,即可形成______型半导体。

6. 四价元素硅掺杂______价元素硼、铟等,即可形成______型半导体。

7. N 型半导体中的多数载流子是______,少数载流子是______。

8. P 型半导体中的多数载流子是______,少数载流子是______。

9. PN 结的基本特性是______。

10. PN 结的内电场的方向是由______区指向______区。

11. PN 结的内电场有利于少子的______运动,而不利于多子的______运动。

12. 硅半导体二极管正常工作时,其直流压降约为______,交流压降约为______。

13. 半导体二极管的正向导通电阻(直流电阻)约为______反向电阻约为______。

14. 硅半导体二极管的反向饱和电流为______级,锗二极管的反向饱和电流为______级。

15. 锗半导体二极管的开启电压(门槛电压)约为______伏,其正向导通电压约为______伏。

16. 硅半导体二极管的开启电压(门槛电压)约为______伏,其正向导通电压约为______伏。

17. 齐纳二极管是一种特殊二极管,常利用它的反向击穿状态下的______特性来构造______。

18. 稳压二极管的动态电阻约为______,其值愈小,其稳压特性愈______。

19. 变容二极管的等效电容(结电容)将随外加______电压变化而变化,当此电压绝对值增加时,此电容值将______。

20. 变容二极管主要应用于______、______等电路中。

21. 使用半导体二极管时,应特别注意使______、______不要超过管子所规定的最大值(极限值)以保证管子的安全使用。

22. 通常,红、黄、绿发光二极管(LED)正向导通电压的范围为______,且三者各有差别。

23. 红外光二极管所发出光的波长约为______ nm,而红光的波长约为______ nm。

24. LED 黄光的波长约为______ nm,绿光的波长约为______ nm。

25. 半导体二极管的电路模型有______、______、______、______等几种。

26. 半导体二极管的理想模型中,认为其反向电阻为______,正向电阻为______,管子的直流压降为______。

27. 半导体二极管的恒压降模型中,认为其反向电阻______,正向电阻为______,管子的直流压降(硅管)为______。

28. 半导体二极管的折线化模型中,认为其反向电阻为______,正向直流电阻约为______欧姆,折线在恒轴上的拐点电压约为______伏(硅管)。

29. 半导体二极管的小信号电路模型中,认为其反向电阻为______,正向交流电阻为______。

30. 与普通 PN 结二极管相比,肖特基二极管的反向击穿电压要______(高、低选择),反向电流要______(大、小选择)。

三、是非题

1. 常用的半导体材料硅(Si)和锗(Ge)均为四价元素。 (　　)

2. 在纯净的半导体材料中加入(掺入)微量的元素(掺杂),其导电能力会有显著提高。 (　　)

3. 在绝对温度为零度时,本征半导体即成为一个良导体。 (　　)

4. N 型半导体是带有负电荷的物体,P 型半导体是带有正电荷的物体。 (　　)

5. 半导体材料中,其导电粒子(载流子)除电子外,还有带正电的空穴。 (　　)

6. 半导体二极管为非线性器件,其正向伏安特性为指数函数。 (　　)

7. 半导体二极管的正向电流、反向电流均随温度升高而减小。 (　　)

8. 半导体二极管的正向导通电阻基本为一常量。 (　　)

9. 用三用表不同电阻挡检测同一二极管的正向电阻,所得结果是相同的。 (　　)

10. 用三用表电阻挡检测二极管的正向电阻,实为管子的直流电阻。 (　　)

11. 半导体二极管正向导通时的交流电阻与直流电阻是相等的。 (　　)

12. 半导体二极管正常工作时,其上的直流压降与交流压降是相等的。 (　　)

13. 锗二极管的温度性能要比硅二极管差。 (　　)

14. 稳压二极管的动态电阻要比其直流电阻小得多。 (　　)

15. 5V 稳压管,若其工作电流为 20mA,则可求得其动态电阻约为 250Ω。 (　　)

16. 二极管的正向导通电压为 0.7V,工作电流为 7mA,则二极管此处的直流电阻约为 100Ω。 (　　)

17. 二极管的正向导通电压为 0.7V,工作电流为 7mA,则二极管此处的交流电阻约为 3.7Ω。 (　　)

18. 变容二极管正常工作时与普通二极管相同,也应加正向电压。 (　　)

19. 变容二极管为一线性器件,其等效电容(结电容)与外加电压呈线性关系。 (　　)

20. 高频二极管的结电容一般较小,通常在 1pF 左右,甚至更小。 (　　)

21. 在高速脉冲作用时,普通二极管可能失去单向导电性能。 (　　)

22. 肖特基二极管(SBD)的电容效应非常小,特别适用于高频电路或快速开关电路。 (　　)

23. 双基极二极管(单结晶体管)是一个具有两个基极、一个发射极的三端负阻器件,主要用于张弛振荡电路。 (　　)

24. 隧道二极管为负阻半导体器件。 (　　)

25. 隧道二极管的直流电阻、交流电阻均为负值。 (　　)

26. 各种半导体二极管的交流电阻(动态电阻)均为正值,均要消耗能量。 (　　)

27. 蓝光激光二极管所发光的波长要比红光激光二极管所发光的波长长。 (　　)

28. LED 各色发光二极管的正向导通电压均比普通二极管的正向导通电压高。 (　　)

29. 正常发光时,波长短的发光二极管所加的正向电压要高于波长的发光二极管。 (　　)

30. 正常工作时,光电二极管应加反向电压,其反向电流将随光照强度增大而减小。 (　　)

31. 家用电器中激光二极管所发出激光主要是红外线,现正向蓝光发展。 (　　)

32. 二个硅二极管或三个硅二极管串联后，其正向特性可作低压稳压管使用，获得约1.4V或2.1V的较稳定的电压输出。（　　）

33. 闪烁发光二极管(BTS)是一种由CMOS集成电路和发光二极管组成的特殊发光器件，其工作时，无需外接其他元件，只要在其引脚两端加上适当的直流电压(5V)即可闪烁发光。（　　）

34. 瞬变电压抑制二极管(TVP管)主要用于对电路进行快速过压保护。（　　）

四、选择题

1. 二极管正向导通时，其PN结上的内电场与外电场的方向为(　　)。

A. 均为P区指向N区　　B. 均为N区指向P区

C. 内电场由P区指向N区，外电场由N区指向P区

D. 内电场由N区指向P区，外电场由P区指向N区

2. 二极管反向截止时，其PN结上的内电场与外电场的方向为(　　)。

A. 均为P区指向N区　　B. 均为N区指向P区

C. 内电场由P区指向N区，外电场由N区指向P区

D. 内电场由N区指向P区，外电场由P区指向N区

3. 在半导体二极管线性工作区，其直流电阻与交流电阻(动态电阻)为(　　)。

A. 基本相等　　B. 直流电阻大于交流电阻

C. 直流电阻小于交流电阻　　D. 不一定，视工作点高低而定

4. 半导体二极管正向工作时，其小电流的非线性区与大电流线性区的交流电阻(动态电阻)的大小，下述哪种叙述是正确的(　　)。

A. 基本相等　　B. 非线性区的交流电阻小

C. 非线性区的交流电阻大　　D. 不一定

5. 半导体二极管线性区的工作范围(即交流压降)为(　　)。

A. 毫伏级至十几毫伏　　B. 十几毫伏

C. 0.2～0.3V　　D. 0.6～0.7V

6. 已知硅二极管的直流工作电流为10mA，直流压降为0.7V，则此管的直流电阻与交流电阻为(　　)。

A. 直流电阻为70Ω，交流电阻为2.6Ω　B. 直流电阻为2.6Ω，交流电阻为70Ω

C. 均为70Ω　　D. 均为2.6Ω

7. 半导体二极管与稳压二极管正常工作时，外加电压应为(　　)。

A. 均为正向电压　　B. 均为反向电压

C. 前者加反向电压，后者加正向电压　D. 前者加正向电压，后者加反向电压

8. 稳压二极管、变容二极管正常工作时，外加电压应为(　　)。

A. 均为正向电压　　B. 均为反向电压

C. 前者加反向电压，后者加正向电压　D. 前者加正向电压，后者加反向电压

9. 红外光二极管与红光LED管的正向导通电压为(　　)。

A. 基本一样，为0.2～0.3V　　B. 基本一样，为0.6～0.7V

C. 前者为1.6～1.8V，后者为1.3～1.6V

D. 前者为1.3～1.6V，后者为1.6～1.8V

10. 黄光LED管与绿光LED管的正向导通电压为(　　)。

A. 基本一样,为0.2～0.3V　　B. 基本一样,为0.6～0.7V

C. 前者为2.0～2.2V,后者为2.2～2.4V

D. 前者为2.2～2.4V,后者为2.0～2.2V

11. 光电(光敏)二极管的反向电流与光照强度的关系为(　　)。

A. 随光照增加而上升,成正比　　B. 随光照增加而下降,成反比

C. 与光照基本无关,为一常数　　D. 随光照增加电流先上升后下降

12. 发光二极管与光电(光敏)二极管正常工作时,外加电压应为(　　)。

A. 均加正向电压　　B. 均加反向电压

C. 前者加反向电压,后者加正向电压　D. 前者加正向电压,后者加反向电压

13. 肖特基二极管(SBD)与普通PN结二极管相比,其结电容(　　)。

A. 前者更小、后者较大　　B. 前者较大、后者较小

C. 均较大　　D. 均较小

14. 肖特基二极管与隧道二极管为(　　)。

A. 均为负阻器件　　B. 均为正电阻器件

C. 前者为负电阻器件,后者为正电阻器件

D. 前者为正电阻器件,后者为负电阻器件

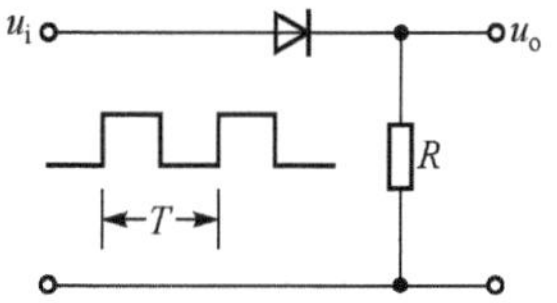

15. 已知电路如图3-1-23输入为矩形脉冲信号,频率较高,若二极管为整流管,则输出U_o的波形为(　　)。

A. 仍为矩形波　　B. 为三角波

C. 为锯齿波　　D. 波峰下垂,趋近于微分脉冲

图3-1-23　题3-1-15图

16. 同上题,若二极管选用高频二极管,则输出U_o的波形为(　　)。

A. 仍为矩形波　　B. 为三角波

C. 为锯齿波　　D. 波峰下垂,趋近于微分脉冲

17. 稳压二极管的温度系数为(　　)。

A. 均为正温度系数　　B. 均为负温度系数

C. 稳压值小于4V的为负温度系数
稳压值大于7V的为正温度系数

D. 稳压值小于4V的为正温度系数
稳压值大于7V的为负温度系数

18. 稳压值为4～7V稳压管的温度系数为(　　)。

A. 为正温度系数　　B. 为负温度系数

C. 温度系数接近为零　　D. 不确定

五、填空题、是非题、选择题答案

(一) 填空题

1. 零,增加　　2. 掺杂,本征激发

3. 本征激发,热、光、电等　　4. 1.2

5. 五,N　　6. 三,P

7. 电子,空穴　　8. 空穴,电子

9. 单向导电性　　10. N,P

11. 漂移,扩散　　12. 0.6～0.7V,几毫伏至十几毫伏

13. 几欧姆至几百欧姆,几十千欧姆至几百千欧姆　　14. nA,μA

15. 0.1,0.2～0.3　　16. 0.5,0.6～0.7

17. 恒压,稳压管　　18. 几欧姆至十几欧姆,好

19. 反向,减小　　20. 调谐(选频),压控振荡

21. 最大整流电流,最高反向电压　　22. 1.6～2.4V

23. 780～950,655　　24. 585,565～570

25. 理想模型,恒压降模型,折线化模型,小信号模型　　26. 无穷大,零,零

27. 无穷大,零,0.2～0.3V(锗管)、0.6～0.7V(硅管)　　28. 无穷大,几百,0.5

29. 无穷大,$\frac{26\text{mV}}{\text{I}}$(几欧姆至十几欧姆)　　30. 低,大

(二) 是非题

1.√　2.√　3.×　4.×　5.√　6.√　7.×　8.×　9.×　10.√
11.×　12.×　13.√　14.√　15.×　16.√　17.√　18.×　19.×　20.√
21.√　22.√　23.√　24.√　25.×　26.×　27.×　28.√　29.√　30.×
31.√　32.√　33.√　34.√

(三) 选择题

1. D　2. B　3. B　4. C　5. A　6. A　7. D　8. B　9. D　10. C
11. A　12. D　13. A　14. D　15. D　16. A　17. C　18. C

第二部分　半导体三极管和场效应管

一、问答题

1. 何谓双极型晶体管(BJT)?

答:由于这种器件有电子和空穴这两种载流子参与导电,或因为有两种带有不同极性电荷的载流子参与导电,故有双极型晶体管之称,常以英文字母 BJT 代之。

2. 何谓 NPN 型半导体三极管? 何谓 PNP 型半导体三极管? 它们的导电载流子有何区别?

答:发射区与集电区同为 N 型杂质半导体,中间夹着 P 型杂质半导体(作为基极区)的半导体器件称为 NPN 半导体三极管,它的导电载流子为电子(多子)和空穴(少子);同样,发射区与集电区同为 P 型杂质半导体,中间夹着 N 型杂质半导体(作为基极区)的半导体器件称为 PNP,半导体三极管,它的导电载流子为空穴(多子)和电子(少子)。

它们的多子均受输入信号的控制,而少子受温度、辐射等影响较大。

3. 何谓 BJT 三极管的 β 值? 何谓 a 值? 二者有何关系?

答:BJT 三极管的 β 是共发射极电流放大系数,它有直流与交流之分,分别为

$$\bar{\beta}=I_C/I_B \qquad \beta=\Delta i_C/\Delta i_B|_{U_{CE}=\text{常数}}$$

前者为集电极直流电流 I_C 与基极直流电流 I_B 之比,后者为集电极电流变化值与其对应的基极电流变化值之比。BJT 三极管的直流 $\bar{\beta}$ 与交流 β 通常是不相等的。

α是BJT三极管共基极的电流放大系数，它也有直流与交流之分，分别为

$$\bar{\alpha}=I_C/I_E<1 \qquad \alpha=\Delta i_C/\Delta i_E|_{U_{CB}=\text{常数}}$$

同样$\bar{\alpha}$与α也是不相等的。

只有在BJT三极管的输出特曲线比较平坦、且各条曲线间距相等的条件下，才可认为$\bar{\beta}\approx\beta$，$\bar{\alpha}\approx\alpha$，在通常叙述时，常以二者相等为例，标以$\beta$、$\alpha$

$$\beta=\alpha/(1-\alpha)$$

若$\alpha=0.9$，则$\beta=9$；若$\alpha=0.99$，则$\beta=99$。一般电压放大管的β值在几十至200的范围中，而功率管的β值通常为几至几十量级。

4. 同一个BJT三极管的β值是一常数吗？其值与什么参数有关？

答：BJT三极管的β值不为常数，它的大小与温度高低有关，与工作点的电流大小有关，与工作频率的高低有关：

温度每升高1℃，β值增大0.5%～1%；

β值与工作点电流及与工作频率的关系可用图3-2-1的曲线说明：

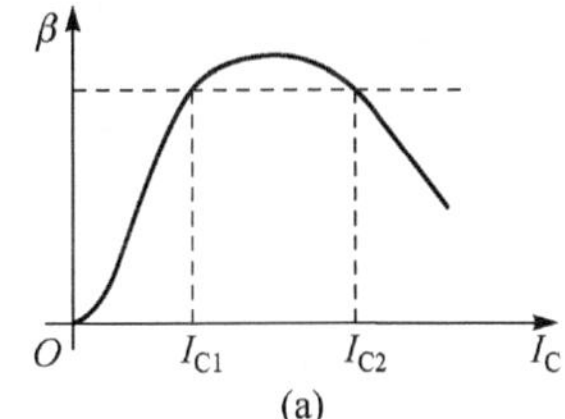

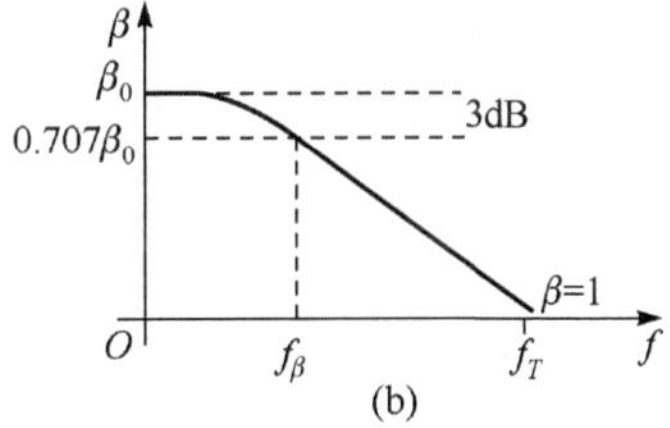

图3-2-1 题3-2-4解

由图3-2-1(a)可见，只有在电流$I_{C1}\sim I_{C2}$区域，BJT管的β值才近似为常数，而电流较小，由零开始导通后的一段区域(截止区附近)三极管的β值随电流I_C增大而增大；在电流较大，管子在饱和区附近，β值将随电流I_C增大而减小。三极管的这种特性为增益的自动控制(AGC)提供了依据。图3-2-1(b)表明，只有工作在频率$f<f_\beta$的区域内，β值才接近β_0而为常数。

5. 何谓BJT三极管的反向饱和电流I_{CBO}及穿透电流I_{CEO}？

答：BJT三极管在工作时，基区的少子和集电区的少子在集电结反向偏置电压的作用下产生漂移运动而形成的电流即称为反向饱和电流I_{CBO}，I_{CEO}是三极管集电极与发射极之间的反向饱和电流，常称穿透电流。I_{CBO}与I_{CEO}的关系为

$$I_{CEO}=(1+\beta)I_{CBO}$$

I_{CBO}、I_{CEO}的流通方向均与三极管的工作电流方向相同，但这些电流不受输入信号控制，而受温度影响很大，故它是影响放大管工作点不稳定的一个重要因素。

6. BJT三极管的发射区与集电区为同类型杂质半导体，作放大时它们能否互换？为什么？

答：三极管的发射区与集电区虽为同类型杂质半导体(同为N型或同为P型)，但二者的掺杂浓度不一样，发射区掺杂浓度远远高于集电区。故发射极与集电极互换使用时，不致使管子损坏，但其电流增益会大大下降，即放大器的放大倍数会大大降低。

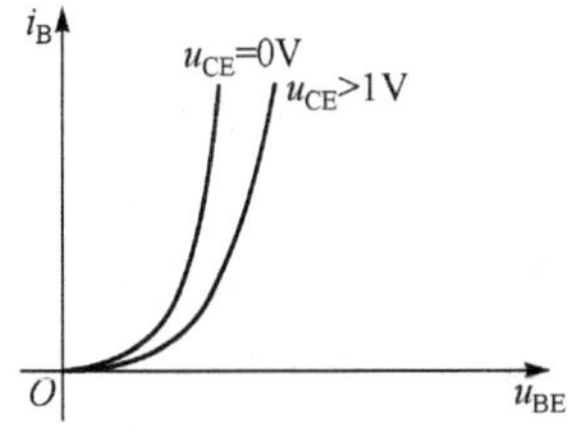

图3-2-2 题3-2-7解

7. 画出NPN管的输入特性曲线，并作简单解说。

答：硅NPN管的输入特性曲线如图3-2-2所示，曲线的特

点为：

(1) U_{CE}>1V 后的曲线略向右移；

(2) 电流较小时，特性曲线的非线性较严重，内阻较大；

(3) 电流较大时，曲线较陡直，近于恒压特性，为线性区，曲线的跨导较大，内阻较小，但线性范围较小(仅为几毫伏至十几毫伏)放大管作放大时常常选择在这一区域。如此可使放大倍数较大。

(4) 温度升高后，输入特性曲线要适当左移，通常每升高 1℃，U_{BE}减小 2～2.5mV。

8. BJT 三极管发射结(BE 结)上的直流压降与交流压降是否相等？为什么？其值大致为多少？请在输入特性曲线上说明。

答：二者不相等。

直流降压——决定管子工作点的电压，如图 3-2-3 中的 U_{BE1} 和 U_{BE2}，其值通常为 0.7V(硅管，指 V_{BE2})，如果工作点选在 Q_1，则工作点的电压为 0.4～0.6V，较低，在此电流较小的非线性区，也可作不失真的线性放大，但输入信号 U_{i1} 的值也要小，其所对应的电流 i_{b1} 也较小。

交流压降——输入交流信号在 BE 结上的压降，由图 3-2-3 可见，在 Q_1 附近，管子 BE 结上所加的交流电压要小，否则会引起失真，其值应在 mV 以下，而在 Q_2 的线性区，外加信号 U_{i2} 的幅度可大一点，其值在几毫伏至十毫伏的范围，再大也会失真，此时其所对的电流 i_{B2} 的幅值要比 i_{B1} 大得多，所引起的 i_C 当然也比例的加大(βi_B)。

9. 画出共发射极硅 NPN 管的输出特性曲线，并作简单解说。

答：共发射极硅 NPN 管的输出特性曲线如图 3-2-4 所示，曲线的特点为：

(1) 在曲线较平坦的放大区，管子呈恒流特性，故在此区域工作时，管子的等效电阻很大(常为几十千欧姆至几百千欧姆)。

(2) 温度升高后，管子的电流略为增大，每条曲线均要略为上移。

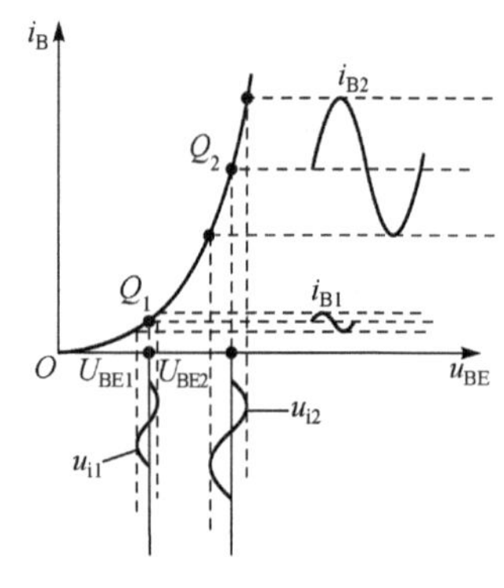

图 3-2-3　题 3-2-8 解

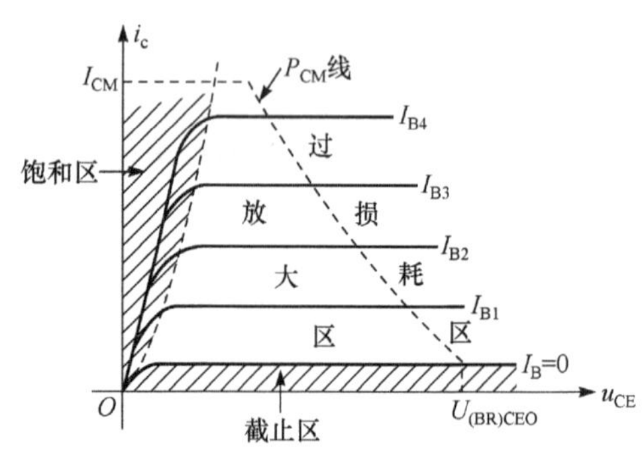

图 3-2-4　题 3-2-9 解

10. BJT 三极管有几个工作区域？各有何特点？

答：曲线分饱和区、放大区、截止区、过损耗区。

饱和区——如图 3-2-4 所示，三极管的发射结(BE 结)和集电结(BE 结)均处于正向偏量的状态下，此区域管子的等效电阻较小，且在变化，三极管的饱和压降 U_{CES}一般为 0.3～1.5V 之间，大功率管的 U_{CES} 要大一点，可达 2～3V。

放大区——如图 3-2-4 所示，曲线平坦，接近恒流特性，管子的等效电阻甚大，此处管子的发射结(BE 结)处于正向偏量，集电结(BC 结)处于反向偏置。

截止区——$I_B=0$ 的下方区域，此时 $i_C=I_{CEO}$，通常小功率放大管的 I_{CEO} 很小，可忽略，在此区域，管子的发射结和集电结均处于反向偏置。

过损耗区——如图 3-2-9 所示，三极管不可工作在此区域。

11. 如何在 BJT 三极管的输出特性曲线上求管子的交流 β 和直流 $\bar{\beta}$，二者是否相等？何时相等？

答：例在图 3-2-4 的输出特性中，若已知基极电流 I_{B1}、I_{B2}、I_{B3}、I_{B4} 所对应的集电极电流（在纵轴 i_C 上）依次为 I_{C1}、I_{C2}、I_{C3}、I_{C4}，则放大管的直流 β 和交流 β 可由下分别表述：

直流 $\bar{\beta}$：
$$\bar{\beta}=\frac{I_{C1}}{I_{B1}}\text{，或}=\frac{I_{C2}}{I_{B2}}\text{，或}=\frac{I_{C3}}{I_{C4}}\text{，或}\cdots\cdots$$

交流 β：
$$\beta=\frac{\Delta I_{C1}}{\Delta I_{B1}}=\frac{I_{C2}-I_{C1}}{I_{B2}-I_{B1}}\text{，或}=\frac{\Delta I_{C2}}{\Delta I_{B2}}=\frac{I_{C3}-I_{C2}}{I_{B3}-I_{B2}}\text{，或}\cdots\cdots$$

很显然，BJT 三极管的直流 $\bar{\beta}$ 或交流 β 是与管子的工作点电流 I_B、I_C 的大小有密切关系，靠近截止区域靠近饱和区的 $\bar{\beta}$、β 是较小的。在放大正的 $\bar{\beta}$、β 值是较大的。

只有在 $I_B=0$，I_C 也为零，即 $I_{CEO}=0$，且恒流特性较好，曲线间距均匀相等的条件下，直流 $\bar{\beta}$ 才与交流 β 相等。在通常表述中，均认为如此，以 β 示之。

12. 画出 BJT 三极管的传输特性（即转移特性）曲线，并作简单解说。

答：BJT 三极管的传输特性曲线（也称转移特性）如图 3-2-5 所示，曲线特点如下：

(1) 在一般的模拟电子线路的教材中，不分析 BJT 三极管的传输特性曲线，但这种特性实际存在，也可测绘，它在作放大器的分析与设计时很有用处。

(2) 曲线 OA 段——接近截止区的小电流非线性区，管子的跨导小（即 β 小），但随电流的加大而加大。

(3) 曲线 AB 段——电流较大的线性区，管子的跨导大（即 β 大），动态范围宽（几毫伏至十几毫伏）是放大器工作点的首选区域。

(4) 曲线 BC 段——接近饱和区的大电流非线性区，跨导小，且随管子的电流加大而减小。

(5) 管子发射结的等效电阻为

$$r_e=\frac{U_T}{I_E}\approx\frac{26\text{mV}}{I_E}$$

若 $I_E=1\text{mA}$，则 $r_E=26\Omega$；若 $I_E=10\text{mA}$，则 $r_E=2.6\Omega$。

13. BJT 三极管既然为非线性器件，为什么还能作不失真的线性放大？

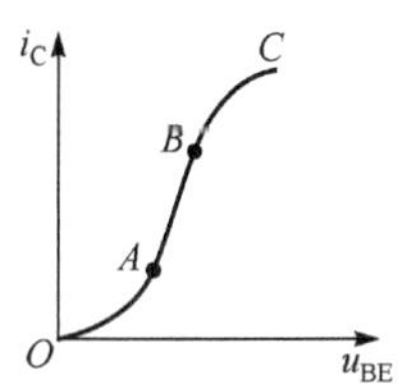

图 3-2-5　题 3-2-12 解

答：由图 3-2-3 和图 3-2-5 可见，BJT 管属于非线性器件，但是任何非线性曲性的局部都可近似为线性，只要是足够小的区段即可。如图 3-2-5 中，AB 即为通常选用的线性放大区，即便是 OA 段、BC 段，可作线性放大，条件是被放大信号的幅度要足够小，低噪声放大器即工作在小电流的 OA 段，另外 AGC 放大器在强信号时就是将工作点由 AB 区移向 OA 段（反向 AGC）或 BC 段（正向 AGC），使放大管的增益减小（这里的强信号其幅值也应在有一定限止）。

14. BJT 三极管的极限参数有哪些？

答：主要极限参数有：

(1) 集电极最大允许耗散功率 P_{CM}——BJT 工作时不得超过此值，$P_{CM}\approx I_{CM}U_{CM}$。

(2) 最大集电极电流 I_{CM}——使 β 明显减小的 I_C 即为 I_{CM}。实际工作时，即使 $I_C>I_{CM}$，BJT 三极管不一定损坏，但 β 值明显下降。

(3) 反向击穿电压 $U_{(BR)CBO}$——指集电极开路时，发射极与基极间的反向击穿电压，小功率的 $U_{(BR)CEO}$ 一般为几伏至十余伏。

(4) 反向击穿电压 $U_{(BR)CEO}$——指基极开路时，集电极与发射极间的反向击穿电压，三极管工作时，不能超过这个电压。

15. 温度对 BJT 三极管的什么参数有什么影响？

答：(1) 对 I_{CBO} 的影响——温度每升高 10℃，I_{CBO} 值约增加一倍。

(2) 对 β 的影响——温度每升高 1℃，β 值增大 0.5%～1%。

(3) 对 U_{BE} 的影响——温度每升高 1℃，U_{BE} 减小 2～2.5mV。

上述三种影响均会使放大管的工作点电流随温度升高而加大。

16. 已知 BJT 三极管的混合 π 型等效电路(物理模型)如图 3-2-6 所示，试完成以下各题。

(1) $r_{bb'}$ 是什么电阻？其值大致是多少？它起什么作用？

(2) $r_{b'e}$ 是什么电阻？其值如何计算？其值大致是多少？

(3) $c_{b'e}$ 是什么电容？其值大致是多少？它起什么作用？

(4) $c_{b'c}$ 是什么电容？其值大致是多少？它起什么作用？

(5) $r_{b'e}$ 是什么电阻？其值大致是多少？它起什么作用？

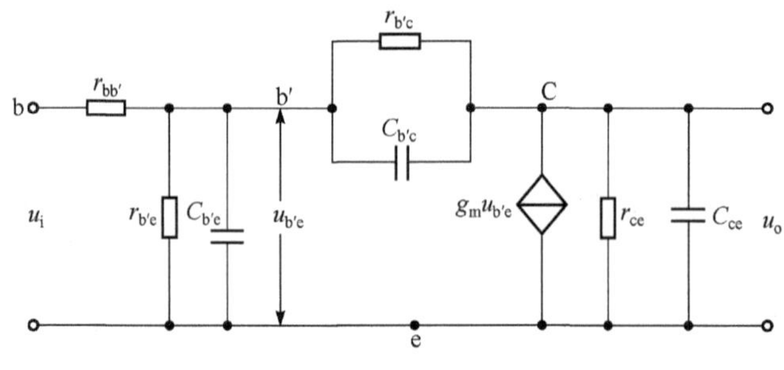

图 3-2-6　题 3-2-16 图

答：(1) $r_{bb'}$ 是 BJT 三极管的基区体电阻，高频管的 $r_{bb'}$ 约为几十欧姆至 100 多欧姆，低频管的 $r_{bb'}$ 为 200～300Ω，它对输入信号起降压、损耗作用，是影响三极管高频特性的一个重要原因，选用 BJT 时 $r_{bb'}$ 值应愈小愈好。

(2) $r_{b'e}$ 是发射结(be 结)的等效电阻，它的计算式为

$$r_{b'e}=(1+\beta)r_e\approx(1+\beta)\frac{26\text{mV}}{I_e}$$

若 $\beta=100$，$I_e=1\text{mA}$，则 $r_{b'e}\approx2.6\text{k}\Omega$，若 $\beta=100$，$I_e=10\text{mA}$，则 $r_{b'e}\approx260\Omega$。

故 BJT 管的 $r_{b'e}$ 不大，常在百欧姆至数千欧姆范围间。

(3) $C_{b'e}$ 是发射结(be 结)的等效电容(结电容)，其值 的大致范围为 10～500pF，其大小与发射极电流成正比。

(4) $C_{b'c}$ 是集电结(bc 结)的等效电容，其典型值为零点几皮法至 5 皮法，$C_{b'c}$ 是三极管的内部反馈电容，能将输出端的信号反馈至输入端，又能将输入信号直通至输出端(不受控制)，故

$C_{b'c}$是引起放大器不稳和自激的一个重要原因。

(5) $r_{b'c}$是集电结(bc结)的等效电阻，由于bc结为反向偏量，故此电阻通常很大，分析时可忽略。

17. 在上题的图3-2-6中，试完成以下各题。

(1) $g_m U_{b'e}$是什么参量？它受什么信号控制？

(2) r_{ce}是什么电阻？其值大致是多少？

(3) C_{ce}是什么电容？其值大致是多少？

答：(1) $g_m u_{b'e}$为受控电流源，受$u_{b'e}$电压控制，g_m为三极管的跨导，其值为

$$g_m = \frac{I_e}{U_T} \approx \frac{I_e}{26\text{mv}} = \frac{1}{r_e}$$

(2) r_{ce}为集电极与发射极间的电阻，其值为10～100kΩ范围。

(3) C_{ce}为集电极与发射极间的电容，其值较小，一般为2～10pF范围。

18. 已知BJT三极管的混合π型等效电路(物理模型)如图3-2-6所示，若工作频率很低(低频输入)、各电容的容抗很大，试完成以下各题。

(1) 画出其交流等效电路。

(2) 说明$g_m u_{b'e}$与β有否关系？是什么关系？

答：(1) 低频工作时的BJT三极管的交流等效电路如图3-2-7所示；

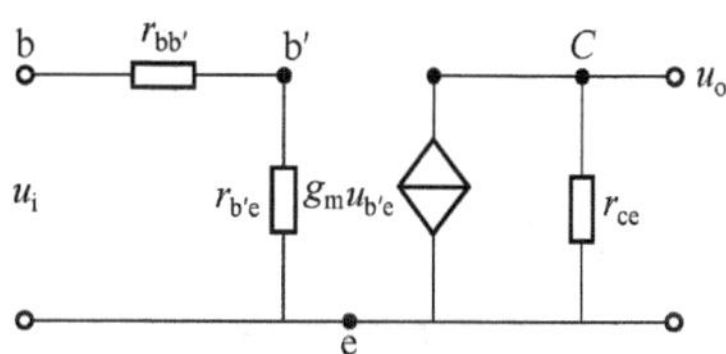

图3-2-7　题3-2-18解

(2) 在忽略$r_{bb'}$影响，即$r_{bb'}=0$的条件下

$$\beta I_b = \beta \frac{u_i}{r_{b'e}} = \beta \frac{u_i}{(1+\beta) r_e} \approx \frac{u_i}{r_e}$$

而

$$g_m u_{b'e} = g_m u_{be} = g_m u_i = \frac{1}{r_e} u_i$$

故在$r_{bb'}=0$的低频条件下，存在$g_m u_{b'e} \approx \beta i_b$关系式中：$g_m = \frac{1}{r_e}$。

19. 已知BJT三极管的混合π型等效电流(物理模型)如图3-2-6所示，若工作频率很高(高频输入)，各电容的容抗较小，试完成以下各题。

(1) 是什么参数影响到高频工作时的电路性能？

(2) 频率上升后，输出电压将怎样变化？为什么？

答：(1) $r_{bb'}$、$C_{b'e}$、$C_{b'c}$均会影响到电路的高频性能。因为频率高后，$C_{b'e}$的容抗变小，输入u_i经$r_{bb'}$在b'e间的分压$u_{b'e}$就要下降，故受控电流$g_m u_{b'e}$随之降低，如此地影响到输出电压U_o。另外工作频率提高后，经电容$C_{b'c}$的直通量与内部反馈量均加大，使电路和性能大大降低。

(2) 频率升高后，电路的输出u_o必降低，其原因已知上述。

20. 已知BTJ三极管共发射极接的电路如图3-2-8(a)所示，其输入、输出端口的四个参量已标在图中，试完成以下各题。

(1) 何谓H参数方程？列出这一方程。

(2) 对应H参数方程画出H参数等效电路。

答：(1) 所谓H参数方程，是指图3-2-8中，以$\dot{I}_B$、$\dot{U}_o$为自变量，$\dot{U}_i$、$\dot{I}_C$为因变量而建

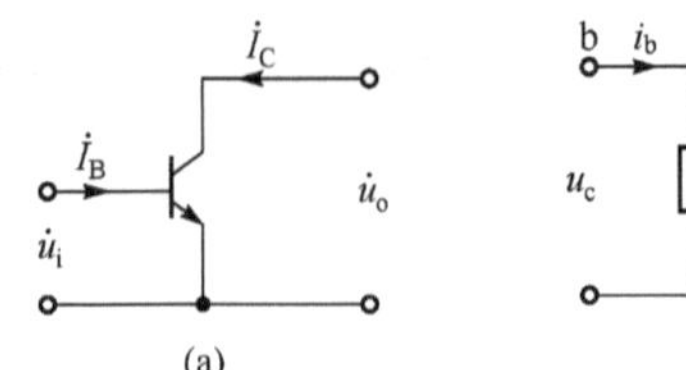

(a)

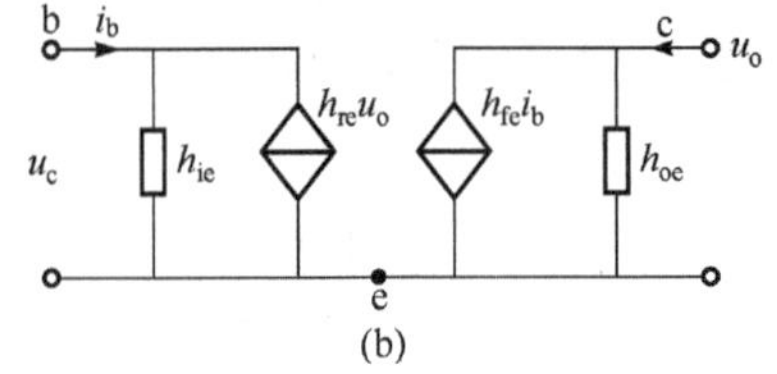

(b)

图 3-2-8　题 3-2-20 图

立的一个方程，在低频工作时，可忽略各电容的作用，图中四个参量可以实数表示，故其 H 参数方程为

$$\begin{cases} u_i = i_b h_{ie} + u_o h_{re} \\ i_C = i_b h_{fe} + u_o h_{oe} \end{cases}$$（第一项为自回路的影响，第二项为互回路的影响）

式中，$h_{ie} = \left.\dfrac{u_i}{i_b}\right|_{u_o=0}$，$h_{ie}$ 为输出交流短路时的输入电阻，量纲为电阻；$h_{re} = \left.\dfrac{u_i}{u_o}\right|_{i_b=0}$，$h_{re}$ 为输入交流开路时的反向传输系数，无量纲；$h_{fe} = \left.\dfrac{i_e}{i_b}\right|_{u_o=0}$，$h_{fe}$ 为输出交流短路时的正向传输系数，即为电流增益，无量纲；$h_{oe} = \left.\dfrac{i_c}{u_o}\right|_{i_b=0}$，$h_{oe}$ 为输入交流开路时的输出导纳，量纲为导纳。

上述四个参数的量纲均不同，故也称 H 参数为混合参数。

(2) 由 H 参数的定义与方程可画出 BJT 管极管的 H 参数等效电路，如图 3-2-8(b)所示。

21. (1)说明 *H* 参数的意义及应用。

(2) 指明 *H* 参数等效电路中各参量与图 3-2-6 混合 π 型等效电路中各参量之间的关系。

答：(1) BJT 三极管的 H 参数主要用于低频小信号放大电路的分析与计算，其等效电路简洁明了，概念十分清楚，这些 H 参数均可在 BJT 三极管的手册中查得，也可用 H 参数测试仪测得这些参数。

(2) 既然 H 参数等效电路与混合 π 型等效电路描述的是同一三极管的内涵，故其相关参数必有对应关系，对比图 3-2-6 和图 3-2-8(b)低频等效电路可得下述关系：

$h_{ie} = r_{bb'} + (1+\beta) r_e$，为三极管共发射极接法的输入电阻。

$h_{fe} = \beta$ 为三极管共发射极接法的电流增益。

$h_{oe} = 1/z_{oe}$ 为三极管共发射极接法的输出导纳。

在低频工作条件下，可忽略 $r_{b'c}$ 和 $C_{b'c}$ 的影响，故 $h_{re} = 0$。

22. 已知 BJT 三极管共发射极接法的电路如图 3-2-8(a)所示，其输入、输出端口的四个参量已标在图中，试完成以下各题。

(1) 何谓 Y 参数方程？列出这一方程。

(2) 对应 Y 参数方程画出 Y 参数的等效电路。

答：(1) 所谓 Y 参数方程是指图 3-2-8(a)中以 $\dot{U}_i$、$\dot{U}_o$ 为自变量，以 $\dot{I}_i$、$\dot{I}_c$ 为因变量而建立的一个方程，由于 Y 参数常用于高频工作，三极管的各电容的影响不可忽略，故各个参量应为复数，为排印方便，均以大写代之

$$\begin{cases} I_b = U_i Y_{ie} + U_o Y_{re} \\ I_c = U_i Y_{fe} + U_o Y_{ye} \end{cases}$$

式中，$Y_{ie} = \left.\frac{I_b}{U_i}\right|_{U_o=0}$ 为输出交流短路时的输入导纳；$Y_{re} = \left.\frac{I_b}{U_o}\right|_{U_i=0}$ 为输入交流短路时的反向传输导纳；$Y_{fe} = \left.\frac{I_c}{U_i}\right|_{U_o=0}$ 为输出交流短路时的正向传输导纳；$Y_{oe} = \left.\frac{I_c}{U_o}\right|_{U_i=0}$ 为输入交流短路时的输出导纳。

上述四个参量均为导纳量纲，故也称 Y 参数为导纳参数或短路参数。

（2）由 Y 参数的定义与方程，可画出 BJT 三极管的 Y 参数等效电路如图 3-2-9 所示。这种等效电路将受控源由 $g_m u_{b'e}$ 变成了 $g_m u_i$，u_i 是输入端口的信号，而 $u_{b'e}$ 是管内 b′处的电压，故这种等效为电路求解提供了极大方便。

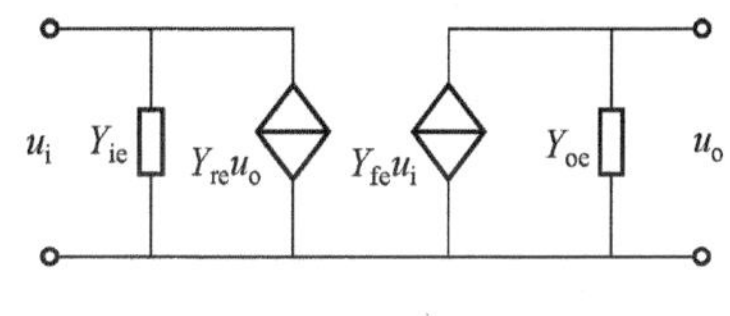

图 3-2-9　题 3-2-22 解

23. 说明 Y 参数的特点及应用。

答： BJT 三极管的 Y 参数主要用于高频小信号放大电路的分析与计算，其等效电路将三极管的输入、输出分成两个相对独立的回路，只要知道四个 Y 参数，即可很方便的求解电路（Y 参数可在相关手册中查得），与混合 π 型等效电路相比，其难度将大大降低，各 Y 参量根据定义可由混合 π 型等效电路求得，由于公式繁杂不在此一一列出。

由于 Y 参数是相应端口的交流短路而得的参数，可用 Y 参数测量仪检测，在高频条件下，它更近于器件的实际状态。

24. 何谓场效应管(FET)？它有何特点？

答： 场效应管是一种利用电场效应来控制其输出电流大小的半导体器件。其特点是：

它仅靠半导体的多数载流子（电子或空穴）导电，故又称单极型晶体管，由于它是电压控制器件，故输入电阻甚大，另外它还有体积小、重量轻、耗电省、寿命长、噪声低、动态范围大、热稳定性好、抗辐射能力强及制造工艺简单等一系列优点。

25. 场效应管有几大类？各有何特点？

答： 场效应管主要有两大类，即结型场效应管（JFET）和金属—氧化物—半导体场效应管（MOSFET），每一类型又有 N 沟道、P 沟道之分，还有增强型、耗尽型之分，具体关系如下：

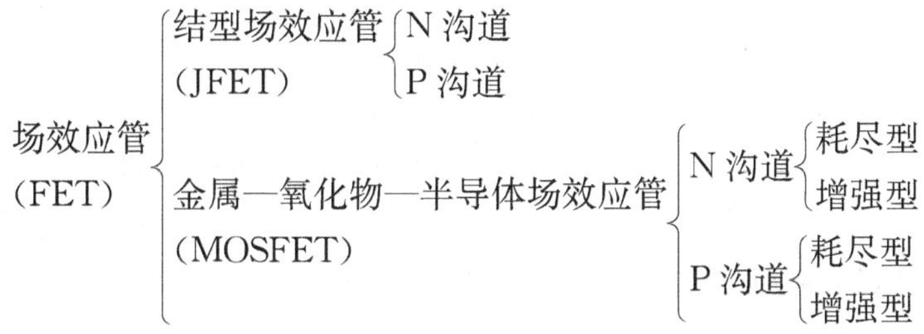

26. 请列表说明场效应管的电路符号、转移特性及所加直流电压 U_{DD} 的极性。

答： 各类场效应管的电路符号、转移特性、所加直流电压 U_{DD} 的极性如表 3-2-1 所示。

表 3-2-1　各类场效应管的电路符号、转移特性及所加直流电压 U_{DD} 的极性

		结型场效应管(JFET)			金属氧化物半导体场效应管(MOSFET)		
沟道	类型	电路符号	转移特性	U_{DD}	电路符号	转移特性	U_{DD}
N 沟道	耗尽型		i_D　I_{DSS}　U_P　O　u_{GS}	正		i_D　U_P　O　u_{GS}	正
	增强型					i_D　U_T　u_{GS}	正
P 沟道	耗尽型		i_D　U_P　u_{GS}　O　I_{DSS}	负		i_D　U_P　u_{GS}　O	负
	增强型					i_D　U_T　O　u_{GS}	负

27. 何谓结型场效应管(JFET)？画出它的结构示意图，并说明其特点。

答：(1) 结型场效应管的结构示意图如图 3-2-10 所示。

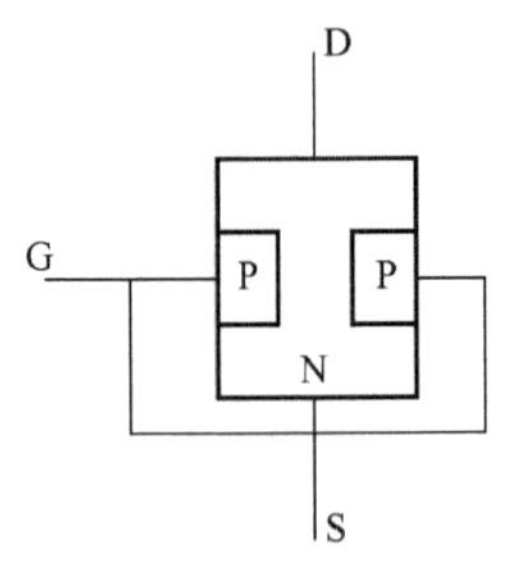

图 3-2-10　题 3-2-27 图

它是同一块 N 型(或 P 型)半导体上制作两个高掺杂浓度的 P 型区(或 N 区)，形成两个 PN 结，两个 P 型在一起的引出线即为管子的栅极(G)，N 型区的两端的引出线分别为漏极(D)和源极(S)。两个 P 区间的 N 型区域称为导电沟道，P 区与 N 区的交界面形成耗尽层，此耗尽层的宽度将受到 u_{GS}电压的控制：u_{GS}负值增大时，耗尽层加宽，导电沟道变窄，沟道电阻变大，电流 i_D 变小。u_{GS}负值减小时，情况相反，可见 u_{GS}能对漏极电流 i_D起控制作用。

(2) JFET 的特点：为电压控制器件，故输入电阻甚大；动态范围宽，其控制电压范围可达伏级；转移特性(即 i_D与 u_{GS}的关系)呈平方律关系，其非线性低于 BJT 三极管(它呈指函数关系)；输出电阻大，为几十千欧姆至几百千欧姆；噪声系数小，为 1～3dB。

28. 何谓金属-氧化物-半导体场效应管(MOSFET)？画出它的结构示意图，并说明它的特点。

答：(1) 金属氧化物半导体场效应管(MOSFET)也称绝缘栅场效应管(IGFET)简称 MOS 管，以 N 沟道增强行为例，其结构示意图 3-2-11 所示。图中，各电极为金属铝引线，中间为

SiO_2 绝缘层，下以 P 型硅片为衬底。源极（S）、漏极（D）引线均接至 N 型半导体，栅极与各半导体绝缘，这是 MOS 管输入阻抗更高的一个原因。很显然，在栅极加正电压后，P 区中的电子被吸收至栅极附近而形成一导电沟道（反型层），各电极电压的大小可控制此导电层的状态，从而达到控制输出电流的作用。

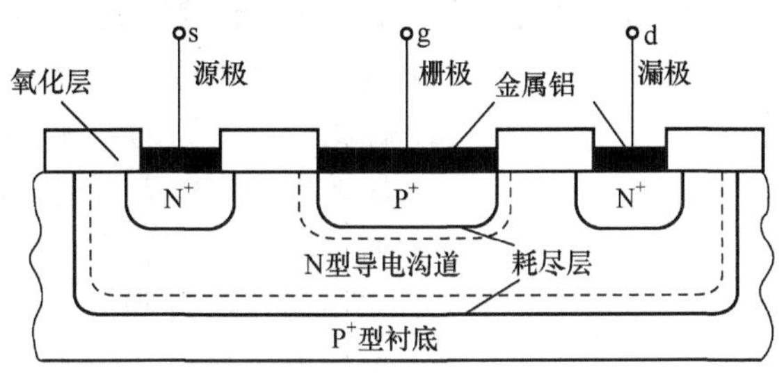

图 3-2-11　题 3-2-28 解

（2）MOS 管的显著特点是输入电阻高，可达 $10^{10}\Omega$ 以上，比 JFET 大得多，另外它的温度特性更好，耗点更省，集成工艺更简单，适宜制造大规模集成电路。

29. 场效应管中什么是沟道？什么是 N 沟道？什么是 P 沟道？

答：场效应管中载流子流通的通道称为沟道。作为电子流通的通道称为 N 沟道。作为空穴流通的通道称为 P 沟道。

30. 什么是增强型场效应管？什么是耗尽型场效应管？

答：（1）在 $u_{CS}=0$ 时，场效应管没有导电沟道，必须加有 u_{GS} 电压（N 沟道加正电压，P 沟道加负电压）才能产生感生沟道的场效应管，此类管型为增强型 MOS 管。

（2）在 $u_{GS}=0$ 时，即存在导电沟道，只要有 u_{DS} 即会有较大的漏极电流 i_D 产生的场效应管即为耗尽型 MOS 管。

31. 什么是场效应管的预夹断？什么是夹断电压？夹断电压的范围大致为多少？

答：（1）在 u_{DS} 较小区域，漏极电流 i_D 随 u_{DS} 增大而线性加大（漏源间呈电阻特性），靠近漏端处的漏栅间的电位差最大，此处 PN 结的耗尽层也最宽，再增大 u_{GS}，使两耗尽层加宽至相遇时的状态即为预夹断。

（2）在实际测量时，通常令 u_{DS} 为某一固定值（例为 10V），使漏极电流 i_D 等于一微小值（例几十微安）时的 u_{GS} 即称为夹断电压，常以 U_p（耗 尽型管）或 U_T（增强型管）表示。有时也称夹断电压为开启电压。

（3）夹断电压的范围为 1～10V，视不同管型而不同，此值要比 BJT 管的开启电压大得多。

32. 何谓场效应管的低频跨导 g_m，写出它的表达式。

答：场效应管漏极电流的微变量与其所对应的栅源间所加电压的微变量之比即称为场效应管的跨导（也称互导），这一参量充分反映了栅源电压 u_{GS} 对漏极电流 i_D 的控制能力：

$g_m=\left.\frac{\partial i_D}{\partial u_{GS}}\right|_{U_{DS}=\text{常数}}\approx\frac{\Delta i_D}{\Delta u_{GS}}$ 为转移特性曲线的斜率（跨导）g_m 值的范围为 1 至几十毫西门子（ms），个别管甚至更高。

33. 场效应的漏极电流 i_D 与控制电压 u_{GS} 有什么关系？写出它们的关系式。

答：i_D 与 u_{GS} 呈非线性关系，其关系式为

$$i_D=I_{DSS}\left(1-\frac{u_{GS}}{U_p}\right)^2$$

二者呈平方律关系，其展开式中含线性项和平方项，前者可作线性放大，后者具有频率变换作用，能实现混频、调制等功能。

式中，I_{DSS}是$u_{GS}=0$，$u_{DS}>1V$时的漏极电流i_D，称为饱和漏电流，对于结型场效应管，I_{DSS}也是管子所能输出的最大电流。

34. 已知场效应管的输出特性曲线如图 3-2-12 所示，试完成以下各题。

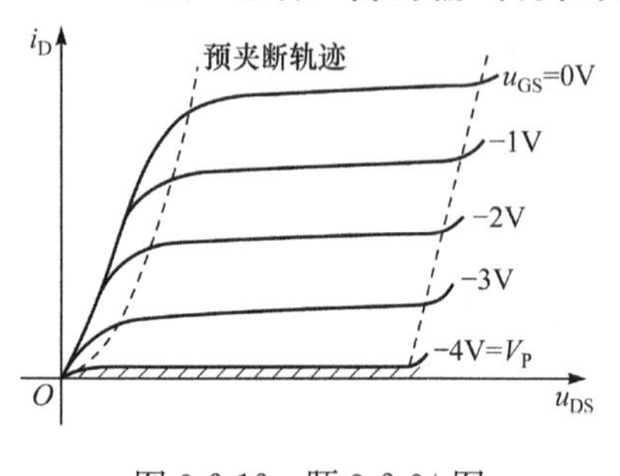

图 3-2-12　题 3-2-34 图

(1) 这是什么类型的场效应管？

(2) 标明四个区域的名称，并与 BJT 三极管作比较。

(3) 场效应管作放大时应选在什么区域？

答：(1) 这是 N 沟道场效应管的输出特性曲线，它与 BJT 三极管的输出特性类似。

(2) 可变电阻区——位于预夹断轨迹之左区域，此区域中，电流随u_{DS}上升而线性增大，此区与 BJT 三极管的饱和区相对应。

夹断区——位于－4V 以下的阴影区域，一般很靠近横轴，i_D电流很小(如几微安)，此处$u_{GS}=U_p$，U_p为夹断电压，此区与 BJT 的截止区相对应。

恒流区——可变电阻区与夹断区之间的区域，这是场效应工作的主要区域，此区与 BJT 三极管的放大区相对应。

击穿区——图 3-2-12 中右侧虚线之右的区域，实际工作时，电压u_{DS}不能超过这一值，此区与 BJT 三极管的击穿区相对应。

35. 画出场效应管小信号的等效电路，并对各参量作简单说明。

答：此等效电路如图 3-2-13 所示，图中：

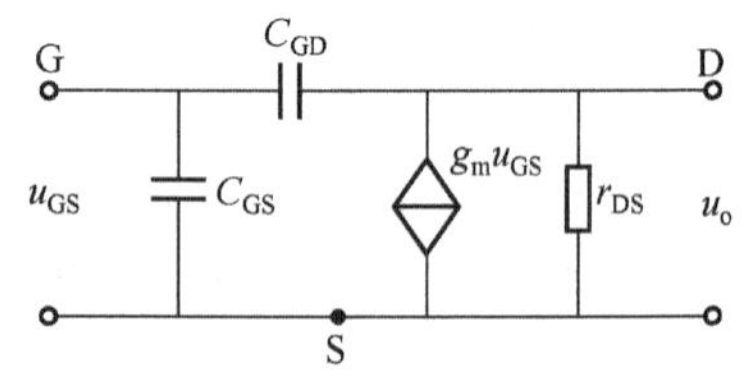

图 3-2-13　题 3-2-35 图

C_{GS}——栅源电极间的电容，由于栅源间均加反向电压，故此电容值较小，为 1.0～20pF 量级，不同管型，其值也不一样，但要比 JBT 三极管 be 间的电容C_{be}小。

C_{GD}——栅源电极间的电容，此电容很小，0.05～5pF，与 BJT 三极管的$C_b{}'c$相差不多。

$g_m u_{GS}$——受控电流源，受输入电压u_{GS}控制的电流。

r_{DS}——漏源电极之间的电阻，在U_{DS}较小的可变电阻区，此电阻很小，且随u_{DS}的加大先减小而后加大，但在u_{DS}较大的恒流区，此电阻很大。在恒流区r_{DS}的范围为几十千欧姆至几百千欧姆量级。

由于极间电容小，故场效应管的高频特性较好。

36. 画出场效应管低频小信号的等效电路。

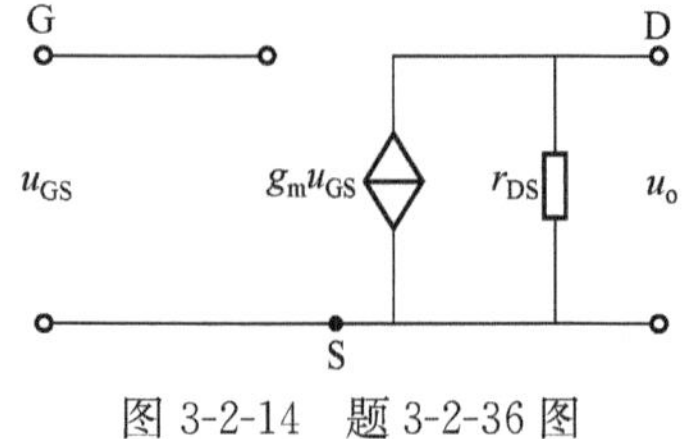

图 3-2-14　题 3-2-36 图

答：在低频工作时，场效应管极间电容的容抗甚大，其作用可忽略，由此可将图 3-2-13 电路简化成图 3-2-14 电路，这就是场效应管低频小信号的等效电路，显然，这一等效电路要比 BJT 三极管简单

37. 何谓 VMOS 管？它有什么特点？

答：(1) 由于制造工艺所致，此场效应管由源极(N 型半导体)、栅极向衬底漏极看去的结构呈 V 字型而得名，其导电通道为 N 通道。

(2) 特点：耗散功率大——可达千瓦以上，可用作大功率放大电路。

工作频率高——可达数十兆赫兹，β值也甚高。

线性良好——当电流 i_D 大于某一定值时（如 500mA），i_D 与控制电压 u_{GS} 基本呈线性关系。

38. 何谓单结晶体管？画出它的电路符号及伏安特性曲线，何为负阻特性？

答：(1) 只有一个 PN 结，但有三个引出线：具有负阻特性的半导体器件称为单结晶体管。

(2) 其电路符号和伏安特性曲线如图 3-2-15 所示，这一曲线有三个区域，即饱和区、负阻区和截止区。

(3) 所谓负阻特性，是指输入电压 u_{EB1} 增大至某一值后(图中 U_V)，输入电流(即发射极电流) i_E 随 U_{BEI} 增大而减小，即输入等效电阻随之升高的特性，图中负阻区域曲线为负斜率即为此意。

单结晶体管的负阻特性使其广泛用于定时电路和振荡电路，除单结晶体管外，具有负阻特性的器件还有隧道二极管、负阻场效应管等。

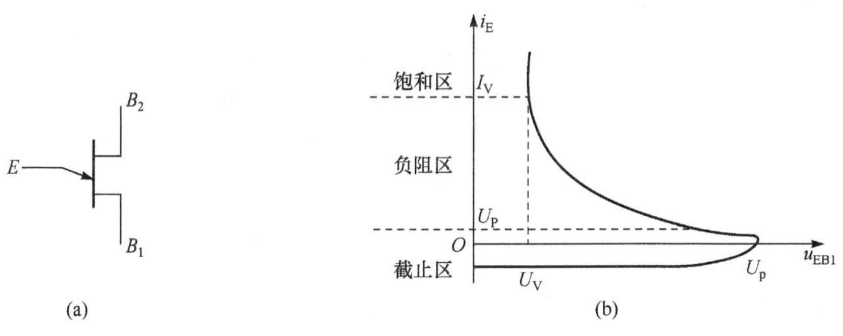

图 3-2-15　题 3-2-38 图

39. 何谓晶闸管(可控硅)？画出它的电路符号和等效电路及伏安特性。

答：(1) 晶闸管常称可控硅元件(SCR)，它是由三个 PN 结、四层半导体(PNPN)、等效为 PNP 和 NPN 两只 BJT 三极管，具有三个引出端的大功率半导体器件。三个引出端分别为阳极 A、阴极 K、控制极 G。晶闸管常用于较高电压和较大电流的场合，如作整流之用。

(2) 其电路符号，等效电路，伏安特性如图 3-2-16 所示。

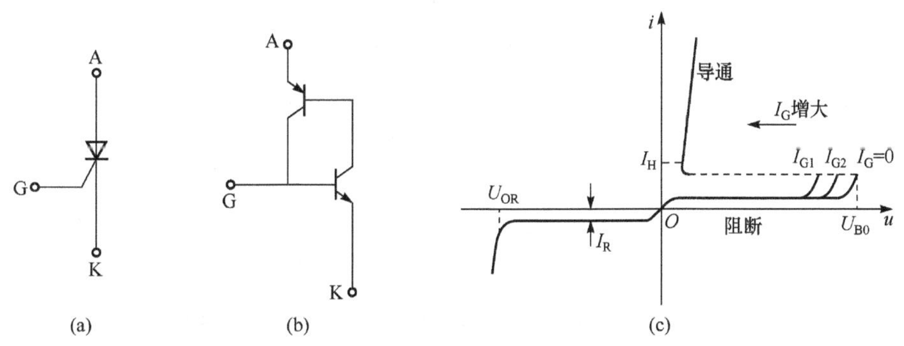

图 3-2-16　题 3-2-39 解

40. 晶闸管导通工作的条件是什么？它有什么特点？

答：需两个条件，缺一不可，即：

(1) 阳极与阴极间需外加正向电压。

(2) 栅极与阴极间也要同时加正向电压。但一旦管子导通后，控制栅极就失去作用，管子依靠内部的正反馈而维持其导通。栅极所加电压一般称为触发电压，其值为 1～5V，栅极电流常为几十毫安至几百毫安。

晶闸管导通后，阳极与阴极间的电压一般为 0.6～1.2V，电源电压(较高或很高)几乎全部加至负载上，阳极电流可达几安培至几千安培，视不同管型而不同。

晶闸管的显著特点是体积小、重量轻、耐压高、效率高、控制灵敏、使用寿命长、它被广泛用于整流、逆变和调压等大中功率的电子设备中(如无级调速等)。

41. 什么是 IGBJT 器件？它有什么特点？

答:(1)此为绝缘栅双极型半导体管，它是由高速的 MOSFET 和低饱和压降的 BJT 三极管组合而成的达林顿器件，属功率模块，其等效电路及电路符号如图 3-2-17 所示。

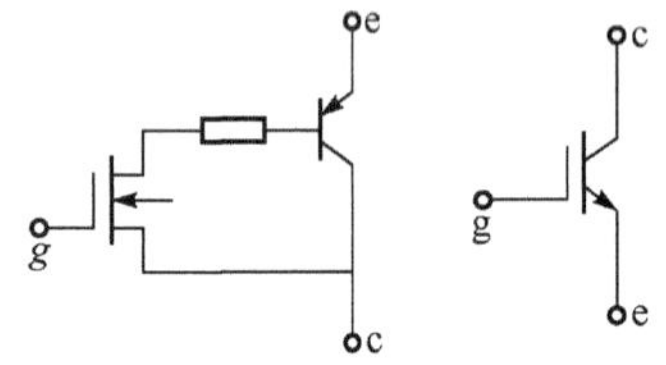

图 3-2-17　题 3-2-41 解

(2) 特点：

大电流、低功耗——电流可高达几百安培，

高耐压——电压可高达 1000 多伏，

大功率——可高达几百瓦至 1000 多瓦，

高频率——可作高速大功率开关及中低频功率放大。

42. 请列表比较 BJT 三极管和 FET 的特点。

答:答案见表 3-2-2。

表 3-2-2

项目	BJT	FET
电流受控性质	电流控制器件($i_c=\beta i_b$)	电压控制器件($i_d=f(u_{GS})$)
电流受控方程	指数函数 $i_E=I_S\left(e^{\frac{u_{BE}}{U_T}}-1\right)$	平方律函数 $i_d=I_{dss}\left(1-\frac{u_{GS}}{U_p}\right)^2$
输入电阻	较小;约几百欧姆～几千欧姆	很高:JFET 为 10^6～$10^7\Omega$ MOSFET 为 10^7～$10^{15}\Omega$
输出特性的四个区	饱和区、放大区、截止区、击穿区	可变电阻区、恒流区、截止区、击穿区
输出电阻	较高:几十千欧至几百千欧 (但饱和区的输出电阻小)	较高 :几十千欧至几百千欧 (但可变电阻区的输出电阻小)
β 与 g_m	β=几至几百	g_m=1～100ms，甚至更高
动态范围	较小:输入交流信号幅值 约为几毫伏至十几毫伏	较大:为几十毫伏至伏级
噪声系数	稍大:3～6dB	较低:为 1～3dB
高频性能	稍差:r_{bb}'及极间电容影响较大	较低:无 r_{bb}'影响，极间电容小

43. 何谓恒流三极管？画出它的电路符号，典型接法及伏安特性曲线。

答:恒流三极管是在恒流二极管的基础上发展而成的三端半导体恒流器件。利用其控制端可在一定范围内对所供电流进行调节。恒流三极管的符号、典型接法和伏安特性(某例)如图 3-2-18 所示。此管有点与晶闸管(SCR)相似，它也有阳极(A)，阴极(K)，控制电极(G)。在电路工作时，A 应接正电压，K 极接可调电阻 R_K，G 极接 R_K 的另一端。

在电路中，当 $R_K=0$ 时，G-K 极间短接，恒流三极管就变成了恒流二极管，此时输出电流

i_H 为最大，由其伏安特性可见，R_K 值增大时。电流 I_H 即减小，反之则增大，故调节 R_K 值可连续改变恒流管的电流值。

恒流三极管常用在电子秤中，为力敏传感器(常为电掺电路)提供恒流电源。

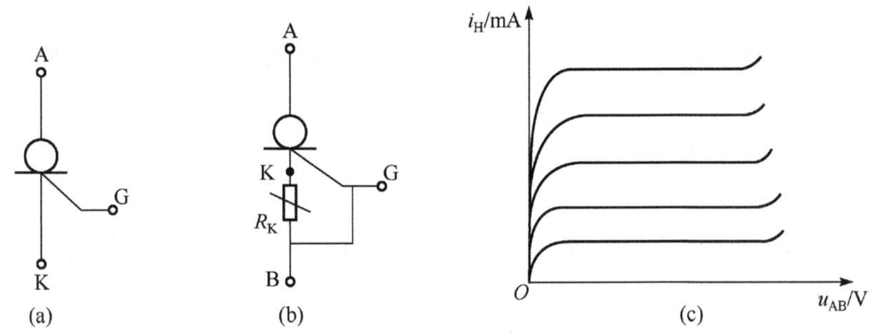

图 3-2-18　题 3-2-43 解

44. 何谓单电子晶体管?

答:用一个或者少量电子就能记录信号的晶体管(半导体管)即称为单电子晶体管。随着半导体刻蚀技术和工艺的飞速发展，大规模集成电路的集成度越来越高，以动态随机存储器(DRAM)为例，它的集成度差不多以每两年增加千倍的速度扩展，故单电子晶体管将是最终目标，目前一般的存储器每个存储器单元包含了约 20 万个电子，而单电子晶体管每个存储单元只包含每一个或少量电子，因此它会大大降低功耗，提高集成电路的集成度。

目前已有实验室宣称制出室温下工作的单电子晶体管，观察到其电流、电压特性是台阶形的，但这仅仅属于研究阶段，离实际应用还有相当的距离。

二、填空题

1. BJT 三极管的导电载流子是______和______，故称其为双极型半导体器件。

2. BJT 三极管是______控制器件，故其输入电阻 ______ 。

3. BJT 三极管的集电结反向饱和电流 I_{CBO}的大小取决于______，不受______控制。

4. BJT 三极管的反向漏电流(穿透电流)I_{CEO}与 I_{CBO}的关系是______，此电流随温度上升而______。

5. BJT 三极管中，发射区半导体的掺杂浓度______，集电区半导体的掺杂浓度______，故 BJT 的发射极与集电极不宜互换使用。

6. BJT 三极管的几个反向击穿电压中，以______为最小，以______为最大，选管时应注意前者的大小 。

7. $r_{bb}{}'$为半导体三极管基区的______电阻，对于小功率管而言，其值约为______，它对电路性能无任何有益之处。高频管的 $r_{bb}{}'$要更小一点。

8. $C_{b'c}$是半导体三极管集电结的结电容，它是形成______效应的根源，是造成管内反馈的主要途径，其值约为______。

9. BJT 三极管在常温工作时，其发射结电阻 r_e 的近似计算式为 $r_e=$______ 它将随电流加大而______。

10. BJT 三极管在常温工作时，其 be 极间的交流电阻的近似计算式为 r_{be}______，其值约为______。

11. 温度上升后，BJT 三极管的β值会______，I_{CBO}会______，u_{BE}会______，其结果会使管的工作电流增加。

12. BJT 三极管开启后的输入特性（即 $i_B \sim u_{BE}$ 特性）近于______特性，故其输入电阻______。

13. BJT 三极管的输出特性中的恒流区（即 $i_C \sim u_{CE}$特性）近于______特性，故其输出电阻 ______。

14. BJT 三极管的输出特性可划分为______、______、______、______ 几大区域。

15. BJT 三极管在饱和区工作时，其管压降______，输出电阻______，管子的 β 值______。

16. BJT 三极管的 f_β 是管子β值由低频时的β_0 下降至______时所对应的工作频率值，它与特征频率 f_T 的关系是 f_β=______。

17. BJT 三极管的 f_T 是管子的 β 值降至______时所对应的工作频率值，常称其为______。

18. BJT 三极管的 f_α 是管子的 α 值降至______时所对应的频率值，f_{max}是放大管功率增益降至______时的极限频率值。

19. 对于同一 BJT 三极管，其 f_β、f_T、f_α、f_{max}的大小关系为______。

20. BJT 三极管工作时，可由______、______、______、三个参数来确定管子的安全工作区。

21. 场效应管 FET 是______控制器件，故其输入电阻______。

22. N 沟道场效应管工作时，其漏极供电电源的极性应为______，P 沟道场效应管工作时，其漏极供电电源的极性应为______。

23. 表征 BJT 三极管放大能力的主要参数是______，表征 FET 管放大能力的主要参数______。

24. 与 BJT 三极管相比，FET 管的噪声系数要______动态范围要______。

25. NMOS 管即为______沟道的 MOSFET，PMOS 即为______沟道的 MOSFET。

26. 正常工作时，NMOS 耗尽型 FET 的漏极供电电压的极性应为______值，其 u_{GS}应为______值。

27. 正常工作时，NMOS 增强型 FET 的漏源间的电压 u_{DS}应为______值，其 u_{GS}应为______值。

28. 正常工作时，N 沟道耗尽型结型场效应管（JFET）的 u_{DS}应为______值，u_{GS}应为______值，夹断电压应为______值 。

29. MOSFET 与 JFET 相比，其输入阻抗______，其耗电______。

30. 高频大功率场效应管目前主要有______、______等类型。

31. 光电三极管有______个电极，其功能等效为一只______管与一只______管相连。

三、是非题

1. 凡是 NPN 三极管均为硅管，其 be 结的导通电压均为 0.6～0.7V。（　）

2. PNP 管集电极的供电电压的极性与 NPN 管集电极的供电电压相同，均为正电压。（　）

3. 在 NPN、PNP 两种管型同时存在的电路中，必须要有正、负两种电源供电。（　）

4. BJT 三极管的直流β和交流β是不相等的，在线性放大区，前者往往大于后者。（　　）

5. 在趋于截止与趋于饱和的区域中，BJT 三极管的β值一定低于线性区β的值。（　　）

6. BJT 三极管的β值大小为一常数，与工作点电流大小无关。（　　）

7. BJT 三极管的β值大小为一常数，与工作频率的高低无关。（　　）

8. 温度升高，BJT 三极管的β值将减小。（　　）

9. BJT 三极管的穿透电流 I_{CEO}方向总是与管子的工作电流方向相同。（　　）

10. BJT 三极管的穿透电流 I_{CEO}不受输入电压控制，但随外界温度升高而加大。（　　）

11. BJT 三极管的输入特性曲线与半导体二极管的伏安特性曲线相类似，基本为一指数函数。（　　）

12. BJT 三极管的传输特性(即转移特性)即为 i_C 与 u_{BE}之间的关系特性。（　　）

13. 在饱和区内，BJT 三极管的发射结(be 结)和集电结(bc 结)均可能工作在正向电压之下。（　　）

14. 在放大区内，BJT 三极管的发射结(be 结)和集电结(bc 结)均工作在正向电压之下。（　　）

15. BJT 三极管工作频率升高至 f_T 值时，放大管即失去放大能力。（　　）

16. BJT 三极管工作频率升高至 f_{max}值时，放大管即失去放大能力。（　　）

17. 复合 BJT 三极管(达林顿管)的电流放大系数β近似等于各组成管电流放大系数β的乘积。（　　）

18. BJT 三极管 H 参数(混合参数)分析法仅适用于信号较小的低频工作的条件下。（　　）

19. BJT 三极管的 Y 参数(即导纳参数)，它既适用于低频小信号工作条件，也适用于高频大信号工作条件。（　　）

20. BJT 三极管的混合π型等效电路，比较准确地模拟了管子内部工作的物理过程，它既适用于小信号工作，也适用于大信号工作状态的分析。（　　）

21. 常用的 9000 系列 BJT 三极管，如 9013、9014、9018、8050 等的 f_T 均在 $100MH_z$ 以上，均可在高频条件下工作。（　　）

22. 常用的 9000 系列 BJT 三极管，如 9013、9014、9018、8050 等均为硅 NPN 管。（　　）

23. 常用的 8050、8550BJT 三极管的最大功耗可达 1W，可作小功率放大之用。（　　）

24. JFET 是电压控制器件，其漏极电流 i_D 受输入电压 u_{GS}控制，二者呈平方律关系。（　　）

25. JFET 在预夹断后，电流 i_D 将趋于零。（　　）

26. JFET 在预夹断前，i_D 与 u_{GS}近似呈线性关系，预夹断后，i_D 趋于饱和。（　　）

27. JFET 正常工作时，其 G-S 间(栅-源间)的 PN 结也应加正向电压。（　　）

28. 所有的场效应管的漏极与源极均可互换使用。（　　）

29. 就管子的输出特性而言，场效应管的饱和区(恒流区)与 BJT 三极管的放大区是相类似的。（　　）

30. 就管子的输出特性而言，场效应管的可变电阻区与 BJT 三极管的饱和区是相对应的。（　　）

31. N 沟道耗尽型 MOSFET 只能在正栅源电压下工作。（　　）

32. N 沟道增强型 MOSFET 只能在负栅源电压下工作。（　）

33. JFET 与 MOSFET 的输入阻抗均很高，在同一量级上。（　）

34. 由于 MOSFET 的输入阻抗甚高，故在保存时应将其各个电极短路，以免外电场作用而使管子损坏。（　）

35. 光电三极管的电流-电压特性曲线与普通 BJT 三极管的输出特性曲线十分相似，只是将参变量（基极电流）I_B 用入射光强 E 取代即可。（　）

36. 与 BJT 一样，光电三极管也有 3 根外部引出线。（　）

四、选择题

1. NPN、PNP 三极管正常工作时，由发射区流向基区的载流子为（　）。
   A. 均为电子　　B. 均为空穴
   C. NPN 管为电子、PNP 管为空穴　　D. NPN 管为空穴，PNP 管为电子
2. NPN、PNP 三极管正常工作时，其发射结（be 结）外加电压的正负应为（　）。
   A. 均为正电压　　B. 均为负电压
   C. NPN 管为正电压、PNP 管为负电压
   D. NPN 管为负电压、PNP 管为正电压
3. 硅 NPN 管及锗 NPN 管，在正常导通时，其 U_{BE} 值应为（　）。
   A. 硅 NPN 管为 0.6～0.7V，锗 NPN 管为 0.2～0.3V
   B. 硅 NPN 管为 0.4～0.5V，锗 NPN 管为 0.1～0.2V
   C. 均为 0.6～0.7V　　D. 均为 0.2～0.3V
4. BJT 三极管中反向饱和电流 I_{CEO} 的产生是由于（　）。
   A. 发射区中少数载流子的漂移运动而造成
   B. 基区、集电区中少数载流的漂移运动而造成
   C. 集电区中多数载流子的扩散而造成
   D. 基区中多数载流子的扩散而造成
5. 温度对 BJT 三极管的 β 值，穿透电流 I_{CEO}、U_{BE} 的影响为（　）。
   A. 温度升高，β、I_{CEO}、U_{BE} 均增大
   B. 温度升高，β、I_{CEO}、U_{BE} 均减小
   C. 温度升高，β、I_{CEO}、均增大，U_{BE} 减小
   D. 温度升高，β、I_{CEO}、均减小，U_{BE} 增大
6. 电压放大 BJT 和功率放大 BJT 的 β 值（　）。
   A. 均为几十至几百　　B. 均为几至几十
   C. 前者为几至几十，后者为几十至几百
   D. 前者为几十至几百，后者为几至几十
7. BJT 三极管的 β 值与工作点电流之关系为（　）。
   A. 基本无关　　B. β 与电流成正比关系
   C. 在电流较小或较大时，β 值均要减小，只有在电流适中的线性区域 β 较大且不变
   D. 在电流较小或较大时，β 值均要减小，只有在电流适中的区域 β 较大且随 I_E 增大而增大
8. 有关 BJT 三极管的 β 值与工作频率之关系。下列叙述哪条是不正确的？（　）。

A. 在 $f<f_\beta$ 时，$\beta=\beta_0$ 与 f 无关　　B. 在 $f=f_\beta$ 时，$\beta=0.707\beta_0$

C. 在 $f=f_T$ 时，$\beta=1$

D. 在 $f_\beta<f<f_T$ 区间，β 值随 f 上升而呈－20dB/倍频程速率下降

9. 对于同一 BJT 三极管，f_β、f_T、f_α、f_{max} 四个频参数的关系是（　　）。

A. $f_\beta>f_T>f_\alpha>f_{max}$　　B. $f_{max}>f_\alpha>f_T>f_\beta$

C. $f_T>f_\beta>f_\alpha>f_{max}$　　D. $f_{max}>f_T>f_\alpha>f_\beta$

10. 已知一 BJT 三极管的低频 $\beta_0=60$，$f_T=600MH_z$，则此管的 f_β 值及在 f_β 处工作时管子的 β 值分别为（　　）。

A. $f_\beta=10MHz$，$\beta=\beta_0=60$　　B. $f_\beta=10MHz$，$\beta=30$

C. $f_\beta=60MHz$，$\beta=42.4$　　D. $f_\beta=10MHz$，$\beta=42.4$

11. 已知一 BJT 三极管的低频 $\beta_0=60$，$f_T=600MHz$，则此管在 1MHz 和 100MHz 工作时，其 β 值 β_1、β_{100} 分别为（　　）。

A. $\beta_1=60$，$\beta_{100}=6$　　B. $\beta_1=\beta_{100}=60$

C. $\beta_1=60$，$\beta_{100}=60$　　D. $\beta_1=42.4$，$\beta_{100}=6$

12. 有关 BJT 三极管 f_β，f_T 的下列叙述，哪条是不正确的？（　　）。

A. f_β 是 β 值下降至 $0.707\beta_0$（下降 3dB）所对应的频率

B. f_T 是 β 值下降至 1（下降至 0dB）所对应的频率

C. f_T 与 f_β 的关系是 $f_T=\beta_0 f_\beta$

D. 在频率为 f_T 工作时，BJT 将失去放大作用

13. 在高频工作时，功率管 BJT 的基区体电阻 $r_{bb'}$，管子的饱和压降 U_{ces} 的影响随频率的升高而改变的情况为（　　）。

A. 均随频率的升高而下降　　B. 均随频率的升高而增大

C. $r_{bb'}$ 的影响随频率升高而升高，U_{ces} 的影响随频率升高而下降

D. $r_{bb'}$ 的影响随频率升高而下降，U_{ces} 的影响随频率升高而增大

14. BJT 三极管输入特性的线性动态范围（最大）为（　　）。

A. 0.6～0.7V　　B. 0.2～0.3V

C. 几百毫伏　　D. 几毫伏至十几毫伏

15. FET 场效应输入特性的线性动态范围（最大）为（　　）。

A. 0.6～0.7V　　B. 0.2～0.3V

C. 几百毫伏至几伏　　D. 几毫伏至十几毫伏

16. BJT、JFET、MOSFET 三者的输入电阻为（　　）。

A. BJT 最小、JFET 很大、MOSFET 极大

B. BJT 最小、MOSFET 很大、JFET 极大

C. BJT 最小，其余二者相差不多，均很大

D. 三者均很大

17. 给出复合管 BJT（达林顿管）的电路和如图 3-2-19 所示，其等效的管型为（　　）。

A. 均为 NPN 型管　　B. 均为 PNP 型管

C. （a）为 NPN 管，（b）为 PNP 管　　D. 与 C 相反

18. 给出复合管 BJT（达林顿管）的电路如图 3-2-20 所示，其等效的管型为（　　）。

A. 均为 NPN 型管　　B. 均为 PNP 型管

C. (a)为 NPN 管,(b)为 PNP 管　　　　D. 与 C 题相反

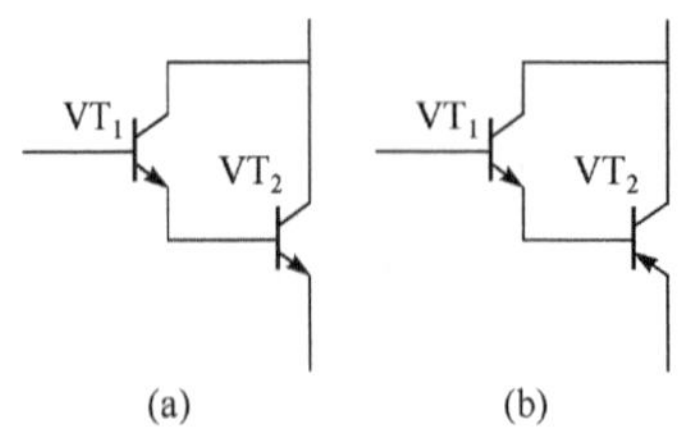

图 3-2-19　题 3-2-17 图

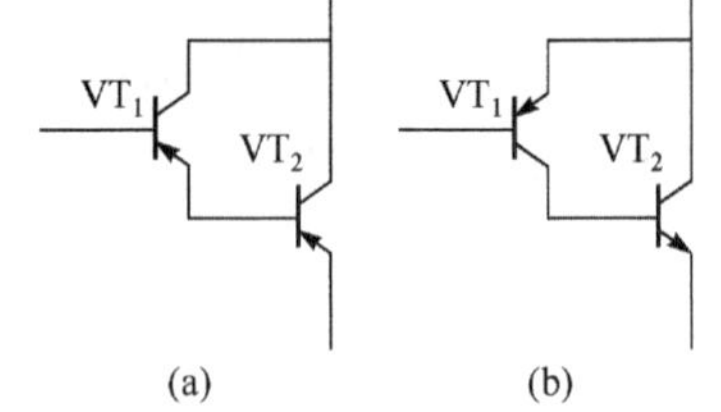

图 3-2-20　题 3-2-18 图

19. 复合管(达林顿管)的电路如图 3-2-20 所示,其输入电阻为(　　)。

A. 均为 r_{be1}　　　　B. 均为 $r_{be1}+(1+\beta)r_{be2}$

C. (a)图为 r_{be1},(b)图为 $r_{be1}+(1+\beta)r_{be2}$

D. (a)图为 $r_{be1}+(1+\beta)r_{be2}$,(b)图为 r_{be1}

20. BJT 三极管作线性放大或脉冲放大时,有关结电压的叙述,下列哪种叙述是正确的?(　　)

A. 脉冲放大时,BJT 管的 be 结,bc 结均加正向电压

B. 脉冲放大时,BJT 管的 be 结,bc 结均加反向电压

C. 两类放大时,BJT 的 be 结,bc 结均加正向电压

D. 线性放大时,BJT 的 be 结,bc 结均加反向电压

21. BJT 三极管的输出等效电阻大致为(　　)。

A. 很大　　　　B. 很小

C. 在饱和区很大,在放大区很小　　　　D. 在饱和区很小,在放大区很大

22. BJT 与 FET 两种半导体器件的非线性问题(　　)。

A. BJT 的电流与控制电压呈指数关系,FET 的电流与控制电压呈平方律关系

B. BJT 的电流与控制电压呈平方律关系,FET 的电流与控制电压呈指数关系

C. 均呈指数关系　　　　D. 均呈平方律关系

23. 场效应管的输出等效电阻大致为(　　)。

A. 很大　　　　B. 很小

C. 在可变电阻区很小,在饱和区(恒流放大区)很大

D. 在可变电阻区很大,在饱和区(恒流放大区)很小

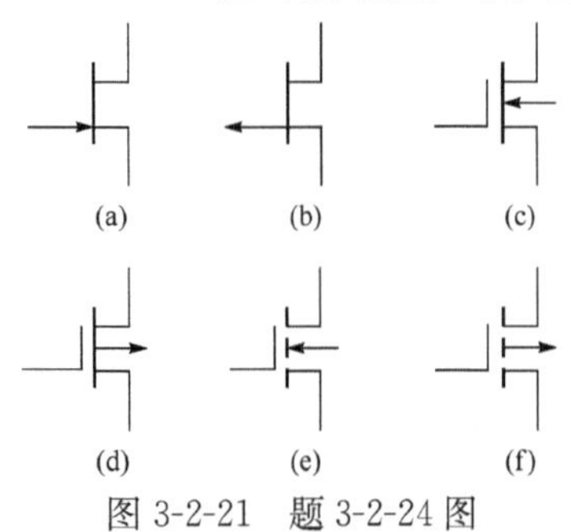

图 3-2-21　题 3-2-24 图

24. 已知场效应管的符号如图 3-2-21 所示,属于 N 沟道的场效应管为(　　)。

A. (a)、(c)、(e)图　　　　B. (a)、(b)、(e)图

C. (a)、(d)、(e)图　　　　D. (a)、(e)、(f)图

25. 已知场效应管的符号如图 3-2-21 所示,属于 P 沟道的场效应管为(　　)。

A. (a)、(c)、(e)　　　　B. (b)、(d)、(f)

C. (a)、(d)、(e)　　　　D. (a)、(e)、(f)

26. 已知场效应管的符号如图 3-2-21 所示,属于耗尽型的场效应管为(　　)。

A. (a)、(b)、(e) 、(f)　　　　B. (a)、(c)、(d) 、(e)

C. (a)、(b)、(c)、(d)　　D. (a)、(b)、(d)、(f)

27. 已知场效应管的符号如图 3-2-21 所示，属于增强型的场效应管为（　　）。
A. (a)、(b)　B. (c)、(d)　C. (a)、(c)　D. (e)、(f)

28. 可否用三用表判别 BJT 三极管和 JFET 结型场效应管的三个电极（　　）。
A. 均可　B. 均不可
C. BJT 可以，JFET 不可　D. BJT 不可，JFET 可以

29. 可否用三用表判别 JFET 结型场效应管和 MOSFET 管的三个电极（　　）。
A. 均可　B. 均不可
C. JFET 可以，MOSFET 不可　D. JFET 不可，MOSFET 可以

30. 在电路中，测得 BJT 三极管各电极的电压分别为 $U_x=0.7V$，$U_Y=0V$，$U_z=5V$，直流供电电压为+12V，则此管的管型为（　　）。
A. 硅 NPN 管　B. 硅 PNP 管　C. 锗 NPN 管　D. 锗 PNP 管

31. 问题同 30 题，此管三个电极分别为（　　）。
A. X 为发射极，Y 为基极，Z 为集电极　B. X 为基极，Y 为发射极，Z 为集电极
C. X 为集电极，Y 为发射极，Z 为基极　D. X 为基极，Y 为集电极，Z 为发射极

32. 问题同 30 题，此管的工作状态是（　　）。
A. 截止状态　B. 饱和状态
C. 放大状态　D. 无法判断

33. FET、BJT 作开关电路应用时，从功耗，热稳定性，抗辐射等性能来看，二者相比（　　）。
A. 均较好　B. 均较差
C. BJT 更好　D. FET 更好

五、填空题、是非题、选择题答案

（一）填空题

1. 电子，空穴
2. 电流，较低
3. 基区与等电区少子的浓度，输入电流（输入信号）
4. $I_{CEO}=(1+\beta)I_{CBO}$，上升
5. 很高，较低
6. $U_{(BR)CEO}$，$U_{(BR)CBO}$
7. 体，几十欧姆至几百欧姆
8. 密勒效应，1 至几皮法
9. $\frac{26mV}{I_e}$，减小
10. $r_{bb'}+(1+\beta)r_e$，几百欧姆至几千欧姆
11. 增大，增大，减小
12. 恒压，较小
13. 恒流，很大
14. 饱和区，放大区。截止区，击穿区
15. 较小(0.5～2V)，较小，较小
16. $0.707\beta_0$，$\frac{f_T}{\beta}$
17. 1，特征频率
18. $0707\alpha_0$，1
19. $f_{max}>f_\alpha>f_T>f_\beta$
20. 最大允许电流 I_{CM}，集电极最大允许功耗，最高反向击穿电压 $U_{(BR)CEO}$
21. 电压，很高
22. 正，负
23. $\beta(g_m)$，跨导 g_m
24. 更低一点，更大一点

25. N,P

26. 正,负

27. 正,正

28. 正,负,负

29. 更高,更小

30. VMOS,IGBJT

31. 二,光电二极管,BJT 三极管

（二）是非题

1. ×	2. ×	3. ×	4. √	5. √	6. ×	7. ×	8. ×	9. √	10√
11. √	12. √	13. √	14. ×	15. ×	16. √	17. √	18. √	19. ×	20×
21. √	22. ×	23. √	24. √	25. ×	26. √	27. ×	28. ×	29. √	30√
31. ×	32. ×	33. ×	34. √	35. √	36×				

（三）选择题

1. C	2. C	3. A	4. B	5. C	6. D	7. C	8. D	9. B	10. D
11. A	12. D	13. B	14. D	15. B	16. A	17. A	18. B	19. D	20. A
21. D	22. A	23. C	24. A	25. B	26. C	27. D	28. A	29. C	30. A
31. B	32. C	33. D							

第四章　放大电路

第一部分　BJT放大器与FET放大器

一、问答题

1. 放大器的作用是什么?

答:主要作用是对输入信号的电压或电流进行不失真地放大,即要求放大电路的电压增益或电流增益大于1,且功率增益必须大于1,以将供电电源的直流电能转换成交流电能输出。就实质而言,放大器就是一个能量转换电路。

2. 半导体管电压放大器的主要技术指标是什么?

答:主要技术指标如下所述。

(1) 增益:电压增益或电流增益值应较大为宜。

(2) 频带宽度:表征电路对不同频率输入信号的放大能力,通常定义为电压增益由中频段平坦处下降3dB所对应的上下限截止频率间的差值,如图4-1-1所示,即

$$BW=f_H-f_L\approx f_H$$

式中,f_H、f_L分别为放大电路的上限截止频率和下限截止频率。

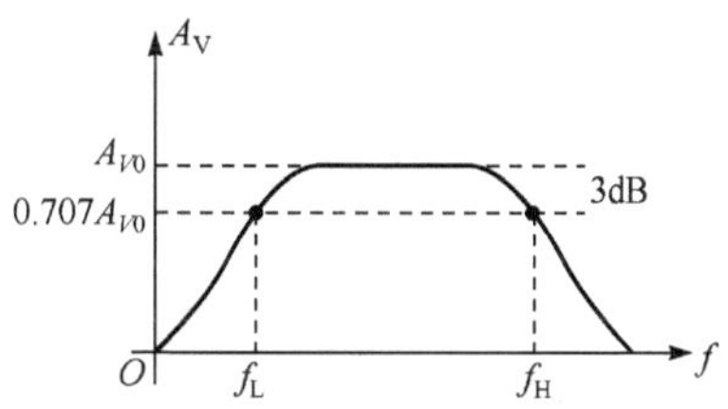

图4-1-1　题4-1-2图

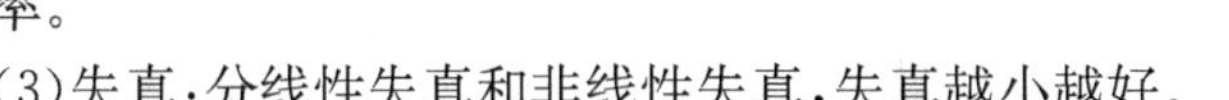

(3)失真:分线性失真和非线性失真,失真越小越好。

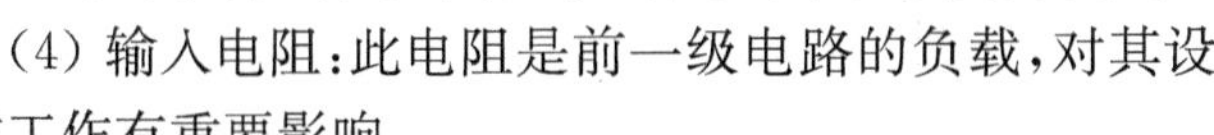

(4) 输入电阻:此电阻是前一级电路的负载,对其设计或工作有重要影响。

(5) 输出电阻:此电阻是后一级电路的信号源内阻,也对其设计有重要影响。

3. 半导体功率放大器的主要技术指标有哪些?

答:主要技术指标有如下3项。

(1) 输出功率:应满足设计要求。

(2) 效率:其定义是输出功率与直流供电功率之比值,要求效率尽可能高。

(3) 失真:主要是波形失真,应越小越好。

4. 通常,半导体管放大器是怎样分类的?

答:有不同分类方法,通常为以下4种。

(1) 按功能区分——有小信号电压放大电路、大信号功率放大电路等。

(2) 按导通角区分——导通角$\varphi=180°$的为甲类(A类)放大器;导通角$\varphi=90°$的为乙类(B类)放大器;介于甲、乙类之间即$90°<\varphi<180°$的为甲乙类(AB类)放大器;$\varphi<90°$的为丙类(C类)放大器。另处,还有一种丁类(D类)放大器,其特点是工作在脉冲状态,效率特别高。

(3) 按工作频率区分——主要有低频放大器(即音频放大器)工作频率为赫兹级至百千赫兹),中频放大器(百千赫兹至赫兹)、高频放大器(兆赫兹以上)

(4) 按放大管结构类型区分——BJT放大器、FET放大器。FET放大器又可分JFET放大器、MOSFET放大器等。

5. 放大器的效率与放大管的导通角有否关系？是什么关系？试列表说明之。

答：有关系，其关系如下表 4-1-1 所列。

表 4-1-1

导通角 φ	180°	90°	<90°(如 φ=70°)
理想效率	50%	78.6%	>78.6%(如 86.5%)
实际效率	25%～35%	40%～60%	

6. 半导体管放大电路的常用分析方法有几种？各适用于什么情况？

答：主要有模型法和图解法(或折线法)两种方法。

(1) 模型法也称为等效电路分析法，适用于小信号工作状态。低频小信号工作时，常用 H 参数等效模型(电路)分析；高频小信号工作时，常用 Y 参数等效模型(电路)分析。

(2) 图解法或析线法常用于大信号工作状态，如乙类、丙类功率放大器即如此。折线法是图解法的一种近似，是将半导体管相关特性曲线以有限段折线代替的一种简化分析方法。

7. 什么是放大电路的非线性失真？

答：放大器或网络在输出信号中产生新的频率信号(原输入信号中无此频率分量)而引起的失真即为非线性失真。例如，调制器、解调器的输出与输入信号间的关系即为非线性关系。

衡量非线性失真大小的指标是非线性失真系数，其值等于输出信号中各谐波分量的总量(平方和的均方值)与基波分量之比，即

$$D=\frac{\sqrt{A_2^2+A_3^2+A_4^2+\cdots}}{A_1}$$

8. 什么是放大电路的线性失真？

答：放大器或网络对输入信号各频率分量不均衡放大而产生的失真，即对有些频率分量的增益大，对有些频率分量的增益小；对有些频率分量的相位移大，对有些频率分量的相位移小，如此造成输出信号波形的失真即为线性失真，此失真无新的频率分量产生。信号的幅度失真和相位失真即为线性失真。

9. 什么是放大电路的幅频失真？什么是放大电路的相位失真？

答：所谓幅频(幅度)失真是指由放大电路或网络输出、输入信号中基波分量与各谐波分量幅值的比值不相等而造成的信号波形失真。

相频(相位)失真是指由放大电路或网络输出、输入信号中基波的相位与各谐波分量的相位移不相等而造成的信号波形失真。

幅频失真与相频失真总称为频率失真，此失真属线性失真。

10. 什么是放大电路的模型分析法？它的应用受什么限制？

答：用放大管的混合 π 型、H 参数模型、Y 参数模型(等效电路)来对放大电路进行分析、计算的一种方法即称为模型分析法，也称为等效电路分析法，这种方法仅在小信号时适用，高低频信号均可。低频工作时常用 H 参数模型法，高频工作时则用 Y 参数模型法，超高频工作时常用 S 参数模型法。

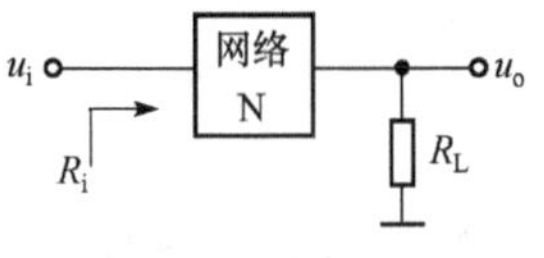

图 4-1-2 题 4-1-11 图

11. 已知电路(网络)如图 4-1-2 所示。试完成以下各题。

(1) 写出电压放大倍数 A_v 的表达式。

(2) 写出电压增益的表达式。

(3) 写出功率放大倍数 A_p 的表达式。

(4) 写出功率增益的表达式。

答:现将答案列于表 4-1-2 中。

表 4-1-2

电压放大		功率放大	
放大倍数	电压增益	放大倍数	功率增益
$P_v=\frac{u_o}{u_i}$	$20\lg A_v=20\lg\frac{u_o}{u_i}$	$A_p=\frac{P_o}{P_i}=\frac{u_o^2/R_L}{u_i^2/R_i}$	$\lg\frac{P_o}{P_i}=10\lg\left(\frac{u_o^2}{u_i^2}\right)\left(\frac{R_i}{R_L}\right)$
倍数	分贝数	倍数	分贝数

12. 已知放大器的电压放大倍数为 0.5 倍、0.707 倍、1 倍、1.414 倍、10 倍、100 倍、1000 倍时,其所对应的增益为多少分贝数?

答:其对应关系如表 4-1-3 所示。

表 4-1-3

放大倍数	0.5	0.707	1	1.414	10	100	1000
分贝数/dB	−6	−3	0	3	20	40	60

13. 已知某功率放大器的输入电压为 3V,输入电阻为 800Ω,输出电压接近 3V,输出负载电阻为 8Ω。试求此放大器的功率增益。

答:其功率增益为

$$10\lg\left(\frac{u_o}{u_i}\right)^2\left(\frac{R_i}{R_i}\right)=10\lg\left(\frac{R_i}{R_L}\right)=10\lg\left(\frac{800}{8}\right)=20\text{dB}$$

14. BJT 的小信号放大电路有几种基本接法(组态)?

答:主要有三种,下面分别描述。

(1) 共发射极(共 e)放大电路——BJT 的发射极交流接地,且为输入输出回路的公共端。

(2) 共基极(共 b)放大电路——BJT 的基极交流接地,且为输入输出回路的公共端。

(3) 共等电极(共 c)放大电路——BJT 的集电极交流接地,且为输入输出回路的公共端。共集电极放大电路也称为射极跟随放大电路或射极输出电路。

15. 已知基本共 e 放大电路如图 4-1-3 所示。试完成以下各题。

(1) 计算直流工作点:I_{BO}、I_{CO}、U_{CEO}。

(2) 为什么有直流工作点?

(3) 图中什么元件决定着工作点?

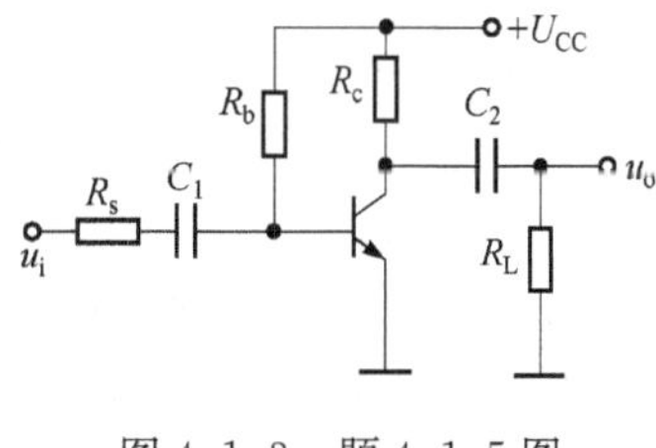

图 4-1-3　题 4-1-5 图

答:(1) 直流工作点的计算式为

$$I_{BO}=\frac{U_{CC}-U_{BE}}{R_b}\approx\frac{U_{CC}-0.7\text{V}}{R_b}\approx\frac{U_{CC}}{R_b}(\text{当 } U_{CC}\gg 0.7\text{V 时})$$

$$I_{CO}=\beta I_{BO};U_{CEO}=U_{CC}-I_{CO}R_C$$

(2) 若无直流工作点(即 $I_{BO}=0$ 时),则输入信号为零时,放大管截止,不导通,在输入信号为负半周期时,放大管的 be 结因反向偏置而截止,信号无法得到放大;在输入信号为正半周期时,放大管虽有点导道,但由于 be 结的非线性,会使信号有较大的失真。所以,只有加上直流工作点,使放大管先导通起来,这样不管输入信号是正半周期,还是负半周期,放大管总处于导通状态,只是电流变大变小而已,如果工作点选得合适,输入信号幅值又不是较大,则电路可作很好地不失真放大。

(3) 电路中的 R_o 决定工作点的高低：R_b 大时，I_{BO}小，R_b 小时，I_B 大。

16. 已知基本共发射极(共 e)放大电路如图 4-1-3 所示。试完成以下各题。

(1) 对应输入 u_i，画出输出 u_o 之波形。

(2) 画出本放大器的低频小信号工作时的交流等效电路。

(3) 求本电路的电压放大倍数。

答：(1) 输出电压 u_o 的波形如图 4-1-4(a)所示，它与输入信号 u_i 反相 180°。

(2) 其低频小信号工作时的交流等效电路如图 4-1-4(b)所示(画交流等效电路时，电源 U_{CC}的接入点为交流地点；各个大电容均对交流短路，以短路线代之)。

(3) 电压放大倍数可由图 4-1-4(b)求得(设 $R_s=0$ 时)：

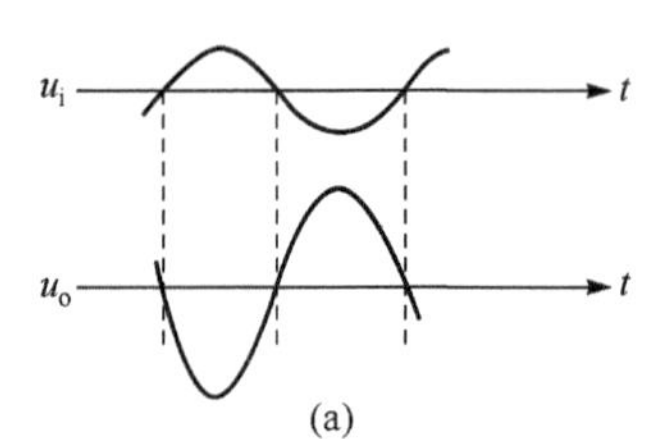

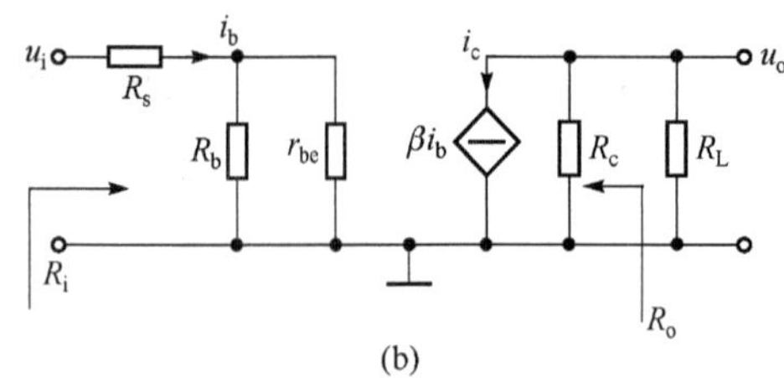

图 4-1-4　题 4-1-16

$$A_v=\frac{u_o}{u_i}=\frac{-\beta l_b R_L'}{i_b(r_{be}//R_b)}\approx-\frac{\beta R_L'}{r_{be}}$$

式中，$r_{be}=r_{bb'}+(1+\beta)r_e$；$r_e\approx\dfrac{26\text{mV}}{I_e}$；

$$R_L'=R_C//R_L=\frac{R_C R_L}{R_C+R_L}$$

R_b 由于值较大(通常 $R_b\gg r_{be}$)，故常忽略其影响。

17. 已知基本共发射极(共 e)放大电路如图 4-1-3所示。试完成以下各题。

(1) 求放大器的输入电阻 R_i。

(2) 求放大器的输出电阻 R_o。

(3) 若信号源 u_i 的内阻不为零，而为 R_s，再求放大器的电压放大倍数。

答：由图 4-1-4(b)的交流等效电路即可直接求出 R_i，R_o，即

(1) 输入电阻为 $R_i=R_b//r_{be}\approx r_{be}$　($R_b\gg r_{be}$可忽略其影响)。

(2) 输出电阻为 $R_o=R_c//r_o\approx R_C$(放大管的管内输出电阻 r_o 很大，可忽略其影响)。

(3) 若信号源 U_i 的内阻为 R_s 不为零，则放大器的电压放大倍数(也称为源电压放大倍数)可由图 4-1-5 求得：

$$A_{vs}=\frac{u_o}{u_i}=\frac{u_o}{u_b}\cdot\frac{u_b}{u_i}=\frac{R_i}{R_s+R_i}\left(-\frac{\beta R_L'}{r_{be}}\right)=A_v\cdot\frac{R_i}{R_s+R_i}$$

很显然，R_s 使放大器的放大倍降低了(信号 u_i 被 R_s 和 R_i 所分压的结果)。

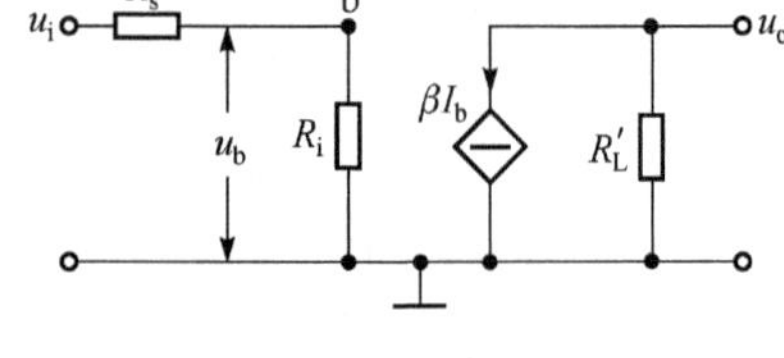

图 4-1-5　题 4-1-17

18. 已知基本共发射极放大电路如图 4-1-3 所示。试完成以下各题。

(1) 电阻 R_b 值过大过小会对放大电路的输出信号产生什么影响?

(2) R_b 值合适，但输入信号幅值过大，输出信号会产生什么失真?

(3) 温度上升后，放大器的直流工作点如何移动，会产生失真吗?

答：(1) R_b 值过大会使放大管直流工作点变得很低，结果会使输出信号产生截止失真；R_b 值若过小，则工作点会升得较高，使输出信号产生饱和失真。

(2) R_b 值合适，即工作点不高不低，处于线性区中点，若此时输入信号幅值过大，则会使输出信号一端产生饱和失真，另一端产生截止失真，输入的正弦波变成了两端被削平的失真波形。

(3) 温度上升高，放大管穿透电流 I_{CEO} 加大，故工作点向饱和区移动，有可能产生饱和失真。

19. 已知基本共发射极放大电路如图 4-1-3 所示。试完成以下各题。

(1) 电容 C_1、C_2 的作用是什么?

(2) C_1、C_2 过小会对电路什么指标产生什么影响?

答:(1) C_1、C_2 起隔断直流、通过交流信号的作用，若无 C_1、C_2(短路)，则为直流放大电路，前后级间的直流信号将相互影响。

(2) C_1、C_2 过小，则低频信号在其上的压降会加大，使加至放大管低频信号的幅值减小，其结果将导致放大器的低频特性变差，即使放大器的下限截止频率 f_L 升高。

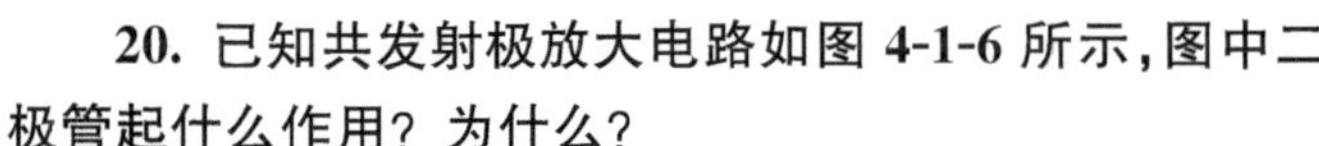

20. 已知共发射极放大电路如图 4-1-6 所示，图中二极管起什么作用？为什么?

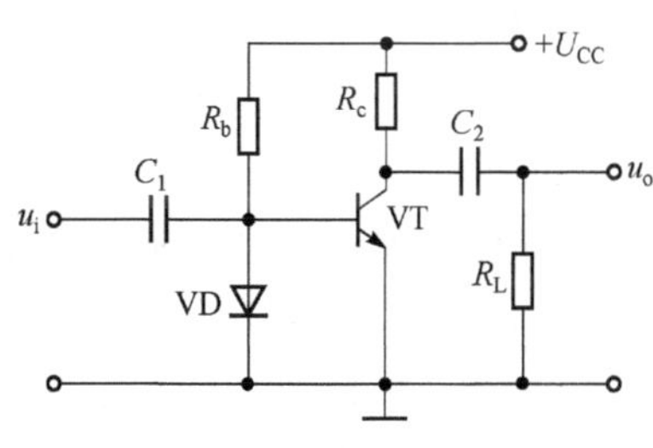

图 4-1-6　题 4-1-20 图

答:二极管(VD)能起稳定放大管直流工作点的作用，其稳定原理为如下所述。

温度上升后，VT 的 U_{BE} 下降，β 值上升，结果导致工作电流加大；温度上升后，也使二极管正向电压 U_D 下降，$U_D=U_{BE}$，即使 VT 的 be 结正向偏置减小，结果使放大管的工作点电流减小。

很显然，上述一个因素使工作点电流加大，一个因素使工作点电流减小，两者起相反作用而相互抵消，因此二极管能在温度变化时稳定放大管的直流工作点。

21. 已知固定偏置共发射极放大电路如图 4-1-7 所示。试计算放大管的直流工作点:

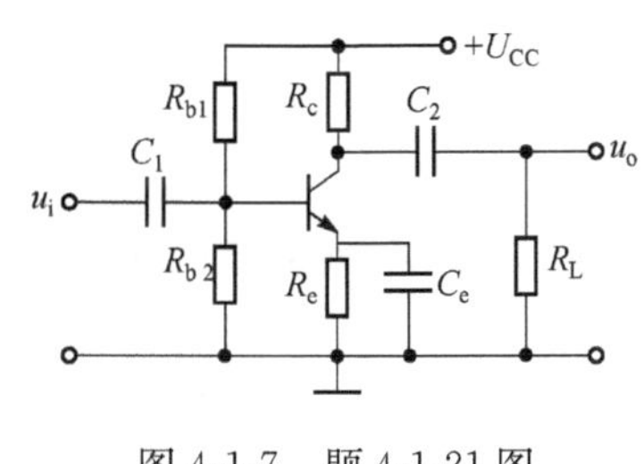

图 4-1-7　题 4-1-21 图

(1) I_{BO}，I_{CO}；　(2) U_{CEO}。

答:直流工作点的计算如下所述。

(1) 先计算 I_{EO}，再算 I_{BO}、I_{CO}。

$$I_{EO}=\frac{U_E}{R_e}=\frac{U_B-0.7\text{V}}{R_e}$$

$$=\frac{U_{CC}\dfrac{R_{b2}}{R_{b1}+R_{b2}}-0.7\text{V}}{R_e}=\frac{U_b-0.7\text{V}}{R_e}$$

$$I_{BO}=\frac{I_{EO}}{1+\beta};\quad I_{CO}=\beta I_{BO}$$

(2) 计算 U_{CEO}

$$U_{CEO}=U_{CC}-I_{CO}R_C-I_{EO}R_e\approx U_{CC}-I_{CO}(R_C+R_e)$$

22. 已知放大电路如图 4-1-7 所示。试完成以下各题。

(1) R_e 起什么作用? 为什么?

(2) C_e 起什么作用? 为什么?

(3) 若 C_e 值过小，会对放大器的什么指标产生什么影响?

答:(1)R_e 起稳定直流工作点的作用,如在温度变化时,其稳定工作点的过程为

若温度↑ ⟶ 工作点电流 I_{CO}↑ ⟶ I_{eo}↑ ⟶ U_E↑($I_{eo}R_e$) ⟶ U_{BE}↓($=U_B-U_E$) ⟶ I_{CO}↓

若温度下降,则有相反的过程。从反馈的角度来看,R_e 上存在直流电流负反馈,故可稳定直流,使工作点不变或变化不大。

(2) C_e 的作用使交流信号短路,使其不在 R_e 上产生压降而损失,保证放大器交流电压放大倍数不致因 R_e 存在而降低。

(3) C_e 值若过小,则其在低频时容抗加大,使低频信号不能很好地短路而在 R_e、C_e 上产生损失,导致加到放大管 be 结上被放大的信号幅值减小,使输出幅值降低。换言之,C_e 值过小会使放大器的低频特性变坏,使 f_L 值升高。理论与实践表明,电路中的 C_e 值比 C_1 值高出一个量级。但是,C_e 较小时,会使放大器的某段高频特性得以提升(增益加大),从而展宽放大器的上限截止频率 f_H。在电视机等电路中,常常利用这一高频补偿措施。

23. 已知放大电路如图 4-1-7 所示。试完成以下各题。

(1) 对应输入 u_i 画出输出信号 u_o 波形。

(2) 画出放大器的交流等效电路。

答:(1) 放大器输出的电压 u_o 与输入电压 u_i 反相 180°,波形与图 4-1-4(a)完全一样。

(2) 放大器的交流等效电路也与图 4-1-4(b)相同。

24. 已知放大电路如图 4-1-7 所示。试完成以下各题。

(1) 给定放大管的 β、r_{be} 值,求放大器的电压放大倍数。

(2) 若 $U_{CC}=12\text{V}$,估算出输出电压 u_o 最大可能幅值是多少?

答:(1) 放大器的电压放大倍数为

$$A_V=-\frac{\beta R_L'}{r_{be}} \quad (R_L'=R_C//R_L)$$

这一结果与基本共发射极放大电路的相关计算式完全相同。

(2) u_o 的最大可能幅值:设放大管的饱和压降 $U_{CES}=1.5\text{V}$,截止区留 1.5V 余量,以免失真,则

$$U_{om}\approx\frac{12-1.5-1.5}{2}=\frac{9}{2}=4.5\text{V}$$

25. 已知放大电路如图 4-1-7 所示,若信号源内阻 R_S(即为前级电路的输出电阻)不为零,则此放大器的电压放大倍数如何改变?试用计算式表示之。

答:此时放大器的电压放大倍数要降低,因为多了一个信号源的内阻 R_s,则加至放大管 be 结上的电压不是 u_i 的全部,而是 R_s 与 R_i 的分压,其值降低,这与基本共发射极放大电路同理,计算式也完全一样(见第 17 题的 A_{vs} 式)。

26. 已知放大电路如图 4-1-7 所示,试求出放大器的输入电阻和输出电阻的表达式。

答:仍利用第 16 题的交流等效电路图 4-1-4(b),即可很方便地写出其输入电阻和输出电阻的表达式,即

$R_i=R_b//r_{be}$($R_b=R_{b1}//R_{b2}$,若 R_b 值不很大,则不可忽略)

$R_o=R_C//r_o\approx R_C$(r_o 为放大管的输出电阻,其值较大,常可忽略)

27. 在共发射极放大电路中,集电极外接电阻 R_C 的大小会对放大器的什么指标产生什么影响?

答:主要影响有两方面,下面分别说明。

(1) 影响电路增益：R_C 大则放大器的增益大，反之则小，可从上述各题的增益表达式得以证明。

(2) 影响放大器的上限截止频率 f_H：R_C 大则 f_H 降低，反之则加大；在放大电路确定后，其增益带宽乘积应为一常数，即增益高时带宽会下降，反之则上升。通常

$$R_C \uparrow \longrightarrow A_v \uparrow BW \downarrow (f_H \downarrow);\quad R \downarrow \longrightarrow A_v \downarrow 、BW \uparrow (f_H \uparrow)$$

28. 在共发射极放大电路中，若负载 R_L 改为电容 C_L，则对放大器的什么指标产生什么影响？试举一应用实例。

答：R_L 改为 C_L 后，放大器负载的容性成分增大，其阻值将随工作频率的升高而下降，故放大器的增益也随之降低，因而放大器的高频特性变差，即上限截止频率 f_H 减小。

示波器 Y 通道的末级放大器、电视接收机视频放大器的输出级即为如此情况，通常在电路中采用高频补偿的办法来提高 f_H，电感的串并联补偿就是一种解决办法。

29. 已知放大电路如图 4-1-7 所示。试完成以下各题。

(1)画出此放大器的幅频特性曲线。

(2)画出此放大器的相频特性曲线。

答：(1)其幅频特性曲线如图 4-1-8(a)所示。

(2)其相频特性曲线如图 4-1-8(b)所示。图中：细实线为实际的幅频特性或相频特性曲线；粗实线为幅频特性的波特图或相频特性的波特图。

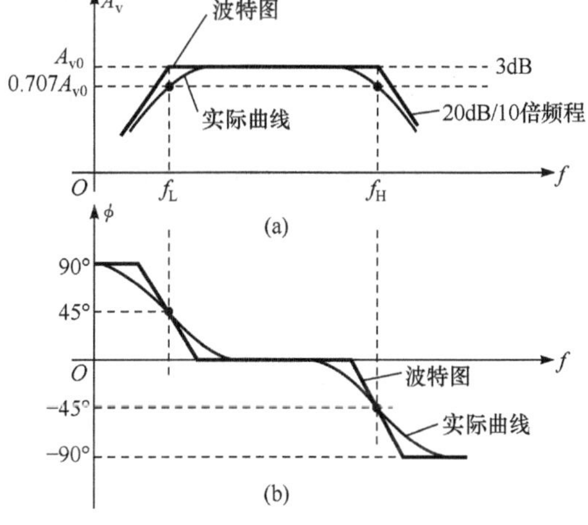

图 4-1-8　题 4-1-29

30. 已知放大电路如图 4-1-7 所示。试完成以下各题。

(1) 其下限截止频率 f_L 由什么因素决定？

(2) 其上限截止频率 f_H 由什么因素决定？

(3) 放大器的通频带宽度(BW)与 f_L、f_H 有什么关系？

答：(1) 影响放大电路 f_L 的主要因素是电容 C_1、C_e 及放大器的输入电阻 R_i，三者越小时，f_L 值越大，此时放大器的低频特性越差，反之则越好。

(2) 影响放大电路 f_H 的主要因素有两个，下面详细说明。

ⓐ 放大管内部的 $r_{bb'}$ 及极间电容 $C_{b'e}$、$C_{b'c}$，三者越大时，f_H 值越小，此时放大器的音频特性越差。

ⓑ 放大管外部电路的分布电容，负载电容，这些电容越大时，f_H 值越小，此时放大器的高频特性越差。

(3) 放大电路通频带宽度 BW 由 f_H 与 f_L 的差值决定，即

$$BW = f_H - f_L \approx f_H \quad (在\ f_H > f_L\ 时)$$

31. 何谓波特图？试在放大电路或网络的实际幅频特性曲线和相频特性曲线上画出其波特图曲线。

答：将放大电路或网络的实际幅频特性曲线和相频特性曲线按一定要求折线化后而得的

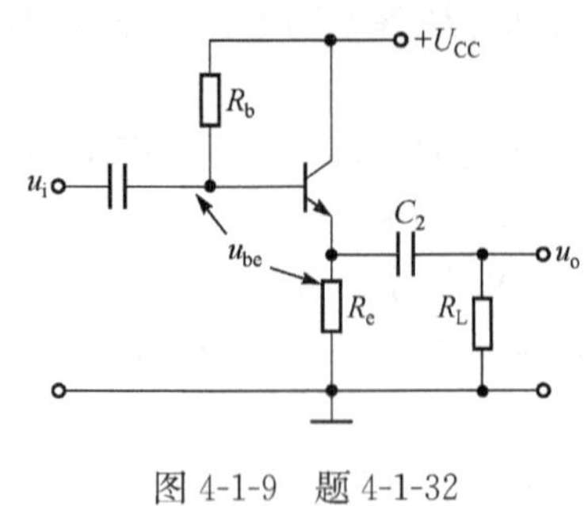

图 4-1-9　题 4-1-32

折线图形即为相关的波特图，如在图 4-1-8 中，细实线为放大器实际的幅频特性曲线和相频特性曲线，而粗实线即为相应的波特图。

在幅频特性的波特图中，折线以 f_L、f_H 对应处为拐点，然后以 20dB/十倍频程的斜率下降。

在相频特性的波特图中，折线对应 f_L、f_H 处的相位移分别为 45°和－45°；中频段相位移为 0°；在低频与高频段处，相位移分别为 90°和－90°。

32. 已知基本共集电极（共 c）放大电路如图 4-1-9 所示。试完成以下各题。

(1) 写出图中 u_o 与 u_i、u_{be}的关系式。

(2) 加至放大管 be 结上的交流信号的电压幅度大致是多少才能保证信号不失真地放大？其值是否等于放大管工作点的电压？

(3) 估算电路的电压放大倍数，并判明输出 u_o 与输入 u_i 两电压的相位关系。

答：(1) 其关系式为 $u_o=u_i-u_{be}$。

(2) u_{be}为几毫伏至 20 毫伏，再大则放大电路会失真。此 u_{be}决不是放大管工作点的 U_{BE} 电压(0.6～0.7V)。

(3) 电压放大倍数 A_v 略小于 1，接近于 1(因为 u_{be}很小)，u_o与 u_i同相(电压跟随)，两者无相位差。

33. 已知基本共集电极放大电路如图 4-1-9 所示。试完成以下各题。

(1) 画出其交流等效电路。

(2) 求出其电压放大倍数的计算式。

答：(1)其交流等效电路如图 4-1-10 所示。

(2) 其电压放大倍数的计算式为

$$A_v=\frac{u_o}{u_i}=\frac{i_e R_L'}{i_b\cdot r_{be}+i_e R_L'}=\frac{(1+\beta)i_b\cdot R_L'}{i_b\cdot r_{be}+(1+\beta)i_b\cdot R_L'}=\frac{(1+\beta)R_L'}{r_{be}+(1+\beta)R_L'}<1$$

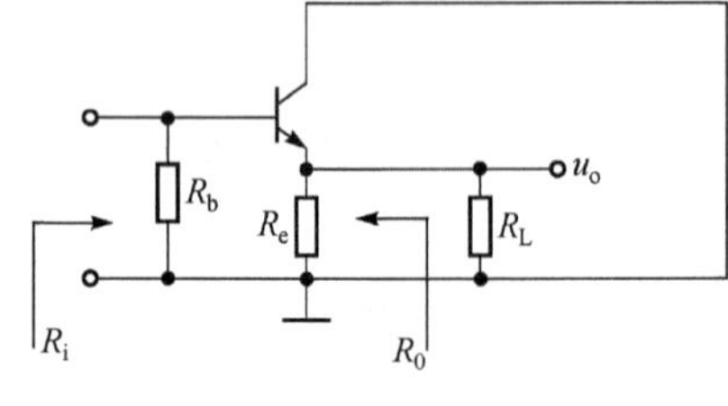

图 4-1-10　题 4-1-33

通常，β 值较大，r_{be} 与 R_L'为同一数量级，故 A_v 值略小于 1，且接近于 1；等式右侧项为正值，表明 u_o 与 u_i 同相位。这一公式与上题定性分析完全一致。

34. 已知基本共集电极放大电路如图 4-1-9 所示。试完成以下各题。

(1) 求放大电路的输入电阻；其有何特点？有何应用？

(2) 求放大电路的输出电阻；其有何特点？有何应用？

答：(1) 其输入电阻可由图 4-1-10 的交流等效电路中求得

$$R_i=R_b//[r_{be}+(1+\beta)R_L']\quad (R_L'=R_e//R_L)$$

上式表明，共集电极放大电路的输入电阻是很大或较大的，为几十千欧姆至几百千欧姆量级，比共发射极放大电路的 R_i 大得多。由于这一特点，故电压表、示波器等检测仪表常用它作设备的输入级，以减轻仪表对被测电路的影响。

(2) 输出电阻也可用图 4-1-10 电路求得

$$R_o = R_e // \frac{r_{be}}{1+\beta} \approx \frac{r_{be}}{1+\beta} \quad (R_s = 0 \text{ 时})$$

或

$$R_o = R_e // \frac{R'_S + r_{be}}{1+\beta} \approx \frac{R'_s + r_{be}}{1+\beta} \quad (R_s \neq 0, R'_s = R_s // R_b)$$

上式说明，此放大器的输出电阻是很小的，通常为几欧姆至几百欧姆量级，为减小 R_o 值，可选用 β 较大的放大管。由于共 c 放大电路的输出电阻小，故其输出电压较稳定，带负载能力强，常用于信号源的输出级及前后级须隔离的中间级，以减弱后级电路或负载对前级的影响。在许多功率放大器的输出级，运算放大器的输出级，共 c 放大电路也是很常见的。

共集电极电路也称为射极跟随电路或射极输出电路。

35. 基本共 c 放大电路中存在什么样的反馈？这种反馈对放大器的什么性能产生什么影响？

答：(1) 在共 c 放大电路中存在深度的电压串联负反馈。

(2) 因为是电压负反馈，故可稳定输出电压，使电路的输出电阻减小，带载能力增强；又因为是串联负反馈，故可增大电路的输入电阻，使电路对前级影响变弱。

(3) 因为存在深度负反馈，故电路的频率特性甚好，频带增宽。

36. 已知共基极(共 b)放大电路如图 4-1-11 所示。试说明电路中各元件的作用。

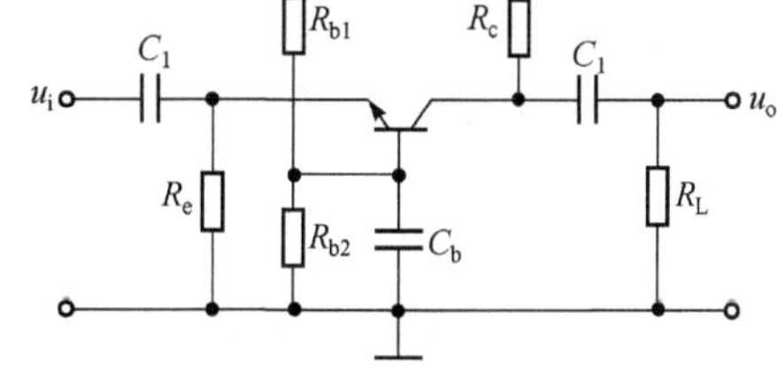

图 4-1-11　图 4-1-36 图

答：C_1、C_2——对直流开路，对交流短路的耦合电容；

C_b——对交流短路的旁路电容，使放大管的基极交流接地；

R_{b1}、R_{b2}——决定放大管直流工作点的偏置电阻(分压电阻)；

R_e——发射极接地电阻，使 be 极间有直流通路(即使工作点的直流电流有流通的回路)；

R_C——放大管的交直流负载电阻；

R_L——放大器的交流负载电阻，通常为下一级的输入电阻。

37. 已知共基极放大电路如图 4-1-1 所示。试画出其交流等效电路。

答：其交流等效电路如图 4-1-12 所示。画等效电路时应(1)电源 U_{CC} 的接入点为交流地点；(2)C_1、C_2、C_b 对交流短路，以短路线代之。

38. 共基极放大器的电路如图 4-1-11 所示。试完成以下各题。

(1) 对应输入 u_i 画出输出信号波形。

(2) 导出其电压放大倍数的计算式。

答：(1) 波形与 u_i 同相，波形关系如图 4-1-13 所示。

(2) 电压放大倍数可由图 4-1-13 等效电路求得，即

$$A_v = \frac{u_o}{u_i} = \frac{\beta i_b R'_L}{i_b r_{be}} = \frac{\beta R'_L}{r_{be}}$$

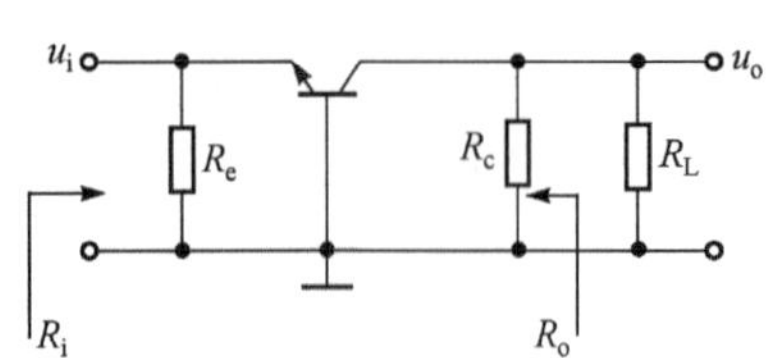

图 4-1-12　题 4-1-37 图

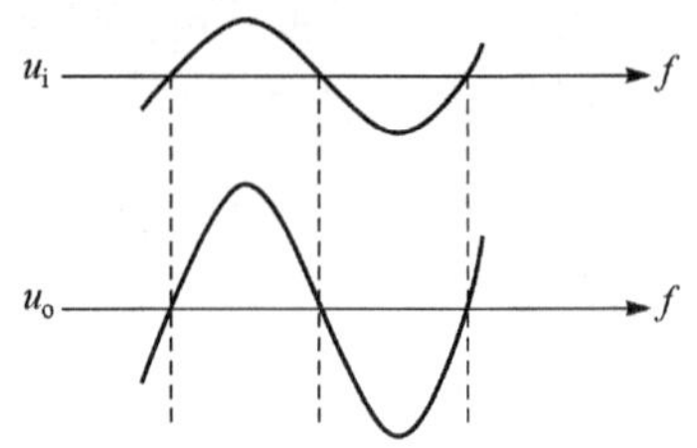

题 4-1-13　题 4-1-38 图

式中，$R_L'=R_C//R_L$，$r_{be}=r_{bb'}+(1+\beta)r_e$；$r_e\approx\dfrac{26\text{mV}}{I_e}$。

39. 已知共基极放大电路如图 4-1-11 所示。试完成以下各题。

(1) 导出它的输入电阻表达式。

(2) 导出它的输出电阻表达式。

答：(1) 其输入电阻表达式为

$R_i=R_e//\dfrac{u_{be}}{i_e}=R_e//\dfrac{i_b r_{be}}{(1+\beta)i_b}\approx R_e//\dfrac{r_{be}}{1+\beta}\approx\dfrac{r_{be}}{1+\beta}$公式表明，共基极放大器的输入电阻 R_i 值是很小的，通常为几欧至几十欧，这是共基极放大器的一个显著特点。

(2) 输出电阻的表达式为

$R_o=R_c//r_o\approx R_c$（r_o 为放大管内部输出电阻，其值很大，可忽略）

40. 已知共基极放大电路如图 4-1-11 所示，向此电路中存在什么样的反馈？这种反馈会对放大器的什么性能产生什么样的影响？

答：电路中存在深度的电流并联负反馈，其对放大器会产生如下影响。

(1) 能很好地稳定放大管的直流工作点(因为是深度电流负反馈)。

(2) 能使放大器的输入电阻大大降低(因为是深度的并联负反馈)。

(3) 能被放大器的高频特性得到很大改善，使频带宽度大大增加。

41. 已知放大电路如图 4-1-14(a)所示。试完成以下各题：

(1) 这是什么形式的放大电路？

(2) 画出它的交流等效电路(图中各电容的容量均很大)。

(3) 电路有何特点？

答：(1) 这是共 e 共 b 级联电路，也称为共 e-b 放大电路。

(2) 其交流等效电路如图 4-1-14(b)所示。

(3) 电路的主要特点是：

a. 输出 u_o 与输入 u_i 反相 180°。

b. 既有电压放大倍数，又有电流放大倍数。

c. 输入阻抗 R_i、输出阻抗 R_o 的大小与共发射极放大电路相同，计算公式也一样。

d. 频率特性好，大大优于共发射极放大器。

e. 电路稳定，能很好隔离负载变化对前级的影响。

42. 已知放大电路如图 4-1-14(*a*)所示。试完成以下各题。

(1) 输出电压 u_o 与输入 u_i 在相位上有什么关系？

(2) 求导电压放大倍数的计算式。

答：(1) u_o 与 u_i 在相位上差 180°(即反相)。

(2) 电压放大倍数为

$$A_v=\frac{u_o}{u_i}=-\frac{\beta_2 i_{b2}R_L'}{i_{b1}r_{be1}}=\frac{\beta_2 i_{e2}R_L'}{i_{b1}r_{be1}(1+\beta_2)}\approx-\frac{i_{c1}R_L'}{i_{b1}r_{be1}}\approx-\frac{\beta_1 R_L'}{r_{be1}}$$

由 A_v 计算式可见，共 e-b 放大电路的电压放大倍数与基本共发射极放大电路完全相同，其大小由左侧共 e 放大管的参数及交流负载 R_L' 来决定。

43. 已知某电视机中的视频放大电路如图 4-1-15(a)所示，图中 C_L 为负载，C_1、C_2、C_3 的容量均较大，C_4 容量较小，L 为小电感。试完成以下各题。

(1) 画出电路的交流等效电路。

(2) 电位器起什么作用？其箭头向 A 向 B 移动时，输出电压 u_o 有何变化？

答：(1) 其交流等效电路如图 4-1-15(b)所示。

(2) 电位器起调节输出电压 u_o 的幅值大小作用(在电视机中可由它调节图像的对比度)。

电位器箭头移向 A 端时，R_P 阻值减小，即放大管发射极对地的交流电阻减小，负反馈随之减弱，放大倍数加大，输出 u_o 幅值也加大。

电位箭头移向 B 端时，所产生的结果与上述相反，不赘述。

44. 已知放大电路如上题图 4-1-15(a)所示。试完成以下各题：

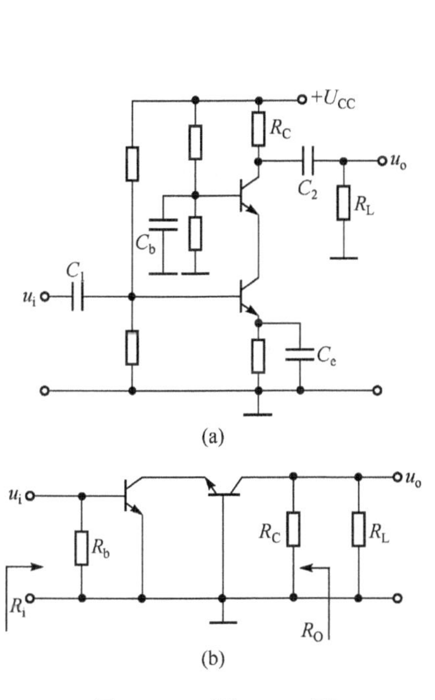

图 4-1-14　题 4-1-41 图

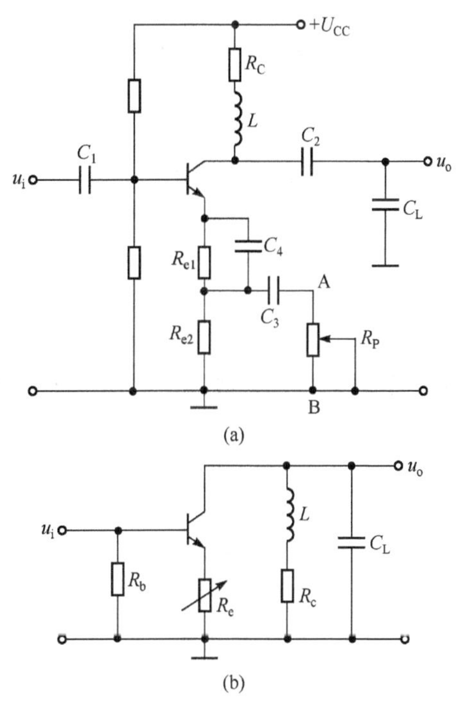

图 4-1-15　题 4-1-43 图

(1) 输出 u_o 与输入 u_i 是否同相？

(2) 电容 C_3 若开路或短路会对输出 u_o 产生什么影响？

(3) C_4 值较小，它起什么作用？

(4) 电感 L 起什么作用？为什么？

答：(1) u_o 与 u_i 反相 180°。

(2) C_3 开路，R_P 不起作用，放大管发射极对地电阻加大，负反馈作用加强，输出 u_o 幅值减小；C_3 短路，对交流无影响，但放大管的直流工作点发生改变（工作点电流加大），在大信号工作时，会使输出信号的一端产生失真（饱和失真）。

（3）C_4 较小，使 R_{e1} 两端对低频信号不短路，产生负反馈，而对高频信号负反馈减弱，故 C_4 可作高频补偿，对某段高频有提升作用。

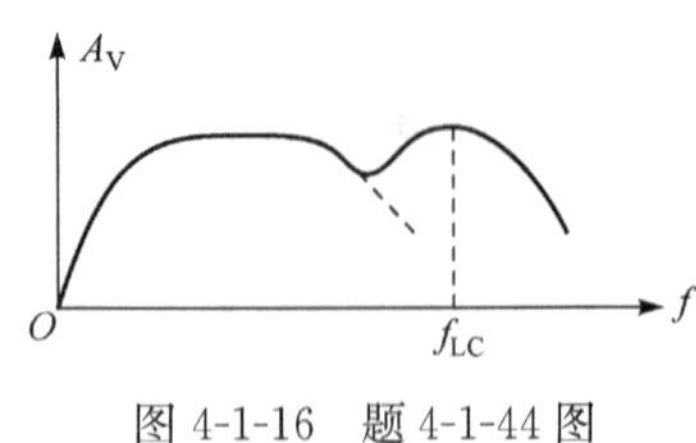

图 4-1-16　题 4-1-44 图

（4）L 的作用是高频补偿，由图 4-1-15(b)的交流等效电路可知，L、C_L、R_C 组成并联调谐回路，在其谐振频率附近，输出信号 u_o 被提升，只要设计合理，可扩展放大器的带宽达 1.73 倍之多，其高频补偿原理可由图 4-1-16 说明。

45. 场效应管放大器有几种组态？其主要特点有哪些？

答：主要有三大类，以下详述。

（1）共源极放大电路——与共 e 极放大电路相似，$A_v>1$、$A_i>1$，u_o 与 u_i 反相，R_i 大，f_H 不高。

（2）共漏极放大电路——与共 C 极放大电路相似．$A_v\leqslant 1$、$A_i>1$，u_o 与 u_i 同相，R_i 很大，R_o 小，f_H 高。

（3）共栅极放大电路——与共 b 极放大电路相似，$A_v>1$、$A_i\leqslant 1$，u_o 与 u_i 同相，R_i 小，f_H 高。

46. 已知场效应管放大电路如图 4-1-17 所示。试完成以下各题。

（1）这是什么组态的放大电路？放大管属什么类型的场效应管？

（2）放大管的偏置电压 u_{GS} 由什么决定？

（3）电阻 R_G 起什么作用？

答：（1）这是共源极场效应管放大电路，所用放大管为 N 沟道耗尽型结型场效应管。

（2）放大管的偏置电压 U_{GS} 由 R_S 决定，即

$U_{GS}=-I_S R_S$（为 G-S 间的 PN 结提供反向偏置电压）

（3）R_G 为 G-S 间的直流偏置电压提供流通回路。

47. 已知场效应管放大电路如图 4-1-18 所示。试完成以下各题。

（1）画出它的交流等效电路。

（2）对应 u_i，画出它的输出电压 u_o 的波形。

（3）写出漏极电流 i_D 与输入电压 u_i 的关系式，并作简略说明。

答：（1）它的交流等效电路如图 4-1-18(a)所示。

（2）u_o 的波形如图 4-1-18(b)所示。

（3）i_D 与 u_i 的关系式为

$$i_D=g_m u_{GS}=g_m u_i$$

这是在结型场效应管转移特性线性段工作时的关系式，而其在恒流区中 i_D 与 u_{GS} 的一般关系式为

$$i_D=I_{DSS}\left(1-\frac{u_{GS}}{u_P}\right)^2$$

所以，i_D 特性呈平方解关系，故其所含的非线性项比 BJT 三极管 i_C 中（呈指数关系）所含的非线项少得多。

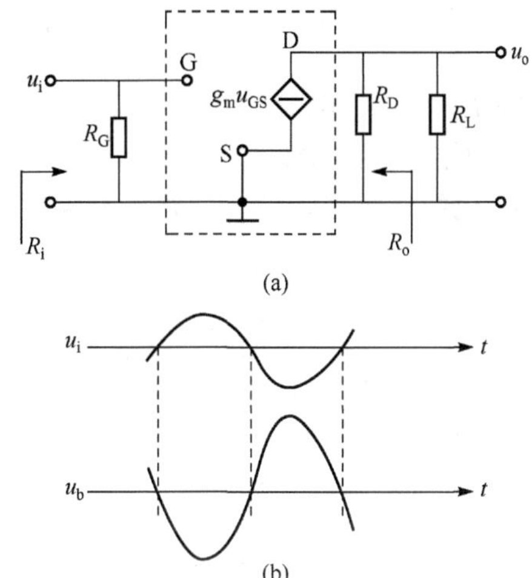

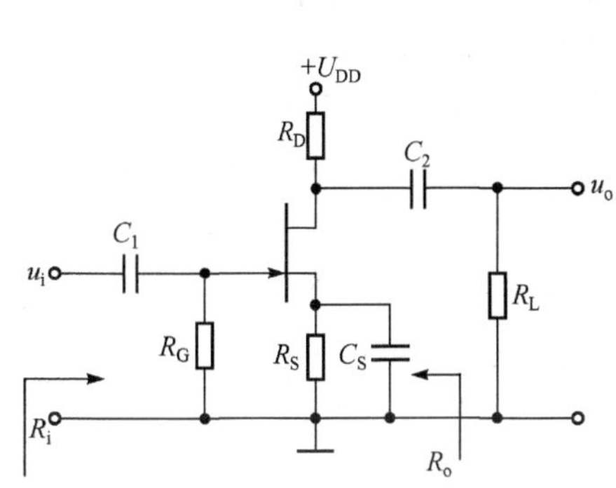

图 4-1-17　题 4-1-46 图

图 4-1-18　题 4-1-47 图

上述公式还说明，场效应管是电压控制器件，它可作电压(u_i)⟶电流(i_D)转换之用。

48. 已知场效应管放大电路如图 4-1-19 所示。试完成以下各题。

(1) 求导出它的电压放大倍数的计算式。

(2) 求放大器的输入电阻。

(3) 求放大器的输出电阻。

答：(1) 它的电压放大倍数为

$$A_v = -\frac{g_m u_i R_L'}{u_i} = -g_m R_L'$$

式中，$R_L' = R_D // R_L$。

(2) 其输入电阻为

$$R_i = R_G // r_{GS} \approx R_G（r_{GS}\text{很大，故 } R_i \text{ 由外电路决定}）$$

(3) 其输出电阻为

$R_o = R_D // r_{DS} \approx R_D$($r_{DS}$很大，故 R_o 由外电路决定)。

49. 已知场效应管放大电路如图 4-1-17 所示，试问电路中的电容 C_1、C_2、C_S 的作用与容量大小与 BJT 共发射极放大器中所对应的电容有什么相同相异之处？为什么？

答：(1) 其作用完全相同，均为隔断直流，通过(短路)交流信号而设置。

(2) FET 放大器此三类电容器的容量比 BJT 放大器中所对应的电容量小 2～3 个量级(在相同频段下工作时)，其主要原因是 FET 管的输入电阻 r_{GS} 比 BJT 管的输入电阻 r_{be} 大得多，而偏置电阻 R_G 又比 R_b 大得多。

50. 已知场效应管放大电路如图 4-1-19 所示。试完成以下各题。

(1) 这是什么组态放大电路。放大管为何种类型？

(2) 栅源间(G-S 间)的偏置电压如何确定？

(3) 电阻 R_S 上存在什么反馈？它对放大器会产生什么影响？

答：(1) 这是共源极(共 s)场效应管放大电路，放大管为 N 沟道增强型 MOS 管。

(2) 栅源间偏置电压由外给偏置和自给偏置两部分组成，即

$$u_{GS}=U_{DD}\frac{R_{G2}}{R_{G1}+R_{G2}}-I_S R_S$$

(3) R_S 上存在电流串联交直流负反馈，其作用一是稳定放大管的直流工作点，二是削弱放大器的放大作用，降低电压放大倍数，但增大频带宽度，改善其他性能。

51. 已知场效应管放大电路如图 4-1-19 所示。试完成以下各题：

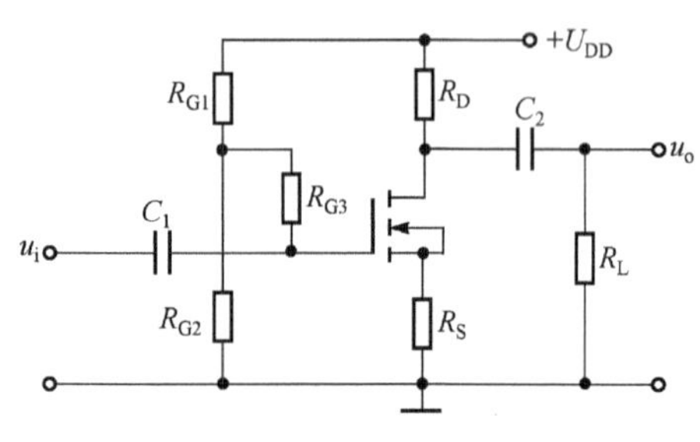

图 4-1-19　题 4-1-50 图

(1) 画出它的交流等效电路。

(2) 求导它的电压放大倍数。

答：(1) 其交流等效电路如图 4-1-20 所示。

(2) 其电压放大倍数为

$$A_v=\frac{u_o}{u_i}=-\frac{g_m u_{GS}R'_L}{u_{GS}+g_m u_{GS}R_S}=-\frac{g_m R'_L}{1+g_m R_S}$$

$$(R'_L=R_D//R_L)$$

若 $R_D=R_L=8\text{k}\Omega$，$R_S=1\text{k}\Omega$，$g_m=20\text{ms}$，则 $A_v=-4$倍。式中，负号代表输出电压 u_o 与输入电压 U_i 反相 180°。此题中若在 R_S 旁接一大电容，则 R_S 被交流短路，从而可算得电压增益$A_v=-g_m R'_L=-80$。

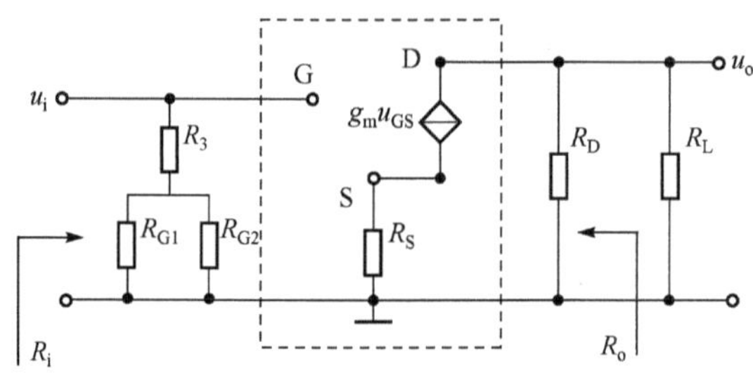

图 4-1-20　题 4-1-51 图

52. 已知场效应放大电路如图 4-1-19 所示。试完成以下各题。

(1) 求放大器的输入电阻，并由此说明该电路的特点。

(2) 求放大器的输出电阻。

答：(1) 其输入电阻为

$$R_i\approx R_{G3}+(R_{G1}//R_{G2})=R_{G3}+\frac{R_{G1}\cdot R_{G2}}{R_{G1}+R_{G2}}$$

式中，R_{G3} 可取得很大(数兆欧)，它的大小不会影响栅源间外给偏压，因为它所在的支路几乎无直流电流通过(放大管栅源间的阻抗很大)，而无电流通过的电路内各点的电位均相等。

(2) 输出电阻为

$$R_o=R_D//r_{DS}\approx R_D$$

53. 已知场效应管放大电路如图 4-1-21 所示。试完成以下各题。

(1) 这是什么类型的放大电路?

(2) 画出它的交流等效电路。

(3) 指明其输出输入信号间的相位关系。

答：(1) 这是共漏极 N 沟道增强型 MOS 场效应管放大电路(源极跟随放大电路)。

(2) 其交流等效电路如图 4-1-21 所示。

(3) 其输出电压与输入电压同相位。

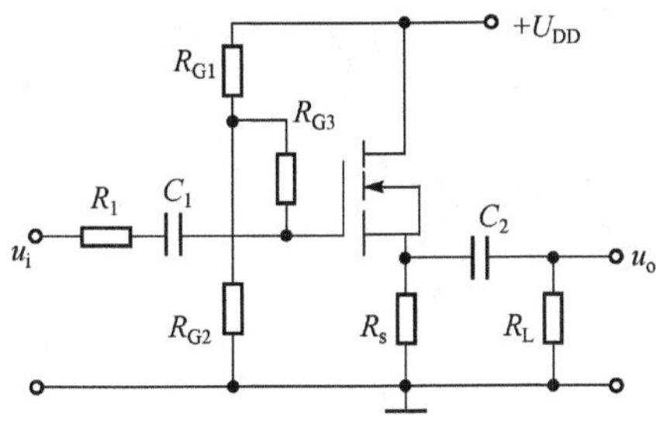

图 4-1-21　题 4-1-53 图

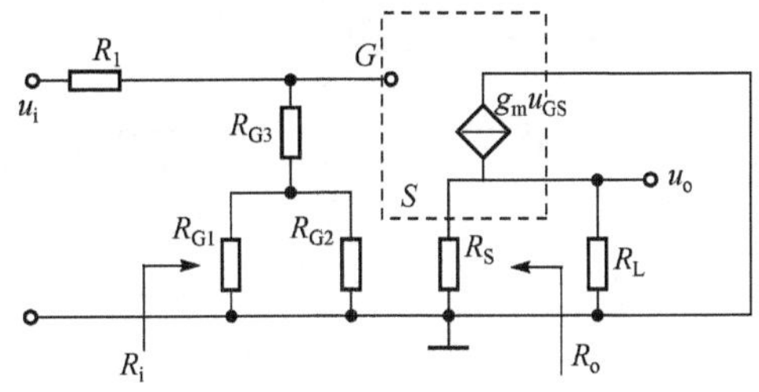

图 4-1-22　题 4-1-53 图

54. 已知场效应管放大电路如图 4-1-21 所示。试完成以下各题。

(1) 求电路的电压放大倍数。

(2) 求电路的输入电阻。

(3) 求电路的输出电阻。

答:(1) 电路的电压放大倍数为

$$A_v=\frac{u_o}{u_i}=\frac{u_o}{u_G}\cdot\frac{u_G}{u_i}\approx\frac{g_m u_{GS}R_L'}{u_{GS}+g_m u_{GS}R_L'}\cdot\frac{R_i}{R_i+R_1}=\frac{g_m R_L'}{1+g_m R_L'}\cdot\frac{R_i}{R_i+R_1}$$

通常,$R_i \gg R_1$,故 $A_v\approx\frac{g_m R_L'}{1+g_m R_L'}\leqslant 1$。

(2) 电路的输入电阻为

$$R_i=[R_{G3}+R_{G1}//R_{G2}]//r_{GS}\approx R_{G3}+\frac{R_{G1}R_{G2}}{R_{G1}+R_{G2}}$$

(3) 电路的输出电阻为

$$R_o=R_s//\frac{1}{g_m}\approx\frac{1}{g_m}$$

若 $g_m=40\text{ms}$,则 $R_o=\frac{1}{40\times10^{-3}}=\frac{1000}{40}=25\Omega$(数值较小或很小)。

55. 已知 OTL 功率放大电路如图 4-1-23(a)所示。试完成以下各题。

(1) 对应输入电压 u_i,画出输出 u_o 之波形。

(2) 电容 C 起什么作用？其值过小会影响电路什么性能？

(3) 在音频放大器中,C 值大致是多少？

答:(1) u_o 之波形如图 4-1-23(b)所示。

(2) 电容 C 之作用一是隔直流、通交流,二是起辅助电源作用,为下面放大管工作提供一直流电压。其值过小时,在输入信号正半周时所存能量不够负半周下管导通时之所需,特别在频率较低时更是如此,故 C 值过小会影响放大器的低频特性。

(3) 在音频功率放大器中,C 值常用 220～470μF。

56. 已知 OTL 功率放大电路如图 4-1-23(a)所示。试完成以下各题。

(1) 图中 A 点的直流电压是多少？

(2) 电路中存在什么样的失真？如何解决？

(3) 对两只放大管有何要求？

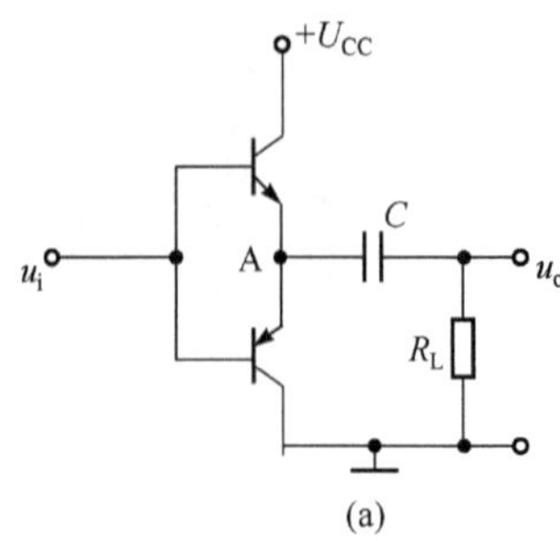

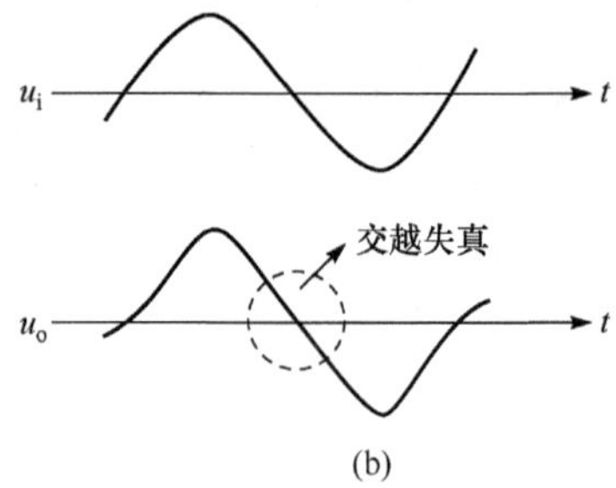

图 4-1-23　题 4-1-55 图

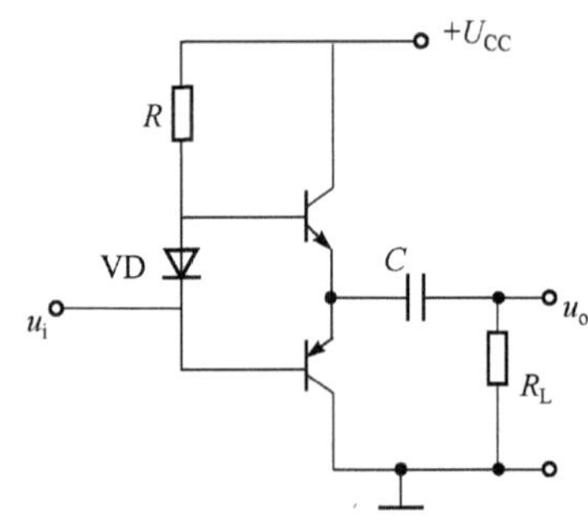

图 4-1-24　题 4-1-56 图

答:(1) A 点的直流电位为供电电压的一半,即为 $\frac{1}{2}U_{CC}$。

(2) 电路中存在交越失真,如图 4-1-23(b)中虚线圆中所示。解决的办法是适当提高放大管的直流工作点,使其由乙类工作改为甲乙类工作,改动的部分如图 4-1-24 所示,所加的二极管(VD)及电阻 R 即起此作用。

(3) 要求两只放大管的主要参数要一致,如 β 值等。在功率较大时,不同类型的(NPN、PNP)放大管不易达到这一要求,有时以达林顿管的方式来解决。

57. 已知 OTL 功率放大电路如图 4-1-23(a)所示。试完成以下各题。

(1) 设 $U_{CC}=12V, R_L=8\Omega, U_{ces}=0V$,求 R_L 上所能获得的最大功率值。

(2) 设 $U_{CC}=12V, R_L=8\Omega, U_{ces}=1.5V$,求 R_L 上所能获得的最大功率值。

(3) 对应上两问,电路的输入电压 U_i 为多少时才能满足上述功率输出要求?

答:(1) 此时管压降为零,这是理想情况,输出功率的最大可能值为

$$P_o=\frac{U_{om}^2}{2R_L}=\frac{\left(\frac{U_{CC}}{2}\right)^2}{2R_L}=\frac{U_{CC}^2}{8R}=\frac{12^2}{8\times 8}=2.25W$$

(2) 此时管压降设 1.5V,输出功率的最大值为

$$P_o=\frac{\left(\frac{1}{2}U_{CC}-U_{ces}\right)^2}{2R_L}=\frac{(6-1.5)^2}{2\times 8}=\frac{4.5^2}{16}\approx 1.27W$$

(3) 由于图 4-1-23(a)的 OTL 功放电路属射极跟随输出,故其电压放大倍数接近于 1 或略小于 1,据此可根据输出电压幅值求得输入电压幅值:

① 在输出 2.25W 的情况下,输入电压的幅值为

$$U_{im}>U_{om}=6V(有效值约为 4.25V)$$

② 在输出 1.27W 的情况下,输入电压的幅值为

$$U_{im}>U_{om}=(6V-1.5V)=4.5V(有效值为 3.18V)$$

58. 已知 OTL 功率放大电路如图 4-1-23(a)所示。试完成以下各题。

(1) 如何测量 R_L 上的功率?

(2) 如何测量电路的效率?

(3) 功放管应如何选用?

答:(1) 通常先测负载电阻 R_L 上的电压 u_L,再计算功率值

$$P_o=\frac{u_L^2}{R_L}$$

(2) 先测得负载 R_L 上的信号电压 u_L,再测得直流电源供给本电路的直流电流 I_o,然后计算本电路的效率(在全国大学生电子线路设计竞赛中基本均用此法检测功率放大器的效率)

$$\eta=\frac{P_o}{P_{DC}}=\frac{\frac{u_L^2}{R_L}}{U_{CC}I_o}=\frac{u_L^2}{U_{CC}I_oR_L}$$

设 $u_L=3.2V$,$U_{CC}=12V$,$R_L=8\Omega$,$I_o=0.18A$ 时,可算得效率 $\eta\approx59\%$。

(3) 功放管的选管条件如下所述。

a. 功放管管耗:$P_T>0.2P_o$,且其饱和压降 U_{ces} 应尽可能低。

b. 功放管最大集电极电流:$I_{cm}>\frac{U_{CC}}{2R_L}$。

c. 功放管耐压:$U_{(BR)CEO}>U_{CC}$。

59. 已知 OCL 功率放大电路如图 4-1-25 所示。试完成以下各题。

(1) 电路工作在什么状态?功效管的导通角为多少度?

(2) A 点的直流电位为多少?

(3) 输出信号存在什么失真?如何解决?

答:(1) 放大器工作在乙类工作状态,放大管的导通角为 90°。

(2) A 点的直流电位为 0V。

(3) 输出信号中存在交越失真,解决的办法是提高放大管的直流工作点,将乙类工作状态改为甲乙类状态,具体波形和电路与图 4-1-23(b)和图 4-1-24 相似。

60. 已知 OCL 功率放大电路如图 4-1-25 所示。试完成以下各题。

(1) 设功放管的饱和压降为 0V、1.5V 时,计算负载 R_L 所获得的最大功率值。

(2) 计算上述条件下输出输入电压 u_o、u_i 值。

(3) 如何提高输出功率?

(4) 如何选用功率放大管,即选管条件是什么?

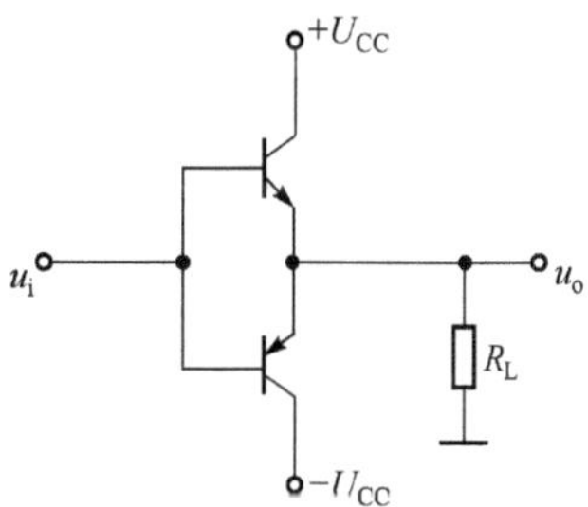

图 4-1-25　题 4-1-59 图

答:(1) 计算 $U_{ces}=0V$、1.5V 时的输出功率($U_{CC}=12V$、$R_L=8\Omega$):

$$P_o=\frac{(U_{CC}-U_{ces})^2}{2R_L}=\frac{U_{CC}^2}{2R_L}=\frac{12^2}{2\times8}=9W$$

$$P_o=\frac{(U_{CC}-U_{ces})^2}{2R_L}=\frac{(12-1.5)^2}{2\times8}=\frac{10.5^2}{16}\approx6.9W$$

(2) 因为每一放大管均为射极跟随放大电路,故可由 u_o 算得输入 u_i:

$$u_i>u_o=\frac{U_{CC}}{\sqrt{2}}=\frac{12}{1.414}\approx8.5V \quad (U_{ces}=0V)$$

$$u_i>u_o=\frac{U_{CC}-U_{ces}}{\sqrt{2}}=\frac{10.5}{\sqrt{2}}\approx7.42V \quad (U_{ces}=1.5V)$$

(3) 根据输出功率 P_o 的计算式可知，提高放大器的输出功率的最有效措施是增大直流供电电压 U_{CC}。故在功率放大器中，此电压一般均较高，如 24V、36V、48V 等。另外，提高 U_{CC}，还能使电路的效率得以提升。

(4) OCL 功放管的选用条件主要有以下 3 个。

a. 每只 BJT 管的最大允许功耗应为 $P_T > 0.2P_o$(本例大于 1.8W 或 1.38W)。

b. 功放管的耐压应为 $U_{(BR)CEO} > 2U_{CC}$ （本例大于 24V)。

c. 功放管的最大集电极电流应为 $I_{CM} > \dfrac{U_{CC}}{R_L}$(本例大于 1.5A)。

61. 已知 BTL 功率放大电路如图 4-1-26 所示。试完成以下各题。

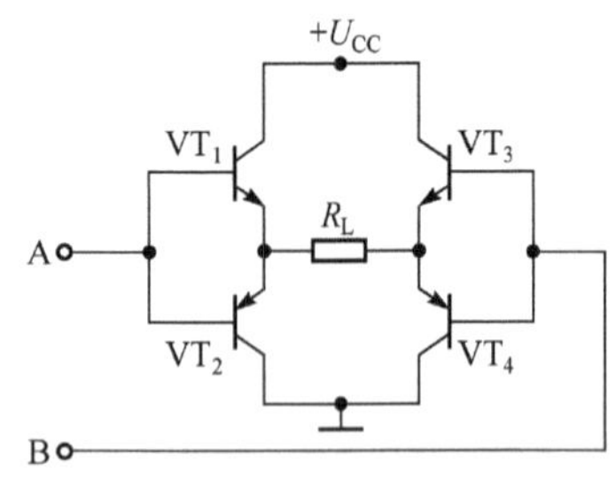

图 4-1-26　题 4-1-61 图

(1) 在 A 点为正、B 点为负电位时，哪两只三极管导通?

(2) 在 A 点为负、B 点为正电位时，哪两只三极管导通?

(3) 在 $U_{ces}=0$V 和 1.5V、$U_{CC}=12$ 时，求负载 R_L 上的功率值。

答:(1) A 点为正、B 点为负电位时，VT$_1$、VT$_4$ 导通，R_L 上的电流由左流向右方。

(2) A 点为负、B 点为正电位时，VT$_3$、VT$_2$ 管导通，R_L 上的电流由右流向左方。

(3) 当 $U_{ces}=0$V 和 1.5V 时，R_L 上可能获得的功率为

$$P_o=\frac{(U_{CC}-2U_{ces})^2}{2R_L}=\frac{U_{CC}^2}{2R_L}=\frac{12^2}{16}=9\text{W}\quad (U_{ces}=0\text{V})$$

$$P_o=\frac{(U_{CC}-2U_{ces})^2}{2R_L}=\frac{(12-3)^2}{2R_L}=\frac{81}{16}=5.06\text{W}\quad (U_{ces}=1.5\text{V})$$

62. 已知 BTL 功率放大电路如 4-1-26 图。试完成以下各题。

(1) 如果在 R_L 位置上改用直流电机，是否可以?

(2) 如何对上述电机进行调速?

(3) 如何对上述电机进行正反转控制?

(4) 接入电机后，为保护放大管的安全，常采用什么措施?

答:(1) 可以在 R_L 位置上改用直流电机，这是常用的直流小电机驱动电路之一。

(2) 只要改变(调节)放大器输入电路激励电压的幅度大小即可，通常可用 PWM 脉冲经低通后作控制信息。

(3) 只要改变(调节)放大器输入电路激励电压的正负极性即可。

(4) 通常在每一放大管 ce 间并联一阻尼三极管，即可预防电机起动时可能产生的瞬时高压(因为电机是感性负载)而损坏放大管。

63. 已知放大电路如图 4-1-27 所示。试完成以下各题。

(1) 这是什么电路? 有何特点?

(2) 图中 R_3、VD$_1$、VD 起什么作用?

(3) 图中 R_e 起什么作用?

答:(1) 这是带推动级的 OTL 功率放大电路。特点是电路简单，失真较小，工作稳定，易于设计、制作与调测。

(2) R_3、VD$_1$、VD$_2$ 给两输出功放管提供一固定偏置，使其工作在甲乙类状态，以减小或消

除交越失真。

(3) R_e 上存在一定的交直流电流串联负反馈作用，以防负载 R_L 短路时因电流太大而烧坏功放管。

64. 已知放大电路如图 4-1-27 所示。试完成以下各题。

(1) 电路在什么元件上存在什么反馈？它起什么作用？

(2) 设放大管的饱和压降 $U_{ces}=1V$，R_e 上的电压降为 1V，试计算负载 $R_L(8\Omega)$所能获得的功率值。

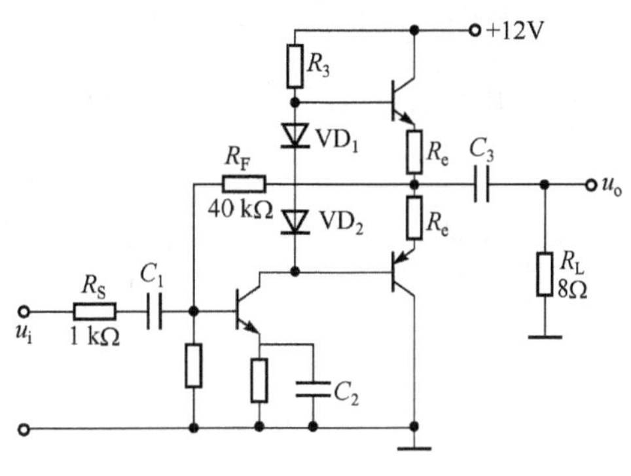

图 4-1-27　题 4-1-63 图

(3) 为保证上述 R_L 所获得的功率值，输入电压 u_i 的幅应为多少？

答：(1) 在电阻 R_F、R_S 上存在电压并联负反馈，作用是稳定输出电压，增大频带宽度，并使电路更加稳定。

(2) R_L 上所能获得的功率(设 $U_{ces}=1V$，电阻 R_e 有 1V 压降)为

$$P_o=\frac{\left(\frac{1}{2}U_{CC}-1-1\right)^2}{2R_L}=\frac{(6-2)^2}{2\times 8}=\frac{16}{16}=1W$$

(3) 要求 u_i，应先求放大倍数。设推动级开环增益甚大，则放大倍数近似计算为

$$A_v\approx-\frac{R_F}{R_s}=-\frac{40k\Omega}{1k\Omega}=-40$$

则

$$u_i=\frac{u_o}{A_v}=\frac{\left(\frac{1}{2}U_{CC}-1-1\right)}{\sqrt{2}A_v}=\frac{4}{1.414\times 40}=70.7mV$$

上述计算实例与某些电视接收机伴音通道中的功率放大电路十分近似，故具有实用价值。

65. 什么是反馈？反馈有几大类？其含义为何？试列表说明。

答：其答案如表 4-1-4 所列。

表 4-1-4

反馈分类		含义
按正负反馈区分	正反馈	返送到电路输入端的信号与原所加信号同相，两者起相加作用
	负反馈	返送到电路输入端的信号与原所加信号反相，两者起相减作用
按所取反馈量是电压电流区分	电压反馈	取电路输出端的电压信号(部分或全部)作为反馈量
	电流反流	取电路输出端的电流信号(部分或全部)作为反馈量
按反馈量与输入信号串并联区分	串联反馈	返送到电路输入端的反馈电压与原输入电压相串联(电压相减)
	并联反馈	返送到电路输入端的反馈电流与原输入电流并联(电流相减)
反馈含义	将放大电路(网络)输出信号(电压或电流)取出部分或全部通过电路和反送(反馈)至输入端的过程即称为反馈	

66. 画出反馈系统的组成框图，并对框图中的主要参量进行解释。

答：(1) 组成框图如图 4-1-28 所示。

(2) 图中，A 框为放大器，F 框为反馈电路。

$\dot{A}$ 为开环增益：$\dot{A}=\dfrac{\dot{X}_o}{\dot{X}_e}$；$F$ 为反馈系数：$\dot{F}=\dfrac{\dot{X}_f}{\dot{X}_o}$；$\dot{X}_e$ 为放大器的净输入：$\dot{X}_e=\dot{X}_i-\dot{X}_f$。

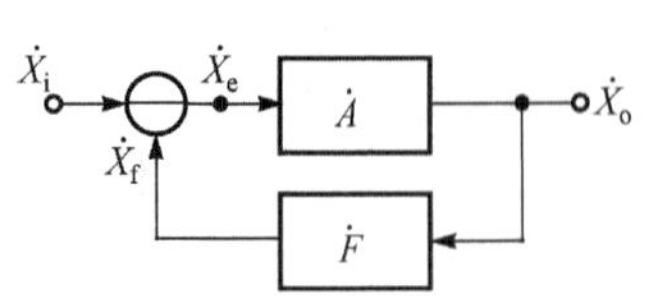

图 4-1-28　题 4-1-66 图

67. 在反馈系统中，什么是环路增益？什么是闭环增益？什么是反馈深度？反馈深度的大小对放大电路（网络）有什么影响？

答：(1) 环路增益为 $\dot{A}\dot{F}$。

(2) 闭环增益也称为负反馈放大器（或系统）的增益，表示为

$$\dot{A}_F=\frac{\dot{X}_o}{\dot{X}_i}=\frac{\dot{X}_o}{\dot{X}_e+\dot{X}_f}=\frac{\dot{A}}{1+\dot{A}\dot{F}}$$

(3) 反馈深度为 $|1+\dot{A}\dot{F}|$。

(4) 若 $|1+\dot{A}\dot{F}|>1$，则 $\dot{A}F<\dot{A}$，增益减小，这种反馈一般称为负反馈；

若 $|1+\dot{A}\dot{F}|<1$，则 $\dot{A}F>$A，增益增大，这种反馈一般称为正反馈；

若 $|1+\dot{A}\dot{F}|=0$，则 $|\dot{A}F|\longrightarrow\infty$，此时放大电路产生自激振荡。

68. 列表说明常见四种类型负反馈对放大电路（网络）的影响。

答：如表 4-1-5 所列。

表 4-1-5

项目	电压串联负反馈	电压并联负反馈	电流串联负反馈	电流并联负反馈
输出端取样	电压		电流	
对输出信号影响	使输出电压稳定		使输出电流稳定	
对输出电阻影响	使输出电阻减小		使输出电阻加大	
对输入电阻影响	增大	减小	增大	减小
电路对前级影响	减小	增大	减小	增大
对放大器带宽影响	增宽$(1+AF)$倍		增宽$(1+AF)$倍	
使增益稳定性	加大		加大	
使放大器非线性失真	减小		减小	
使放大器增益	减小$(1+AF)$倍		减小$(1+AF)$倍	
应用场合	放大电路的输入级、中间级、输出级	放大电路的中间级，电流⟶电压变换电路	放大电路的中间级，电压⟶电流变换电路	放大电路的中间级，电流放大
典型电路	共集电极放大电路，共漏极放大电路	电压反馈量引至 BJT 放大器基极的负反馈电路	电流反馈量引至 BJT 放大器发射极的负反馈电路	共基极放大电路，共栅极放大电路

69. 四类负反馈电路对信号源内阻有什么要求？为什么？

答：凡是串联负反馈，要求信号源的内阻（即前级的输出电阻）越小越好，因为在串联回路中，信号源内阻越小，则反馈量在其上的损耗越小，对放大器的影响也即越大；

凡是并联负反馈，要求信号源的内阻越大越好，因为在并联电路中，电阻越大的支路其所消耗的能量（分流作用）越小，故而使负反馈对放大器的作用就越大。

70. 已知放大电路如图 4-1-29 所示,图中在什么元件上存在什么类型的反馈?

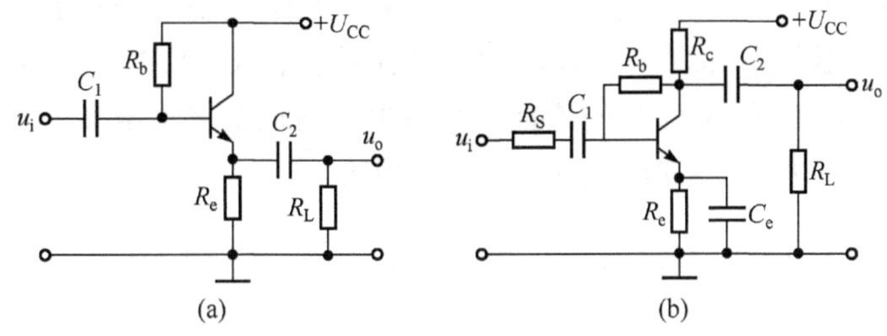

图 4-1-29　题 4-1-70 图

答:(1) 在图 4-1-29(a)中,在 R_e 和 R_L 上存在电压串联负反馈,其作用使放大器的输出电压稳定,带载能力强,使输入电阻增大,使频带增宽,但使增益大大降低。

(2) 在图 4-1-29(b)中,在 R_b 和 R_s 上存在电压并联负反馈,其作用使放大器的输出电压稳定,使输入电阻减小,同样也使增益降低。

71. 已知放大电路如图 4-1-30 所示,图中在什么元件上存在什么类型的反馈?

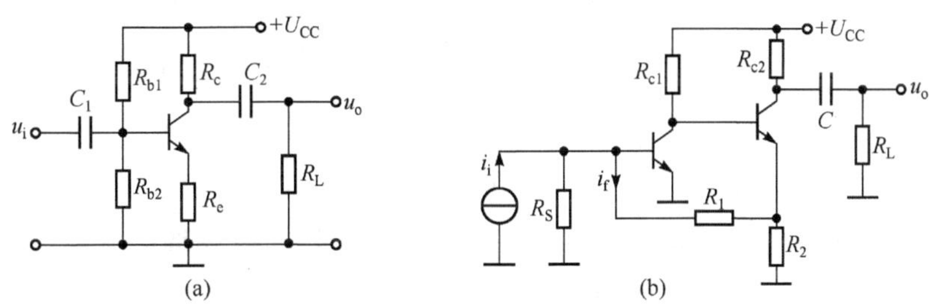

图 4-1-30　题 4-1-71 图

答:(1) 在图 4-1-30(a)中,在电阻 R_e 上存在交直流电流串联负反馈,其主要作用是稳定工作点,提高放大器的输入电阻。

(2) 在图 4-1-30(b)中,在电阻 R_1、R_2、R_s 上存在交直流电流并联负反馈,其主要作用是稳定输出级的交直流电流,降低放大器的输入电阻。

72. 如何判断电路中的反馈是正反馈还是负反馈?试举例说明。

答:通常用瞬时极性法判断。先假定放大管输入端(一般为 BJT 的基极或 FET 的栅极)在某一时刻的电压极性为正,再判断输出端反馈取样点信号的极性,最后判定反馈至放大器输入端信号的极性为正,还是为负,若为正(与原设定的信号极性相同)即为正反馈,若为负即为负反馈,如图 4-1-29(b)图中 BJT 的集电极(反馈取样点)信号的极性与基极信号极性相差 180°,一为正另一为负,故其反馈至基极的信号必相反而成为负反馈,再如图 4-1-29(a)中若基极信号的瞬时极性为正,则发射极电位也为正,电阻 R_e 下端电位必为负,故在输入回路中,此负电电位等效至基极即与原来假定的正极性相反,故此种反馈为负反馈。这类电路中反馈也可这样分析:在输入回路中,由于 R_e 存在,使输入信号 u_i 有很大一部分被 R_e 所消耗(分压),而使加至放大管 be 结的有效电压大大减小,故为负反馈。

73. 如何判断电路中的反馈是电压反馈,还是电流反馈?试举例说明。

答:通常将放大器输出端作交流短路(一定是交流短路),若短路后,反馈取样点(元件)所得的反馈信号为零,则此反馈称电压反馈,否则即为电流反馈。如图 4-1-29(a)中,若输出 u_o

交流短路，则反馈信号(R_e'上的信号)为零，故此反馈称为电压反馈；又如图 4-1-30(a)中，若 u_o 交流短路，R_e 上仍有电流流过，即反馈量仍存在，故此反馈称为电流反馈。

74. 已知某放大器的开环增益(即基本放大器的增益)A＝100，其变化量为 10%，加入反馈系数 F＝0.1 的负反馈后，放大器的增益变为多少？增益变化量至多少？

答：(1)加大负反馈后，放大器的增益下降，其值为

$$A_{vf}=\frac{A}{1+AF}=\frac{100}{1+100\times0.1}=\frac{100}{11}=9.09$$

(2) 增益变化量下降至

$$\frac{10\%}{1+AF}=\frac{10\%}{1+100\times0.1}=\frac{10\%}{11}\approx0.91\%$$

75. 已知某放大器的开环增益 A＝100，其上下限截止频率分别为 f_H＝100kHz，f_L＝100Hz。引入反馈系数 F＝0.1 的负反馈后，其上下限截止频率如何变化？频带宽度如何变化？

答：(1) 因为加入负反馈，故 f_L 下降，f_H 升高，它们分别为

$$f_{Hf}=f_H(1+AF)=100\text{kHz}(1+100\times0.1)=1100\text{kHz}=1.1\text{MHz}$$

$$f_{Lf}=\frac{f_L}{1+AF}=\frac{100\text{Hz}}{1+100\times0.1}=\frac{100\text{Hz}}{11}=9.09\text{Hz}$$

(2) 放大器的频带宽度增大为

$$\text{BW}=f_{Hf}-f_{Lf}=110\text{kHz}-9.09\text{Hz}\approx1100\text{kHz}$$

76. 已知某放大器的开环增益为 10^5(如运算放大器，其开环增益甚高)，上限截止频率 f_H＝100Hz，加入负反馈后，其闭环增益 A_{vf}＝20。试问反馈后放大器的频带宽度如何变化？变至多少？

答：(1) 先求反馈深度(1＋AF)

$$1+AF=\frac{A_v}{A_{vf}}=\frac{10^5}{20}=5000$$

(2) 加入负反馈后，放大器的频带宽度加宽，为

$$\text{BW}\approx f_H(1+AF)=100\text{Hz}\times5000=500\text{kHz}$$

77. 负反馈放大器既然降低电路增益，但有时会引起自激振荡，其原因何在？应如何防止？

答：(1) 因为负反馈电路是一闭环系统，其环路增益为 $\dot{A}F$，对于工作频率的信号，系统为负反馈，即环路相移 $\varphi_a+\varphi_f=180°$，而在其他频率处，$\varphi_a+\varphi_f$ 可能不为 180°，而产生附加相移。若附加相移达到 180°时，则系统成正反馈电路，当这正反馈强度(幅度)达到一定值时，系统就产生自激振荡。

(2) 防止方法：一是设计电路时留有足够的稳定裕度——增益裕度和相位裕度，使电路状态远离自激条件；二是利用 R、L、C 等电路元件进行频率补偿，人为地将电路中各个极点间的距离拉开，但其代价是放大器的频带宽度被减小。

78. 有三级放大器级联，若每级放大器的电压放大倍数均为 A，带宽均为 BW，则放大器的总增益为多少？总带宽为多少？

答：(1) 级联后放大器总的电压放大倍数应为各放大级电压放大倍数的乘积(若为分贝数则应相加)

$$A_{\Sigma}=A_1、A_2、A_3\cdots=A^n$$

(2) 级联放大器的总带宽被压缩，其值比任一单级的带宽窄，本例为

$$BW_{\Sigma}=\sqrt{2^{\frac{1}{3}}-1}\cdot BW\approx\sqrt{1.26-1}\cdot BW\approx 0.51BW$$

若只有两级放大器级联，则总带宽的压缩系数为 0.64(三级为上述的 0.51)。

79. 一频率为 100kHz 的方波信号通过如图 4-1-31 所示的电路。试完成以下各题。

(1) 在何种条件下，输出 u_o 仍为不失真的方波？

(2) 在何种条件下，输出 u_o 的前后沿由陡变坡(即前沿上升时间加大)？

(3) 在何种条件下，输出方波信号 u_o 的波峰下垂？

(4) 在何种条件下，输出信号 u_o 为 100kHz 的正弦波或条弦波？

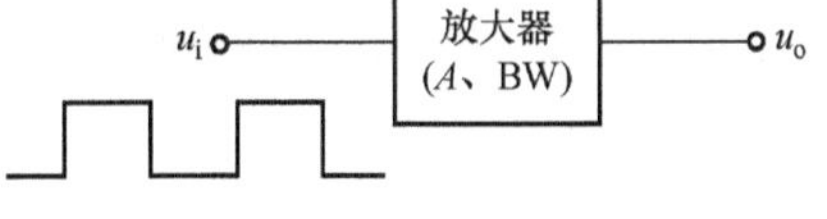

图 4-1-31　题 4-1-79 图

答：(1) 只要放大器的频带宽度比输入方波信号的基波频率高出 10 倍以上，即 BW＞10×100kHz＝1MHz 时，输出 u_o 即可近似为不失真的方波。

(2) 放大器的带宽不足，不能让方波中的高次谐波通过时，输出 u_o 的前后沿将由陡变坡。

(3) 放大器的低频特性不好，即 f_L 不够低，而将输入方波信号中的基波滤掉时，输出 u_o 的波峰下垂。

(4) 若放大器为窄带选频放大器，且中心频率为 100kHz(方波中的基波频率)，则输出 u_o 即为 100kHz 的正弦波或余弦波形。

80. 放大电路(或网络)的频域特性与时域特性有什么关系？

答：放大电路(网络)的频域特性与时域特性有密切的关系。如果一个放大器的通频带足够宽(即 f_H 很高)，则方波经过它后所引起的前后沿上升时间(t_r，或下降时间)也就很小，反之则很大。两者的关系为

$$t_r\approx\frac{0.35}{f_H}\text{或 } t_r\cdot f_H\approx 0.35$$

例如，若 $f_H=3.5\text{MHz}$，则 $t_r\approx 0.1\mu s$；若 $f_H=35\text{MHz}$，则 $t_r\approx 0.01\mu s$。

81. 若一方波的周期为 1μs(即频率为 1MHz 方波)，通过一放大电路后，要求其前沿上升时间 $t_r<0.05\mu s$，则放大器的频带宽至少为多少 MHz？

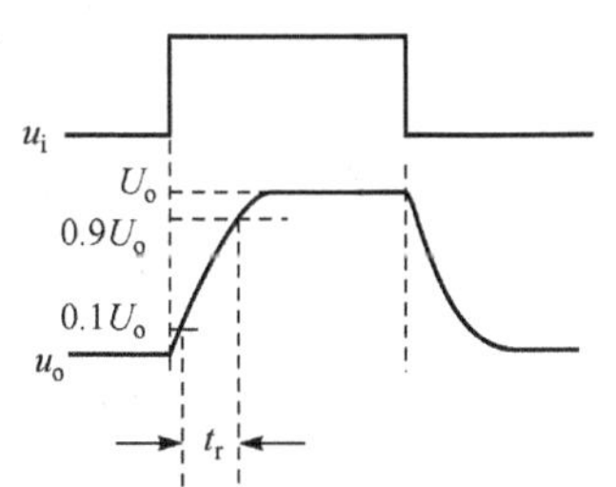

图 4-1-32　题 4-1-81 图

答：根据题目标求，参照图 4-1-32 可由计算出放大器的频带宽度，即

$$BW\approx f_H>\frac{0.35}{t_r}=\frac{0.35}{0.05\times10^{-6}}=7\text{MHz}$$

二、填空题

1. 作放大时，BJT 的 be 结(发射结)应加__________电压，bc 结(集电极)应加__________电压。

2. 放大管 BJT 在深饱和时，其 be 结(发射结)应为__________电压，bc 结(集电极)应为__________电压。

3. 在 BJT 放大器中，放大管的工作点若偏高(电流偏大)、容易产生__________失真；若偏低(电流偏小)，容易产生__________失真。

4. 在 BJT 放大器中，放大管的工作点合适，但输入信号幅值过大，会使输出既产生

________失真，又产生________失真。

5. 在BJT放大器中，放大管的工作点由合适的线性区域移向电流较大或电流较小的非线性区域时，放大管的β值会________，放大管的电压放大倍数会________。

6. 在BJT放大管中，放大管工作点最好选在电流适中的线性区中点的主要原因是________、________。

7. 温度升高后，BJT放大管的电流会________，易产生________失真.

8. 在BJT共e放大电路中，由于________效应影响较大，故使放大器的上限截止频率f_H________，使放大器的通频带________。

9. 在放大管与电路参数都确定后，放大管的增益带宽积基本为________。若增大带宽，则其增益将________。

10. 对于一个BJT共e放大电路，若要不失真地输出有效值为3V的正弦信号，则此放大器的直流供电电压应高于________。

11. 放大器的直流电压接入端通常都要并联一大电容(或一大一小两个电容)到地，其主要原因为________、________。

12. 在多级放大器中，若级数越多，则放大器的总增益会________，总通带要________，总选择性能会________

13. 图解法仅适用在输入信号幅度________的电路中，特点是________。

14. 混合π型等效电路比较精确地模拟晶体管内部的________，它适用于信号幅度________的场合。

15. H参数(网络参数)分析法常用于信号幅度________、工作频率________的情况。

16. Y参数(导纳参数)分析法常用于信号幅度________、工作频率________的情况。

17. 放大器稳态分析法的优点在于________、________。

18. 放大器瞬态分析法的优点在于________________。

19. 放大器的上下限截止频率f_H、f_L是对应于放大器中频增益下降________处的频率值，其f_H与f_L之差即为放大器的________。

20. 共e放大器对中频信号的相位移是________，共c放大器对中频信号的相位移是________。

21. 共e放大器的负载电阻R_L值若加大，则放大器的增益将________，频带宽度将________。

22. 波形良好的方波经过放大电路后，若输出方波仍良好，则表明放大器的带宽________，若输出方波的波峰下垂，则表明放大器的f_L________；若输出方波的前后由陡变坡，则表明放大器的f_H________。

23. 一波形良好的方波通过一放大器后，测得其上升沿时间为0.35μs，则可算得此放大电路的带宽(即f_H)为________；若测得的上升时间为0.01μs，则此放大电路的带宽为________。

24. 已知两级放大器的电压增益分别为15dB和25dB，则此放大器的总增益为________dB，其对应的放大倍数为________。

25. 已知一放大器的电压放大倍数、电流放大倍数均为10倍，则此放大器的功率放大倍数为________，即为________dB。

26. 从输出端信号取样而言，负反馈可分为________和________两大类。

27. 从输入端反馈信号与输入信号的关系而言，负反馈可分为__________和__________两大类。

28. 要使放大器输出电压稳定，带载能力强，应采用__________负反馈；要使放大器输出电流稳定，应采用__________负反馈。

29. 要使放大器输入电阻提高，对前级影响减弱，应采用__________负反馈；要使放大器输入电阻减小，应采用__________负反馈。

30. 负反馈放大电路产生自激振荡的主要原因是__________的附加相移及反馈幅度满足__________。

31. 在负反馈放大电路中，环路增益为__________，反馈深度为__________。

32. 在负反馈放大器中，若反馈深度 $1+AF=10$，则反馈后放大器的增益应为开环增益的__________，频带宽度应为反馈前的__________。

33. 对于深度负反馈的放大电路，其增益大小取决于__________，与基本放大电路中的元器件参数__________。

34. 共 c 放大电路（射极跟随电路）是典型的__________负反馈放大器，其电压增益__________，功率增益__________。

35. 共 b 放大电路是典型的__________负反馈放大器，其电流增益__________，功率增益__________。

36. 共漏极放大电路（源极跟随电路）是典型的__________负反馈放大器，其电压增益__________，功率增益__________。

37. 提高功率放大器输出功率最有效的方法是__________。

38. 功率放大器的主要性能指标为__________、__________、__________。

39. VMOSFET 的特点是__________、__________、__________、__________。

40. IGBT（绝缘栅双极型三极管）属功率模块，其主要特点是__________、__________、__________。

41. 信号幅度失真和相位失真总称为__________，它属于__________失真。

42. 信号的非线性失真系数等于__________与__________之比值。

三、是非题

1. BJT 作放大时，其集电极与发射极可以互换使用，但其 β 值会降低许多。（　）

2. BJT 中的反向饱和电流是由少数载流子产生的。它的大小取决于 be 结（发射结）或 bc 结（集电极）所加电压的大小，与温度高低无关。（　）

3. BJT 放大管作放大时，只要直流工作点选得合适，其输出信号就不会失真。（　）

4. 由于 BJT 是非线性器件，故只有在线性区工作时，其输出信号才不会失真。（　）

5. 由于 BJT 是非线性器件，故只有在输入信号幅度足够小时，输出信号才不会失真。（　）

6. BJT 作放大时，其工作点既可在线性区，也可在电流较大或较小的非线性区，条件是输入信号幅度足够小，其输出信号也不会失真。（　）

7. 交流放大器级间耦合电容的容量若减小，则放大器的下限截止频率 f_L 将升高。（　）

8. BJT 放大器的低频特性只与管外电路有关，与放大管参数无关。（　）

9. BJT 放大器的高频特性只与放大管的内部参数有关，与管外电路无关。（　）

10. 在共发射极放大电路中，发射极的旁路电容对放大器低频特性的影响远远大于基极电路中的耦合电容。 ( )

11. BJT 音频放大器与 FET 音频放大器相比，其级间耦合电容的容量前者比后者大得多(2～3 个量级)，原因是前者的输入电阻比后者小得多。 ( )

12. BJT 放大器的噪声比 FET 放大器的噪声大。 ( )

13. BJT 放大器输入信号的动态范围比 FET 放大器小，故后者允许输入信号的幅度比前者大许多。 ( )

14. 信号源的内阻越小，则 BJT 放大器的实际放大倍数将随之加大，FET 放大器也如此。 ( )

15. BJT 和 FET 不能用在同一多级放大电路中。 ( )

16. FET 放大管的栅极偏置电压与 BJT 放大管的基极偏量电压一样，均须由外给直流电源分压提供。 ( )

17. BJT 放大器和 FET 放大器的输出电阻主要由管外电路决定，而与管内参数无关，因为这两类管的输出电阻均很大。 ( )

18. BJT 放大器和 FET 放大器的输入电阻既与外电路参数有关，也与管内参数有关。 ( )

19. BJT 放大管的电压放大倍数仅与 β 值及负载电阻大小有关，而与工作点电流大小无关。 ( )

20. FET 放大器的电压放大倍数仅与跨导 g_m 及负载电阻大小有关，而与工作点电流大小无关。 ( )

21. 电压放大倍数略小于 1 的放大器已无放大能力和实用价值。 ( )

22. 只有功率放大倍数大于 1 的放大器才有放大能力和实用价值。 ( )

23. 计算放大器的输出电阻时，应将负载电阻 R_L 考虑进来。 ( )

24. 要隔离或减弱负载对前级的影响。在它们中间应加电压跟随电路，如 BJT 的射极跟随器或 FET 的源极跟随器。 ( )

25. 负反馈只能改变反馈环内电路的性能参数，而对环外电路无能为力。 ( )

26. 用负反馈措施也可对放大器输入信号的失真进行改善。 ( )

27. 所谓电压反馈，还是电流反馈，是针对放大器输出端反馈取样信号是电压，还是电流而言的。 ( )

28. 所谓串联反馈，还是并联反馈，是针对放大器输入端反馈信号与输入被放大信号是串联，还是并联而言的。 ( )

29. 负反馈能使放大器的上下限截止频率 f_H、f_L 均提高$(1+AF)$倍。 ( )

30. 深度负反馈放大器的电压增益仅由反馈电路参数决定，而与放大管的参数基本无关。 ( )

31. 串联负反馈一定会提高放大器的输入电阻和输出电阻。 ( )

32. 并联负反馈一定会减小放大器的输入电阻和输出电阻。 ( )

33. 放大器的级数越多，其电压增益越大，通频越宽，选择性越好。 ( )

34. 多级放大器，每级的频带宽度一定高于放大器的总带宽。 ( )

35. 放大器的级数越多，其稳定性能也越好。 ( )

36. 防止或削弱放大器的自激振荡(寄生振荡)往往是以放大器的增益和频带宽度为代价

的。（　　）

37. 1MHz 波形良好的方波若要前后沿不失真地通过一放大电路（或网络），则放大器的上限截止频率 f_H（即带宽）应大于 10MHz。（　　）

38. 1MHz 波形良好的方波若要波峰不下垂地通过一放大电路（或网络），则放大器的下限截止频率 f_L 应高于 1MHz。（　　）

39. 若功率放大器的负载电阻值减小，则放大器的输出功率将减小。（　　）

40. 放大管的导通角越小，则功率放大器的效率越高。（　　）

41. OTL、OCL、BTL 等功率放大器均采用电压跟随电路，其电压增益 $A_v<1$，但电流增益、功率增益均大于 1。（　　）

42. D 类音频功率放大器的理想效率为 100%，实际效率可达 80%～90%。（　　）

43. 电压放大倍数小于 1 的放大器是没有任何意义（作用）的。（　　）

44. 功率放大倍数小于 1 的放大器是没有任何意义（作用）的。（　　）

45. 负反馈放大电路产生自激的主要原因之一是环路增益 $\dot{A}\dot{F}$ 的附加相移达到 $-180°$ 之故。（　　）

四、选择题

1. 在甲(A)、乙(B)、丙(C)、丁(D)四类功率放大器中，效率最高者为（　　）。
   A. 甲(A)类　B. 乙(B)类　C. 丙(C)类　D. 丁(D)类

2. 在甲(A)、乙(B)、丙(C)、丁(D)四类功率放大器中，导通角为 180°者为（　　）。
   A. 甲(A)类　B. 乙(B)类　C. 丙(C)类　D. 丁(D)类

3. 在甲(A)、乙(B)、丙(C)、丁(D)四类功率放大器中，工作在开关状态的放大器是（　　）。
   A. 甲(A)类　B. 乙(B)类　C. 丙(C)类　D. 丁(D)类

4. 在甲(A)、乙(B)、丙(C)、丁(D)四类功率放大器中，导通角为 90°者为（　　）。
   A. 甲(A)类　B. 乙(B)类　C. 丙(C)类　D. 丁(D)类

5. 甲类功率放大器的理想效率为（　　）。
   A. 30%　B. 40%　C. 50%　D. 78.5%

6. 乙类功率放大器的理想效率为（　　）。
   A. 30%　B. 40%　C. 50%　D. 78.5%

7. 用 NPN 管或 PNP 管作放大时，其集电极电位的变化与基极电位变化的关系为（　　）。
   A. 均呈同相变化关系　B. 均呈反相变化关系
   C. 前者呈同相变化，后者呈反相变化关系　D. 前者呈反相变化，后者呈同相变化关系

8. 在实际的放大器中，BJT 放大管的直流压降（工作点处）与直流供电电压 U_{CC} 的关系大致为（　　）。
   A. $U_{CE}\approx\frac{1}{2}U_{CC}$　B. $U_{CE}\approx\frac{1}{3}U_{CC}$　C. $U_{CE}\approx\frac{1}{4}U_{CC}$　D. $U_{CE}\approx\frac{2}{3}U_{CC}$

9. 硅 NPN 型三极管作不失真的放大时，其 CE 极间所加的直流电压至少应为（　　）。
   A. 0.2～0.3V　B. 0.4～0.6V　C. 0.6～0.7V　D. 1～2V

10. 音频 BJT 共发射极放大器的极间耦合电容的容量为（　　）。
   A. 十至十几微法　B. 1～10μF　C. 0.1～1μF　D. 0.01～0.1μF

11. 音频 FET 共源极放大器的极间耦合电容的容量为（　　）。

A. 10～10μF　　B. 1～10μF　　C. 0.1～1μF　　D. 0.01～0.1μF

12. 音频 BJT 共发射极放大器的发射极旁路电容的容量为(　　)。

A. 1～10μF　　B. 几十至百微法

C. 0.1～1μF　　D. 0.01～0.1μF

13. 信号源内阻 R_S 对 BJT 共发射极放大器输出信号 u_o 幅度的影响大致为(　　)。

A. 基本不影响　　B. R_S 大，u_o 幅度增大

C. R_S 大，u_o 幅度减小　　D. 不确定

14. 信号源内阻 R_S 对 FET 放大器输出信号 u_o 幅度的影响大致为(　　)。

A. 基本不影响　　B. R_S 大，u_o 幅度增大

C. R_S 大，u_o 幅度减小　　D. 不确定

15. BJT 放大电路和 FET 放大电路均为受控放大器，其受控方式为(　　)。

A. 均为电压受控电路

B. 均为电流受控电路

C. BJT 为电流受控电路，FET 为电压受控电路

D. BJT 为电压受控电路，FET 为电流受控电路

16. 温度升高，BJT 放大器的直流工作点的变化及主要原因(　　)。

A. 工作点电流上升，主要原因是 β，I_{CBO}，U_{BE}均加大

B. 工作点电流上升，主要原因是 β，I_{CBO}，均加大，但 U_{BE}减小

C. 工作点电流下降，主要原因是 β，I_{CBO}，U_{BE}均减小

D. 工作点电流下降，主要原因是 β，I_{CBO}，均加大，但 U_{BE}减小

17. 已知共发射极放大电路如图 4-1-33 所示，要使输出电压 u_o 不失真，则输入电压 u_i 的最大幅值为(　　)。

A. 几至十几毫伏　　B. 百毫伏

C. 0.2～0.3V　　D. 0.6～0.7V

18. 已知共发射极放大电路如图 4-1-33 所示，图中若 C_e 开路(断开)，要使输出信号 u_o 不失真，输入电压 u_i 的最大幅值为(　　)。

A. 几至十几毫伏　　B. 百毫伏

C. 0.6～0.7V　　D. 范围很宽，视 R_e 值大小而定

19. 已知共发射极放大电路如图 4-1-33 所示，图中若 C_e 开路(断开)，则放大器的带宽(BW)和电压放大倍数 A_v 将(　　)。

A. 均增大　　B. 均减小

C. BW 加大，A_v 减小　　D. BW 减小，A_v 加大

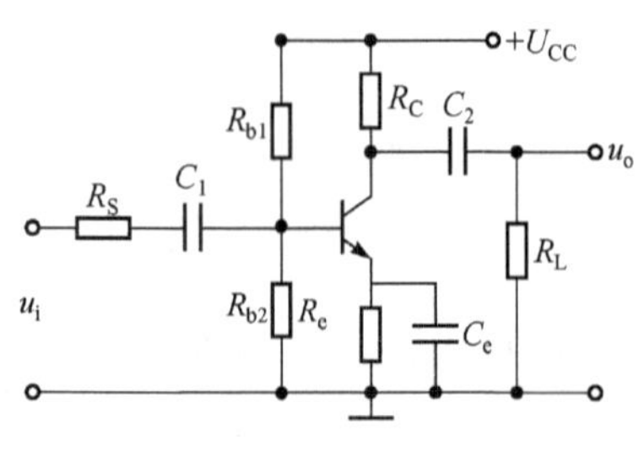

图 4-1-33　题 4-1-17 图

20. 已知共发射极放大电路如图 4-1-33 所示，其输入电阻 R_i 与输出电阻 R_o 的计算式为(　　)。

A. $R_i=R_b//r_{be}$　　$R_o=R_c//R_L$

B. $R_i=r_{be}$　　$R_o=R_C$

C. $R_i=R_b//r_{be}$,　　$R_o=R_c$

D. $R_i=R_s+R_b//r_{be}$　　$R_o=R_c//R_L$

21. 已知共发射极放大电路如图 4-1-34 所示。若其输入信号 u_i 与输出信号 u_o(两种情况)的波形如图 4-1-34 所示，下列哪种说法是正确的？(　　)。

A. u_{o1} 为饱和失真,工作点太高

B. u_{o2} 为截止失真,工作点太低

C. u_{o1} 为截止失真,u_{o2} 为饱和失真

D. u_{o1}、u_{o2} 的失真是由于输入信号 u_i 幅值过大而引起

22. 已知共发射极放大电路如图 4-1-33 所示。若其输出信号的正负半周的峰顶均失真变平,其主要原因为(　　)。

A. 直流工作点合适,输入信号幅值过小

B. 直流工作点合适,输入信号幅值过大

C. 直流工作点不合适,输入信号幅值过小

D. 直流工作点不合适,输入信号幅值过大

23. 已知共 c 放大电路如图 4-1-35 所示,其输入电阻为(　　)。

A. $R_i = R_b // (r_{be} + R_e)$

B. $R_i = R_b // [r_{be} + (R_e // R_L)]$

C. $R_i = R_b // [r_{be} + (1+\beta) R_e]$

D. $R_i = R_b // [r_{be} + (1+\beta)(R_e // R_L)]$

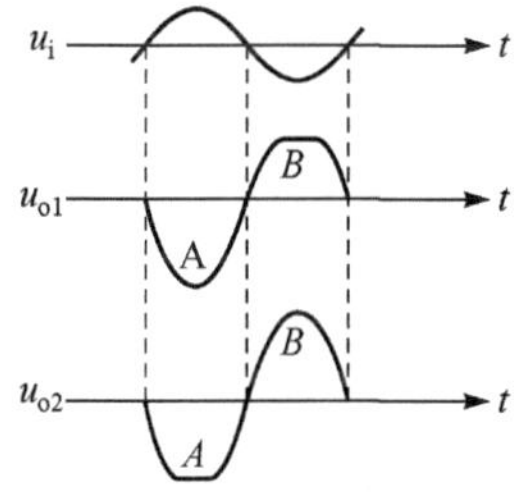

图 4-1-34　题 4-1-27 图

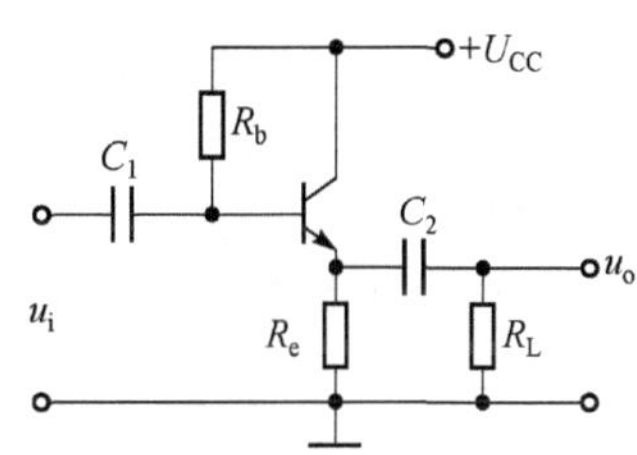

图 4-1-35　题 4-1-23 图

24. 已知共 c 放大电路如上题图 4-1-35 所示,其输出电阻为(　　)。

A. $R_o = R_e // r_{be}$　　　B. $R_o = R_e // \frac{r_{be}}{1+\beta} \approx \frac{r_{be}}{1+\beta}$

C. $R_o = R_e // R_L // r_{be}$　　　D. $R_o = R_e // R_L // \frac{r_{be}}{1+\beta}$

25. 在 BJT 共 e、共 c、共 b 三类放大电路中,输入输出信号反相者为(　　)。

A. 共 e 放大器　　　B. 共 c 放大器

C. 共 b 放大器　　　D. 共 e 放大器及共 b 放大器

26. 在 BJT 共 e、共 c、共 b 三类放大电路中,输入阻抗最小者为(　　)。

A. 共 e 放大器　　　B. 共 c 放大器

C. 共 b 放大器　　　D. 共 e 放大器及共 c 放大器

27. 在 BJT 共 e、共 c、共 b 三类放大电路中,输入阻抗最大者为(　　)。

A. 共 e 放大器　　　B. 共 c 放大器

C. 共 b 放大器　　　D. 共 e 放大器及共 b 放大器

28. 在 BJT 共 e、共 c、共 b 三类放大电路中,输出电压最稳定、带载能力最强者为(　　)。

A. 共 e 放大器　　　B. 共 c 放大器

C. 共 b 放大器　　　D. 共 e 放大器及共 b 放大器

29. 在 BJT 共 e、共 c、共 b 三类放大电路中，无电压增益、负载对前级影响最小者为（　　）。

A. 共 e 放大器　　B. 共 c 放大器

C. 共 b 放大器　　D. 共 e 放大器及共 b 放大器

30. 在 BJT 共 e、共 c、共 b 三类放大电路中，频率特性最差、通频带最窄者为（　　）。

A. 共 e 放大器　　B. 共 c 放大器

C. 共 b 放大器　　D. 共 c 放大器及共 b 放大器

31. 已知由二级放大器组成一个放大系统，其前级的电压放大倍数为 20，带宽为 100kHz 后级的电压放大倍数为 50，带宽为 50KHz，则此放大系统的总增益及总带宽为（　　）。

A. 60dB，等于 100kHz　　B. 60dB，等于 50kHz

C. 60dB，小于 50kHz　　D. 60dB，小于 100kHz

32. 已知由三级放大器组成一个放大系统，若每级放大器的增益均为 20dB，带宽均为 100kHz，则此放大系统的总增益及总带宽为（　　）。

A. 60dB，200kHz　　B. 60dB，51kHz　　C. 60dB，100kHz　　D. 60dB，64kHz

33. 线性失真与非线性失真的特点是（　　）。

A. 均产生新的频率信号

B. 波形有变化，但不产生新频率信号

C. 前者不产生新频率信号，后者要产生新频率信号

D. 前者产生新频率信号，后者不产生新频率信号

34. 由于元器件的非线性而造成的信号失真为（　　）。

A. 幅度失真　　B. 相位失真　　C. 线性失真　　D. 非线性失真

35. 已知某放大器的开环电压增益为 1000 倍，频带宽度为 5kHz。采用负反馈后，若反馈系数为 0.02，则此放大器的闭环增益和带宽分别为（　　）。

A. $A_f=47.6$　$BW_f=105kHz$　　B. $A_f=50$　$BW_f=100kHz$

C. $A_f=50$　$BW_f=105kHz$　　D. $A_f=47.6$　$BW_f=100kHz$

36. 在 OTL 音频功率放大器中，与负载串联的电容器之容量为（　　）。

A. 几千皮法　　B. 几微法

C. 几十微法　　D. 几百微法

37. 在 OTL、OCL、BTL 三类功率放大电路中，其电压、电流、功率增益 A_v、A_i、A_p 应该满足（　　）。

A. 均大于 1　　B. $A_v>1, A_i<1, A_p>1$

C. $A_v>1, A_i>1, A_p>1$　　D. $A_v>1, A_i>1, A_p<1$

38. 在 OCL 功率放大电路中，若负载电阻上要获得最大 10W 功率输出，则电路中功放管的最大集电极损耗功率应选用（　　）。

A. 大于 2W　　B. 大于 4W

C. 大于 8W　　D. 大于 10W

39. 大功率管的饱和压降通常为（　　）。

A. 0.5～1V　　B. 1～2V　　C. 2～3V　　D. 3～4V

40. 测得某放大电种中 BJT 三个电极 X、Y、Z 反对地电压依次为－10V、－6.2V、－6V，则此管的管型及集电极与基极的判定为（　　）。

A. NPN 管,X 为集电极,Y 为基极

B. NPN 管,Y 为集电极,Z 为基极

C. PNP 管,Y 为集电极,Z 为基极

D. PNP 管,X 为集电极,Y 为基极

41. 测得某放大电路中 BJT 三个电极中的直流电流值如图 4-1-36 所示,试判断放大管类型,β 值及基极(　　)。

A. NPN 管,$\beta=50$,Z 为基极

B. NPN 管,$\beta=50$,Y 为基极

C. PNP 管,$\beta=51$,Z 为基极

D. PNP 管,$\beta=51$,X 为基极

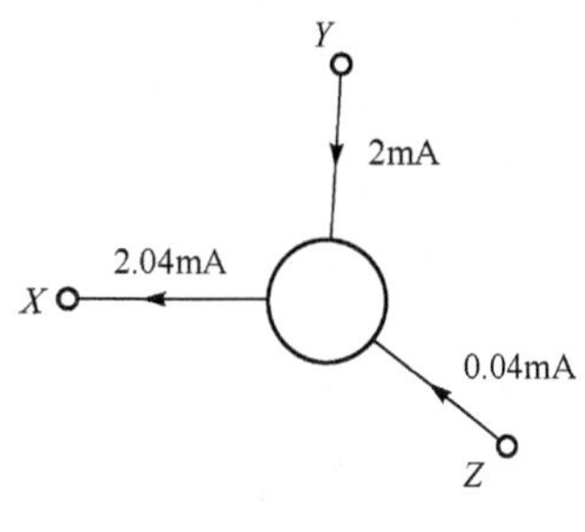

图 4-1-36　题 4-1 图

五、填空题、是非题、选择题答案

(一)填空题

1. 正向,反向
2. 正向,正向
3. 饱和,截止
4. 饱和,截止
5. 下降(变小),减小
6. β 值大,增益高,动态范围大(允许输入信号幅度大一点)
7. 加大,饱和
8. 密勒,受到限制,变窄
9. 常数,减小
10. 12V
11. 滤除电源中可能存在的交流干扰,防止本级交流信号窜入电源而影响其他电路。
12. 增大,减小,变好
13. 较大,直观明了,但较麻烦
14. 物理过程,较小
15. 较小,较低
16. 较小,较高
17. 分析简单,检测容易
18. 可直观观测信号的瞬态变化,如阶跃信号的上升时间及波峰的下垂
19. 3dB,频带宽度
20. $-180°$,$0°$
21. 加大,减小
22. 很宽,较高(不够低),不够高
23. 1MHz,35MHz
24. 40dB,100
25. 100,20
26. 电压,电流
27. 串联,并联
28. 电压,电流
29. 串联,并联
30. $\dot{A}\dot{F}$,环路的自激振荡条件
31. $\dot{A}\dot{F}$,$1+AF$
32. $\frac{1}{10}$,10 倍
33. 外部反馈电路(网络),基本无关
34. 深度电压串联,$\leqslant 1$,>1
35. 深度电流并联,$\leqslant 1$,>1
36. 深度电压串联,$\leqslant 1$,>1
37. 提高放大管的直流供电电压值
38. 功率,效率,失真
39. 功率大,可达数百瓦,f_T 高可达近千兆赫兹,耐压高、可达 1000V 以上,功率增益高
40. 功率大,可达数百瓦;耐压高,可达千伏以上;高速、低中高频皆可
41. 频率失真,线性
42. 各次谐波分量平方之和的开方,基波分量

(二) 是非题

1. √	2. ×	3. ×	4. ×	5. √	6. √	7. √	8. ×	9. ×	10. √
11. √	12. √	13. √	14. ×	15. ×	16. ×	17. √	18. √	19. ×	20. ×
21. ×	22. √	23. ×	24. √	25. √	26. ×	27. √	28. √	29. ×	30. √
31. ×	32. ×	33. ×	34. √	35. ×	36. √	37. √	38. ×	39. ×	40. √
41. √	42. √	43. ×	44. √	45. √					

(三) 选择题

1. D	2. A	3. D	4. B	5. C	6. D	7. B	8. A	9. D	10. A
11. D	12. B	13. C	14. A	15. C	16. B	17. A	18. D	19. C	20. C
21. C	22. B	23. D	24. B	25. A	26. C	27. B	28. B	29. B	30. A
31. C	32. B	33. C	34. D	35. A	36. D	37. C	38. A	39. C	40. D
41. A									

第二部分　集成运算放大器

一、问答题

1. 何谓集成运算放大器？它的内部电路有何特点？

答：用半导体工艺将电路中的元器件(管)、电路紧密地制作在一块硅片上，并能实现放大等功能的一种器件称为集成放大电路。这种电路最初多用于各种模拟信号的运算(如加、减、乘、除、微分、积分等)，故被称为集成运算放大电路，简称集成运放。集成运放内部电路的特点如下所述。

(1) 对共模信号(如温度变化、电源电压变化等)具有很强的抑制能力。

(2) 常以有源器件代替无源器件，如多以 BTT 或 FET 等有源器件组成的恒流源电路来代替高阻值的电阻及放大器的负载，原因在于目前的半导体工艺水平尚不易制造高阻值电阻，其精度也不易控制。

(3) 由于硅片上不易制造大容量电容器(百皮法以上)，故电路间均采用直接耦合方式及差分电路结构。

(4) 常采用复合结构的电路及复合管(如共 e-共 b、共 c-共 b 复合电路等)以提高电路性能。

2. 画出集成运算放大器的电路符号及其电压传输特性曲线，并作适当解释。

答：它的电路符号及其电压传输特性如图 4-2-1 所示。

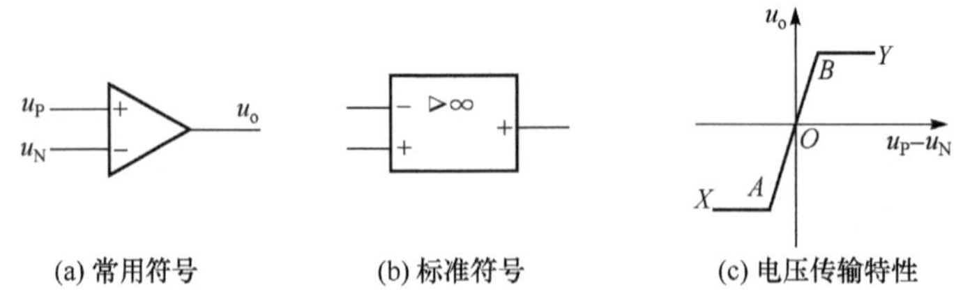

图 4-2-1　题 4-2-2 图

说明：(1) 图中的电压传输特性曲线对于正负两路电源供电的集成运放而言。

(2) 集成运放有线性放大区域(AB 段)和饱和区域(AX 和 BY)，饱和区也就是非线性区。

(3) 线性区 AB 段的斜率即为运放的电压放大倍数，其值通常甚大，可达几十分贝至 140 分贝。

3. 集成运算放大器芯片内部电路有几大部分组成？画出它的组成框图。

答：(1) 主要有四大部分组成——输入级、中间级、输出级及偏置电路。

(2) 组成框图如图 4-2-2 所示。

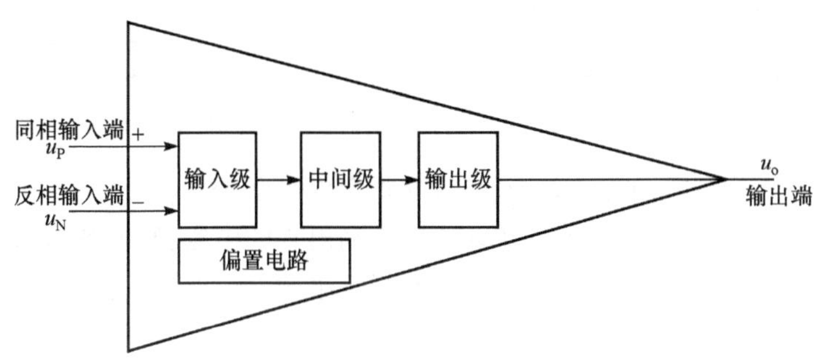

图 4-2-2　题 4-2-3 图

4. 集成运算放大器内部的输入级电路一般采用什么电路？它有何特点？

答：(1) 一般采用 BJT 型差分(差动)放大电路或 FET 型差分放大电路，后者的输入电阻更高，为提高输入电阻，也常采用共 c 共 b 组合电路。

(2) 主要特点是输入有正负两根引线、既可以输入对称的平衡信号，也可输入不对称的单极性信号；特点之二是差分放大电路对共模(同向变化)信号有很强的抑制能力，故其温度特性甚好。

5. 集成运算放大器内部的输出级电路一般采用什么样的电路？它有何特点？

答：(1) 其输出级常采用互补对称型的功率放大电路(即电压跟随电路)，类似 OCL 电路或 OTL 电路。

(2) 主要特点是输出电阻小，带载能力强。为防止输出端短路，电路内设置过流保护电路。

6. 集成运算放大器内部的中间级电路一般采用什么电路？它主要承担什么任务？

答：中间级常采用由复合管组成的共发射极放大电路，特点是具有强大的放大能力，承担运算放大器的主要放大任务。电路的频率补偿通常也设在中间级。

7. 集成运算放大器内部的偏置电路一般采用什么电路？举例说明。

答：(1) 常采用镜像电流源，微电流源、比例电流源，多路微电流源等作偏置电路。

(2) 图 4 2 3 是多路电流源的例图。

(3) VT 的作用是为了减小各管基极电流($\sum I_B$)对 I_C 的影响，使 $I_C \approx I_{REF}$。

8. 什么是镜像电流源？画出它的电路，写出各电流的关系式：

答：(1) 所需电流与参考电流呈镜像关系的电流源称镜像电流源。

(2) 其典型电路如图 4-2-4 所示。

(3) 电流关系式：由于电路左右对称，二管的参数也相同，基极电流均为 I_B，故

$$I_{C2} \approx I_{C1} = I_{REF} = \frac{U_{CC} - U_{BE}}{R} \approx \frac{U_{CC}}{R}$$

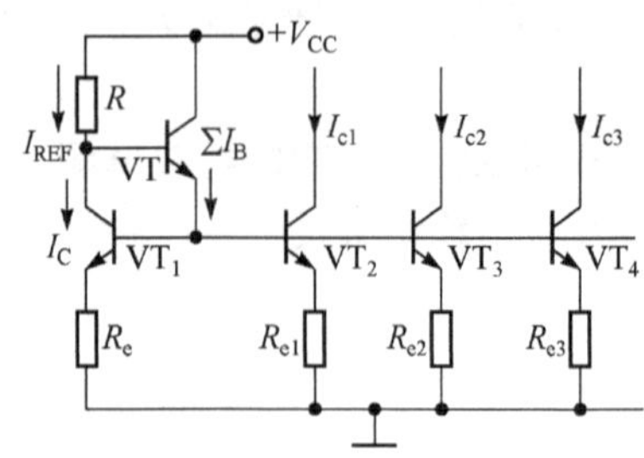

图 4-2-3　题 4-2-7 图

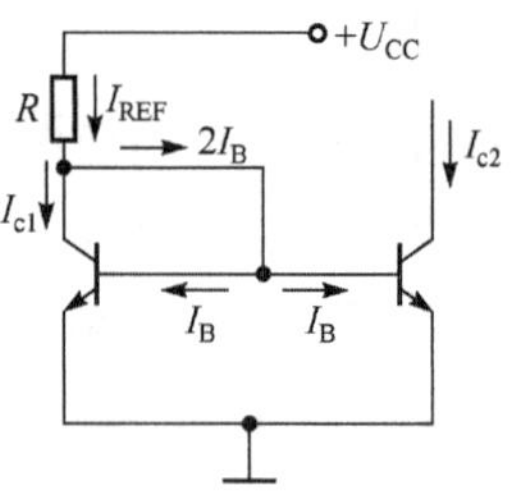

图 4-2-4　题 4-2-8 图

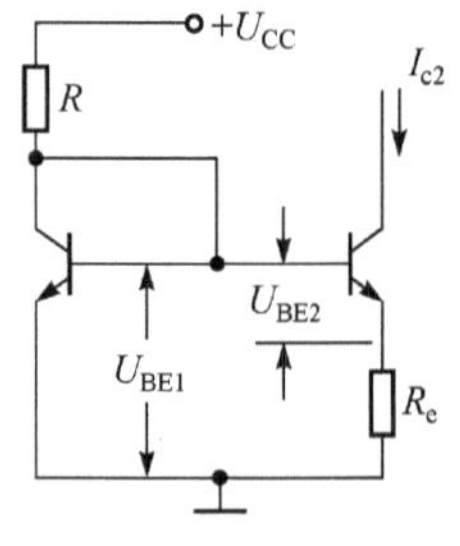

图 4-2-5　题 4-2-9 图

调节电阻 R，即可获得所需的偏流 I_{C2}。

9. 什么是微电流源？画出它的电路，写出各电流的关系式。

答：(1) 能获得电流值很小的电流源即为微电流源。

(2) 其典型电路如图 4-2-5 所示。

(3) 电流关系式为

$$I_{C2}\approx I_{E2}=\frac{U_{BE1}-U_{BE2}}{R_e}=\frac{\Delta U_{BE}}{R_e}$$

通常，R_e 为数千欧姆，ΔU_{BE} 值又很小，故 I_{C2} 值可甚小，如 $R_e=2k\Omega$，$\Delta U_{BE}=0.1V$，则

$$I_{C2}\approx\frac{0.1}{2\times10^3}=50\mu A。$$

此电路的温度特性及其稳定性能均很好。

10. 什么是多路电流源？画出它的电路，写出各路电流的关系式。

答：(1) 能提供多种(多路)偏流的电流源则称多种电流源。

(2) 其电路见图 4-2-3。

(3) 电流关系式为

$$I_{C1}\approx\frac{I_{REF}R_e}{R_{e1}},\quad I_{C2}\approx\frac{I_{REF}R_e}{R_{e2}},\quad I_{C3}\approx\frac{I_{REF}R_e}{R_{e3}}\cdots$$

式中，$I_c=I_{REF}-\frac{\sum I_B}{1+\beta}$由于 β 值甚大，故 $I_{REF}\approx I_C$。

只要 R、U_{CC}、R_e 等确定，则 I_C、I_{REF} 也就确定；各所需偏流 I_{C1}，I_{C2}，I_{C3}，…，即可通过调节各自的发射极电阻而获得。

11. 什么是恒流源负载？这种负载有什么特点？试举一实例。

答：(1) 在集成电路中，放大器的负载电阻(R_C 或 R_e)常以有源电路取代，以获得合适的直流电流(恒定的静态电流)和很大的交流等效电阻，从而提升放大器的性能指示。这样的负载即称为有源负载。

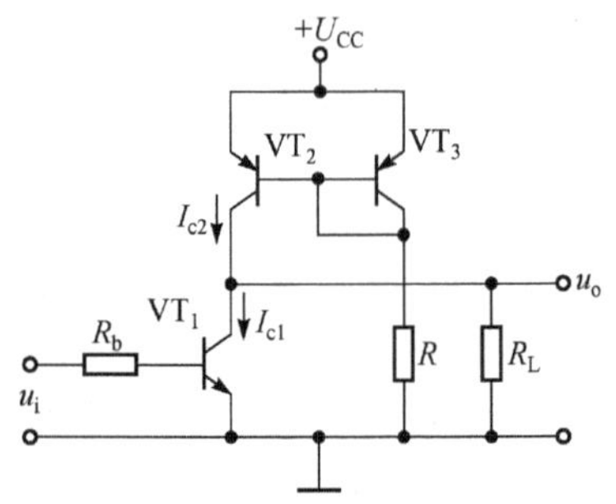

图 4-2-6　题 4-2-11 图

(2) 图 4-2-6 即为有源负载示例图，图中 VT_2、VT_3 组成镜像电流源，为 VT_1 放大管提供固定电流 I_{C2}，故 VT_2 为 VT_1 的有源负载。由于 I_{C2} 基本不变，故由于输入 u_i 变化而此起的 I_{C1} 的变化几乎全加至负载 R_L 上，从而使电压放大倍数大大提高，放大倍数表示为

$$A_V \approx -\frac{\beta_1 R_L}{R_b + r_{be1}}$$

12. 什么是差分(动)放大电路?它有什么主要特点?画出它的原理电路。

答:(1) 电路有两个信号输入端,并能将两输入信号之差进行不失真放大的电路即称为差分放大电路,也称为差动放大电路。

(2) 它的主要特点是能放大两输入信号之差,故对差模信号有较强的放大能力,而对共模信号(同方向变化的信号)有较强的抑制能力,故其工作稳定,零点漂移甚小。

(3) 图 4-2-7 是差分放大电路的原理电路。图中:VT_1、VT_2 为差分放大管,输出 u_o 取两管输出信号之差。发射极为固定电流 I。一般由电流偏置电路提供。在原理电路中,I_o 处也可以电阻 R_e 代之。

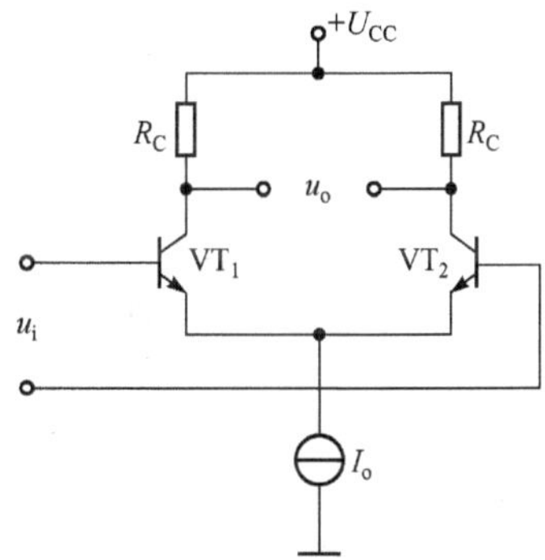

图 4-2-7　题 4-2-12 图

13. 差分放大电路通常有几种基本电路形式?

答:常有四种基本电路形式,即

(1) 双端输入(平衡对称输入)——双端输出(平衡对称输出)方式。

(2) 双端输入(平衡对称输入)——单端输出(不平衡不对称输出)方式。

(3) 单端输入(不平衡不对称输入)——双端输出(平衡对称输出)方式。

(4) 单端输入(不平衡不对称输入)——单端输出(不平衡不对称输出)方式。

14. 已知差分放大电路如图 4-2-8 所示。试完成以处各题。

(1) 这是什么形式的差分放大电路?

(2) VT_1、VT_2 组成什么电路?起什么作用?

(3) VT_3、VT_4 组成什么电路?起什么作用?

答:(1) 这是双端输入一双端输出式差分放大电路。

(2) VT_1、VT_2 组成共发射极放大电路,输出信号 u_o 取两管输出之差值。

(3) VT_3、VT_4 组成偏置电路,为差分放大电路提供合适的工作点电流,此电流应为一常数,不会随输入信号变化而变化。可以认为 VT_3 为差分电路的发射极提供一有源负载,此负载的直流压降即为 VT_3 的管压降,而其交流压降为无穷大。

15. 已知差分放大电路如图 4-2-8 所示。试完成以下各题。

(1) 简单说明输入信号被放大的过程。

(2) 对应输入信号 u_i,画出输出电压 u_o 的波形(C_1 对 C_2 点和 C_2 对 C_1 点两种情况)

答:(1) 当输入信号 u_i 使 A 端为正,B 端为负时,VT_1 电流加大,C_1 点电位 u_{C_1} 降低;VT_2 电流减小,C_2 点电位升高,这一升一降使 C_1、C_2 间的电位差值变大,"差分放大"之意也就在于此。当输入信号 u_i 使 A 端为负,B 端为正时,情况正好相反,结果导致 C_1 点电位升高,C_2 点电位下降。

(2) 在两种情况下,输出电压 u_o 的波形如图 4-2-9 所示。两者反相 180°。

16. 已知差分放大电路如图 4-2-8 所示。试完成以下各题。

(1) 若输入端输入同相变化的信号(共模信号),则输出信号将如何变化?为什么?

(2) 若电源电压 U_{cc} 发生变化,或温度发生变化,则输出信号如何变化?

答:(1)由于输入信号作同方向变化,即 A、B 两端点同时升高或同时降低,此时两放大管的电流同时增大或同时减小,结果引起 C_1 点和 C_2 点的电位同时降低或同时升高,其差值为零或为甚小值,故对共模输入信号而言,此放大器无放大作用或放大能力极弱。

(2) 电源电压 U_{CC} 或温度发生变化,它们对两放大管的影响是相同的,所引起 C_1、C_2 两点电位变化也是相同的,故输出电压为零或为甚小值。对于两放大管而言,U_{CC} 的变化,温度的变化就是一种共模信号的变化。

17. 已知差分放大电路如图 4-2-8 所示。试完成以下各题。

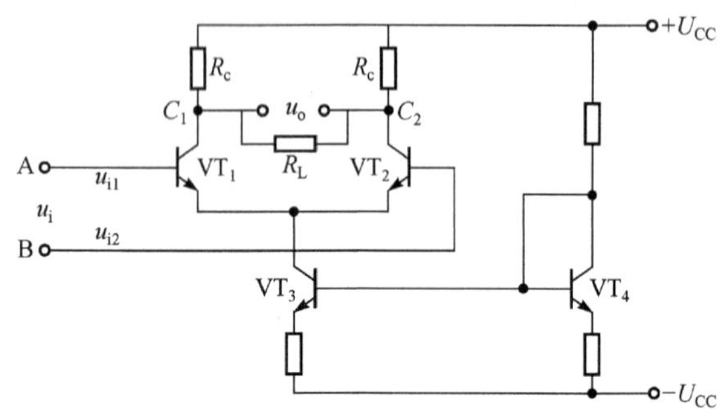

图 4-2-8　题 4-2-14 图

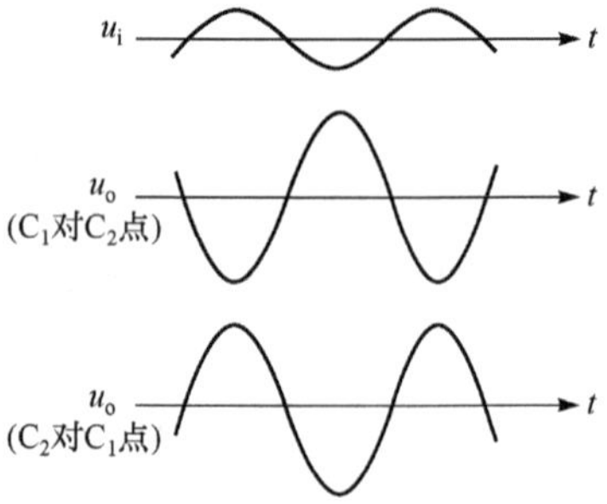

图 4-2-9　题 4-2-15 图

(1) 求电路的差模电压放大倍数 A_{vd}。

(2) 求电路的共模电压放大倍数 A_{vc}。

答(1)电路的差模电压放大倍数与单管共发射极放大电路相同,为

$$A_{vd}=\pm\frac{\beta\left(R_C//\dfrac{R_L}{2}\right)}{r_{be}}=\pm\frac{\beta R_L'}{r_{be}}\qquad\left(R_S=0,R_L'=R_C//\frac{R_L}{2}\right)$$

或

$$A_{vd}=\pm\frac{\beta\left(R_C//\dfrac{R_L}{2}\right)}{R_S+r_{be}}=\pm\frac{\beta R_L'}{R_S+r_{be}}\qquad\left(R_S>0,R_L'=R_C//\frac{R_L}{2}\right)$$

式中,A_{vd} 可正可负,视输出信号 U_o 是 C_1 对 C_2 点(取负号),还是 C_2 对 C_1 点(取正号)而定。

(2) 电路的共模电压放大倍数为

$A_{vc}\approx 0$(电路参数完全对称,且发射极交流等效电阻 r_o 甚大,双端输出)

$\approx\pm\dfrac{R_L'}{2r_o}$(电路参数完全对称,发射极交流等效电阻为 r_o,单端输出)。

通常 r_0 值甚大,故 A_{vc} 值甚小,理想时趋于零。

18. 什么是共模抑制比?写出图 4-2-8 电路的共模抑制比的计算式。

答:(1) 这是衡量差分放大电路抑制共模信号能力的一个参量,其定义为差放电路差模信号的电压增益与共模信号电压增益之比的绝对值,即

$$K_{CMR}=\left|\frac{A_{vd}}{A_{vc}}\right|$$

(2) 图 4-2-8 电路的共模抵制比为

$$K_{CMR}=\infty\text{(理想情况下)}\approx\frac{\beta r_0}{r_{be}}\text{(单端输出时)}$$

19. 已知差分放大电路如图 4-2-8 所示。试完成以下各题。

(1) 求放大电路的输入电阻表达式。

(2) 求放大电路的输出电阻表达式。

答:(1) 输入电阻表达式为

$$R_{id}=2r_{be}[r_{be}=r_{bb'}+(1+\beta)r_e]$$

(2) 输出电阻表达式为

$$R_o\approx R_c\text{(单端不平衡输出)}\qquad R_o\approx 2R_c\text{(双端平衡对称输出)}$$

20. 试画出图 4-2-8 差分放大电路的传输特性曲线,即 i_{C1}、i_C 与输入信号 u_i 的关系曲线,并作简要说明。

答:差分放大电路的传输特性曲线如图 4-2-10 所示。图中:细实线表示两差动对管的发射极接负反馈电阻 R_e 时的情况,它扩大了放大器的线性工作区,增大了动态范围。

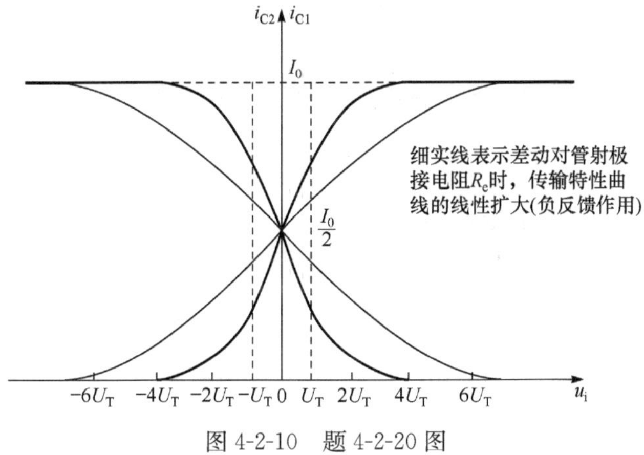

图 4-2-10 题 4-2-20 图

很显然,在无发射极负反馈电阻时,差分放大器所允许的输入信号幅值在$\pm U_T$之间,即$\pm$26mV之间(如图中实粗线所示),超过这一范围,电流 i_{c1}、i_{c2}失真,再次证明共发射晶体管放大器 be 结所加的交流信号不能很大,(应在几毫伏至 26 毫伏),否则放大器失真。

21. 电路如图 4-2-8 所示,输入仍为双端对称联接,但输出由双端对称式改为不对称的单端方式,即从一个侧端对地输出(例从 C_1 出或从 C_2 出)。试完成以下各题。

(1) 求差模电压放大倍数 A_{vd}。

(2) 求共模电压放大倍数 A_{vc}。

(3) 求输入电阻 R_i。

(4) 求输出电阻 R_o

答:(1) 因为输出只取一管集电极对地的单边输出,另一管未作考虑,故其差模电压增益应为双端输出的一半,即为

$$A_{vd}=\pm\frac{\beta R_L'}{2r_{be}}\qquad(R_L'=R_C//R_L)$$

(2) 共模电压增为

$$A_{vc}\approx\frac{R_L'}{2r_0}$$ (r_0 为两放大管发射极对比的交流等效电阻,r_0 很大,故 A_{vc}很小)

(3) 输入电阻为 $R_i = 2r_{be}$

(4) 输出电阻为

$$R_0 \approx R_C（双端对称输出时，R_0 = 2R_C）$$

(5) 电路特点为能将对称的平衡信号转换成不对称的单端信号输出。

22. 电路如图 4-2-8 所示，输出仍为双端对称联接，但输入由双端对称式改为不对称的单端方式，即一管基极接信号 u_i，另一管基极交流接地。试完成以下各题。

(1) 求差模电压放大倍数。

(2) 求共模电压放大倍数。

(3) 求输入电阻。

(4) 求输出电阻。

答：为分析方便，现将单端输入差分放大电路的输入交流等效电路画在图 4-2-11 中。很显然，由于两管发射极对地的交流等效电阻 r_0 甚大（恒流源之故），故输入 u_i 仍然被分配在两管的 be 结，各占 $\frac{1}{2}u_i$，故其实际结果与双端输入没有差别，因而单端输入差动放大电路的电压增益、输入电阻、输出电阻等均与双端平衡输入完全一样，不赘述。

23. 已知差分放大电路如图 4-2-12 所示。试简述电路特点。

答：电路的主要特点如下所述。

(1) 此为单端输入、单端输出的结型场效应管差分放大电路，偏置电路为恒流源供电。

(2) 输出电压 u_o 与输入信号 u_i 同相。

(3) 差模电压放大倍数为单管共源极放大电路放大倍数的一半，为

$$A_{id} = \frac{1}{2}g_m R_L' \quad (R_L' = R_d // R_L)$$

(4) 由于差分对管采用结型场效应管(JFET)，故电路的输入电阻仅由外电路决定，即

$$R_i = R_g = 1\text{M}\Omega \quad（比 BJT 差动电路大得多）$$

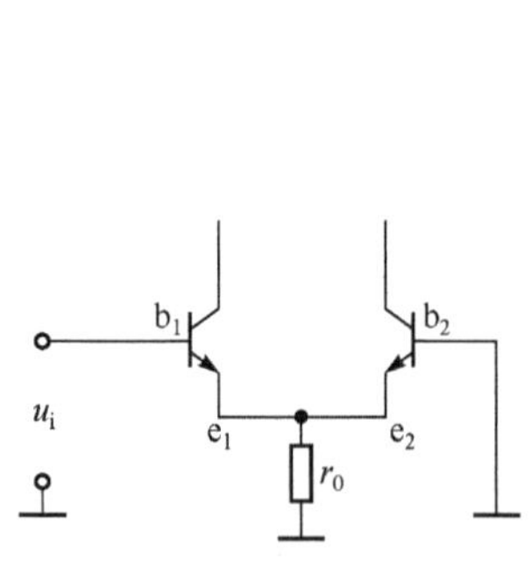

图 4-2-11　题 4-2-22 图

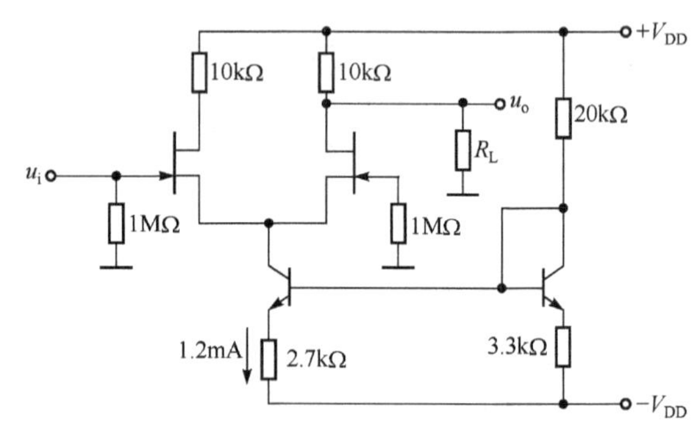

图 4-2-12　题 4-2-23 图

(5)电路的输出电阻为 $R_0 = R_C$。

24. 已知用差分对管与恒流源组成的模拟乘法电路如图 4-2-13 所示。试证明电路输出 u_o 为 $u_o = ku_1u_2$。

答：(1) VT_3、VT_4 组成的镜像恒流源作差分放大电路的射极偏量电路，据此可得

$$I_0 = \frac{u_2 - u_{be}}{R} \approx \frac{u_2}{R}$$

(2) VT_1、VT_2 组成差分放大电路,其双端输出的 u_o 为

$$u_o = A_{vd} \cdot u_1 = \frac{\beta R_L}{r_{be}} \cdot u_1 \approx g_m R_c u_1$$

式中,$g_m = \frac{1}{r_e} = \frac{I_{E1}}{U_T} = \frac{I_0}{2U_T} \approx \frac{1}{2RU_T} \cdot u_2$

代入 u_o 式,得

$$u_0 \approx \frac{R_C}{2RU_T} \cdot u_1 u_2 = K u_1 u_2$$

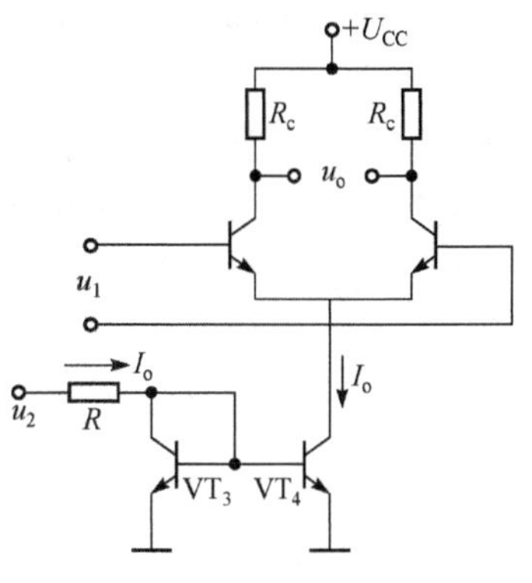

图 4-2-13　题 4-2-24 图

注意:(1) 式中 u_1 可正可负,但其幅值只能在差分放大器的线性范围内($\pm U_T$)变化,否则会引起输出信号失真。

(2) u_2 只可正不可负,这是本电路作乘法运算的不足之处。

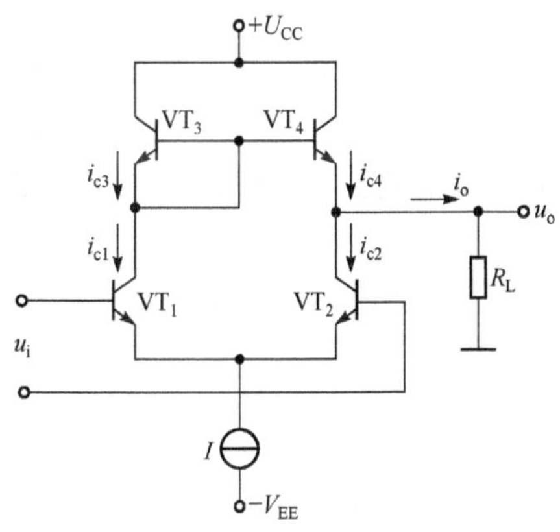

图 4-2-14　题 4-2-25 图

25. 已知某差分放大电路如图 4-2-14 所示,两管发射极电流 *I* 由镜像电流源电路提供。试完成以下各题。

(1) 这是什么类型的差分放大电路?

(2) 静态时,I_{C1}、I_{C2}、与电流 I 有什么关系?

(3) 静态时,I_{C1}、I_{C2}、I_{C3}、I_{C4}间有什么关系?

(4) 静态时,加给负载 R_L 的电流为多少?

答:(1)这是发射极为恒定电流 I 的双端输入、平端输出、有源负载的差分放大电路。VT_3、VT_4 组成的镜像电流源是差分放大电路的有源负载,使 $i_{C4} = I_{C1}$。

(2) 静态时存在

$$I_{C1} = I_{C2} \approx \frac{I}{2}, \quad I_{C1} + I_{C2} = I$$

(3) 静态时存在

$$I_{C1} = I_{C2} \approx I_{C3} = I_{C4} = \frac{I}{2}$$

(4) 静态时送给负载 R_L 的电流为

$$I_L = I_{C4} - I_{C2} = 0$$

26. 已知某差分放大电路如图 4-2-14 所示,两管集电极电流由镜像电流源电路提供。试完成以下各题。

(1) 动态时(即差模电压不为零时)各电流的变化及相互关系如何?

(2) 动态时,送给负载 R_L 的电流 i_o 为多少?

(3) 求放大器的电压放大倍数。

(4) 本电路有什么特点?

答:(1) 动态时(输入 u_i 不为零),电流 i_{C1}、i_{C2}的变化为

$$i_{C1}\uparrow、i_{C2}\downarrow 或 i_{C1}\downarrow、i_{C2}\uparrow$$

两者的变化量是相同的,均为 Δi_C

(2) 动态时，送给负载 R_L 的电流为

$$i_0=i_{C4}-i_{C2}=i_{C1}-i_{C2}=2\Delta i_C$$

即差分对管二管变化的电流均加至负载 R_L 上，这说明镜像电流源负载将差动对管 VT_1 的电流变化转化为至 VT_2 管的输出端，故单端输出的电路起双端输出的效果。

(3) 电压放大倍数为

$$A_v=\frac{u_o}{u_{id}}\approx\frac{\beta_1 R_L}{r_{be}}\approx\frac{R_L}{r_e}=g_m R_L$$

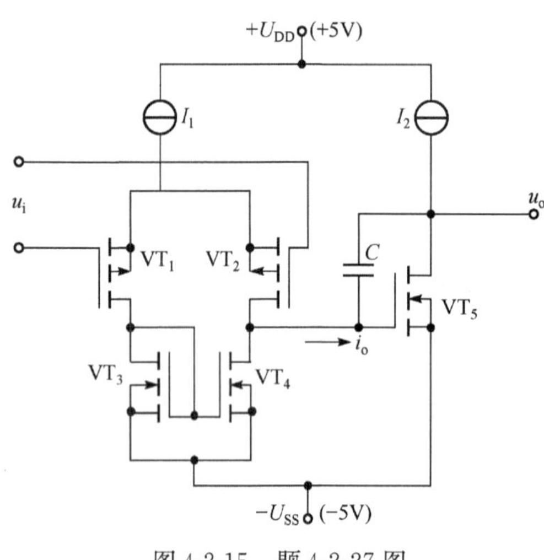

图 4-2-15　题 4-2-27 图

(4) 电路特点为使单端输出差分放大电路的差模电压放大倍数提高到接近双端输出时的数值；静态时无直流输出量，故无须隔直的耦合电容器。

27. 已知某集成运算放大器的简化电路如图 4-2-15 所示(MC14573)，图中恒流源电流 I_1、I_2 均由镜像电流源电路组成。试完成以下各题。

(1) 电路均采用什么类型的场效应管？

(2) 输入级是什么类型的放大电路？VT_1、VT_2 起什么作用？VT_3、VT_4 起什么作用？

(3) VT_5 组成什么电路？

答：(1) VT_1、VT_2 为增强型 PMOS 场效应管；VT_3、VT_4、VT_5 为增强型 NMOS 场效应管。

(2) 源级为恒定电流 I_1 的双端输入、单端输出，为有源负载的 MOS 场效应管差动放大电路。VT_1、VT_2 为差对管，VT_3、VT_4 为 VT_1、VT_2 放大管的有源负载，它们起放大作用。

(3) VT_5 是有源负载共源极放大电路，它的输入电阻甚大，增益也很大。

28. 已知某集成运算放大器的简化电路如图 4-2-15 所示(MC14573)，图中恒流源电流 I_1、I_2 均由镜像电流源电路组成。试完成以下各题。

(1) 本电路的显著特点是什么？

(2) 电路中的电容 C 起什么作用？

答：(1) 本电路的显著特点是输入、输出阻抗均很高(可达 $10^{10}\,\Omega$)，电压放大倍数甚大，可在很宽的电源电压范围内工作，其带载能力差。它是为高负载阻抗而设计的运算放大器。

(2) 电容 C 起相位补偿作用，可防止或消除自激振荡。

29. 如何扩展差分放大电路的线性工作范围？即使图 4-2-8 中的 u_i 和图 4-2-13 中的 u_1 幅值较大时也不会引起输出电压的失真？

答：主要有两种方法，其一如图 4-2-16 所示。

(1) 在两差动对管的发射极分别串接电阻 R_{e1}、R_{e2}，在它上面产生交流串联负反馈来扩展放大器的动态范围，并提高输入电阻。R_{e1} 和 R_{e2} 的接法如图 4-2-16 所示。应特别指出的是，电阻 R_e 对放大器的动态范围和输入电阻的大小无任何影响，因为流过它的电流是恒定的(恒流)，故 R_e 上无交流信号存在，无交流负反馈而言(对

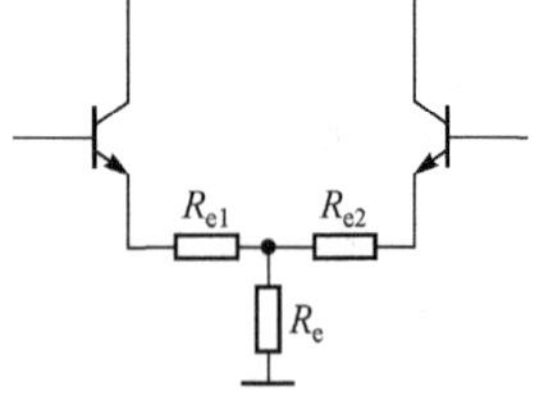

图 4-2-16　题 4-2-29 图

差模信号而言)。

(2) 在输入电路之前若加入反双曲正切变换电路,使输入信号产生预失真,可补偿(抵消)本级差分电路因信号幅度大而产生的失真,这种电路在成品的模拟乘法集成电路中是经常被采用的。

30. 如何提高差分放大电路的输入电阻?

答:主要有如下3种方法:

(1) 在差分对管的发射极分别接入电阻 R_{e1}、R_{e2},以串联负反馈的方法提高输入电阻,这一方法已在上一题中提到。

(2) 用复合管形式(如共c—共b电路)提高输入电阻。

(3) 用场效应管作差分对管,使放大器的输入电阻与管内无关,仅由外电路决定。

31. 集成运算放大器的主要技术指标有哪些?

答:主要指标指如下所述。

(1) 输入失调电压 U_{I0}——使输出电压为零时,输入端外加的补偿电压。

(2) 输入失调电流 I_{I0}——使输出电压为零时,流入两输入端的静态电流之差值。

(3) 输入偏置电流 I_{IB}——使输出电压为零时,流入两输入端的静态电流之平均值。

(4) 最大差模输入电压 u_{idmax}——运放输入端所能承受的最大差模电压值,一般为几伏到几十伏。

(5) 最大共模输入电压 u_{icmax}——运放输入端所能承受的最大共模电压值,一般为几伏到几十伏。

(6) 最大输出电流 I_{odmax}——运放所能输出的正向或负向的峰值电流,通常给出的是输出端短路电流。

(7) 开环差模电压增益 A_{v0}——运放工作在线性区,接入额定负载,无负反馈条件下的直流差模电压放大倍数,运放的 A_{v0}——一般很大,可达 $10^6 \sim 10^7$,即 120~140dB。

(8) 开环带宽 BW(即 f_H)——即开环时电压增曾益 A_{v0} 下降 3dB 时所对应的上限截止频率 f_H,此值通常较小,如741运放的 f_H 只有7Hz。

(9) 转换速率 S_R——指闭环情况下,输入为大信号(如阶跃信号)时,运放输出电压对时间的最大变化率,即

$$S_d = \frac{du_o(t)}{dt}\Big|_{max}$$

(10) 单位增益带宽 f_T——使开环电压增益 A_{v0} 下降至1时的工作频率,或使 A_{v0} 为 0dB 时的信号频率 f_T,如741运放的 $f_T = 1.4MHz$。此 f_T 类似于放大管的特征频率 f_T(使 $\beta = 1$ 时的工作频率)。

32. 若运算放大器的输入为一正弦信号:$u_i = U_i \sin\omega t$,试求运放输出电压最大变化速率是多少?

答:求运放输出电压最大转换(变化)速率时应先求输出电压 u_o 的表达式为

$$u_o = A_{vo} u_i = A_{vo} U_i \sin\omega t$$

故运放输出电压最大转换速率为

$$S_d = \frac{du_o(t)}{dt}\Big|_{max} = A_{v0} U_i \omega \cos\omega t\Big|_{t=0} = 2\pi f A_{Vo} U_i = 2\pi f U_{omax}$$

上式表明,在放大倍数 A_{v0} 和输入电压幅值 U_i 确定后,运放的 S_d 仅与工作频率成正比。在电

路中，若要求输出电压的幅度大，工作频率又高，则一定要选 S_d 大的集成运放。在 S_d 选定后，工作频率与输出电压幅值的乘积应为一常数，一个增大时，另一个必定减小。

33. 已知一运算放大器的输出电压最大变化率为 $S_d=1.25V/\mu s$，当信号工作在 100kHz 的时，求其不失真输出电压的最大幅值。

答：根据公式 $S_d=2\pi fU_{om}$可求得

$$U_{om}=\frac{S_R}{2\pi f}=\frac{1.25V/\mu s}{6.28\times100\times10^3}=\frac{1.25\times10^6}{6.28\times10^5}\approx2V$$

34. 集成运算放大器作理想化处理时的几个主要假设是什么？

答：(1) 运放的开环电压增益为无穷大(实际上可达 120～140dB，确实很大)。

(2) 运放两输入端之间的电阻为无穷大，即其间无电流流通($i_i\rightarrow0$)，故有“虚短”之说。

(3) 运放两输入端之间由于电阻甚大，电流⟶0，即两者的电位相等，故有“虚短”之说。

上述 3 点假设比较符合运放的实际情况，这种假设在分析运放的实际应用时十分有用。

35. 已知集成运算放大器的应用电路如图 4-2-17 所示。试完成以下各题。

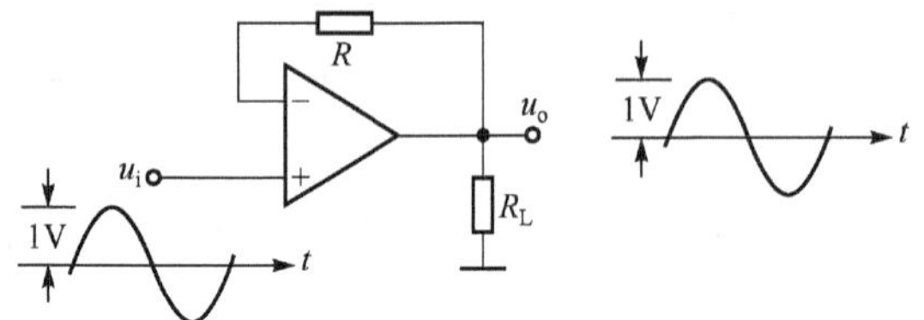

图 4-2-17　题 4-2-35 图

(1) 这是什么电路？　　(2) 对应 u_i 画出 u_o 波形。

(3) 标出 u_o 之幅值。　　(4) 求放大器的输入电阻。

(5) 电路中存在什么反馈？　　(6) 电阻 $R=0$ 是否可以？

答：(1) 这是由运放做成的电压跟随放大电路。

(2) u_o 的波形已画在电路输出端，它与 u_i 同相，幅值也相同。

(3) u_o 之幅值为

$$u_o=u_i\cdot A_v\approx u_i(\text{利用“虚短”、“虚断”之说})$$

(4) 输入电阻为 $R_i\approx\infty$。输入电阻甚大，这就表明此电路对前级电路没有什么作用，从而切断了负载 R_L 对前级电路的影响。

(5) 电路中存在深度电压串联负反馈。

(6) 可以，不会影响电路增益，因为在其支路中的电流等于零。无电流支路的各点的电位处处相等。

36. 已知集成运放的应用电路如图 4-2-18 所示。试完成以下各题。

(1) 这是什么电路？

(2) 画出输出 u_o 之波形。

(3) 标出 u_o 之幅值。

(4) 求放大器的输入电阻。

(5) 电路中存在什么反馈？

(6) 电阻 R_3 起什么作用？是否可以短路接地？

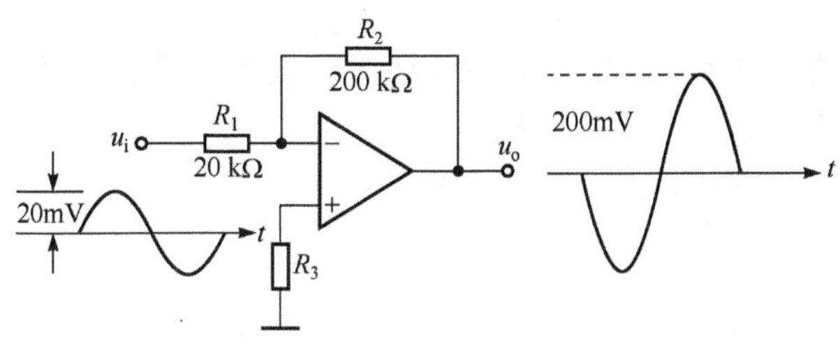

图 4-2-18　题 4-2-36 图

答：(1) 这是反相比例放大电路。

(2) u_o 波形已画在电路的输出端，它与输入反相 180°，幅值被放大 10 倍。

(3) u_o 之幅值为

$$U_{om}=U_{im}\cdot A_v=U_{im}\frac{R_2}{R_1}=2\times10^{-3}\times\frac{200}{20}=200\text{mV}$$

(4) 输入电阻 $R_i=R_1=20\text{k}\Omega$。

(5) 电路中存在深度的电压并联负反馈。

(6) R_3 能对电路起平衡作用，使电路的输入失调量尽可能减小；R_3 短路，电路也能工作，不会产生重大影响。

37. 已知集成运放的应用电路如图 4-2-19 所示。试完成以下各题。

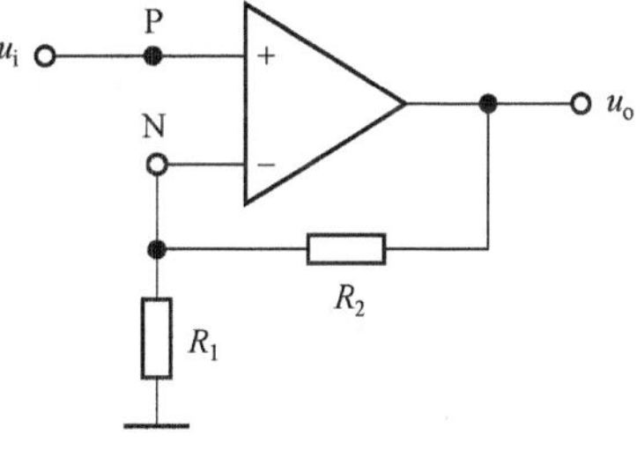

图 4-2-19　题 4-2-37 图

(1) 这是什么电路？

(2) 求电路的电压放大倍数。

(3) 求输入电阻。

(4) 电路中存在什么反馈？

答：(1) 这是同相比例放大电路。

(2) 电路的放大倍数(利用“虚短”之说，即 $u_P=u_N$ 条件)为

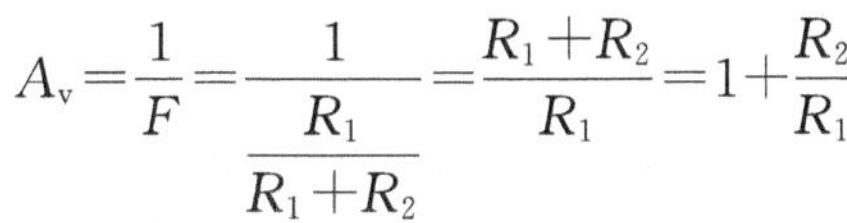

$$A_v=\frac{1}{F}=\frac{1}{\dfrac{R_1}{R_1+R_2}}=\frac{R_1+R_2}{R_1}=1+\frac{R_2}{R_1}$$

(3) 输入电阻为 $R_i\longrightarrow\infty$。

(4) 电路中存在电压串联负反馈。

38. 已知集成运放的应用电路如图 4-2-20 所示。试完成以下各题。

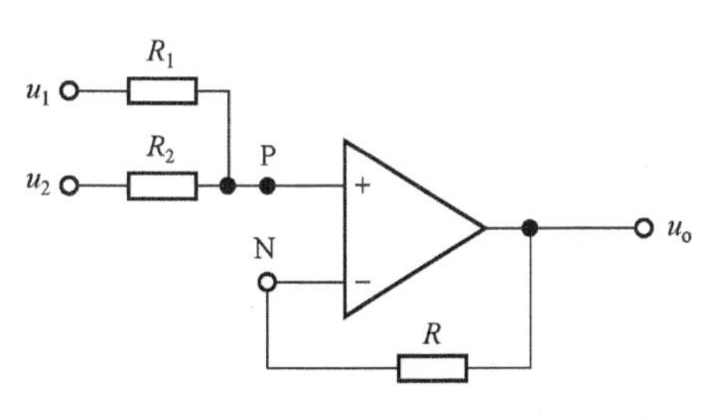

图 4-2-20　题 4-2-38 图

(1) 这是什么电路？能实现什么功能？

(2) 求导输出电压 u_o 与两输入电压之关系式。

答：(1) 这是加法电路，能实现两输入信号之和的运算。

(2) 根据“虚短”的原理：$u_p=u_N=u_o$，而 $U_p=u_1\dfrac{R_2}{R_1+R_2}+u_2\dfrac{R_1}{R_1+R_2}$；在 $R_1=R_2=R$ 时，$u_o=$

$u_p=\frac{1}{2}(u_1+u_2)$。

39. 已知集成运放的应用电路如图 4-2-21 所示。试完成以下各题。

(1) 这是什么电路？能实现什么功能？

(2)求导输出电压 u_o 与两输入电压之关系式。

答：(1) 这是减法电路，能实现两输入信号之差的运算。

(2) 根据"虚短"的原理：$u_p=u_N=\frac{1}{2}u_1$，而$\frac{u_2-u_N}{R}=\frac{u_N-u_0}{R}$，即 $u_2-u_N=u_N-u_o$，故 $u_2=2u_N-u_o$。代入 $u_N=\frac{1}{2}u_1$，可得 u_o 与输入 u_1、u_2 之关系式为 $u_o=u_1-u_2$。

40. 已知集成运放的应用电路如图 4-2-22 所示。试完成以下各题。

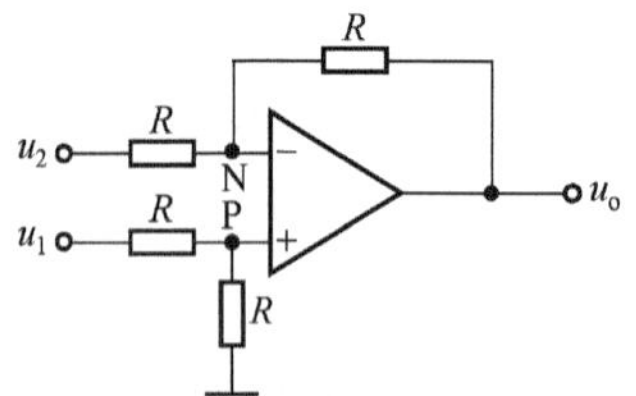

图 4-2-21　题 4-2-39 图

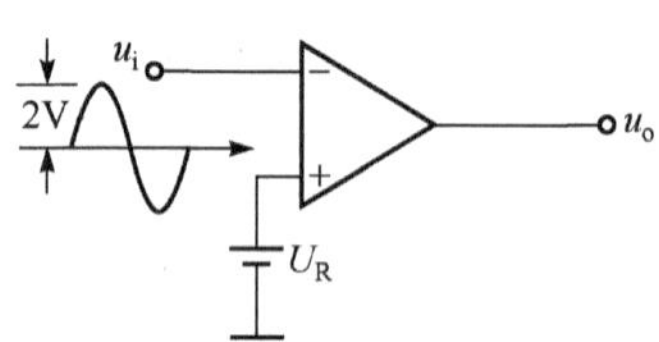

图 4-2-22　题 4-2-40 图

(1) 这是什么电路？起什么作用？

(2) 设 $U_R=0V$ 对应 u_i 画出输出 u_o 之波形。

(3) 设 $U_R=1V$，对应 u_i 画出输出 u_o 之波形。

答：(1) 这是比较器电路，U_R 为比较的参考电平，若 $U_R=0$，则电路称为过零比较器。

(2) $U_R=0V$ 时输出电压 u_{o1} 的波形如图 4-2-23 所示，基本为对称方波。

(3) $U_R=1V$ 时输出电压 u_{o2} 的波形如图 4-2-23 所示，输出为占空比不为 1 的矩形波。

41. 已知集成运放的应用电路如图 4-2-24 所示，输入为对称的方波，*RC* 乘积足够大(大于输入脉冲的宽度)。试完成以下各题。

(1) 这是什么电路？能起什么作用？

(2) 推求输出电压的表达式。

(3) 对应 u_i，画出输出电压 u_o 的波形(设 RC 乘积足够大)。

(4) 若 RC 乘积较小，则输出 u_o 的波形有否变化？

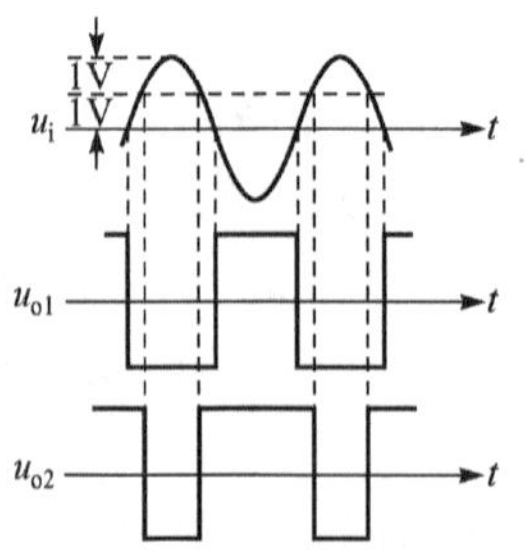

图 4-2-23　题 4-2-40 图

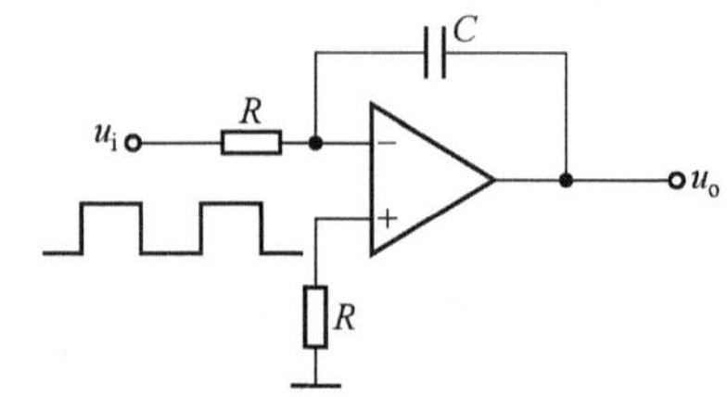

图 4-2-24　题 4-2-41 图

(5) 若输入为余弦信号,则输出 u_o 为何种信号?

答:(1) 这是有源基本积分电路,能对输入信号起积分作用。

(2) 输出电压与输入电压的关系式为

$$u_o = -\frac{1}{RC}\int u_i \mathrm{d}t$$

(3) 对应 u_i 的 u_o 波形如图 4-2-25 所示。由于 RC 乘积足够大,故 u_o 近于三角波形(u_{o1})。

(4) 在 RC 乘积不是足够大时,RC 电路所起的积分作用较小,故 u_o 的波形近似于方波,只是前后沿的陡度下降(u_{o2})。

(5) 此时输出为正弦波,是输入信号的积分。

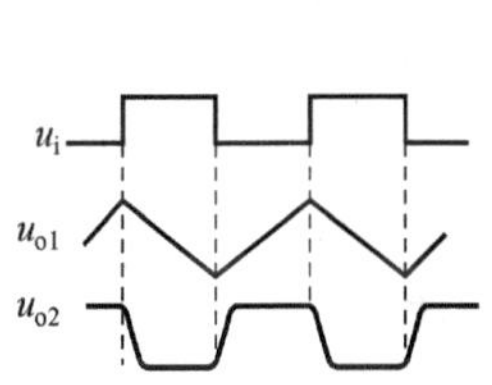

图 4-2-25　题 4-2-41 题

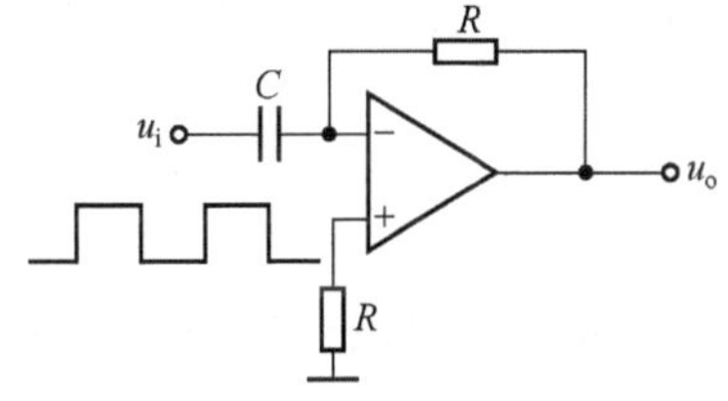

图 4-2-26　题 4-2-42 图

42. 已知集成运放的应用电路如图 4-2-26 所示,输入为对称方波,RC 乘积较小,试完成以下各题。

(1) 这是什么电路? 能起什么作用?

(2) 推求输出电压的表达式。

(3) 若 RC 乘积较小,画出 u_o 的波形。

(4) 若 RC 乘积很大,画出 u_o 的波形。

答:(1) 这是基本微分电路,能对输入信号起微分作用。

(2) 输出电压 u_o 的表达式为

$$u_o = -RC\frac{\mathrm{d}u_i}{\mathrm{d}t}$$

(3) 若 RC 乘积较小,则 u_o 的波形。如图 4-2-27 所示,输入方波变成了一个个小尖脉冲(微分脉冲)输出(u_{o1})。

(4) 若 RC 乘积较大,则 u_o 的波形近似于方波,只是波顶有些下垂(u_{o2})。

43. 在如图 4-2-26 所示的基本微分电路中,为什么会出现阻塞现象和电路不稳定的情况?

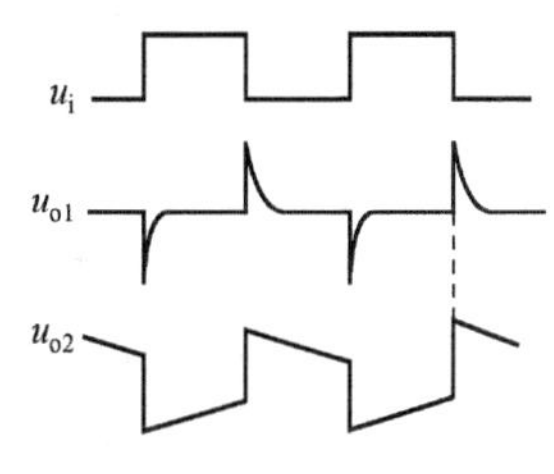

图 4-2-27　题 4-2-42 解

答:(1) 在如图 4-2-26 所示的基本微分电路中,无论是输入电压产生阶跃变化,还是脉冲式大幅值干扰,都会使得集成运放内部的放大管进入饱和或截止状态,且使它们很难再回到放大区,而对输入信号产生响应。这就出现所谓的“阻塞现象”,使电路不能正常工作。

(2) 由于电路中存在较深的负反馈网络,它的滞后与集成电路内部环节的滞后相叠加,易于满足系统的自激振荡的条件(相位条件与振幅条件),从而使电路不稳定。

44. 已知某实用集成运放的微分电路如图 4-2-28 所示。试完成以下各题。

(1) 小电阻 R_1 起什么作用?

(2)两只稳压二极管起什么作用?

(3) 小电容 C_1 起什么作用?

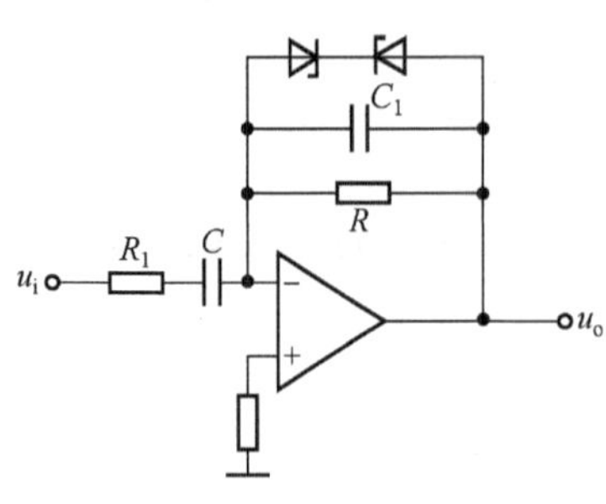

图 4-2-28 题 4-2-44 图

答:本电路中除基本微分电路所需的元件 C、R 外,其他元器件均为克服电路中可能出现的"阻塞现象"和自激振荡而附加的。下面具体说明。

(1) R_1——这是小阻值电阻,可限制输入电流,即限制流经微分元件 C、R 上的电流,起到防止脉冲式的大幅值干扰。

(2) 两只稳压二极管与微分电阻 R 相并联,可限制输出电压的幅值,保证集成运放中的放大管始终工作在放大区,不至于出现"阻塞现象"。

(3) C_1 是小容量电容,起相位补偿作用(使高频负反馈加强),可预防电路自激,提高电路的稳定度。

45. 已知集成运放的应用电路如图 4-2-29 所示。试完成以下各题。

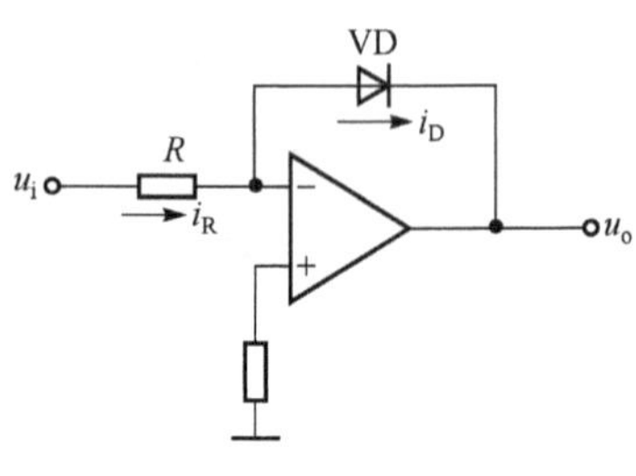

图 4-2-29 题 4-2-45 图

(1) 这是什么电路? 起什么作用?

(2)写出输出 u_o 与输出 u_i 之关系式。

(3) 可否用三极管代替电路中的二极管?

答:(1) 这是采用半导体二极管的对数运算电路,能对输入信号作对数运算。

(2) 根据二极管的伏安特性,有

$$i_D \approx I_S e^{\frac{u_D}{U_T}} = \frac{u_i}{R}$$

故

$$u_D \approx U_T \ln \frac{i_D}{I_S} = U_T \ln \frac{u_i}{I_S R}$$

可得

$$u_o = -u_D = -U_T \ln \frac{u_i}{I_S R}$$

式中,输出 u_o 与 U_T、I_S(反向饱和电流)有关,因而运算精度受温度的影响。

(3) 可以用 BJT 三极管取代二极管,以扩大输入电压的动态范围。

46. 已知集成运放的应用电路如图 4-2-30 所示。试完成以下各题。

(1) 这是什么电路? 起什么作用?

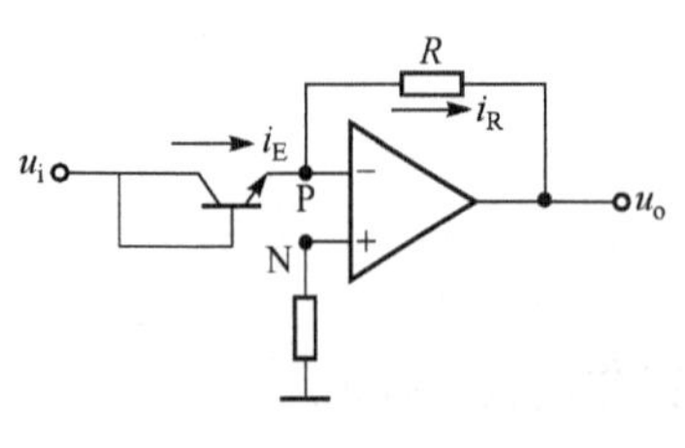

图 4-2-30 题 4-2-46 图

(2) 写出输出 u_o 与输入 u_i 之关系式。

答:(1) 这是集成运放指数运算电路,能对输入信号作指数运算。

(2) 根据"虚短"与"虚地"的概念,可得

$$u_i = u_{be}$$

$$i_R = i_E \approx I_S e^{\frac{u_i}{V_T}}$$

由此可得输出电压为 $u_o=-i_R R=-I_S R e^{\frac{u_i}{U_T}}$

根据电路与 u_o 公式，u_i 应大于零，否则三极管不能工作；由于 $u_i=u_{be}$，所以 u_i 幅值不能大，其变化范围受限；u_o 与 I_S、U_T 有关，故温度对运算精度有影响。

47. 已知集成运算放大器除法运算的原理电路如图 4-2-31 所示。试完成以下各题。

(1) 写出 u_A 的表达式。

(2) 写出输出 u_o 与 u_1、u_2 的关系式。

答：(1) u_A 是乘法器的输出信号。设乘法器的系数为 K，则其输出为

$$u_A=ku_2u_o$$

(2) 根据理想运放"虚断"的原理，存在 $u_1=u_A$ 关系 $\left(因为\frac{u_1}{R}=-\frac{u_A}{R}\right)$，有

$$u_1=-u_A=ku_2u_o$$

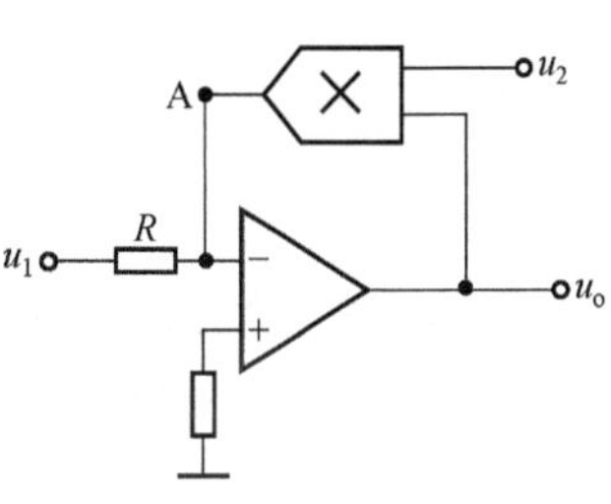

图 4-2-31 题 4-2-47 图

故得

$$u_o=\frac{u_1}{Ku_2}=\frac{1}{K}\cdot\frac{u_1}{u_2}$$

注意：式中 u_2 应为正极性，此时才能保证运放外的反馈为负反馈。

48. 已知集成运放的应用电路如图 4-2-32 所示，其⊕端输入低频正弦信号，其⊖端输入频率为数百千赫的三角波或锯齿波信号。试完成以下各题。

(1) 这是什么电路？它能起什么作用？

(2) 画出 U_o 的波形。

(3) 此电路有何应用？

答：(1) 这是将输入信号转换或 PWM 信号输出的电路。

(2) 对应 u_1、u_2 的 u_o 波形如图 4-2-33 所示。

(3) 常用于将输入模拟信号 u_i 转换成 PWM 脉冲输出，在音频 D 类放大器中，它是常用的一种转换电路。

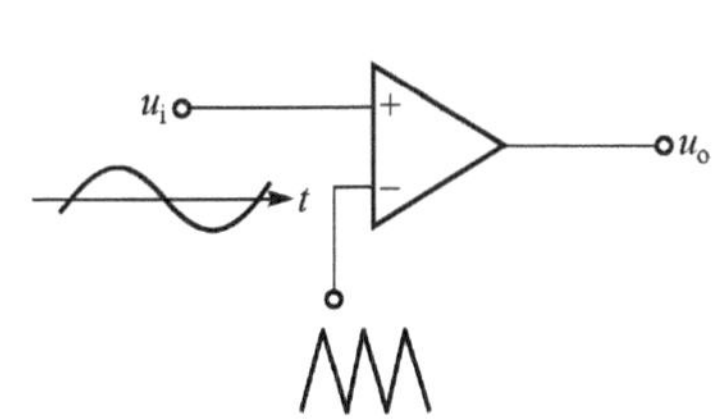

图 4-2-32 题 4-2-49 图

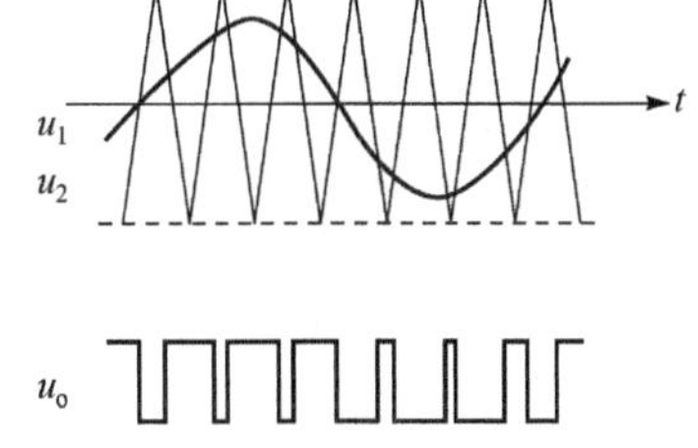

图 4-2-33 题 4-2-48 图

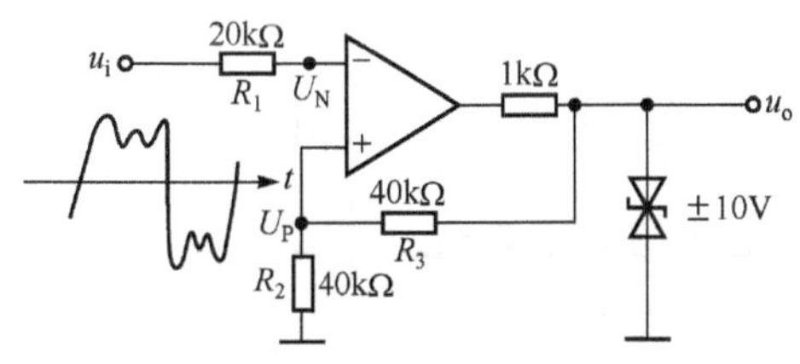

图 4-2-34 题 4-2-49 图

49. 已知集成运放的应用电路如图 4-2-34 所示，两只稳压二极管的稳压值相同。试完成以下各题。

(1) 这是什么电路？有什么特点？

(2) 求阈值电压值。

(3) 画出电路的电压传输特性曲线。

答:(1) 这是滞回(迟滞)比较器电路,也称为施密特触发器或施密特电路。此电路的最大特点是抗干扰能力强,即对于输入端某些扰动(无论是信号方面,还是其他干扰方面的)不会在输出端有所反映,这是由于电路中引入正反馈,使电路的传输特性具有滞回性能所致,其代价是它的灵敏度有所降低。

(2) 当输出为正 10V 时,其上阈值电压为

$$U_{p+}=10\times\frac{40}{40+40}=+5V$$

当输出为负 10V 时,其下阈值电压为

$$U_{p-}=-10\times\frac{40}{40+40}=-5V$$

(3) 根据上下阈值电压值可画出电路的电压传输特性,如图 4-2-35 所示。

50. 已知集成运放的应用电路如图 4-2-34 所示。试完成以下各题。

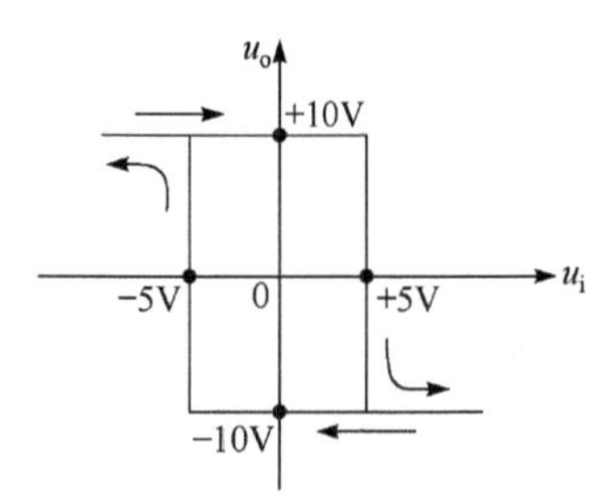

图 4-2-35 题 4-2-49 图

(1) 对应 u_i 画出输出电压 u_o 的波形。

(2) 此电路有何用?

(3) 如果电阻 R_2 的下端接一参考电压至地,则阈值电压怎么变化?

答:(1) u_o 的波形如图 4-2-36 所示。在 A 点处,当 u_i 值略大于 u_{p+}(+5V)时,输出 u_o 即由 +10V 降至 −10V,其阈值电压也由 +5V 迅速降至 −5V,此后即便 u_i 幅值有变动(甚至较大变动),比较器的输出电压仍处于低电平 −10V 不变。

在 B 点处,当 u_i 值变得略低于 U_{p-}(−5V)时,输出 u_o 即由 −10V 升至 +10V,其电压也由 −5V 迅速升至 +5V,此后即便 u_i 幅值有变动,比较器的输出 u_o 仍处于高电平 +10V 不变。此后的 B 点和 C 点的情况与 A 点、B 点相同,不赘述。

(2) 对输入信号作整形之用,如图 4-2-36 中,受干扰的脉冲波形经此电路后变成了波形良好的矩形波脉冲。

(3) 如果参考电压为正值,则比较器的阈值电压 U_{p+}、U_{p-} 均增高一个值,(两者的绝对值不再相等),即其传输特性曲线右移一个定值;反之,若参考电压为负值,则传输特性曲线左移一个定值。

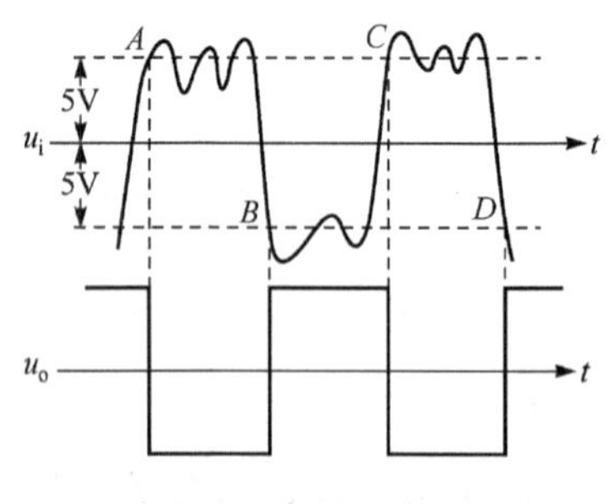

图 4-2-36 题 4-2-50 图

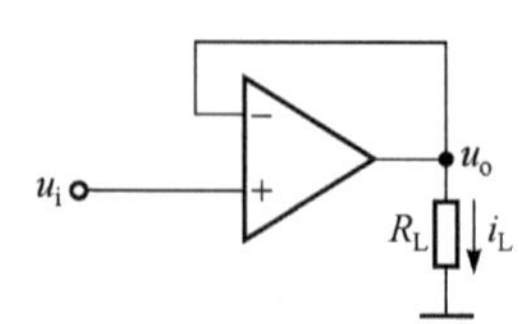

图 4-2-37 题 4-2-51 图

51. 已知集成运放的应用电路如图 4-2-37 所示。试完成以下各题。

(1) 写出电流 i_L 与输入电压 u_i 之关系式。

(2) 说明电路之功能。

答：(1) 根据运放两输入端“虚短”的假设，存在 $u_i=u_o$ 之关系，故有

$$i_L=\frac{u_o}{R_L}=\frac{u_i}{R_L}$$

(2) 由上式可知，本电路可将输入电压的变化转换成输出电流的变化，实现 $u\to i$ 变换，由于运放的跟随特性，R_L 的大小及变化不会对 u_i 信号源产生影响。

52. 已知集成运放的应用电路如图 4-2-38 所示。试完成以下各题。

(1) 写出输出 u_o 与 I_B 之关系式。

(2) 说明电路之功能。

答：(1) 根据运放两输入端“虚断”的假设，存在 $I_E=I_R$ 之关系，故有

$$I_E=(1+\beta)I_B=I_R=\frac{-u_o}{R}$$

故得

$$u_o=-R(1+\beta)I_B\approx-R\beta I_B$$

(2) 由上式可知，本电路可将输入电流的变化转换成输出电压的变化，实现 $I\to U$ 变换，且电路对电流有放大作用($1+\beta$ 倍)。

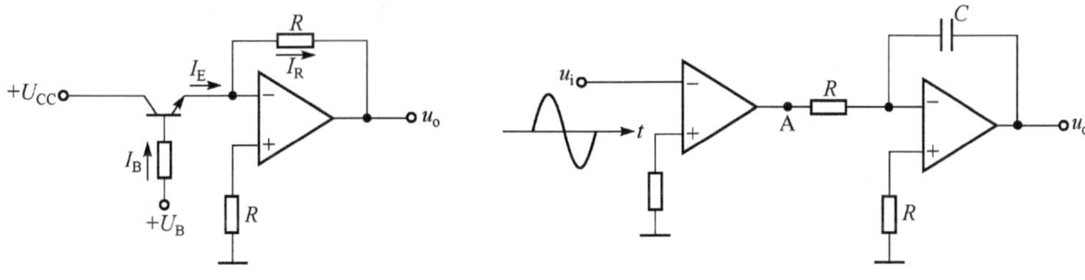

图 4-2-38　题 4-2-52 图　　　图 4-2-39　题 4-2-53 图

53. 已知集成运放的应用电路如图 4-2-39 所示。试完成以下各题。

(1) 两个运放各起什么作用？

(2) A 点处是什么样的信号？

(3) 输出 u_o 是什么样的信号？(设 RC 时间常数为足够大)。

答：(1) 左侧运放起过零比较作用，能将输入的正弦波信号转换成方波信号输出。

(2) A 点信号为方波脉冲，其变化方向与输入 u_i 差 180°。

(3) u_o 为三角波信号，其变化方向与 u_A 相反，与输入 u_i 相同。

54. 已知集成运放的应用电路如图 4-2-40 所示。试完成以上各题。

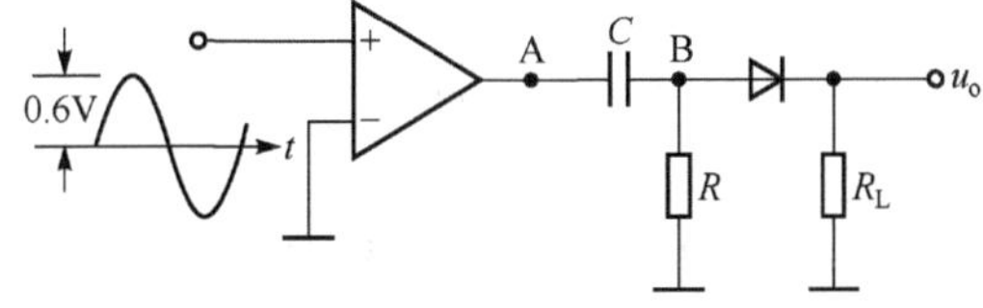

图 4-2-40　题 4-2-54 图

(1) 运放起什么作用？

(2) A 点处是什么样的信号？

(3) 画出 B 点处信号的波形(设 RC 时间常数较小)。

（4）画出 u_o 之波形。

答:(1) 左侧运放组成过零比较电路,将输入正弦信号转换成方波输出。

(2)A 点信号为脉冲方波,方向与输入 u_i 相同。

(3) RC 组成微分电路,故 B 点波形如图 4-2-41所示(u_B)。

(4) 二极管与 R_L 组成半波整流电路,将 B 点的正负双向脉冲变成单向小尖脉冲输出,其 u_o 波形也画在图 4-2-41 中。

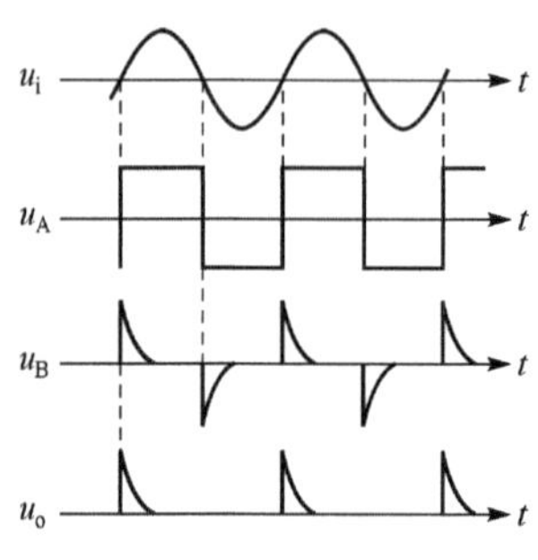

图 4-2-41 题 4-2-54 图

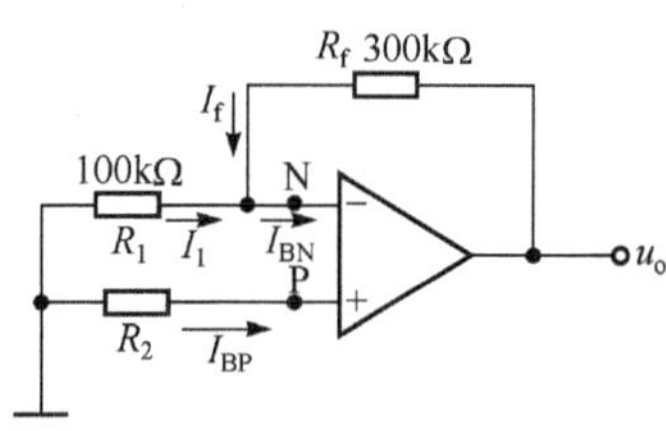

图 4-2-42 题 4-2-55 图

55. 已知集成运放的输入偏置补偿电路如图 4-2-42 所示。图中,$I_{BN}=I_1+I_F=100nA$,$I_{BP}=80nA$;为使输出误差电压 $u_o=0V$,试求平衡电阻 R_2。

答:根据运放两输入端"虚断""虚短"的假设,存在 $U_p=U_N$ 关系,故得

$$\begin{cases}U_N=-R_1I_1=-100k\Omega(100nA-I_F)=-100k\Omega\left(100nA-\dfrac{U_o-U_N}{300k\Omega}\right)\\U_p=-R_2I_{BP}=-R_2\cdot 80nA\end{cases}$$

而在 $U_o=0V$ 的条件下,得

$$R_2\cdot 80nA=100k\Omega\left(100nA-\frac{R_2\cdot 80nA}{300k\Omega}\right)$$

由上述关系可求得 $R_2=93.75k\Omega$。

二、填空题

1. 集成运算放大器始于 20 世纪的__________年代,目前已经历__________代产品。

2. 按制造工艺区分,集成运算放大器主要有__________型和__________型及兼容的__________型等多种。

3. CMOS 型集成运算放大器的主要特点是__________、__________、__________。

4. 兼容型集成运算放大器的主要特点是__________、__________、__________。

5. 集成运算放大器的内部电路主要由__________、__________、__________、__________等四大部分组成。

6. 集成运算放大器内部的偏量电流源电路主要有__________、__________、__________等多种。

7. 电流源作为放大管有源负载的特点是__________、__________、__________。

8. 集成运算放大器内部的输入级几乎都采用__________,其共模抑制比__________。

9. 集成运算放大器内部的中间级常采用__________,特点是__________。

10. 集成运算放大器内部的输出级常采用__________,其输出电阻一般为__________。

11. 差分放大电路两差动管发射极(或源极)对地的交流电阻__________,直流电阻为__________。

12. 输入交流信号为零的静态时,差分放大器两管的电流之和为__________,两管电流之差为__________。

13. 输入交流信号为零的静态时,差分放大器两管集电极电位__________,双端输出(对称输出)的信号为__________。

14. 通用型集成运算放大器的开环差模电压增益一般很大,为__________;单位增益带宽较小,约为__________。

15. 运算放大器的差模输入电压最大幅值一般为__________,其共模输入电压最大幅值一般为__________。

16. CMOS 集成运算放大器的输入电阻可高达__________并可在很宽的__________电压范围内工作,其集成度很高。

17. BJT 型集成运算放大器两输入端之间的动态电阻(输入电阻)一般为__________,其值是较大或很大的。

18. 运算放大器的共模抑制比定义为__________与__________之比的绝对值,常以分贝(dB)表示。

19. 运算放大器的共模抑制比常以英文缩写__________表示,其值一般为__________ dB。

20. 集成运算放大器的开环带宽一般为__________,通常是较宽的,但其闭环带宽是__________的。

21. 当输入电流低至 $10\mu A$ 以下时,BJT 型集成运算放大器都无法实现,必须采用__________的集成运放。

22. 若对幅值为 $1\mu V$ 以下的弱信号进行测量放大,应选用__________运算放大电路,若要输出数十伏中高频大电压,应选用__________运算放大电路。

23. 用于测量放大电路,信号发生电路,采样保持电路应选用__________运算放大器。

24. 电压反馈式运算放大电路固受其信号传递方式的限制,它在__________和__________等性能方面还有不少缺陷。

25. 采用电流模技术设计和制造的电流型集成运算放大电路在__________、__________和__________等方面均有很好的性能。

26. 电流模反馈式运算放大电路是以__________为输入信号,以__________为输出信号。

27. 电压模运算放大器所处理(放大)的是__________、电流模运算放大器所处理(放大)的是__________。

28. 运算放大器直流电源接入处一般接两个去耦电容至地,其大电容的容量约为__________;小电容常选用__________类电容,容量约为__________。

29. 运算放大器有源滤波电路的特点是__________、__________、__________。

三、是非题

1. 集成运算放大器是一种将“管”和“路”紧密结合并具有特定功能的半导体器件。 (　　)

2. 从本质上来看,集成运算放大器是一种高性能的交直流耦合放大电路。 (　　)

3. 理想化的集成运算放大器的输入电阻是非常大的(近于无穷大). 故其两输入端之间为“虚断”状态。 (　　)

4. 理想化的集成运算放大器的两输入端之间的电流是非常小的(近于零),故其两输入端的电位相等,呈“虚短”状态。 (　　)

5. 为了提高集成运算放大器的输入电阻,其输入级常采用 MOSFET 或复合电路作输入放大电路。 (　　)

6. 因为运算放大器可作加、减、乘、除、微分、积分等运算,故称其为运算放大电路。 (　　)

7. 在集成运算放大器中,常用电流源电路代替交直流负载电阻(R_C 或 R_d),其优点是即可获得所需的静态电流,又可获得很大的交流等效电阻,使放大器的增益大大提高。 (　　)

8. 在工作点确定后,差分放大器两差分管发射极中的电流不是恒定的,它将随输入信号电压的变化而变化。 (　　)

9. 对差分放大器而言,温度变化、电源供电电压变化等,均属于共模信号作用。 (　　)

10. 在温度或电源供电电压变化时,差分放大器两放大管的电流也变化,但其和不变。 (　　)

11. 集成运算放大器的差模电压增益很高,输入阻抗很大,开环带宽(即－3dB 时的 f_H)也很大。 (　　)

12. 集成运算放大器的转换速率(SR)所表示的是运放对信号变化速度的适应能力,是衡量运放在大信号作用时工作速度的参数。 (　　)

13. 输入信号的幅值越大,频率越高,要求集成运放的转换速率(SR)越低。 (　　)

14. 当输入信号变化斜率的绝对值大于集成运算放大器的转换速率时,其输出信号与输入信号呈线性关系。 (　　)

15. 对于一个实际的集成运算放大器,当差模输入信号为零时,其输出电压也为零。(　　)

16. 集成运算放大器的输入失调电压是其两输入端电位之差值。 (　　)

17. 集成运算放大器的输入失调电流是其两输入端静态基极电流之差值。 (　　)

18. 集成运算放大器的输入偏置电流是输入级差放管基极(或栅极)偏置电流的平均值。 (　　)

19. 集成运算放大器外加深度负反馈后,其电路的性能指标往往只取决外加的反馈电路,而与集成芯片基本无关。 (　　)

20. 集成电路的制造工艺使得其电路中各相邻元器件的参数相当一致。 (　　)

21. 集成运算放大器的工作频率与输出电压最大幅值的乘积为一常数。 (　　)

22. 集成运算放大器的单位增益带宽乘积不是一个常数。 (　　)

23. 集成运算放大器的全功率带宽 BW 是指运放输出最大峰值电压时所允许的最高频率值。 (　　)

24. 对于一个给定的运算放大电路,若使其增益提高,则其频带宽度也会增加。 (　　)

25. 电流模运算放大器与电压模运算放大器一样,它们的输入电阻均很大。 (　　)

26. 电流模运算放大器所放大的应是其两输入端的电流之差值。 (　　)

四、选择题

1. 有关电阻负载差分放大电路的电压增益与输入信号接入方式(单端输入或双端输入)的下述叙述哪条是正确的?(　　)

A. 与输入信号接入方式无关

B. 双端输入增益高、单端输入增益低

C. 单端输入增益高、双端输入增益低

D. 既与输入接入方式有关，又与输出接入方式有关。

2. 有关电阻负载差分放大电路的电压增益与输出信号接出方式(单端输出或双端输出)的下述叙述哪条是正确的？(　　)

A. 与输出信号接出方式无关

B. 双端输出增益高、单端输出增益低

C. 单端输出增益高、双端输入增益低

D. 既与输入接入方式有关，又与输出接入方式有关。

3. 已知差分放大器的原理电路如图 4-2-43 所示，A 点对地的交直流电位为(　　)

A. 均为一常数，不随 u_i 改变而改变

B. 均为一变量，随 u_i 改变而改变

C. 直流电位为一常数，交流电位为零

D. 交流电位为一常数，直流电位为零

4. 已知差分放大器的原理电路如图 4-2-43 所示，两放大管发射极电阻 R_e 旁不并联大电容的主要原因为 (　　)

A. 因为要产生交流负反馈

B. 因为要稳定直流工作点

C. 因为要提高放大器的输入电阻

D. 因为 re 上无交流信号流过

5. 已知差分放大器的原理电路如图 4-2-43 所示，放大器的输入电阻为(　　)

A. $R_i=2r_{be}$

B. $R_i=2R_b//[2r_{be}+(1+\beta)R]$

C. $R_i=R_b//[r_{be}+(1+\beta)(R+R_e)]$

D. $R_i=R_b//r_{be}$

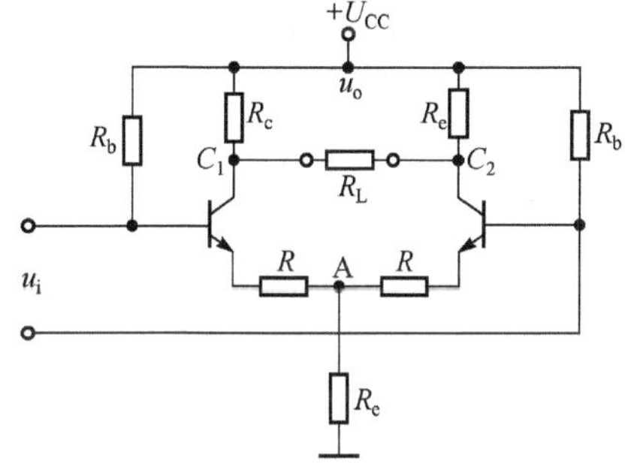

图 4-2-43　题 4-2-3 图

6. 已知差动放大器的原理电路如图 4-2-43 所示，放大器的输出电阻为(　　)

A. $R_o=R_c//R_L$　　B. $R_o=2R_c//R_L$　　C. $R_o=2R_C$　　D. $R_o=R_C//\frac{R_L}{2}$

7. 已知差分放大器的原理电路如图 4-2-43 所示，其电压放大倍数为 100。若输入信号改为单端输入，则电压放大倍数为(　　)

A. 100　　B. 50　　C. 200　　D. 150

8. 已知差分放大器的原理电路如图 4-2-43 所示，其电压放大倍数为 100。若输出信号改为由 C_2 单端输出，则电压放大倍数为(　　)

A. 100　　B. 200　　C. 150　　D. 50

9. 已知某镜像电流源作负载的差分放大电路，其双端输出时的电压放大倍数为 100，则改为单端输出后的电压放大倍数为(　　)

A. 50　　　　B. 100　　　　C. 200　　　　D. 150

10. 集成运算放大器的输入级采用差动放大电路的主要原因是:(　　)

A. 减小温漂,提高共模抑制比　　B. 提高输入电阻

C. 增大电路频带宽度　　D. 提高电压增益

11. 已知差分放大电路如图 4-2-44 所示,图中至 VT_2 基极的反馈为(　　)

A. 电压并联负反馈　　B. 电压串联负反馈

C. 电流并联负反馈　　D. 电流串联负反馈

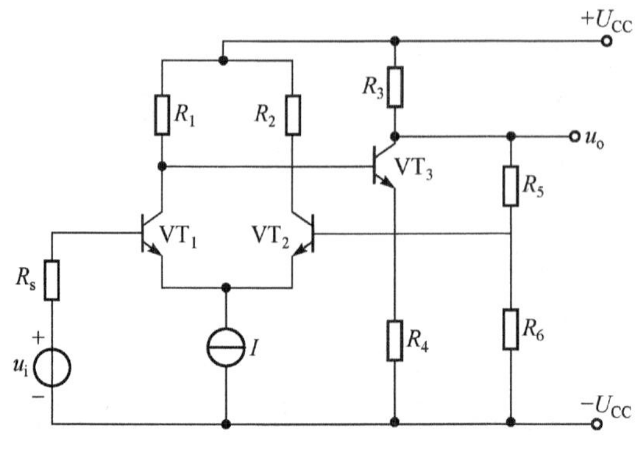

图 4-2-44　题 4-2-11 图

12. 已知差分放大电路如图 4-2-45 所示,图中至 VT_2 基极的反馈为(　　)

A. 电流串联负反馈　　B. 电流并联负反馈

C. 电压串联负反馈　　D. 电压并联负反馈

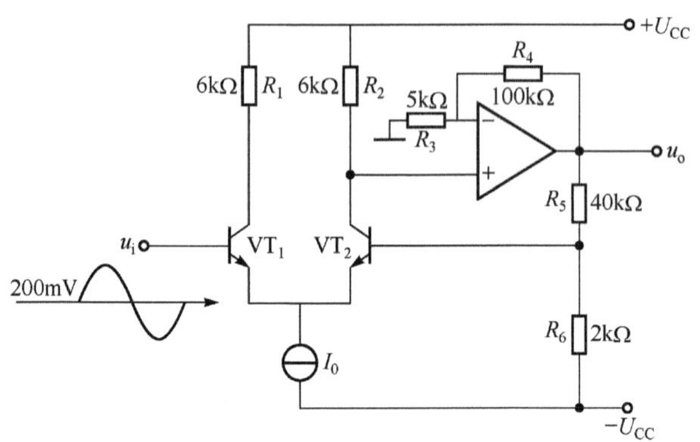

图 4-2-45　题 4-2-12 图

13. 已知差分放大电路如图 4-2-45 所示,输入 u_i 为正弦波,则 u_o 为(　　)

A. 与 u_i 同相的方波

B. 与 u_i 反相的方波

C. 与 u_i 同相的正弦波

D. 与 u_i 反相的正弦波

14. 已知差分放大电路如图 4-2-45 所示,输出电压 u_o 的幅值为(　　)

A. 无法求得　　B. 4V　　C. 8V　　D. 4.2V

15. 已知集成运算放大器的应用电路如图 4-2-46 所示，对频率特性而言，电容 C 的作用是（　　）

A. 提升低频，削弱高频　　B. 提升高频，削弱低频

C. 提升中频　　D. 提升各个频段

16. 已知集成运算放大器的应用电路如图 4-2-47 所示，对频率特性而言，电容 C 的作用是（　　）

A. 改善低频，削弱高频　　B. 提升高频，削弱低频

C. 提升中频　　D. 提升各个频段

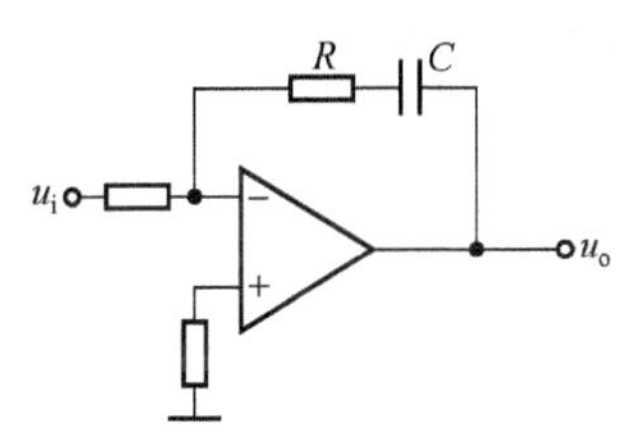

图 4-2-46　题 4-2-15 图

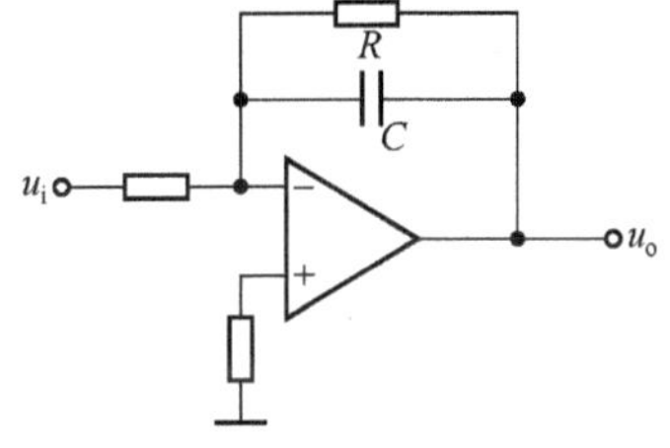

图 4-2-47　题 4-2-16 图

17. 已知集成运算放大器的应用电路如图 4-2-48 所示，对频率特性而言，电感 L 的作用是（　　）

A. 提升低频，削弱高频　　B. 提升高频，削弱低频

C. 提升中频　　D. 提升各个频段

18. 已知集成运算放大器的应用电路如图 4-2-49 所示，对频率特性而言，电感 L 的作用是（　　）

A. 提升低频，削弱高频　　B. 提升高频，削弱低频

C. 提升中频　　D. 提升各个频段

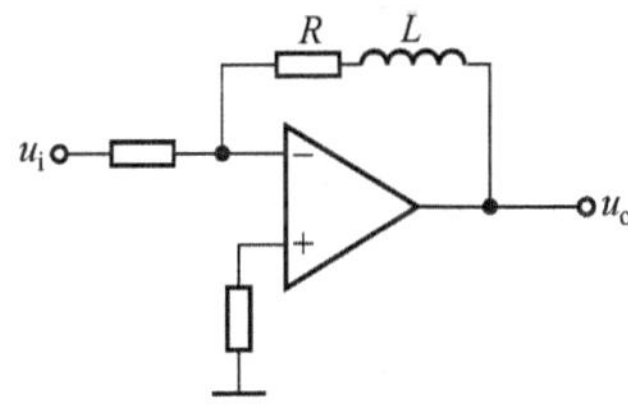

图 4-2-48　题 4-2-17 图

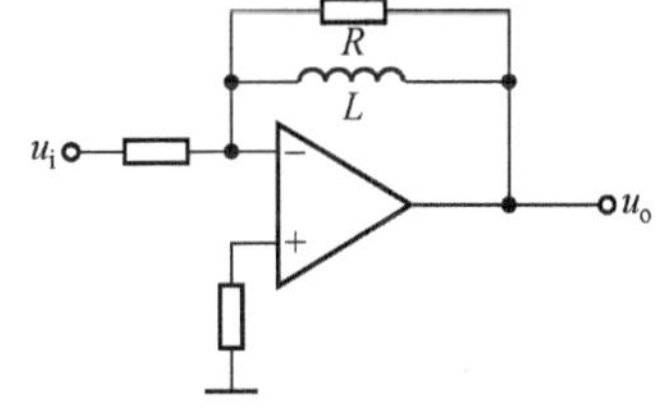

图 4-2-49　题 4-2-18 图

19. 已知集成运算放大器的应用电路如图 4-2-50 所示，就频率特性而言，电路属于（　　）

A. 低通滤波电路　　B. 高通滤波电路

C. 带通滤波电路　　D. 带阻滤波电路

20. 已知集成运算放大器的应用电路如图 4-2-51 所示，就频率特性而言，电路属于（　　）

A. 低通滤波电路　　B. 高通滤波电路

C. 带通滤波电路　　D. 带阻滤波电路

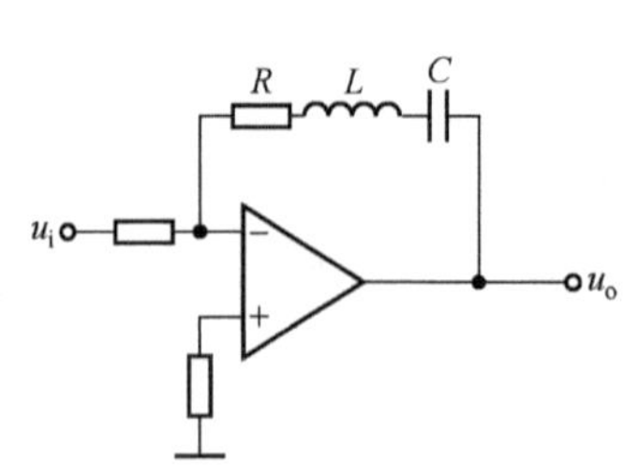

图 4-2-50　题 4-2-19 图

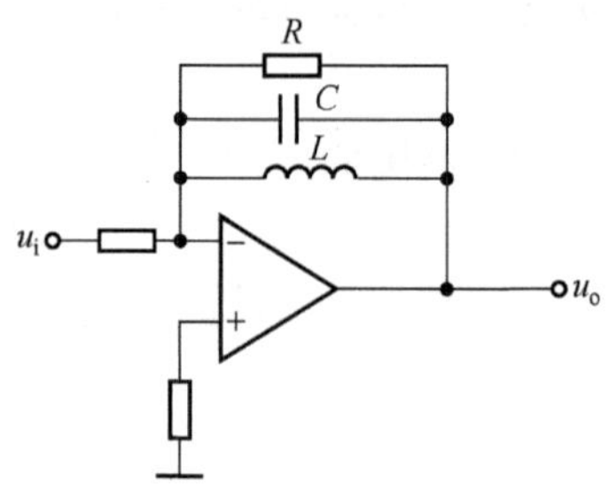

图 4-2-51　题 4-2-20 图

21. 已知电路如图 4-2-52 所示，已知 RC≪τ，则负载 R_L 由小至大变化时，u_o 的波形为(　　)

A. 均为方波，无影响

B. 均为三角波

C. R_L 很小时为方波，很大时为三角波

D. R_L 很大时为方波，很小时为三角波

22. 已知集成运算放大器的应用电路如图 4-2-53 所示，电容 C_1、C_2 的作用是(　　)

A. 提升低频

B. 提升高频

C. 稳定直流供电电压

D. 滤除交流干扰，防止自激

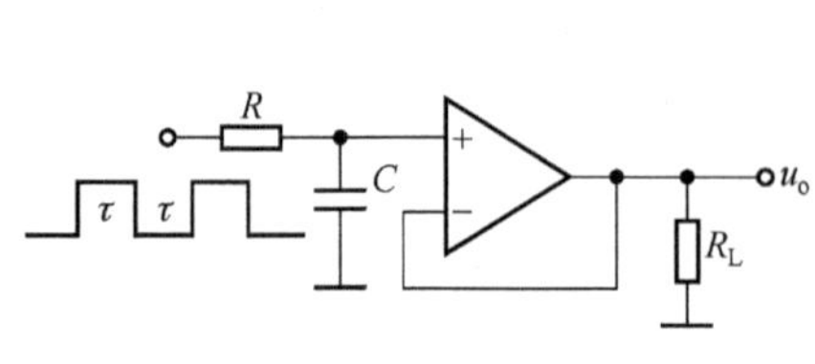

图 4-2-52　题 4-2-21 图

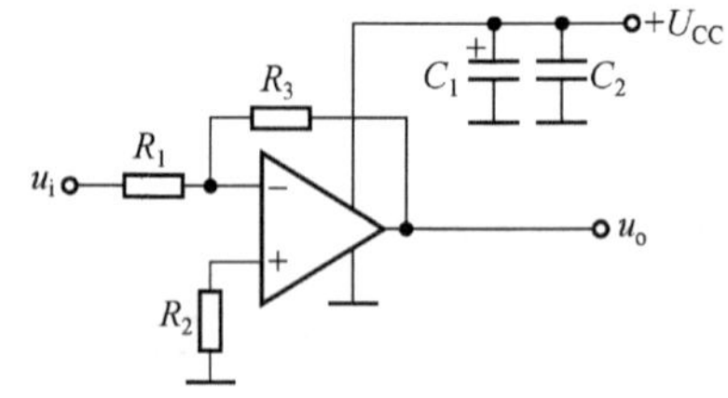

图 4-2-53　题 4-2-22 图

23. 已知集成运算放大器的应用电路如图 4-2-54 所示，4 个二极管的作用是(　　)

A. 为稳定输入电压(VD_1、VD_2)和直流供电电压(VD_3、VD_4)

B. 均为消除干扰，防止自激

C. VD_1、VD_2 为给运放一个合适的工作点；VD_3、VD_4 为防止干扰，消除自激。

D. VD_1、VD_2 为削弱输入信号中的大幅度干扰；VD_3、VD_4 为防止电源接反，两者均对运放起保护作用。

24. 已知运算放大器的应用电路如图 4-2-55 所示，图中小电容 C 和二极管的作用是(　　)

A. 均为消除干扰，防止自激振荡

B. 均为稳定输出电压

C. C 为提升高频，二极管为对 u_o 作双向限幅

D. C 为削弱高频，防止高频自激。二极管为对 u_o 作双向限幅

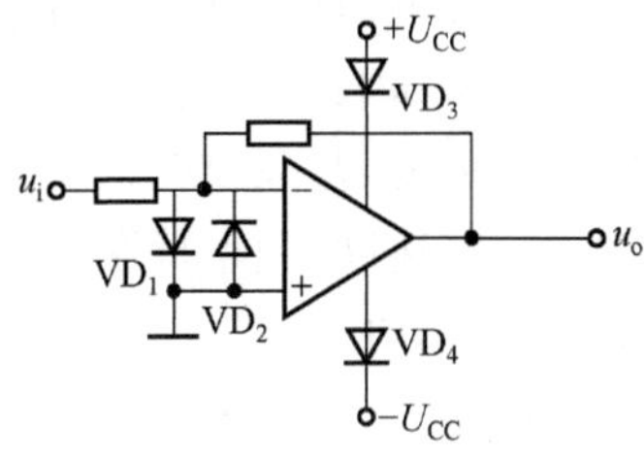

图 4-2-54　题 4-2-23 图

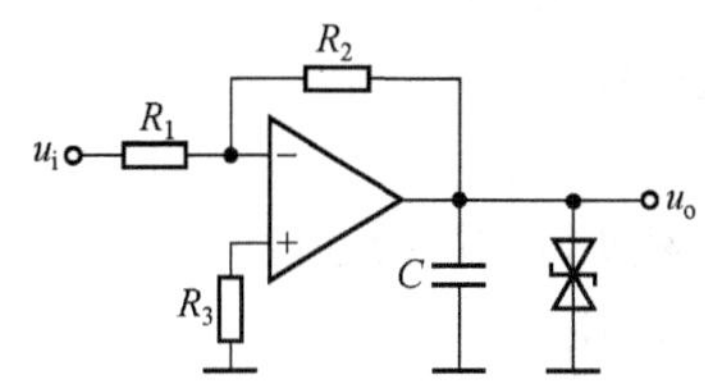

图 4-2-55　题 4-2-24 图

25. 何种运算电路可将三角波电压转换成方波电压输出？(　　)

A. 微分运算电路　　B. 积分运算电路

C. 带通滤波电路　　D. 低通滤波电路

26. 何种运算电路可实现 $Y=ax_1+bx_2+cx_3$ 的函数运算，式中系数均小于零？(　　)

A. 反相求和运算电路　　B. 同相求和运算电路

C. 加减运算电路　　D. 乘方运算电路

27. 电压模运算放大器与电流模运算放大器所放大的信号为(　　)

A. 均为两输入端的电压差

B. 均为两输入端的电流差

C. 前者为两输入端的电流差，后者为两输入端的电压差

D. 前者为两输入端的电压差，后者为两输入端的电流差

28. 电压模运算放大器与电流运算放大器的开环增益为(　　)

A. 前者为电压增益，后者为电流增益

B. 前者为电流增益，后者为电压增益

C. 前者为电流增益，后者为互阻增益

D. 均为电压增益

29. 某集成运算放大器输出电压的最大幅值为±15V，差模电压放大倍数为 10^5。问其输入差模输入电压 $|u_p-u_N|$ 为多少时该运放工作在线性放大区(　　)

A. $|u_p-u_N|=150\mu V$　　B. $|u_p-u_N|>150\mu V$

C. $|u_p-u_N|<150\mu V$　　D. $|u_p-u_N|<1.5mV$

五、填空题、是非题、选择题答案

(一) 填空题

1. 60，4

2. BJT，CMOS，BIFET，BIMOS

3. 输入电阻甚大，功耗小，电源电压范围宽

4. 输入电阻甚大，跨导大，增益高

5. 输入级，中间级，输出级，偏置电路

6. 镜像电流源，微电流源，多电流源

7. 直流电阻小，交流电阻大，增益高

8. 有源负载差分放大电路，甚大

9. 有源负载共射(共源)放大电路，增益高

10. 互补式电压跟随功率放大电路，十几至百欧

11. 甚大，为一不大的定值

12. 定值，零

13. 相等，零

14. 70～110dB，几至百赫

15. 几至几十伏，几至几十伏

16. $10^{12}\Omega$ 以上，电源

17. 几百千欧至几兆欧

18. 差模电压放大倍,共模电压放大倍数

19. K_{CMR},65～110

20. 7～3000Hz,很宽

21. 场效应管构成

22. 高精度型,高速型

23. 高阻型

24. 工作速度,频率特性

25. 工作速度,带宽,线性度

26. 电流,电压

27. 电压,电流

28. 10μF,无感瓷片,0.1μF

29. 不用电感,体积小,带载能力强, 有一定增益

(二) 是非题

1.√　2.×　3.√　4.√　5.√　6.√　7.√　8.×　9.√　10.×

11.×　12.√　13.×　14.×　15.×　16.×　17.√　18.√　19.√　20.√

21.√　22.×　23.√　24.×　25.×　26.√

(三) 选择题

1.A　2.B　3.C　4.D　5.B　6.C　7.A　8.D　9.B　10.A

11.B　12.C　13.C　14.D　15.A　16.A　17.B　18.B　19.D　20.C

21.A　22.D　23.D　24.D　25.A　26.A　27.D　28.C　29.C

第五章　直流稳压源与交流信号源

第一部分　直流稳压源与稳流源

一、问答题

1. 何谓直流稳压电源？其有何特点？举实例说明。

答：当输入电压(交流或直流)或负载电阻变化时，能保持输出直流电压值不变或变化甚小的一种供电电源即称为直流稳压电源。其主要特点是内阻(动态电阻)及波纹电压均甚小。理想电压源的内阻为零。

电池、蓄电池均为电压稳定的直流电源。新电池的内阻应极小，旧电池的内阻变大；交流电网是电压稳定的交流电压源。

2. 试画出电压源的负载特性(即伏安特性)，并举出何种器件具有类似特性。

答：电压源的负载特性如图 5-1-1 所示。

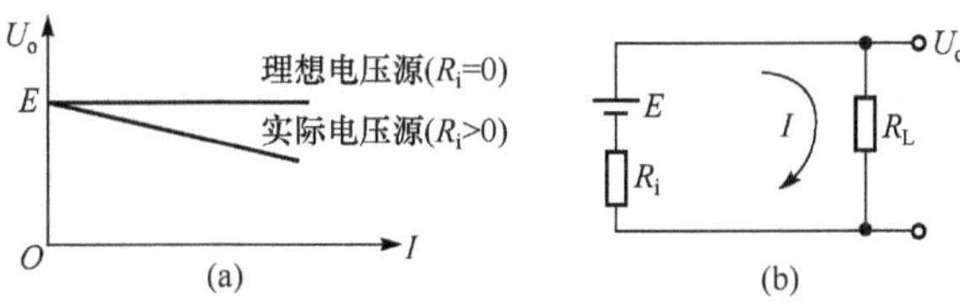

图 5-1-1　题 5-1-2 图

由图可知，理想电压源的端电压不随负载电流的变化而变化，这种特征只有在内阻 $R_i=0$ 时才能出现，而实际电压源的内阻不可能等于零，故其端电压(输出电压)随负载电阻减小而减小(即随电流加大而减小)，图中，$I=\dfrac{E}{R_i+R_L}$，$U_o=E\cdot\dfrac{R_L}{R_i+R_L}$。

稳压二极管的伏安特性、半导体二极管的正向伏安特性等具有电压源的性能，其等效(交流)电阻均很小或较小。

3. 可否由电池的负载特性求测电池的等效内阻？

答：可以由电池的负载特性(伏安特性)近似求测电池的等效内阻，如图 5-1-2 中

$$R_i=\frac{\Delta U}{\Delta I}$$

所以，曲线越倾斜，其内阻 R_i 值就越大。实际测试原理与方法：根据上题 U_0 公式，可求出内阻 R_i 的表达式为

$$R_i=R_L\left(\frac{E}{U_0}-1\right)$$

式中，R_L、E 为已知量，只要用 A/D 转换及单片机小系统测出 U_o 值，再代入上式计算即可；直接用上式计算也可，如 $E=1.5\text{V}$，$R_L=100\Omega$，$U_o=1.45\text{V}$，则算得 $R_i=3.45\Omega$。

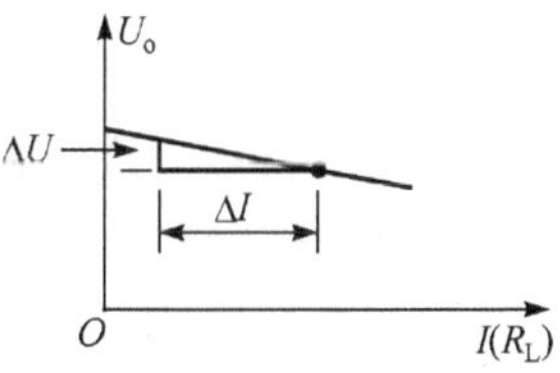

图 5-1-2　题 5-1-3 图

4. 何谓直流稳流源。有何特点?

答:当输入电流或负载电阻变化时,能保持输出直流电流值不变或变化甚小的一种供电电源即称为直流稳流电源。其主要特点是其内阻(动态电阻)甚大。理想电流源的内阻为无穷大,而实际电流源的内阻为有限值。

5. 试画出电流源的负载特性(伏安特性),并举出何种器件具有类似的特性。

答:电流源的负载特性如图 5-1-3 所示。由图可知,理想电流源供给负载的电流 I_L 不随负载的变化而变化,这种特性只有在内阻 R_i 为无穷大时才能出现;实际的电流源内阻不可能等于无穷大,故负载上所得电流将随负载电阻加大而减小,图中:$U_o=I_L\cdot R_L$,$I_L=I\cdot\dfrac{R_i}{R_i+R_L}$。

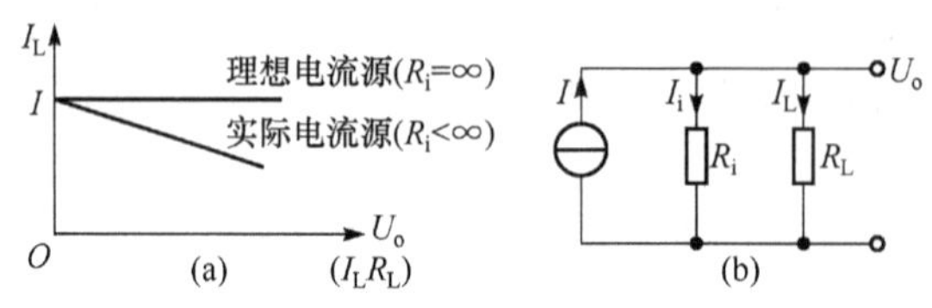

图 5-1-3 题 5-1-5 图

BJT、FET 三极管的输出特性($i_C\sim u_{CE}$、$i_D\sim u_{DS}$特性)等具有电流源性能,其等效内阻甚大。太阳能电池也是很好的电流源。

6. 已知一10V 电压的供电电路如图 5-1-4 所示。若负载由 10Ω 变至 100Ω。试完成以下各题。

(1) 设电压源内阻为 1Ω,试求负载两端电压的变化及输出电压的相对变化率。

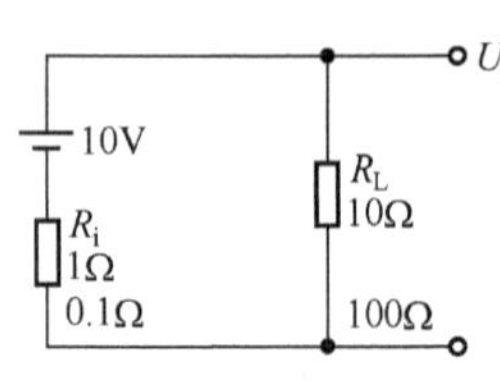

图 5-1-4 题 5-1-6 图

(2) 设电压源内阻为 0.1Ω,试求负载两端电压的变化及输出电压的相对变化率。

答:(1) 设内阻 $R_L=1\Omega$,$R_L=10\Omega$,$R_L=100\Omega$ 时的 U_o 值为

$$U_{o1}=10\times\frac{10}{10+1}=\frac{100}{11}=9.09\text{V},U_{o2}=10\times\frac{100}{100+1}=\frac{1000}{101}=9.9\text{V}$$

故输出端 U_o 的相对变化率为

$$\frac{9.9-9.09}{10}=\frac{0.81}{10}=0.081\%\times100\%=8.1\%$$

(2) 内阻 $R_i=0.1\Omega$,$R_L=10\Omega$,$R_L=100\Omega$ 时 U_o 值为

$$U_{o1}=10\times\frac{10}{10+0.1}=\frac{100}{10.1}=9.9\text{V},U_{o2}=10\times\frac{100}{100+0.1}=\frac{1000}{100.1}=9.99\text{V}$$

故输出端 U_o 的相对变化率为

$$\frac{9.99-9.9}{10}=\frac{0.09}{10}=0.009\times100\%=0.9\%$$

很显然,内阻小的电压源在负载电阻变化时,其输出电压的相对变化率小,即电压的稳定度高,稳定性能好。本例数值基本符合常用稳压电源的实际情况。

7. 已知电路如图 5-1-5 所示,二极管均为硅管。试完成以下各题。

(1) 求输出电压 U_o 值。

(2) 电阻 R 起何作用?其值过大过小会有什么影响?

(3) 举例说明本电路的应用。

答:(1) 输出电压 U_o 即等于三只二极管正向导通电压之和,即

$$U_o \approx 3\times 0.7 = 2.1\text{V}$$

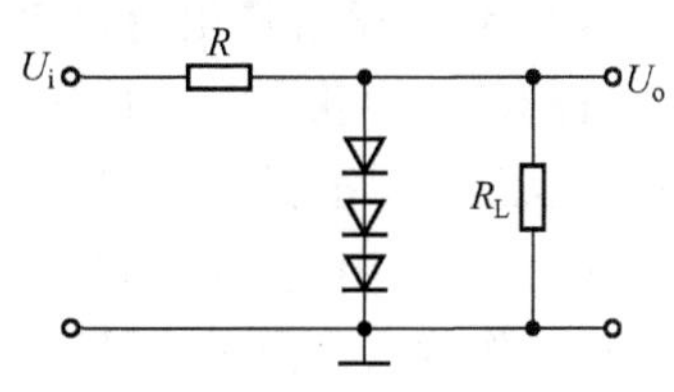

图 5-1-5　题 5-1-7 图

(2) R 起电压调整作用，以保证在输入 U_i 变化或负载 R_L 变化时，使输出 U_o 不变或变化极小。

(3) 应用：常作低压稳压电路使用。因为低压稳压管难有产品可寻，故 0.7V、1.4V、2.1V、2.8V 的稳定电压常用 1 只或多只二极管串联获得；另外，在集成电路内也常用此类电路获得放大管的基极偏置电压。

8. 已知稳压二极管的稳压电路如图 5-1-6 所示。试完成以下各题。

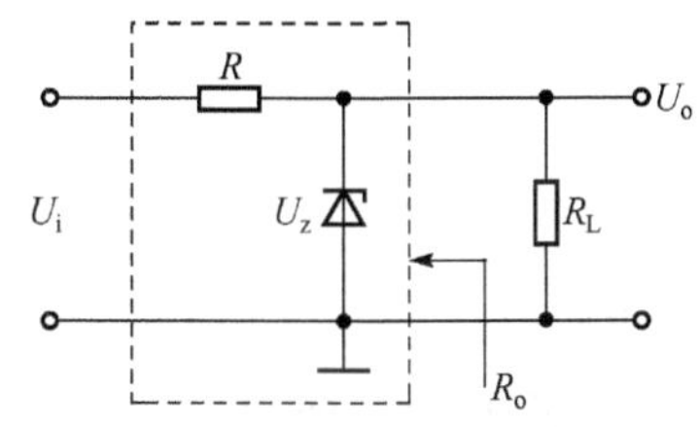

图 5-1-6　题 5-1-8 图

(1) 求稳压电路的内阻表达式(即求电路虚线部分的输出电阻)。

(2) R 的大小与什么因素有关？

(3) 求输出电压 U_o。

(4) 这类电路的电压稳定性能如何？

答：(1) 稳定电路的内阻表达式，即图中虚线框内的输出电阻表达式为 $R_o = R_z // R$(R_z 为稳压二极管的交流等效电阻，通常为几欧至几十欧)。此电阻应越小越好，越小表明电路的稳压性能越好。

(2) R 之值与负载 R_L 的大小及输入 U_i 与稳压管稳压值 U_z 之差等有关，其最大最小之表达式为

$$R_{max} = \frac{U_i - U_z}{I_{Rmin}} \quad (I_{Rmin} = I_{DZ} + I_{Lmin})$$

$$R_{min} = \frac{U_i - U_z}{I_{Rmax}} \quad (I_{Rmax} = I_{DZ} + I_{Lmax})$$

(3) 输出电压 $U_o = U_z$(即为稳压管的稳压值)。

(4) 此类稳压电路的稳压性能稍差，原因在于稳压二极管的内阻稍大，(为几欧至几十欧的范围)，其电压的相对变化率在百分之几量级。

9. 已知高稳定性能的基准电压电路如图 5-1-7 所示，在电网电压变化±10%，温度变化在−10～55℃的变化范围内，输出电压的稳定度可达万分之一。图中，VD_1 为负温度等数稳压管(2CW54)，VD_2 为正温度系数(2DW7C)。试完成以下各题。

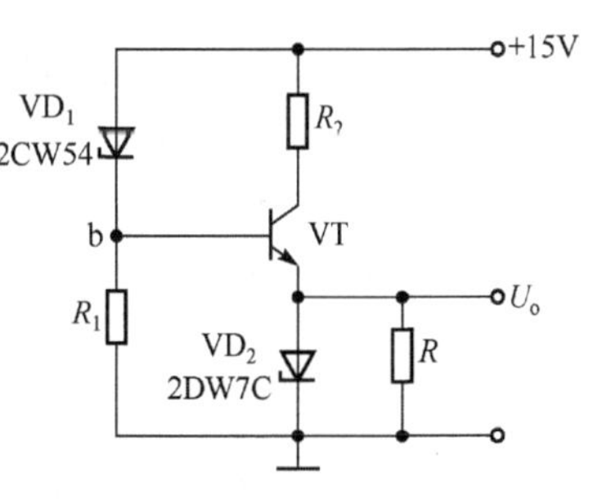

图 5-1-7　题 5-1-9 图

(1) 温度变化时，如何保持输出电压 U_o 稳定？

(2) 电源电压变化时，如何保持输出电压 U_o 稳定？

答：(1) 当温度 $T\uparrow$ 会引起如下变化：

$T\uparrow$ —$U_{D1}\downarrow \rightarrow U_b\uparrow \rightarrow I_c\uparrow$　(VD_1 为负温度系数)

$T\uparrow \rightarrow U_{D2}\uparrow \rightarrow U_{BE}\downarrow \rightarrow I_C\downarrow$　(VD_2 为正温度系数)

所以，一个因素使 $U_o\uparrow$，另一个因素使 $U_o\downarrow$。两者有抵消作用，故能使 U_o 稳定。

(2) 当电源电压变化时，则

$U_{CC}\uparrow$ —使 U_b 略有↑→使 U_o 略有↓→由于 VD_2 的稳压，使 U_o 略有变化，但 U_o 的变化不超过万分之一。

此电路常用作比较器的基准电源。

10. 什么是镜像电流源电路？在电路与系统中它一般作何用处？

答:(1) 能获得一个恒定电流输出，且电路又具有镜像对称特点的直流供电电路，即称为镜像电流源电路，这一问题的详细论述请见本书第 4 章第二部分的有关内容。

(2) 主要用途：作电路的固定偏置，如给差分放大电路提供基极偏流，给发射极提供恒定电流等；作放大电路的有源负载，以提高放大器的增益。

11. 何谓串联调整型稳压电源？它有何特点？

答:串联调整型稳压电源也称为线性稳压电源。它是依据稳压二极管稳压原理而设计成的稳压电路，电路中的串联调整电阻常由 BJT 三极管取代，其管压降由反馈控制电路来控制。此电源的特点为：

(1) 电路结构简单，调整方便，易于实现。

(2) 输出电压稳定，所含纹波成分小，质量好。

(3) 由于串联调整管须始终工作在放大状态才能稳压，调整管的功耗大，电源效率低(为30%～40%)，故电源设备体大质重，成本也高，不适用大功率输出要求。

12. 已知串联调整型稳压电源的原理电路如图 5-1-8 所示。试完成以下各题。

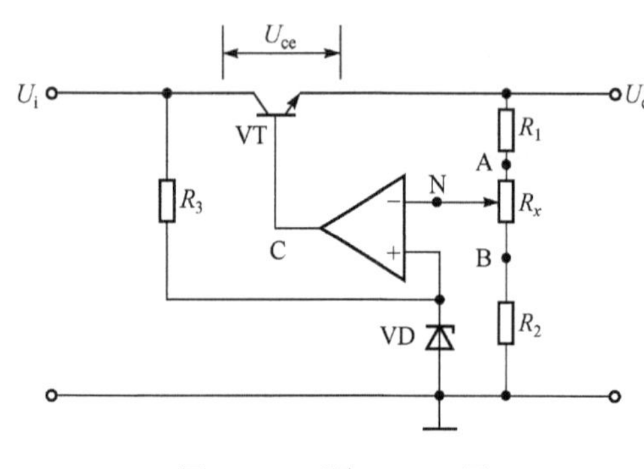

图 5-1-8　题 5-1-12 图

(1) 图中在什么元件上组成什么反馈？

(2) 运算放大器起什么作用？

(3) R_3、VD 起什么作用？

(4) 若输入电压 U_i 上升或下降，试说明使输出 U_o 稳定的过程。

答:(1) VT、R_1 对运算放大器形成电压并联负反馈。

(2) 运放起反相放大作用，对采样信号 U_N 作反相电压放大，此放大器也称为串联调整电源的采样放大电路。

(3) R_3、VD 为运放提供基准电压，VD 为稳压二极管。

(4) 设 $U_i\uparrow\rightarrow$若 $U_o\uparrow\rightarrow$则 $U_N\uparrow\rightarrow U_c\downarrow\rightarrow U_{ce}\uparrow\rightarrow U_o\downarrow$ $(U_o=U_i\uparrow-U_{ce}\uparrow)$，其控制结果使 U_o 变化甚小或基本不变。

13. 已知串联调整型稳压电源的原理电路如图 5-1-8 所示。运放的基准电压 $U_z=6V$；电位器位于中点时，$U_o=12V$。试完成以下各题。

(1) 电位器调至 A 点时，输出电压 U_o 多少？(设 $R_1=R_2=R_x=R$)。

(2) 电位器调至 B 点时，输出电压 U_o 多少？(设 $R_1=R_2=R_x=R$)。

(3) 为适应电源输出电压之需，电路的输入电压至少为多少？

答:(1) 根据 $U_N=U_Z$ 的“虚短”原则，则

$$U_N=U_Z=U_o\times\frac{2R}{R+2R}=\frac{2U_o}{3}=6V,\quad U_{omin}=\frac{3}{2}U_Z=\frac{3}{2}\times6V=9V$$

(2) 根据 $U_N=U_Z$ 的原则，则

$$U_N=U_Z=U_o\times\frac{R}{R+2R}=\frac{1}{3}U_o,\quad U_{omax}=3U_Z=3\times6=18V$$

故电位器由 A 点调至 B 点时，电源的输出电压由 9V 至 18V 变化。

(3) 考虑电路输入电压时，既要满足最大输出电压之需，又要考虑到调整管高于最低饱和

压降的要求，通常此管压降至少为 2～3V。故 U_i 为

$$U_i = U_{cemin} + U_{omax} = (3 \sim 4) + 18 = (21 \sim 22)\text{V}$$

14. 已知串联调整型稳压电源的整机电路组成如图 5-1-9 所示。试完成以下各题。

(1) 标出各框图名称。

(2) 画出 A、B、C、D 点信号的波形图。

(3) 指明 C 点信号的电压值。

(4) 指明 A 点信号的有效值。

(5) 滤波电容的耐压如何决定？

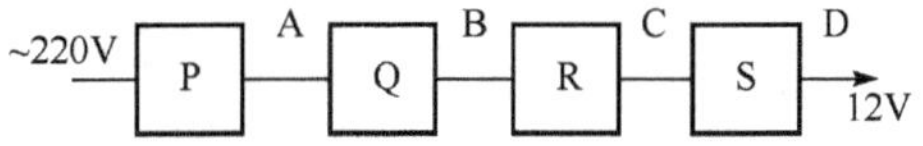

~220V → P →A→ Q →B→ R →C→ S →D→ 12V

图 5-1-9　题 5-1-14 图

答：(1) 各框图的名称为：

P——变压，通常为降压变压，将 220V 交流市电降至所需的电压值。

Q——桥式整流电路，现在已极少采用半波整流或全波整流电路。

R——电容滤波，此滤波电容通常在一千至几千微法。

S——串联调整型稳压电路，其分离式原理电路与图 5-1-6 相似，但目前几乎均采用三端集成稳压芯片，如 7805、7812 等。

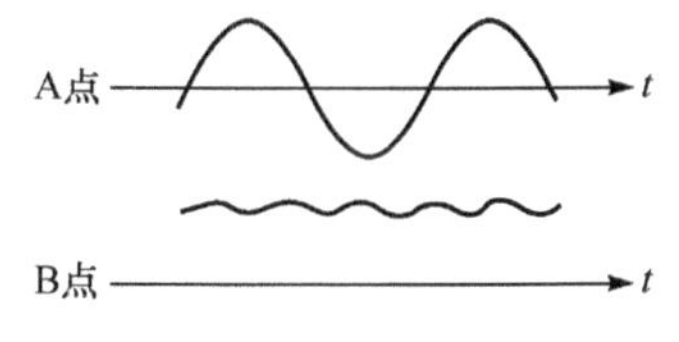

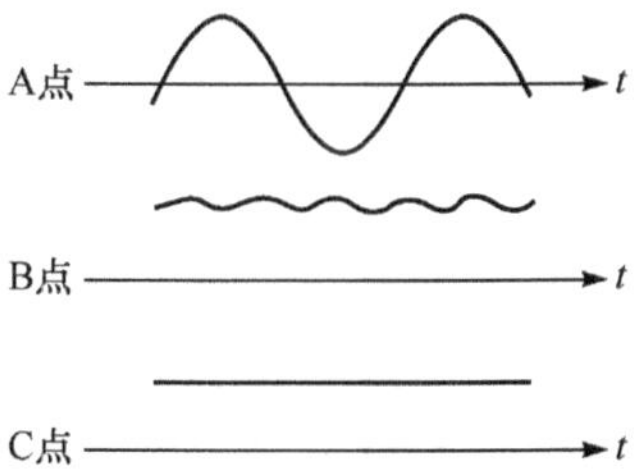

图 5-1-10　题 5-1-14 图

(2) A、B、D 点信号的波形如图 5-1-10 所示，图中 B 点与 C 点基本是同一点，故其波形相同。

(3) C 点的电压值应比输出电压大 3～4V，在输出为固定时，U_C 为(输出 12V 时)

$$U_C = (3 \sim 4) + U_o = 15 \sim 16\text{V}$$

(4) A 点交流信号的有效值为

$$U_A = \frac{U_C}{1.1 \sim 1.2} = \frac{15 \sim 16}{1.1 \sim 1.2} = (13 \sim 15)\text{V}$$

(5) 滤波电容的耐压应比 A 点交流信号的峰值略高，本题为

$$U_C \geqslant 1.1\sqrt{2}U_2 = 1.1 \times 1.414 \times (13 \sim 15)\text{V} = (18 \sim 20)\text{V}，常取 25\text{V} 耐压。$$

15. 设串联调整型稳压电源的输出电压 为+12V，输出电流为 500mA，若调整管(或三端芯片)的压降为(3～4)V。试完成以下各题。

(1) 当电网电压 220V 升 10%时，求调整管的电压降及功率损耗。

(2) 当电网电压 220V 降 10%时，求调整管的电压降及功率损耗。

(3) 所设的调整管压降是否合理？

答：(1) 电网电压升高 10%，则调整管或三端芯片输入端的电压也升高 10%，即由(15～16)V 升至(16.5～17.6)V，此时调整管或三端芯片的压降及功耗为

$$U = (16.5 \sim 17.6)\text{V} - 12 = (4.5 \sim 5.6)\text{V}$$

$$P_C = (4.5 \sim 5.6)\text{V} \times 0.5\text{A} = (2.25 \sim 2.8)\text{W}$$

(2) 同理，当电网电压降 10%时，调整或三端芯片的输入端电压也降 10%，即由(15～16)V 降至(13.5～14.4)V，由此可求出调整部件的压降及功耗为

$$U = (13.5 \sim 14.4)\text{V} - 12\text{V} = (1.5 \sim 2.4)\text{V}$$

$$P_C = (1.5 \sim 2.4)\text{V} \times 0.5\text{A} = (0.75 \sim 1.2)\text{W}$$

(3) 上述计算表明，当电网电压由 220V 降 10%后，调整管(或芯片)仍有 1.5V 压降，器件不至于进入饱和区，仍处于线性放大范围，故调整部件压降给 3V 余量是至少的、必需的。如果此压降大，则管耗将加大，电源效率将降低。

16. 已知某电压可调串联调整稳压电源的电路如图 5-1-11 所示。试完成以下各题。

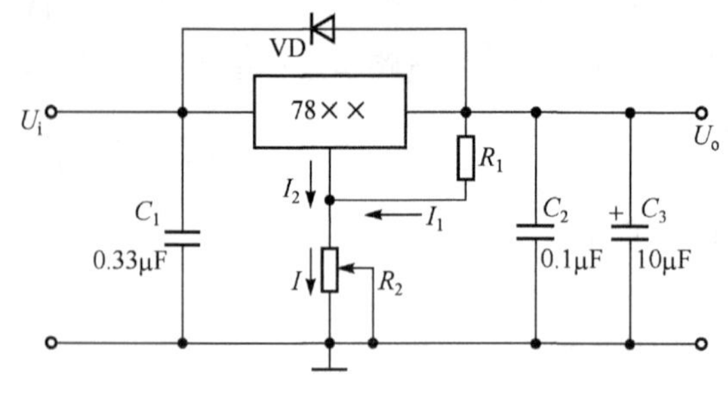

图 5-1-11　题 5-1-16 图

(1) 电阻 R_1 上的电压是多少?

(2) 求输出电压 U_o 的表达式?

(3) 二极管 VD 的作用是什么?

(4) 小电容 C_1、C_2 起什么作用?

答:(1) 电阻 R_1 上的电压即为三端稳压芯片的输出电压,如 7812 时,$U_{R1}=12V$。

(2) 输出电压 U_o 的表达式为

$$U_o=U_{R_1}+\left(\frac{U_{R_1}}{R_1}+I_2\right)R_2$$

在忽略 I_2 的影响时,U_o 的表达式为

$$U_o\approx U_{R_1}+U_{R_1}\left(\frac{R_2}{R_1}\right)=U_{R_1}\left(1+\frac{R_2}{R_1}\right)$$

如 7812 的 $U_{R1}=12V$,则

$$U_o\approx 12\left(1+\frac{R_2}{R_1}\right)$$

若 R_2 由 $0\sim R_1$ 则 $U_o\approx 12V\sim 24V$ 变化,范围甚大。

(3) 二极管(VD)起保护作用。当输入端短路时,给输出电容一个放电通路,防止此电容两端电压作用于调整管的 be 结,造成 be 结击穿而损坏。

(4) 小电容 C_1、C_2 用以实现频率补偿,防止稳压电路可能产生的高频自激振荡,另外也为了抑制电路引入的高频干扰。

17. 已知某扩大输出电流的直流稳压电路如图 5-1-12 所示。试完成以下各题。

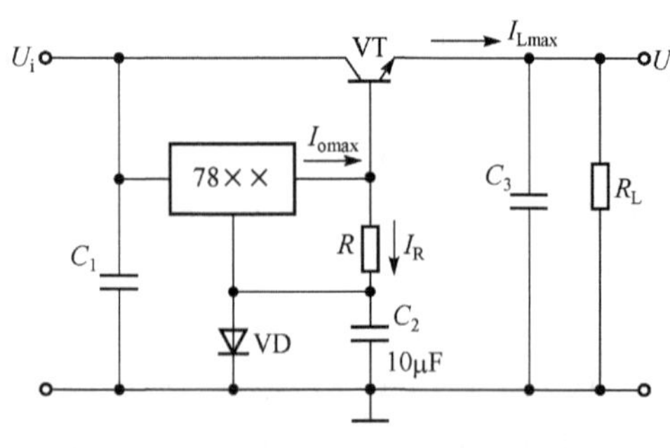

图 5-1-12　题 5-1-17 图

(1) 设 78×× 为 7812,求电路的输出电压 U_o。

(2) 求负载电流的最大值。

(3) 电容 C_1、C_2 的作用是什么?

答:(1) 7812 的输出电压为 12V,即电路中的 $U_R=12V$,故输出电压 U_o 为

$$U_o=U_R+U_D-U_{BE}(U_{BE}=-U_{EB})$$

式中,U_D 为 VD 的管压降,U_{BE} 为 VT 的 be 结电压,两者相差不多,可作抵消处理,故得

$$U_o\approx U_R=12V$$

(2) 求负载电流最大可能值：VT 的基极电流最大值为

$$I_{\mathrm{bmax}}=I_{\mathrm{omax}}-I_{\mathrm{R}}$$

由此可得负载电流最大可能值为

$$I_{\mathrm{Lmax}}=(1+\beta)(I_{\mathrm{omax}}-I_{\mathrm{R}})\,;I_{\mathrm{R}}=\frac{U_{\mathrm{R}}}{R}=\frac{12\mathrm{V}}{R}$$

很显然，现在的 78××是用来作为 VT 的推动级而存在的。

(3) 小电容 C_1 的作用是用于抵消输入引线较长的电感效应；以防止电路产生自激振荡；电容 C_2(1 微法至几十微法)用于消除或削弱输出电压中的交流噪声与干扰。

18. 已知程控稳压电源的原理电路如图 5-1-13 所示。试完成以下各题。

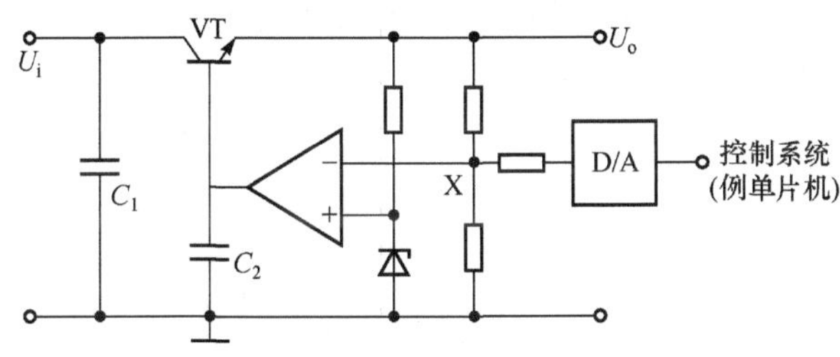

图 5-1-13　题 5-1-18 图

(1) 电路如何使输出电压 U_o 进行稳定？

(2) 电路如何实现对输出电压 U_o 进行程序控制？

(3) 若负载电流要求较大，VT 不能满足，应如何解决？

答：(1) 若输出电压变化(如上升)，则采样点 X 处的电压即有变化(也上升)此电压经运放的反相放大，使调整管基极电位变化(降低)，导致 VT 的管压降变化(加大)，结果使输出电压稳定。

(2) 控制系统(如单片机)输出的控制数码经 D/A 变换，在采样点 X 获得控制信号。此信号经放大再对调整管的管压降进行控制，最终实现对输出电压的程序控制，不同的数码即可对应不同的 U_o 输出。

(3) 采用复合管(达林顿管)可解决大电流输出问题，即用一推动管对调整管 VT 的基极电流进行放大。

19. 已知程控稳压电源的原理电路如图 5-1-14 所示。设三端稳压芯片 W117 的输出电压 $U_{R1}=1.25\mathrm{V}$，D_3、D_2、D_1、D_0 是由拨码开关或单片机置入的开关量。试完成以下各题。

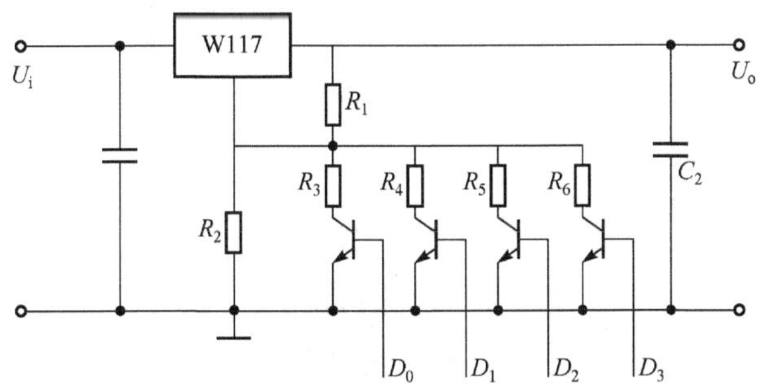

图 5-1-14　题 5-1-19 图

(1) 求 $D_3D_2D_1D_0=0000$ 时输出电压 U_o 值。

(2) 求 $D_3D_2D_1D_0=1111$ 时输出电压 U_o 值。

(3) 若 $R_2=11R_1$，且 $R_2=R_3=R_4=R_5=R_6=R$，则 U_{omax}、U_{omin} 分别等于多少？

(4) 此电路能对输出电压分成多少等级？每级电压的差值(即步进值)是多少？

答:(1) $D_3D_2D_1D_0=0000$ 时，四个三极管均截止(开关打开)，此时的 U_o 为最大值

$$U_{omax}=U_{R1}+I_RR_2\approx U_{R1}+\frac{U_{R1}}{R_1}R_2=U_{R1}\left(1+\frac{R_2}{R_1}\right)=1.25\left(1+\frac{R_2}{R_1}\right)$$

(2) $D_3D_2D_1D_0=1111$ 时，四个三极管均导通(开关接通)，则 R_2 与 R_3、R_4、R_5、R_6 的并联值为

$$R_2'=R_2/\!/R_3/\!/R_4/\!/R_5/\!/R_6$$

此时的输出电压为最小值

$$U_{omin}=U_{R1}\left(1+\frac{R_2'}{R_1}\right)=1.25\left(1+\frac{R_2'}{R_1}\right)$$

(3) U_{omax}、U_{omin} 分别为

$$U_{omax}=1.25\left(1+\frac{R_2}{R_1}\right)=1.25\left(1+\frac{11R_1}{R_1}\right)=15\text{V}$$

$$U_{omin}=1.25\left(1+\frac{R_2'}{R_1}\right)=1.25\left(1+\frac{R_2}{5R_1}\right)=1.25\left(1+\frac{11R_1}{5R_1}\right)=4\text{V}$$

(4) 由于是 4 位二进制数码，可将输出电压分成 $2^4=16$ 个等级。每级电压的差值(即电压的步进值)为

$$\Delta U_o=\frac{15-4}{2^4}=\frac{11}{16}=0.6875\text{V}=687.5\text{mV}$$

20. 已知由三端稳压芯片组成的正负稳压电路如图 5-1-15 所示。图中 7805 为正电压输出芯片，7905 为负电压输出芯片。试完成以下各题。

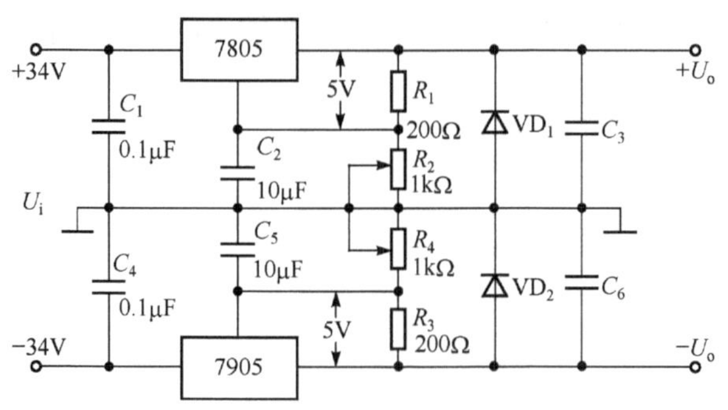

图 5-1-15　题 5-1-20 图

(1) 简述负电压输出的工作原理。

(2) VD_1、VD_2 的作用是什么？

(3) 当 $R_1=200\Omega$，$R_2=0$ 时，求此时的输出电压 U_{omin}。

(4) 当 $R_1=200\Omega$，$R_2=1\text{k}\Omega$ 时，求此时的输出电压 U_{omax}。

答:(1) 电路正负输出的上下两部分电路完全对称，其工作原理也完全一样，这些原理在上述各例题中均有说明，故不重述。

（2）两只二极管均起保护作用，电路正常工作时，它们均处于截至状态。但若 7905 的输入端未接入负电压时，7805 的输出正电压将能过负载电阻接至 7905 的输出端，使 VD_2 导通，以此保护 7905 不致损坏。VD_1 的作用是对 7805 起保护作用。

（3）$R_1=200\Omega, R_2=0$ 时，$U_{omin}=U_{R1}=5V$。

（4）$R_1=200\Omega, R_2=1k\Omega$ 时，$U_{omax}=U_{R1}\left(1+\dfrac{R_2}{R_1}\right)=5\left(1+\dfrac{1000}{200}\right)=5\times6=30V$。

21. 已知半波整流电路如图 5-1-16 所示，设开关 K 打开。试完成以下各题。

（1）画出输出 u_o 波形。

（2）标出 u_o 的幅值。

（3）求出 u_o 的平均分量（即直流分量）。

答：（1）u_o 的波形为半波余弦脉冲，如图 5-1-17 所示。

（2）u_o 的幅值为（$u_2=22V$），$U_{om}=\sqrt{2}u_2\approx31V$。

（3）u_o 的平均分量即为此余弦脉冲在一个周期中的积分值，为 $u_{o平均}=\dfrac{\sqrt{2}u_2}{\pi}\approx 0.45u_2=9.9V$

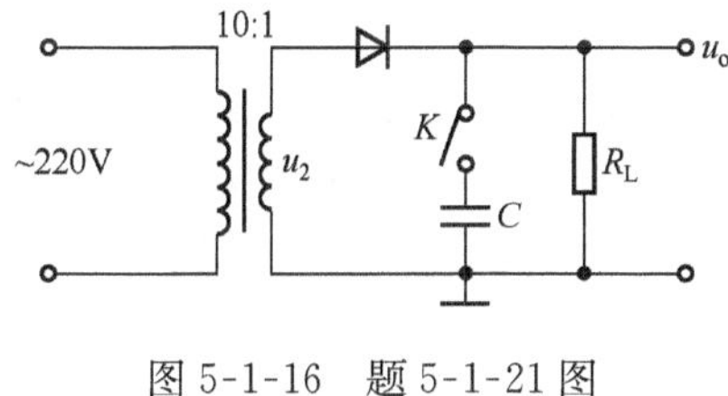

图 5-1-16　题 5-1-21 图

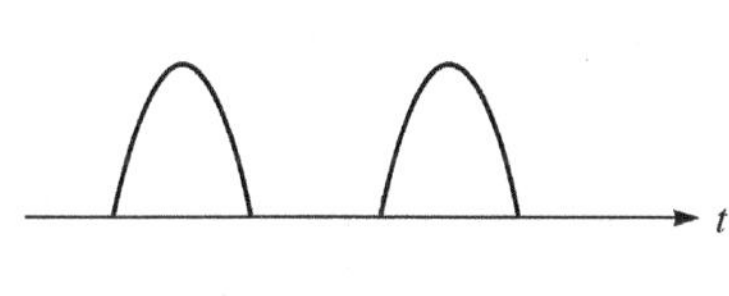

图 5-1-17　题 5-1-21 图

22. 已知半波整流电路如图 5-1-17 所示，设开关 K 合上，电容 C 的容量足够大。试完成以下各题。

（1）画出此时输出电压 u_o 的波形（R_LC 乘积足够大）。

（2）求此时输出电压的大小（R_LC 乘积足够大）。

（3）要使输出电压幅度足够大，C 的容量大致为多少？

（4）二极管如何选用？

答：（1）整流滤波后的波形如图 5-1-18 中的粗实线所示。

（2）R_L 值甚大时，$U_o<\sqrt{2}u_2\approx31V$；$R_L$ 值不甚大时，U_o 值随之下降，一般为：$U_o\approx0.9u_2=0.9\times22=19.8V$。

（3）半波整流的滤波电容之值可按下式求得（负载 $R_L=100\Omega$，半波整流信号的周期 $T=20ms$）

$$C>(3\sim5)\frac{T}{R_L}=(3\sim5)\frac{20\times10^{-3}}{100}=600\sim1000\mu F$$

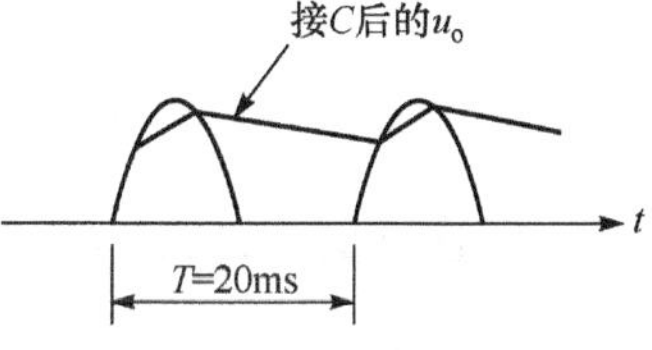

图 5-1-18　题 5-1-22 图

（4）整流二极管的选用条件一是耐压，二是最大平均电流。

二极管承受的最大反向电压为 $U_{Rmax}=\sqrt{2}u_2=\sqrt{2}\times22\approx31V$；

二极管承受的最大平均电流为 $I_{VD}=I_L\dfrac{0.9u_2}{R_L}=\dfrac{0.9\times22}{100}=198mA$。

考虑到电网电压有±10%的变化，故实际选用时，U_{Rmax}、I_{VD}还应加大 10%。

23. 已知桥式整流电路如图 5-1-19 所示，设开关 *K* 打开。试完成以下各题。

(1) 画出输出电压 u_o 的波形。

(2) 标出 u_o 的幅值。

(3) 求出 u_o 的平均分量(即直流分量)。

答：(1) u_o 的波形为全波余弦脉冲，如图 5-1-20 所示。

(2) u_o 的幅值为 $U_{\text{om}}=\sqrt{2}u_2=1.414\times22=31\text{V}$。

(3) u_o 的平均分量(即直流分量)为半波整流的一倍：$u_{o\text{平均}}\approx\dfrac{2\sqrt{2}u_2}{\pi}\approx0.9u_2=19.8\text{V}$。

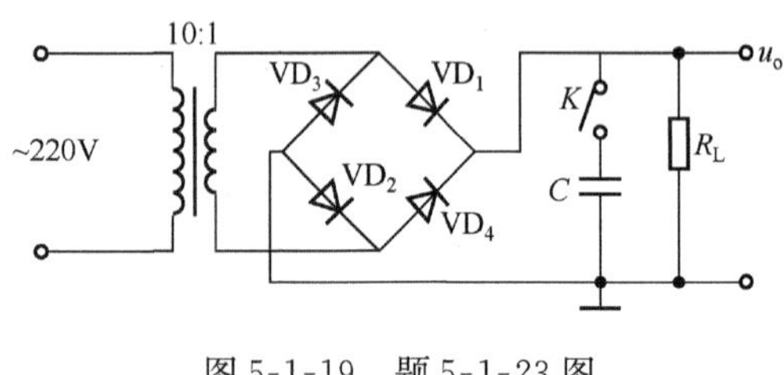

图 5-1-19　题 5-1-23 图

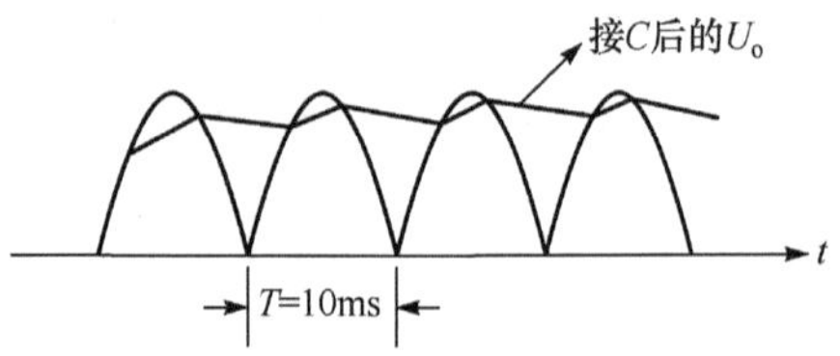

图 5-1-20　题 5-1-23 图

24. 已知桥式整流电路如图 5-1-19 所示，设开关 *K* 合上，电容 *C* 的容量足够大。试完成以下各题。

(1) 画出此时输出电压的波形(R_LC 乘积足够大)。

(2) 求此时输出电压的大小(R_LC 乘积足够大)。

(3) 要使输出电压的幅度足够大，C 的容量大致为多少？

(4) 二极管如何选用？

答：(1) 整流滤波后的波形如图 5-1-20 中的粗实线所示。

(2) R_L 值很大时，$U_o\leqslant\sqrt{2}u_2\approx31\text{V}$；$R_L$ 值不很大时，U_o 值适当减小，一般为：$U_o\approx(1.1\sim1.2)u_2=(24.2\sim26.4)\text{V}$。

(3) 全波整流的滤波电容之值可按下式求得(设负载 $R_L=100\Omega$，全波整流输出信号的周期为 10ms)，即

$$C>(3\sim5)\frac{T}{R_L}=(3\sim5)\frac{10\times10^{-3}}{100\Omega}=300\sim500\mu\text{F}$$

即在同样的条件下，全波整流的滤波电容值可比半波整流小一半左右。

(4) 整流二极管的选用条件仍一是耐压，二是最大平均电流。

二极管承受的最大反压为 $U_{\text{Rmax}}=\sqrt{2}u_2=1.414\times22=31\text{V}$；

二极管承受的最大平均电流为 $I_{\text{VD}}=\dfrac{I_L}{2}=\dfrac{1.2u_2}{2R_L}=132\text{mA}$。

考虑到电网电压有±10%的变化，故实际选用时，U_{Rmax}、I_{VD}还应加大 10%。

25. 已知桥式整流电容滤波的电路如第 23 题图 5-1-19 所示。试完成以下各题。

(1) 若滤波电容的容量偏小或负载电阻偏小(即负载要求较大电流)，则对输出 u_o 会有什么影响？

(2) 整流二极管全部反接，对输出 u_o 会有什么影响？

(3) 整流二极管有一个接反,会有什么结果?

答:(1) 若 C 值、R_L 偏小,即 R_LC 乘积偏小,则电路的放电时间常数小,C 上所保持的电压会下降,即输出 u_o 会有所降低,此时 u_o 为

$$u_o \approx (1.0 \sim 1.1)u_2$$

甚至更低。另外,u_o 中的纹波成分也会加大。

(2) 全部二极管反接后,输出电压极性的正负对调,此时应要注意滤波电容极性的变化。

(3) 一个二极管接反后,会对变压器次级回路造成短路而烧毁二极管或损坏变压器,在操作时应特别注意这一问题。

26. 已知全波整流电路如图 5-1-21 所示,设开关 *K* 打开。试完成以下各题。

(1) 画出输出电压 u_o 的波形。

(2) 标出 u_o 的幅值。

(3) 求出 u_o 的平均值(即直流分量)。

答:问题答案与第 23 题解完全相同,不重述。

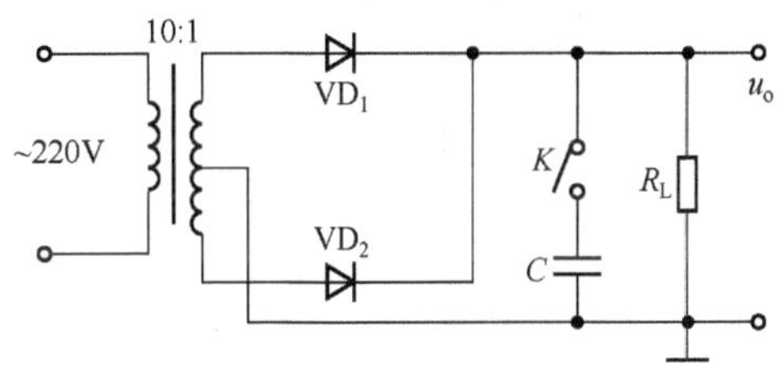

图 5-1-21 题 5-1-21 图

27. 已知全波整流电路如图 5-1-21 所示,设开关 *K* 合上,电容 *C* 的容量足够大。试完成以下各题(设 R_LC 乘积足够大)。

(1) 画出此时输出电压的波形。

(2) 求此时输出电压的大小。

(3) 要使输出电压的幅度足够大。C 的容量大致为多少?

(4) 二极管如何选用?

答:前三个问题与第 24 题解完全相同,不重述。

(4) 二极管承受的最大反压比桥式整流电路大一倍,为

$$U_{Rmox} = 2\sqrt{2}u_2 = 2 \times 1.414 \times 22 \approx 62\text{V}$$

二极管承受的最大平均电流与桥式整流电路相同,为

$$I_{VD} = \frac{I_L}{2} = \frac{1.2u_2}{2R_L} = 132\text{mA}$$

28. 已知二倍压整流滤波电路如图 5-1-22 所示。试完成以下各题。

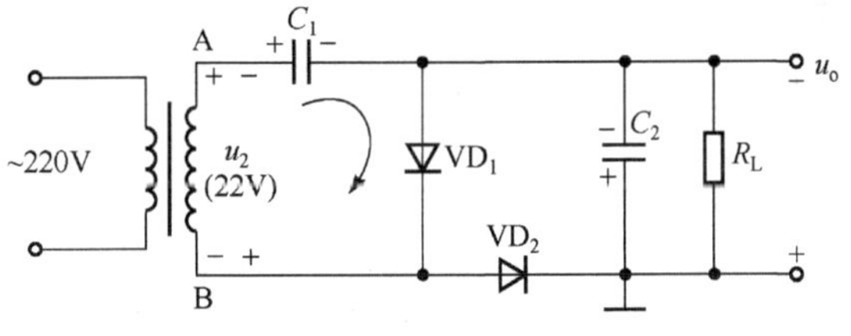

图 5-1-22 题 5-1-28 图

(1) 说明 A 端为⊕,B 端为⊖时,哪个二极管导通?电容 C_1 上的电压为多少?

(2) 说明 A 端为⊖,B 端为⊕时,哪个二极管导通?电容 C_2 上的电压,即输出电压为多少?

(3) 本电路属于半波整流,还是全波整流?

(4) 本电路常应用于何处?

答:(1) 此时 VD_1 导通,u_2 经 VD_1 对电容 C_1 充电,C_1 上的电压左⊕右⊖,电压值 $u_{C1} \approx u_2$。

(2) 此时 VD_1 截止，VD_2 导通，$(u_{C1}+u_2)=2u_2$ 经 VD_2 对 C_2 充电，C_2 上的电压下⊕上⊖。若 R_L 值足够大，则 C_2 上电压与半波整流电容滤波电路输出电压类似，为

$$u_o\approx-(0.9\sim1.1)\times2u_2=-(0.9\sim1.1)\times44V=-(40\sim49)V$$

(3) 本电路属于倍压半波整流、电容滤波电路。

(4) 本电路常用于高电压、小电流直流电源中，如某些电警棍中有此电路。

29. 已知多倍压整流电路如图 5-1-23 所示。试完成以下各题。

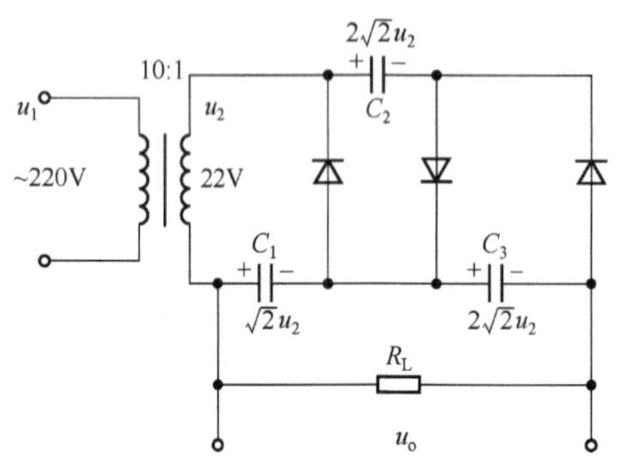

图 5-1-23　题 5-1-29 图

(1) 这是几倍压电路？

(2) 负载开路($R_L=\infty$)时，输出电压 u_o 为多少？

(3) 若负载电阻 R_L 值减小，则输出电压将如何变化？

(4) R_L 开路时，各电容上的电压值是多少？

答:(1) 这是三倍压整流滤波电路。

(2) $R_L=\infty$时，$u_o=3\sqrt{2}u_2=3\sqrt{2}\times22\approx93V$。

(3) R_L 值下降后，u_o 值要下降，$u_o\approx(0.9\sim1.1)\times3u_2=(60\sim73)V$。

(4) C_1 电容上的电压值均为$\sqrt{2}\times22=31V$，C_2、C_3 上的电压值为 $2\sqrt{2}\times22=62V$。

30. 何谓开关型稳压电源？它有什么特点？

答:调整管工作在开关状态的稳压电源称为开关型稳压电源。前述的串联调整型(线性)稳压电源的调整管是工作在线性放大区的。开关型稳压电源的特点有以下 5 个。

(1) 效率高，可达 70%～95%，而线性电源的效率为 30%～40%。

(2) 稳压范围宽，允许输入电压变化在+20%～－40%范围仍能正常工作。

(3) 有些开关型稳压电源有多组直流电压输出，可满足不同电路供电之需。

(4) 无电源变压器，使设备体积小，重量轻。

(5) 主要缺点是电路较复杂，调整较麻烦，其高频干扰较大，纹波系数较大。

31. 开关型直流稳压电源有几种类型？

答:开关型直流稳压电源主要类型有串联型、并联型和变压器耦合型三种，其中变压器耦合型开关电源可有多组电压输出，应用较广。

32. 画出开关型直流稳压电源的组成框图，并作简单解释。

答:其基本组成框图如图 5-1-24 所示。

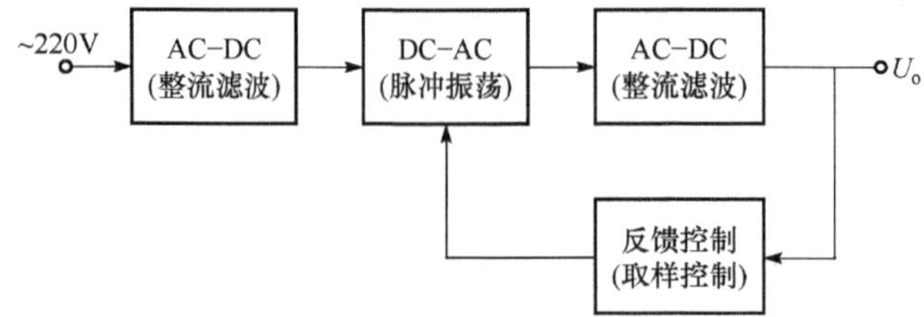

图 5-1-24　题 5-1-32 图

(1) 220V 交流电压经桥式整流电容滤波后转换成略多于 300V 的直流输出。

(2) DC-AC 模块：为一脉冲信号产生电路，也是调整管之处，此调整管受反馈控制电路的

控制，输出 PWM 脉冲。此脉冲经脉冲变压器输出（可多组输出）。

(3) AD-DC 模块：将 PWM 脉冲整流滤波，变成所需的直流电压输出。

(4) 反馈控制模块：对输出信号采样，转换成控制脉冲（PWM 脉冲），对 DC-AC 模块中的开关调整管的通断时间比进行控制，达到使输出电压稳定的目的。

33. 已知串联型开关稳压电源的组成框图如图 5-1-25 所示：L 为储能电感；VD 为续流二极管；VT 为调整管，工作在通断的开关状态。试完成以下各题。

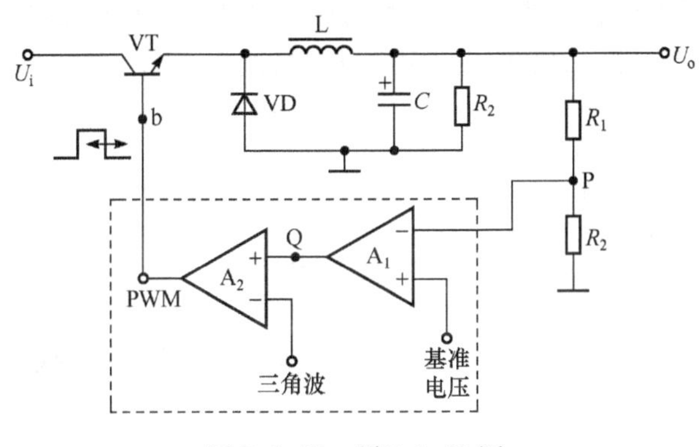

图 5-1-25　题 5-1-33 图

(1) 当 VT 基极为高电平时，信号如何流通？L 上的电势极性如何？

(2) 当 VT 基极为低电平 0 时，信号如何流通？L 上的电势极性如何？

(3) 本电路如何实现稳压？

答：(1) 当 VT 基极为高电平 1 时，VT 导通饱和：

i_e↑→L 被充磁储能，电势为左⊕右⊖（反对电流增加），C 被充电→VD 管截止。

(2) 当 VT 基极为低电平 0 时，VT 截止：

i_e 趋于零→L 释放能量，电势变为左⊖右⊕→VD 导通→C 继续被充（上⊕下⊖）。

(3) 当某一因素使输出电压 U_o 上升时（如输入 U_i 上升的因素）则

U_o↑→U_P↑→U_Q↓→VT 基极的 PWM 脉冲宽度变窄→VT 导通时间变短→C 被充电的时间变短，使 U_o 上升受阻而稳定

34. 已知串联型开关稳压电源的电路 如图 5-1-25 所示。试完成以下各题。

(1) 输出电压 U_o 能比输入电压 U_i 高吗？为什么？

(2) PWM 脉冲的频率（即 VT 通断的频率）f_k 如何选择？为什么？

答：(1) 由于调整管 VT 与负载 R_L 呈串联关系，故输出电压 U_o 值一定小于输入电压 U_i，这是串联型开关稳压电源的一个缺点。

(2) 开关频率 f_k 的大小对开关稳压电源的性能有较大的影响 。f_k 越高，电路中所用的 L、C 值越小（如滤波元件），设备的体积与重量随之减小，成本随之降低；f_k 升高后，开关管的工作频率升高、功耗增加，效率降低，大功率高频管的价格也很高。通常，f_k 可在 15～500kHz 间选用，如电视机开关电源 f_k 就选用 15.625kHz 或 31.25kHz，以保持与行频同步。

35. 开关调整管 VT 的选用条件是什么？

答：主要选用条件为以下 4 个。

(1) 功率容量：应高于负载所需功率的 1.5 倍，常选用 BJT 管；

(2) 开关特性：开关调整管的饱和压降 U_{CES} 及穿透电流 I_{CEO} 应尽可能小，以减小管耗，提高电路效率。

(3) 开关调整管的特征频率应尽可能高：$f_T \geqslant 10\beta f_k$，如 $f_k = 50\text{kHz}$，$\beta = 10$，则开关调整管的 $f_T \geqslant 5\text{MHz}$，对于大功率高耐压的开关管，5MHz 的特征频率已是相当高了。

(4) 高耐压：因为开关管的输入电压（供电电压）是由交流 220V 经桥式整流、电容滤波而得，其值一般在 300V 以上，故开关管的耐压应大于此值。

36. 已知并联型开关型稳压电路的原理图如图 5-1-26 所示：图中开关管是与负载并联的，L 为储能元件，VD 为续流二极管。试完成以下各题。

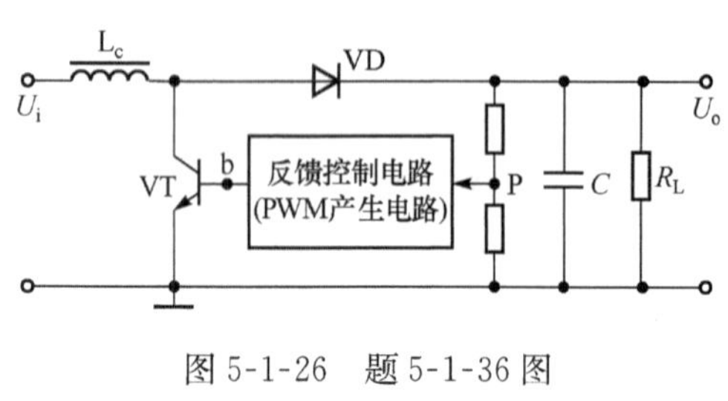

图 5-1-26　题 5-1-36 图

(1) 当 VT 基极为高电平时，L 上电势的极性如何？

(2) 当 VT 基极为低电平时，L 上电势的极性如何？

(3) 本电路如何实现稳压？

答：(1) 当 VT 基极为高电平时，导通饱和，L 被充磁储能，电势方向为左正右负，VD 截止。

(2) 当 VT 基极为低电平时，截止，通过 L 的电流由大变小，故其上的电势方向改变左⊖右⊕，VD 导通，输入电源 U_i 与 L 上的储能（串接）经 VD 管对电容 C 充电。

(3) 若有某一因素使输出 U_o 上升，则采样点 P 处的电位也上升，经反馈控制电路的作用，VT 基极的 PWM 脉冲宽度变窄，使 VT 导通时间变短，L 所存的磁能也就变少，如此在 VT 截止；L 释放给存储电容 C 的能量变少，使 U_o 下降。

37. 已知开关型稳压电源的原理电路由图 5-1-27 所示，L 为储能元件，VD 为续流管。试完成下列各题。

(1) VT 基极为高电平时，L 上的电势极性如何？

(2) VT 基极为低电平时，L 上的电势极性如何？

(3) 画出电感 L 两端的电压波形。

答：(1) VT 基极为高电平时，导通饱和，电流 i_e 对电感 L 充磁储能。其电势上⊕下⊖，VD 截止。

(2) VT 基极为低电平时，截止，$i_e \to 0$；电感 L 上的电势方向改为上⊖下⊕，使 VD 导通，电流经 VD 对 C 充电；使磁能变为电能。

(3) 电感 L 上的电压为脉冲方波（矩形波）其频率与 VT 基极 PWM 脉冲相同，其波形如图 5-1-28 所示。

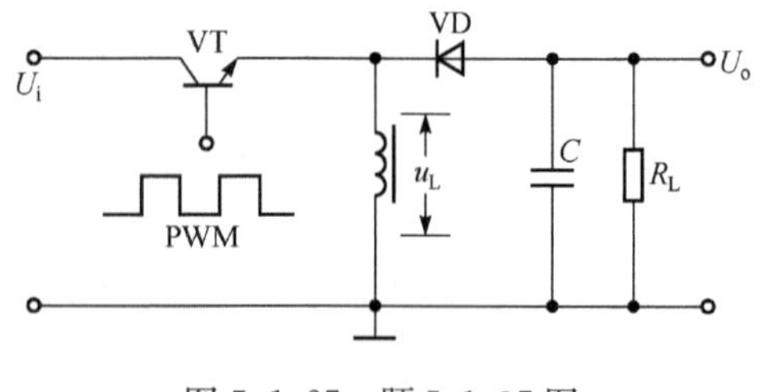

图 5-1-27　题 5-1-37 图

图 5-1-28　题 5-1-37 图

38. 已知变压器耦合型开关稳压电源的原理电路如图 5-1-29 所示，图中变压器为脉冲变压器。试完成以下各题。

(1) 对比本电路与图 5-1-27 电路，两者有何异同之处？

(2) 变压器的初次级的电压波形是怎样的？

(3) 对变压器初次级的电压极性(同名端)有何要求？

(4) 电路有何特点？

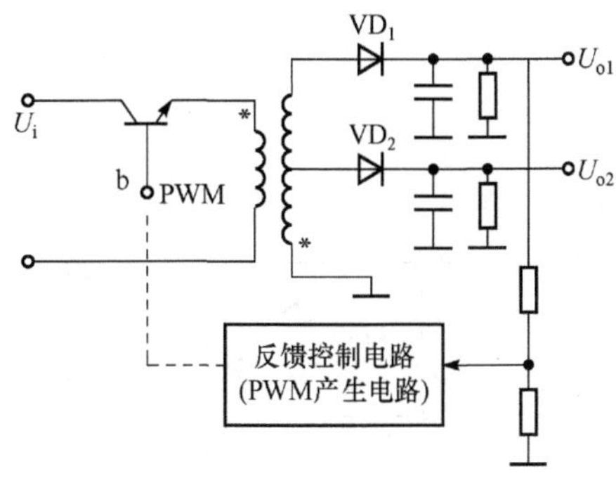

图 5-1-29　题 5-1-38 图

答:(1) 两者不同之处是以脉冲变压器代替原储能电感 L。它将电感两端的 PWM 脉冲耦合至次级，其他情况与工作原理两者均相同。

(2) 均为 PWM 脉冲矩形波。

(3) 为了保证 VT 导通时，VD 截止；VT 截止时，VD 导通经则变压器初次级的同名端应为图中所标。

(4) 电路主要特点是：ⓐ利用变压器次级不同的抽头，经整流滤波可输出不同种的直流电压；ⓑ由于 PWM 脉冲的频率较高，故滤波电容的容量减小，使其体积变小；ⓒ由于使用变压器，可使初次级作电的隔离，使次级电路的地安全无高压(初级之地可能带 220V 交流，不安全)。

39. 已知某稳流源电路如图 5-1-30 所示，已知 LM317 的输出 $U_{31}=1.2V$。试完成下列各题。

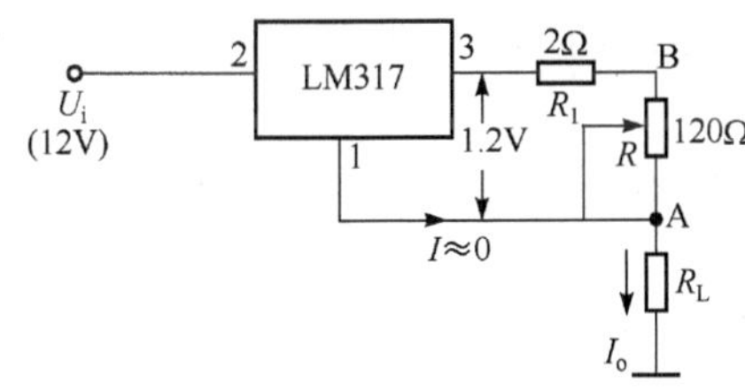

图 5-1-30　题 5-1-39 图

(1) 电位器调至 A 点时，输出电流 I_o 为多少？

(2) 电位器调至 B 点时，输出电流 I_o 为多少？

答:(1) 由于 $I\approx0$，故电位器调至 A 点时的输出电流 I_o 为 $I_o\approx\dfrac{U_{31}}{R+R_1}\approx\dfrac{1.2}{R}\approx10\text{mA}$。

(2) 电位器调至 B 点时输出电流 I_o 为 $I_o\approx\dfrac{U_{31}}{R_1}\approx\dfrac{1.2}{R_1}\approx600\text{mA}$。

40. 已知可控整流电路如图 5-1-31 所示，VT 为晶闸管(也称为可控硅)。试完成下列各题。

(1) 晶闸管工作(导通)的条件是什么？

(2) 对应 u_i、u_g，画出 u_o 波形。

(3) 导通角 α 由谁控制？

答:(1) 晶闸管导通需要两个条件：即其阳极(A)与阴极(K)之间加正电压，且控制栅极(G)上应加触发信号(有触发电流)。当晶闸管导通后，控制栅即失去控制作用。

(2) 电路中各主要点电压之波形如图 5-1-32 所示。很显然，由于晶闸管的导通受栅极信号 u_g 的控制，故输出信号电压 u_o 已不再是一个完整的余弦脉冲，而是被切去一块，故其平均分量(直流分量)随之减小。这就达到了用 u_g 控制输出电压或电流的目的。

(3) 导通角 α 的大小由控制脉冲 u_g 决定，但 u_g 应与 u_i 同步。

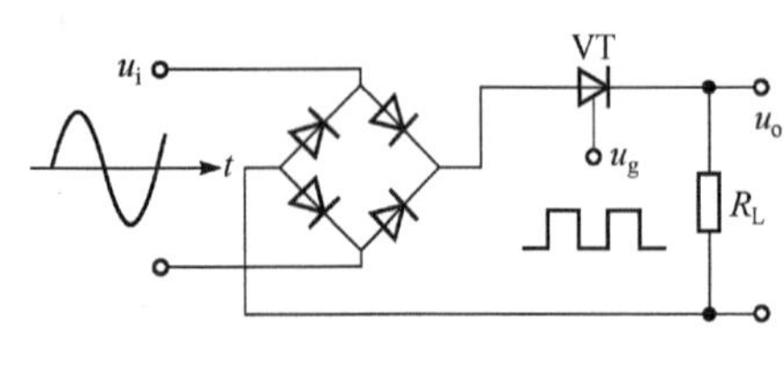

图 5-1-31　题 5-1-40 图

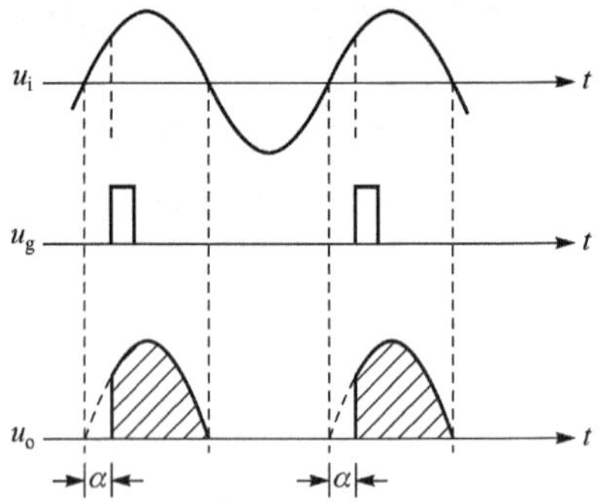

图 5-1-32　题 5-1-40 图

41. 已知电源变压器供电电路如图 5-1-33 所示。试完成下列问题。

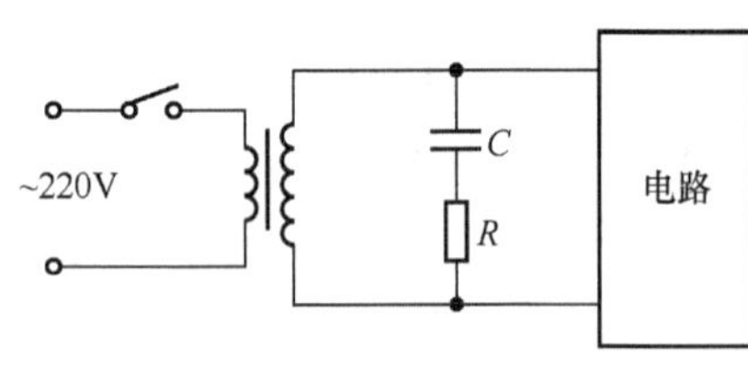

图 5-1-33　题 5-1-41 图

(1) 变压器次级并接 RC 串联电路起何作用?

(2) R、C 值大致为多少?

答:(1) 当开关由合(通)至断的瞬间,变压器电感(线圈)中存储的磁能会在其两端产生瞬时高压,以反对电流突然降为零,对此瞬时高压如何采取措施,将会损坏后继电路,串联的 RC 支路给瞬间电压有一个释放的通路。

(2) 电路中的电容 C 应防止与变压器次级电感形成串联谐振,实践中常选 $R=10\text{k}\Omega$,$C=0.1\mu\text{F}$。

42. 图 5-1-34 是对大电容器进行充电的原理电路。设充电电压为 24V,充电后的电池可作蓄电池使用。试完成下列各题。

(1) 若电容 C 的起始电压为零,要充至 9.5V 时,则需多少时间?

(2) 若电容 C 的起始电压为 15V,要充至 23V 时,则需多少时间?

(3) 100F 的电容器充至 23V 时,其电能是多少?

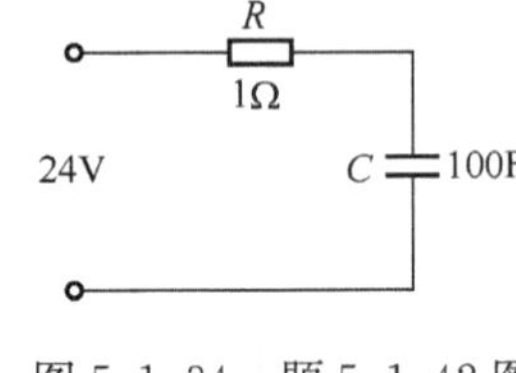

图 5-1-34　题 5-1-42 图

答:(1) 根据电容器的充电曲线可知,电容器上的电压由零充至充电电压的 96%时(即本电路中的 23V),约需 $3RC$ 时间,即

$$3RC=3\times1\Omega\times100\text{F}=300\text{s}=5\text{min}$$

(2) 若电容器的电压由充电电压的 63%(即本电路的 15V)充至 96%(即本电路的则需 $(3RC-1RC)=2RC$ 时,即

$$2RC=2\times1\Omega\times100\text{F}=200\text{s}=3.33\text{min}$$

(3) 100F 电容器充至 23V 时所含的电能为

$$W=\frac{CU^2}{2}=\frac{100\times(23)^2}{2}=\frac{52900}{2}=26450\ \text{焦耳}=6346\ \text{卡(Cal)}$$

这一能量是相当可观的。

43. 何谓 UPS? 它的作用是什么? 它主要由哪几大部分组成?

答:UPS 即为不间断电源,也称为不停电电源。它的主要作用是能保证在交流电网停电时,对电子设备供电,使它们正常工作。这对计算机系统及关键设备是十分重要的。

UPS 电源主要由充电电路、蓄电池组、逆变电路(DC-AC 电路)、控制电路等组成。

二、填空题

1. 常用的稳压电源有______、______、______等多种。

2. 稳压二极管式稳压电源的特点是______，缺点是______。

3. 串联调整式(线性)稳压电源的优点是______，缺点是______。

4. 开关型稳压电源的优点是______，缺点是______。

5. 实验室中常用稳压电源的内阻为______量级，纹波值为______。

6. 直流稳压电源主要的质量技术指标为______、______、______。

7. 直流稳压电源的稳压系数是在额定负载($\Delta I_o=0$)下，输出电压的______与输入电压______的比值。

8. 直流稳压电源的电压调整率是在额定负载($\Delta I_o=0$)下，输出电压的______与输入电压的______之比值。

9. 直流稳压电源的电压调整率也可认为是在额定负载条件下，输入电压变化10%时，输出电压的______，单位是______。

10. 直流稳压电源的输出电阻是输入电压为额定值($\Delta U_i=0$)下，输出电压的______与输出电流的______之比值。

11. 直流稳压电源的纹波电压是指稳压电路输出端______，一般为______量级。

12. 直流稳压电源的电流调整率是指在输入电压为定值，负载电流由零变为最大值的条件下，输出______与输出______之比值。

13. 直流稳压电源的电流调整率也可认为是在温度与输入电压为定值、负载电流变化时所引起的______变化，单位为______。

14. 单相半波整流电路的负载为纯电阻，若输入交流正弦电压为10V有效值，则其输出电压的峰值接近______，平均值(有效分量)约为______。

15. 单相桥式整流电路的负载为纯电阻，若输入交流正弦电压为10V有效值，则其输出电压的峰值接近______，平均值(有效分量)约为______。

16. 单相半波整流、大电容滤波、负载电阻也很大，若输入交流正弦电压为10V有效值，则其输出电压接近______，整流二极管的耐压约为______。

17. 单相桥式整流、大电容滤波、负载电阻也很大，若输入交流正弦电压为10V有效值，则其输出电压接近______，整流二极管的耐压约为______。

18. 单相半波整流电路的特点是电路______，其输出信号中的脉动分量______，输出信号中的直流分量______。

19. 单相桥式整流电路的特点是输出电压中的直流分量______，脉动分量______。

20. 在开关型稳压电源中，开关调整管基极的控制信号通常为______，其工作频率为______。

21. 开关型稳压电源电路主要有______、______、______等类型。

22. 开关型稳压电源电路主要由______、______、______、______等组成。

23. 开关型稳压电源电路中的主要元器件有______、______、______等。

24. 当今开关稳压电源能稳定的输入交流电压的范围为______到______(指220V交流电网输入)。

25. 在开关型直流稳压电源中，开关管基极的PWM控制脉冲一般有______、______两种类型。

26. 要使晶闸管导通工作，需在其阳极与阴极间加______，在控制栅极加______信号，两者缺一不可。

三、是非题

1. 大容量的电容器可作成一直流供电压源使用。 (　　)
2. 电池用旧了，电压降低，其内阻变小，其带载能力也变差。 (　　)
3. 50Hz 交流电压经半波整流后，其输出半波余弦脉冲的周期仍为 50Hz。 (　　)
4. 50Hz 交流电压经桥式整流后，其输出全波余弦脉冲的周期仍为 50Hz。 (　　)
5. 单相半波整流与单相桥式整流相比，前者输出中的脉冲分量比后者大许多。 (　　)
6. 单相半波整流与单相桥式整流相比，前者输出中的直流分量应为后者的一半。(　　)
7. 在输入交流信号幅值相等的条件下，单相半波整流和单相桥式整流相比，前者二极管所承受的反压应与后者相等。 (　　)
8. 在单相桥式整流电路中，流过每一整流二极管的平均电流应等于或大于负载所流过的电流。 (　　)
9. 单相桥式整流，电容滤波电路输出电压值的高低与所接负载电阻大小无关。 (　　)
10. 在单相桥式整电路中，若有一个二极管开路(断开)，则电路不能工作，无输出电压。 (　　)
11. 在单相桥式整流电路中，若有一个二极管短路，则电路不能工作，甚至烧毁另一只二极管，或变压器。 (　　)
12. 在单相桥式整流电路中，若四个二极管均接反，则电路仍能工作，但输出电压极性相反。 (　　)
13. LM317 是可调正电压输出的三端集成稳压芯片。 (　　)
14. 78××、79××系列三端集成稳压芯片在起稳压作用时，其两端最小压降应在|1～2|V 间选用。 (　　)
15. 开关型稳压电源的电路，一定有电感或变压器作储能元件。 (　　)
16. 很难作成升压型的开关电源。 (　　)
17. 开关电源的 220V 交流供电电路中往往接入低通滤波电路，其主要作用是防止外界高频脉冲干扰窜入，也防止本电路的高频干扰窜出。 (　　)
18. 由于串联调整型稳压电源的调整管工作在线性放大状态，故调整管的损耗大，电源效率低。 (　　)
19. 由于开关型稳压电源的调整管工作在开关状态，故调整管的损耗小，电源的效率高。 (　　)
20. 在开关型稳压电源中，通常无电源变压器，故要特别注意某些电路的地线带有高电位(220V)。 (　　)

四、选择题

1. 已知桥式整流电容滤波和电感滤波电路如图 5-1-35 所示，电路的输入均为 50Hz、10V 有效值的交流市电，R_L 足够大时其输出直流电压大致为(　　)。

A. 二者均为 12～14V　　　　B. 二者均约为 9V

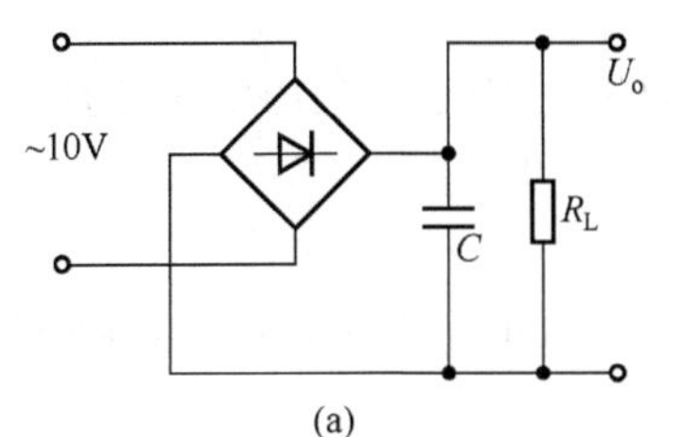

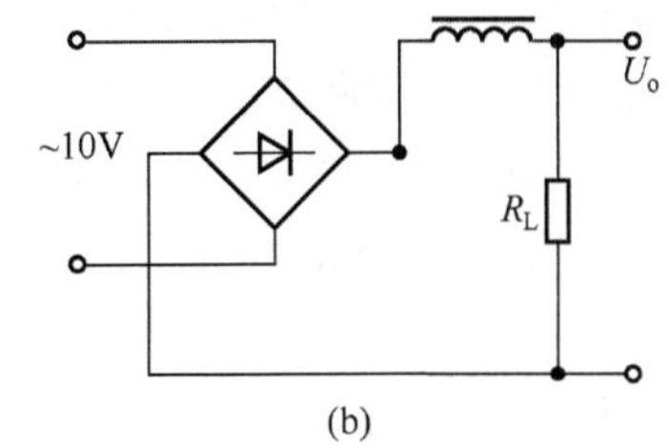

图 5-1-35 题 5-1-1 图

C. 前者为 12～14V,后者约为 9V　　D. 前者约为 14V,后者为 12～14V

2. 电路同图 5-1-35,两电路适用的场合为(　　)。

A. 均可用于大电流,低电压场合

B. 均可用于小电流,高电压场合

C. 图 5-1-35(a)电路适用于大电流,低电压场合

D. 图 5-1-35(b)电路适用于大电流,低电压场合

3. 电路同图 5-1-35,对二极管冲激电流的大小为(　　)。

A. 图 5-1-35(a)电路对二极管的冲激电流大

B. 图 5-1-35(b)电路对二极管的冲激电流大

C. 两种电路对二极管的冲激电流均很大

D. 不一定

4. 电路同图 5-1-35,若负载电流为 I_L=100mA,则两电路中流过整流二极管的平均电流为(　　)。

A. 均为 100mA　　B. 均为 50mA

C. 图 5-1-35(a)电路为 100mA,图 5-1-35(b)电路为 50mA

D. 图 5-1-35(a)电路为 50mA,图 5-1-35(b)电路为 100mA

5. 电路同图 5-1-35,每个整流二极管所承受的最高反压约为(　　)。

A. 10V　　B. 20V　　C. 14V

D. 图 5-1-35(a)电路为 14V,图 5-1-35(b)电路为 28V

6. 电路同图 5-1-35(a),图中电容 C 的耐压与容量为(　　)。

A. 大于 16V　500μF～3000μF　　B. 10V　50μF～200μF

C. 11V　10μF～50μF　　D. 16V　0.1μF～10μF

7. 电路同图 5-1-35,图中若有一个二极管断开,则输出电压 U_o 为(　　)。

A. 减至零　　B. 减至正常时的一半(6V)　　C. 减至 9V 左右　　D. 变化不大

8. 电路同图 5-1-35,图中负载电阻 R_L 若由很小变至很大,则输出的电压值将(　　)。

A. 基本不变　　B. 随之变大　　C. 随之变小　　D. 不一定,与 C 大小有关

9. 集成三端稳压芯片 78××、79××系列的输出电流大小为(　　)。

A. 0.1A　　B. 0.5A　　C. 1A　　D. 1.5A

10. 集成三端稳压芯片 78L××、79L××系列的输出电流大小为(　　)。

A. 0.1A　　B. 0.5A　　C. 1A　　D. 1.5A

11. 集成三端稳压芯片 78M××、79M××系列的输出电流大小为(　　)。

A. 0.1A　　B. 0.5A　　C. 1A　　D. 1.5A

12. 集成三端稳压芯片 LM317、LM337 为(　　)。

A. 均为固定正电压输出芯片　　B. 均为固定负电压输出芯片

C. LM317 为负电压输出芯片,LM337 为正电压输出芯片

D. LM317 为正电压输出芯片,LM337 为负电压输出芯片

13. 78××、79××系列的三端稳压芯片在作稳压工作时,其本身压降若选得过低,则下述说法哪种是正确的(　　)。

A. 省电,效率高,电网电压低时可能不稳压

B. 耗电,效率低,电网电压低时可能不稳压

C. 省电,效率高,电网电压高时可能不稳压

D. 耗电,效率低,电网电压低时可能不稳压,芯片过热

14. 78××、79××系列的三端稳压芯片在作稳压工作时,其本身压降若选得过高,则下述说法哪种是正确的(　　)。

A. 省电,效率高,电网电压低时可能不稳压

B. 耗电,效率低,电网电压低时可能不稳压

C. 省电,效率高,电网电压高时可能不稳压

D. 耗电,效率低,电网电压高时可能不稳压,芯片过热

15. 串联调整型(线性)稳压电源的实际效率为(　　)。

A. 20%～30%　B. 30%～50%　C. 50%～60%　D. 60%～70%

16. 开关型直流稳压电源的实际效率为(　　)。

A. 50%～60%　B. 60%～70%　C. 70%～80%　D. 75%～95%

17. 已知整流滤波电路如图 5-1-36 所示,则电容 C_1、C_2 两端的电压幅值为[R_LC_2 乘积足够大](　　)。

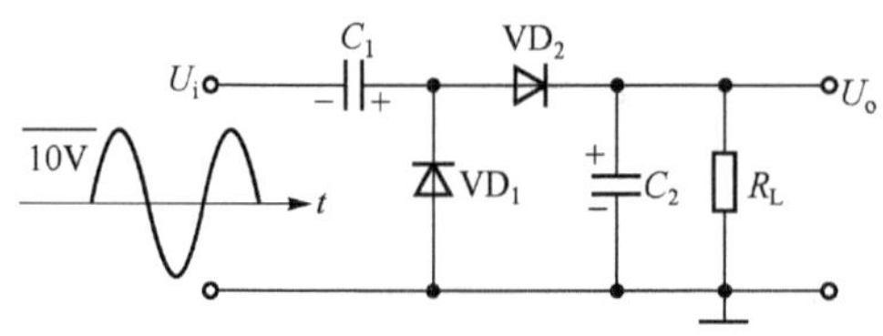

图 5-1-36　题 5-1-17 图

A. 均为 10V　　B. U_{C1},约 10V,U_{C2} 18～20V

C. U_{C1} 约 10V,U_{C2} 约 14V　　D. U_{C1} 约 14V,U_{C2} 约 28V

18. 有关稳压源、稳流源对负载的要求,下列哪种说法是正确的(　　)。

A. 两者的负载均可短路　　B. 两者的负载均可开路

C. 稳压源的负载不可短路,稳流源的负载不可开路

D. 稳压源的负载不可开路,稳流源的负载不可短路

19. 用 7812 制成的稳压电路中,芯片输入端的电压为(　　)。

A. 12V　B. 12～14V　C. 15～16V　D. 16～18V

20. 用 7812 制成的稳压电路中,供给桥式整流、大电容滤波的交流供电电压的有效值为(　　)。

A. 14～15V　B. 12V　C. 11～12V　D. 15～17V

21. 78××、79××系列的三端稳压芯片是否可作成可变输出电压电源(　　)。

A. 均不可以　B. 均可以　C. 78××可以,79××不可以　D. 与C答案相反

22. 220V交流电网电压经桥式整流后所用滤波电容的耐压应选为(　　)。

A. 220～250V　B. 250～280V

C. 280～310V　D. 330～360V

五、填空题、是非题、选择题答案

(一) 填空题

1. 稳压二极管型,串联调整(线性)型,开关型
2. 电路简单、易制作,稳压系数低,输出电流小、效率低
3. 电路简单、纹波小,效率低、仅适用于小功率电源
4. 效率高、稳定范围宽,纹波大、技术难度稍高、高频干扰大
5. 零点几欧姆,毫伏(mV)级
6. 稳压系数,输出电阻,电压电流值
7. 相对变化量$\frac{\Delta U_o}{U_o}$,相对变化量$\frac{\Delta U_i}{U_i}$
8. 相对变化量$\frac{\Delta U_o}{U_o}$,变化量 ΔU_i
9. 变化量 ΔU_o,mV
10. 变化量 ΔU_o、变化量 ΔU_i
11. 交流分量的有效值,mV
12. 电压的相对变化$\frac{\Delta U_o}{U_o}$,电压 U_o
13. 输出电压的变化量 ΔU_o,mV
14. 14V,4.5V
15. 14V,9V
16. 9～10V,16V
17. 12～14V,16V
18. 简单,大,低
19. 高(大),小
20. PWM 脉冲,几十千赫兹至百千赫兹
21. 串联型,并联型,变压器耦合型
22. AC-DC,DC-AC,AC-DC,反馈控制
23. 储能电感或变压器,开关管,整流滤波元器件
24. 90V,250V
25. 脉冲调宽,脉冲调频
26. 正电压,正向触发脉冲

(二) 是非题

1. √　2. ×　3. √　4. ×　5. √　6. √　7. √　8. ×　9. ×　10. ×

11. √　12. √　13. √　14. ×　15. √　16. ×　17. √　18. √　19. √　20. √

(三) 选择题

1. C　2. D　3. A　4. B　5. C　6. A　7. C　8. B　9. C　10. A

11. B　12. D　13. A　14. D　15. B　16. D　17. B　18. C　19. C　20. A

21. B　22. D

第二部分　交流信号源

一、问答题

1. 何调交流信号源(或信号发生器)?

答:能将直流电能转换成交流信号(如正弦波、方波、锯齿波等)输出的电路或装置即为交流信号源。就实质而言,信号源是一种能量转换装置,是将直流电能转换成交流电能输出的电

路或装置。

2. 按波形区分,信号源(信号发生器)有哪几种类型?各有何特点?

答:可分为简谐信号源(简谐振荡器)和张弛信号源两大类。

简谐信号源的特点是所产生的信号波形非常接近正弦波或余弦波,信号失真很小,频率比较稳定,即频率稳定性能好;

张弛信号源的特点是所产生的信号波形是非正弦的脉冲波形,如方波、矩形波、三角波、锯齿波等,其频率稳定性能稍差。

3. 正弦波信号源是由哪几大部分组成的?试画出其组成框图。

答:主要由选频放大器和正反馈网络两大部分组成,也可以由放大器和正反馈选频网络两个部分组成或由放大器、选频电路、正反馈网络三大部分组成,其组成框图如图 5-2-1 所示。

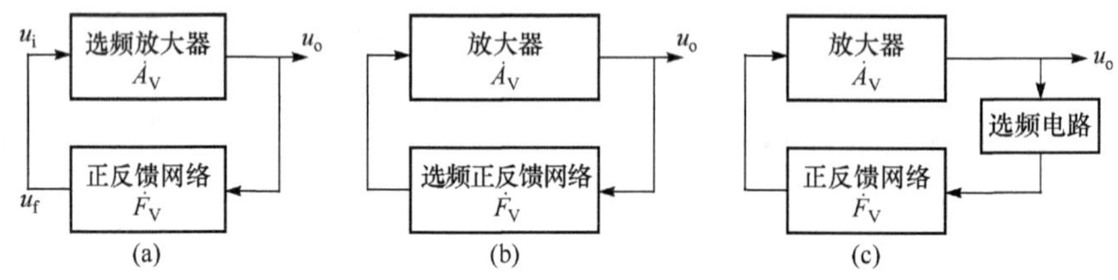

图 5-2-1　题 5-2-3 图

4. 已知正弦波振荡电路的组成框图如图 5-2-1(a)所示,请推导出振荡电路的起振条件和平衡条件。

答:(1) 推导起振条件

$$\dot{U}_f=\dot{U}_o\dot{F}_v=\dot{U}_i\dot{A}_v\dot{F}_v$$

起振时,反馈电压应大于放大器所需电压,即满足$\dot{U}_f>\dot{U}_i$,故

$$\dot{U}_i\dot{A}_v\dot{F}_v>\dot{U}_i$$

由此可得起振条件为

$$\dot{A}_v\dot{F}_v>1$$

此复数可写成振幅和相位两项表达式,即

$$\begin{cases}A_vF_v>1 \quad \cdots & \text{振幅条件,为环路增益大于 1}\\ \varphi_a+\varphi_f=2N\pi \quad (N=0,1,2,\cdots,\text{整数}) & \text{相位条件,即正反馈条件}\end{cases}$$

(2) 平衡条件:环路增益大于 1 的状态只存在于起振阶段,此时每次反馈回来的信号总比放大器所需的输入信号幅度大,使振荡器处于增幅状态。当振荡幅度大到一定值后,放大器便由线性放大区进入非线性工作区,其放大倍数$\dot{A}_v$将下降(因为放大管的β值下降),最终达到平衡状态,即

$$\dot{A}_v\dot{F}_v=1$$

此复数式也可写成:

$$\begin{cases}A_vF_v=1 \quad \cdots & \text{振幅条件,为环路增益等于 1}\\ \varphi_a+\varphi_f=2N\pi \quad (N=0,1,2,\cdots,\text{整数}) & \text{相位条件,即正反馈条件}\end{cases}$$

5. 正弦波振荡器的组成框图如图 5-2-1(a)所示,说明振荡电路的振幅稳定条件。

答:由振荡器的放大特性曲线(即振荡特性曲线)和反馈特性曲线(如图 5-2-2 所示)的交点可知,符合下述条件才能达到振荡幅度平衡条件(即 $A_vF_v=1$)

$$\left.\frac{\partial u_o}{\partial u_i}\right|_A < \left.\frac{\partial u_o}{\partial u_f}\right|_A$$

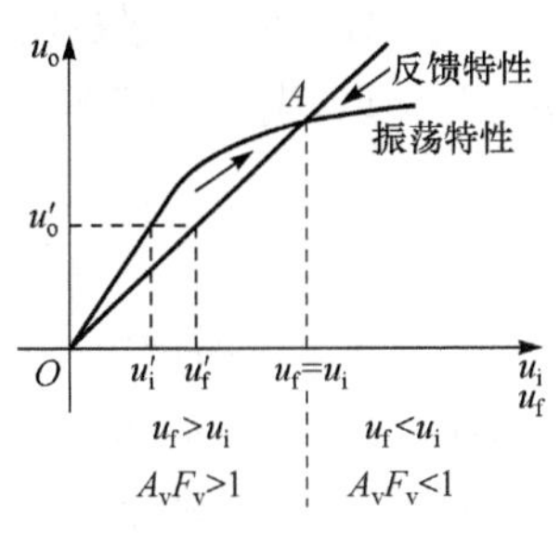

图 5-2-2 题 5-1-5 图

图中，曲线有两个交点，即 O 点与 A 点，当接通电路的电源时，由于环路增益 $A_vF_v>1$，即反馈回来的电压 u_f 总比放大器要求的输入电压 u_i 大，故电路处于增幅振荡状态，很快由零点(O 点)增至 A 点，此点满足 $u_f=u_i$，即 $A_vF_v=1$，达到平衡要求。

此时，若有某种因素使振荡离开 A 点，电路能有自动返回 A 点(因素 A 点之左为增幅振荡区，A 点之右为减幅振荡区)的能力，故 A 点既是平衡点，又是稳定点，且两曲线在此点斜率的差值越大，其幅度稳定性能越好。

6. 正弦波振荡器的组成框图如图 5-2-1(a)所示。说明振荡电路的频率稳定条件。

答：正弦波振荡器频率不稳定是由于相位条件遭到破坏而造成的。假如有一因素使反馈回的信号相位总是超前($\Delta\varphi$)，则振荡频率即会提高。对于选频(带通)放大器而言，频率提高，回路的相位失谐量也随之加大($-\Delta\varphi$)，此变化量正好与上述的相位移相抵消，使振荡电路在一个新的频率(f'_0)下稳定下来。

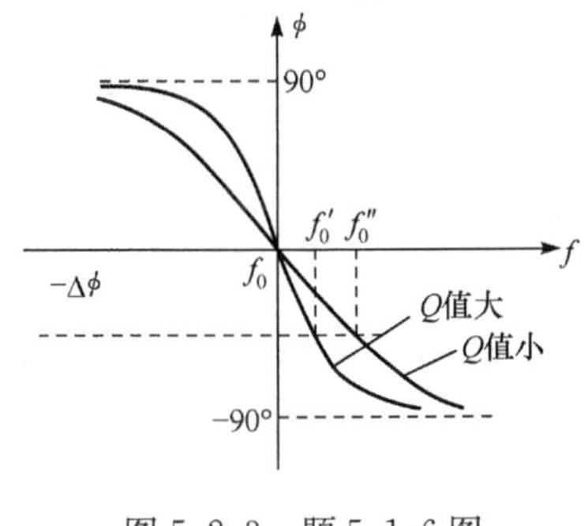

图 5-2-3 题 5-1-6 图

选频回路的相频曲线如图 5-2-3 所示。相位平衡公式如下

$$\varphi_a+\varphi_f+\Delta\varphi-\Delta\varphi=2N\pi$$

由图可知，选频曲线越陡直时，变化同样的 $\Delta\varphi$ 时，所需的频率偏移要小一些，故高品质因素 Q 的振荡回路的频率稳定性能更好。

7. 什么是软自激？什么是硬自激？

答：开机后即有振荡信号输出的振荡器即称为软自激的自激振荡器。这类振荡器的振荡特性和反馈特性如图 5-2-2 所示。

所谓硬自激(也称它激)振荡是需要一个触发信号的激励才能产生输出的振荡现象，其振荡特性与反馈特性曲线如图 5-2-4 所示。曲线有三个交点。

(1) O 点——即零点(起点)，这是稳定点，因为开机后的区域(OB 段)为衰减振荡区($A_vF_v<1$)，系统中反馈回来的信号 u_f 小于放大器所需的信号 u_i($u_f<u_i$)，故即使起振，也会很快衰减至原点 O。

(2) B 点——平衡不稳定点，只要有某一因素使振荡离开 B 点，则电路一定会很快离开 B 点，其左侧回至 O 点，右侧升至 A 点。

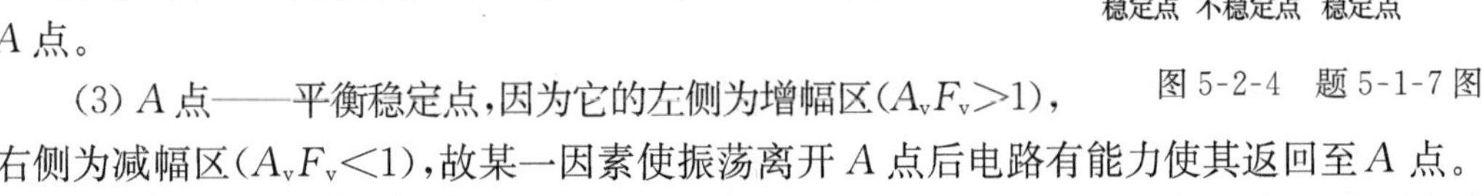

图 5-2-4 题 5-1-7 图

(3) A 点——平衡稳定点，因为它的左侧为增幅区($A_vF_v>1$)，右侧为减幅区($A_vF_v<1$)，故某一因素使振荡离开 A 点后电路有能力使其返回至 A 点。

由此可见，硬自激振荡器在开机后无振荡信号输出，只有外加一个激励，且激励幅度足够大(使反馈信号超过 B 所要求的值)时，振荡才会有输出(稳定在 A 点)。

8. 怎样将它激振荡(硬自激)调整至较自激的自激振荡？

答：根据图 5-2-4 曲线相交的情况，有两种办法可解决这一问题。

(1) 增大反馈系数：使反馈特性曲线的斜率减小，避开不稳定的交点 B，使二特性曲线只有一个交点，满足下述的幅度稳定条件

$$\frac{\partial u_o}{\partial u_i}<\frac{\partial u_o}{\partial u_f}$$

(2) 改变振荡特性：减少 OB 段的非线性，避开不稳定的 B 点，常用的方法是调节放大管的直流工作点，使放大管向线性区变化，使放大管的 β 值加大，另外也可更换振荡管。

9. 正弦波振荡器的最初信号(原始信号)是从哪里来的?

答：主要有两种来源，以下分别说明。

(1) 电阻与放大管的噪声。噪声的频谱是很宽的，几乎占据整个无线电频段。这些噪声经放大选频后，只有一个频率信号正反馈最强，其他被衰减，故有正弦波输出。

(2) 接通电源后，放大管的基极偏置电压为阶跃信号，阶跃信号的频谱同样是很宽的，经放大选频后，也只有一个频率的信号满足振荡条件。

10. 一个正弦波振荡器，开机后不自激，用螺丝刀触碰振荡管的输入端时即工作正常，有信号输出，但关机后再开机仍不自激(仍须触碰)。问这是什么现象？原因何在？如何解决？

答：这是振荡器典型的硬自激(它激)现象，原因与第 7 题所述相同，解决的办法可参见第 8 题答案。

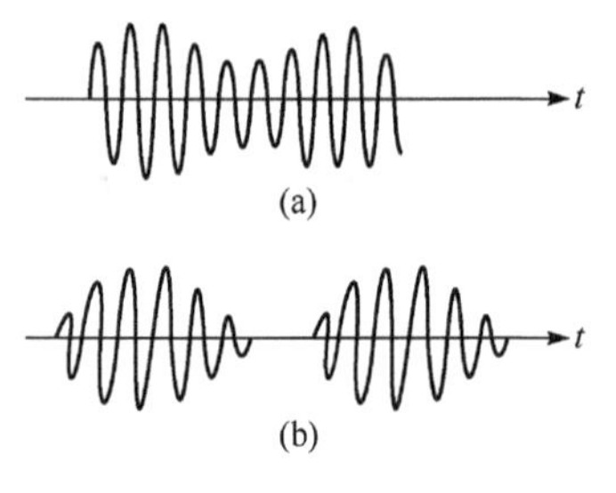

图 5-2-5　题 5-1-11 图

11. 何谓间歇振荡？其产生的原因有哪些？不产生间歇振荡的条件是什么？

答：正弦振荡器产生类似调幅波或间断信号输出的现象称为间歇振荡，此时的输出信号如图 5-2-5 所示。

图 5-2-5(a)为不完全间歇振荡输出波形；图 5-2-5(b)为完全间歇振荡输出波形。

主要原因有两个。

(1) 放大管基极偏置电路的时间常数 R_bC_b 值过大或发射极偏置电路的时间常数 R_eC_e 值过大，而使放大管导通时间变短，供给振荡回路的能量偏少而造成；

(2) 振荡管选频回路的 Q 值偏低，损耗偏大，使振荡衰减变快。当放大管供给回路的能量低于回路消耗的能量时，振荡幅度会衰减，甚至停振。

为使正弦振荡电路工作正常，R、C、Q 与振荡角频率 ω_o 的关系应满足下述条件

$$RC<\frac{2Q}{5\omega_o}$$

12. 硬自激(它激)振荡与自激振荡是否可正确利用？举例说明。

答：可以正确利用。

例 1：它激振荡可使可控设备(如发射机)处于睡眠状态，当要起用此设备时，值班电路(待机电路)给此振荡器一个触发信号，让其输出正弦波信号，使整个系统进入工作状态，这对节能是十分有利的。

例 2：可以利用间歇振荡电路发射一类似的调幅信号，其间歇的包络被接收后可解调输出

作可用信息，这一信息的频率可通过改变振荡电路中晶体管偏置电路的时间常数及振荡回路的 Q 值来实现，这样的电路并不复杂。

13. 正弦波振荡器的主要技术指标有哪些？

答：主要技术指标有振荡频率的高低、频率稳定性能$\left(\frac{\Delta f}{f_o}\right)$的优劣、输出电压的大小、输出电压幅值稳定性$\left(\frac{\Delta u}{u_o}\right)$的好坏。

14. 正弦波振荡器按电路组成区分主要有几大类？各有何特点？

答：其主要分类与特点如表 5-2-1 所列。

表 5-2-1

	RC 振荡电路	LC 变压器耦合振荡电路	LC 三点式振荡电路	石英晶体振荡电路	DDS 信号源
电路复杂程度	电路简单，易制作	较复杂，易振荡	较简单，元件少	较简单，元件少	复杂，需程控
振荡频率	几赫兹至几兆赫兹	几十千赫兹至几十兆赫兹	几百千赫兹至几百兆赫兹	几十千赫兹至几百兆赫兹	零点几赫兹至几百兆赫兹
频率范围	很宽	较宽	较宽（不同电路各有差别）	单一，一块晶体一个频率	最宽
频率稳定性能$\left(\frac{\Delta f}{f_o}\right)$	差（10^{-2}～10^{-3}）	较好（10^{-3}～10^{-4}）	好（10^{-3}～5×10^{-5}）	很好（10^{-4}～10^{-12}）	很好（10^{-4}～10^{-10}）
用途	低频信号源，多种无线电制作中	测量、接收机（如收音机）中	接收，发送，电视、测量设备中应用广	广播、电视、测量、计算机等系统中	信号源、电子设备中应用甚广
其他	可同时输出正弦波、方波信号	已不常应用	有电感三点式、电容三点式、改进电容三点式等多种电路形式	在 PLL 信号源中一块晶体可出多个频率点信号	用不同控制方式可输出正弦波、方波、FM 波、扫频信号等

15. 已知变压器反馈式正弦波振荡电路如图 5-2-6(a)所示。试完成以下各题。

(1) 画出它的交流等效电路。

(2) 标出变压器次级的同名端，以保证电路符合正反馈条件。

(3) 求振荡器输出信号的频率。

(4) 电路中 R_e、C_e 的乘积过大会产生什么现象？

答：(1) 其交流等效电路如图 5-2-6(b)所示。

(2) 变压器次级的同名端如图中所示（在下端地处）。

(3) 振荡频率近似为 LC 调谐回路的谐振频率，即

$$f_o=\frac{1}{2\pi\sqrt{LC}}$$

(4) R_e、C_e 值过大时，振荡电路会产生间歇振荡。

16. 已知变压反馈式正弦波振荡器的交流等效电路如图 5-2-7 所示。试完成以下各题。

(1) 电路是否符合正反馈条件？为什么？

(2) 求振荡频率。

答：(1) 符合正反馈条件。按瞬时电压极性判断法：设某瞬时放大管的基极电位为正，根

据变压器同各端极性相同的原理，则两个“ * ”端的电压极性为负，如此反馈至放大管发射极的电位为负，反馈至基极的电位极性为正，与原来假设的极性相同，故为正反馈。

(2) 振荡频率近似为 LC 回路的谐振频率，为

$$f_o=\frac{1}{2\pi\sqrt{LC}}$$

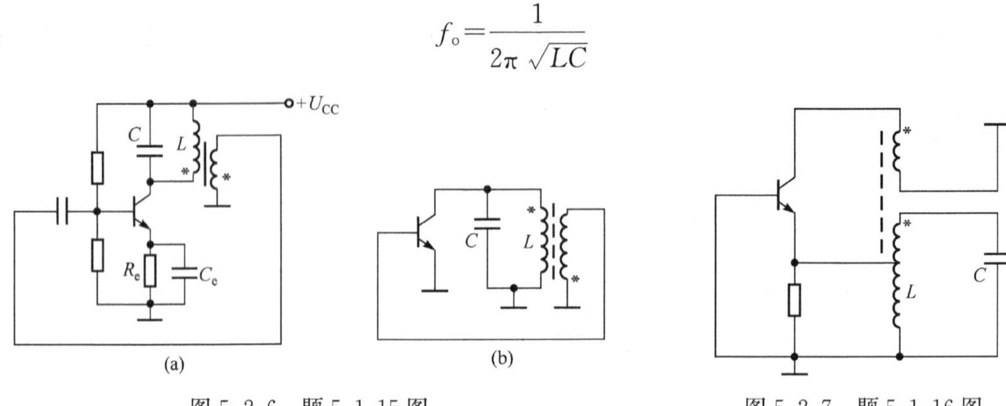

图 5-2-6　题 5-1-15 图　　　图 5-2-7　题 5-1-16 图

17. 已知三点 *LC* 正弦波振荡器的交流等效电路如图 5-2-8(a)所示。试完成以下各题。

(1) 要满足振荡的起振条件，则 X_{ce}、X_{eb}、X_{cb}应为什么类型的元件？

(2) 画出电感三点式、电容三点式振荡器的交流等效电路。

答:(1) X_{ce}、X_{eb}应为同名称的电抗元件，即同为电感或同为电容，而 X_{cb}则为异名电抗(即为电容或电感)。

(2) 电感三点式、电容三点式振荡器的交流等效电路如图 5-2-8(b)～(c)所示。

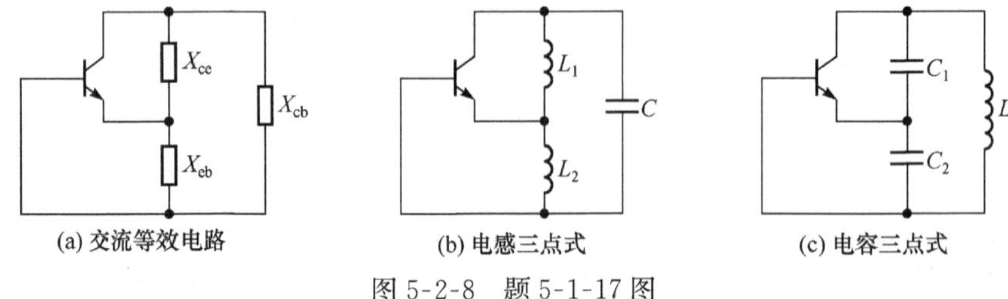

(a) 交流等效电路　　(b) 电感三点式　　(c) 电容三点式

图 5-2-8　题 5-1-17 图

18. 已知串联改进型电容三点式振荡器(克拉泼振荡电路)的交流等效电路如图 5-2-9 所示。请完成以下各题。

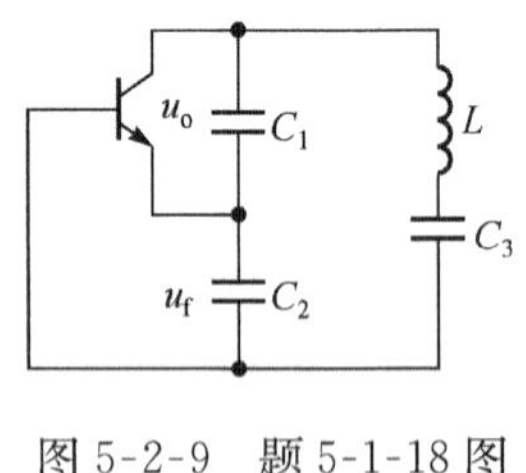

图 5-2-9　题 5-1-18 图

(1) 求电路的振荡频率。

(2) 求反馈系数。

(3) 求起振时放大器的增益。

答:(1) 振荡频率为

$$f_o=\frac{1}{2\pi\sqrt{LC}},\quad C=\frac{1}{\dfrac{1}{C_1}+\dfrac{1}{C_2}+\dfrac{1}{C_3}}$$

(2) 反馈系数为 $F_v=\dfrac{u_f}{u_o}\approx\dfrac{C_1}{C_2}$。

(3) 根据起振条件 $A_vF_v>1$，则起振时的 A_v 为 $A_v>\dfrac{1}{F_v}\approx\dfrac{C_2}{C_1}$。

19. 已知并联改进型电容三点式振荡器(西勒振荡电路)的交流等效电路如图 5-2-10 所

示。试完成以下各题。

(1) 求电路的振荡频率。

(2) 求反馈系数。

(3) 求起振时放大器的增益。

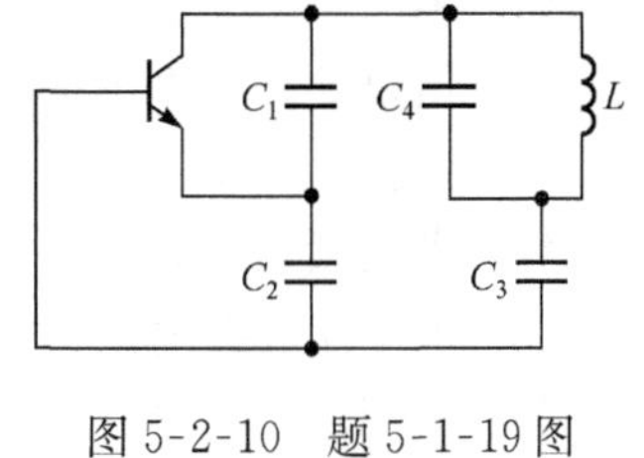

图 5-2-10　题 5-1-19 图

答:(1) 振荡频率为

$$f_o=\frac{1}{2\pi\sqrt{LC}},\quad C=C_4+\frac{1}{\frac{1}{C_1}+\frac{1}{C_2}+\frac{1}{C_3}}$$

(2) 反馈系数为 $F_v\approx\frac{C_1}{C_2}$。

(3) 起振时放大器的增益 A_v 为 $A_v>\frac{1}{F_v}=\frac{C_2}{C_1}$。

20. 在图 5-2-10 中,若要符合振荡条件,则 LC_4 回路的谐振频率 f_{o1} 与振荡电路的振荡频率 f_o 应为何种关系?为什么?

答:(1) 应 $f_o<f_{o1}$。

(2) 因为只有 $f_o<f_{o1}$,才能保证电路振荡时,LC_4 回路呈电感性能,且此等效电感的感抗应大于 C_3 的容抗,使 cb 间的总电抗呈感性,以满足三点式 LC 正弦波振荡器的电路组成原则。

21. 石英晶体振荡器的特点是什么?它的关键元件是什么?在电路中它起什么作用?

答:(1) 主要特点是频率稳定度高$\left(\frac{\Delta f}{f_o}=10^{-4}\sim10^{-12}\right)$,频率漂移小,但一块石英晶体只有一个频率,频率基本不可调节,或微调量极小。

(2) 关键元件是石英谐振器。

(3) 在石英晶体振荡电路中,石英谐振器可作等效电感元件或短路元件使用,前者称为并联型石英晶体振荡电路,后者称为串联型石英晶体振荡电路。

22. 已知石英晶体振荡器的交流等效电路如图 5-2-11 所示。试完成以下各题。

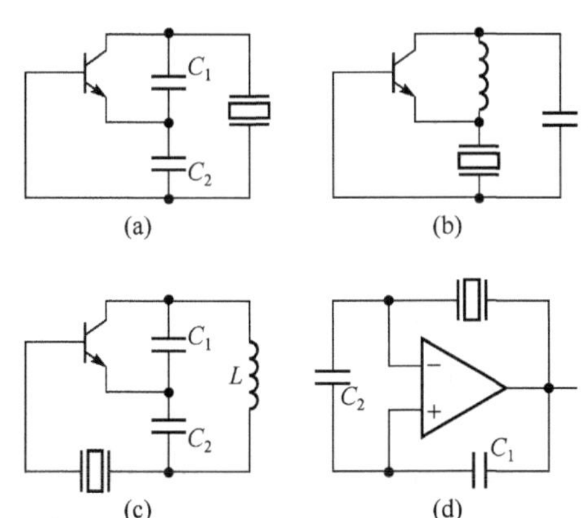

图 5-2-11　题 5-2-22 图

(1) 石英谐振器在电路中起何作用?

(2) 各电路的振荡频率为多少?

(3) 电路中的 C_1、C_2 起什么作用?

(4) 图(c)中 LC_1、C_2 回路的谐振频率如何确定?

答:(1) 图 5-2-11(a)~(b)和图 5-2-11(d)电路起等效电感的作用,图 5-2-11(c)电路起短路元件作用。

(2) 均为石英晶体的工作频率,与电路元件基本无关。

(3) C_1、C_2 起反馈作用,反馈系数即由它们决定。

(4) 此电路的振荡频率虽由石英谐振器决定,但 LC 回路的谐振频率也基本与此相同,否则电路不易起振。

23. 已知某电视机本振电路的实际电路如图 5-2-12(a)所示。试完成以下各题。

(1) 画出它的交流等效电路。

(2) 这是什么类型的振荡电路？其有何特点？

(3) 求振荡频率。

(4) 求反馈系数。

(5) 求电路起振时放大电路的放大倍数。

答：(1) 其交流等效电路如图 5-2-12(b)所示。这是一晶体管共等电极组态电路，由发射极输出振荡信号。

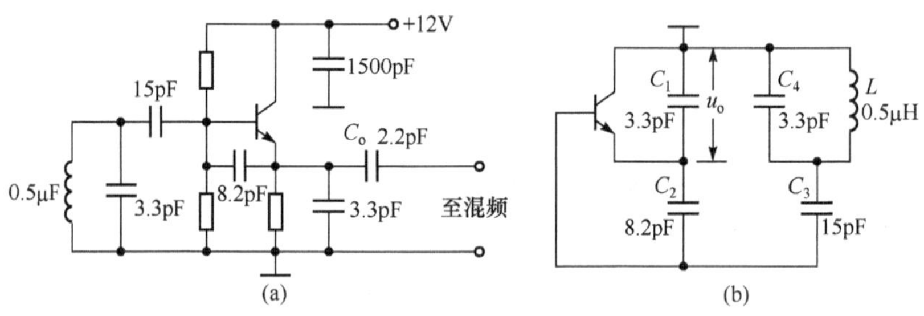

图 5-2-12　题 5-2-23 图

(2) 这是西勒振荡电路，特点是频率稳态(约 $10^{-4}\sim10^{-5}$)，振荡频率高(几十兆赫兹至几百兆赫兹)波段范围宽(1.6～1.8)。

(3) 因为 $f_o=\dfrac{1}{2\pi\sqrt{LC}}$，$C=C_4+\dfrac{1}{\dfrac{1}{C_1}+\dfrac{1}{C_2}+\dfrac{1}{C_3}}=3.3+\dfrac{1}{\dfrac{1}{3.3}+\dfrac{1}{8.2}+\dfrac{1}{15}}\approx5.33\text{pF}$，

故 $f_o=\dfrac{1}{2\pi\sqrt{0.5\times10^{-6}\times5.33\times10^{-12}}}=\dfrac{10^9}{2\pi\sqrt{2.65}}=97.7\text{MHz}$。

(4) 由于是集电极交流接地，故 $F_v=\dfrac{u_f}{u_o}=\dfrac{C_1+C_2}{C_2}=\dfrac{11.5}{8.2}=1.4$。

(5) 根据起振条件 $A_vF_v>1$，可得放大器的电压增益为 $A_v>\dfrac{1}{F_v}=\dfrac{1}{1.4}\approx0.71$。

24. 已知正弦波振荡电路如图 5-2-12(a)所示。试完成以下各题。

(1) 若输出信号波形有失真，应如何调节？

(2) 若电路不振荡(各元件正常)应如何解决？

(3) 耦合电容 C_o(2.2pF)若过大、过小，会有什么结果？

答：(1) 最常用的方法是调放大管的直流工作点，当然也可调反馈系数，但后者会影响振荡频率。另外，也可减弱与负载的耦合程度，以削弱负载的影响。

(2) 主要解决方法同(1)。另外，也可更换振荡管。

(3) 若 C_o 过大，则容抗变小，负载阻抗对振荡回路的影响增大，使频率稳定性能下降，振荡频率改变，严重时可使有振荡停振；若 C_o 过小，则容抗变大，可减弱负载对振荡电路的影响，但输出信号幅值也随之减小，不满足混频器对本振幅度的要求(在电视机中，通常要求本振幅度为 100～200mV)。

25. 已知石英晶体振荡电路如图 5-2-13(a)所示，石英谐振器为 5MHz 的泛音晶体。试完成以下各题。

(1) 画出它的交流等效电路(C_e 值较大)。

(2) LC 回路起什么作用?它的谐振频应为多少才能保证电路在 5MHz 的泛音频率下振荡?

(3) 右侧晶体管起何作用?

答:(1) 其交流等效电路如图 5-2-13(b)所示,作图时,关键之点在于 VT_1、VT_2 集电极均交流接地,且 C_e 对交流短路。

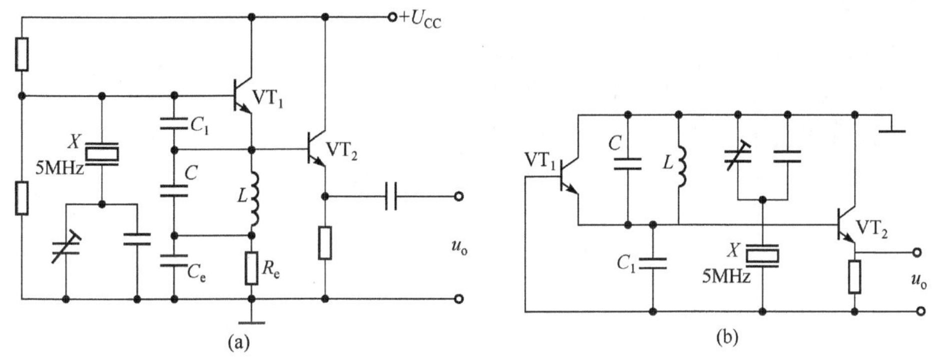

图 5-2-13 题 5-1-25 图

(2) LC 回路在振荡频率 5MHz 时,应等效为一电容作用,以满足三点式电路中正反馈条件,为此 LC 回路的谐振频率应设计在 4MHz 左右,这样才能保证石英谐振器在基音(1MHz)、三次泛音(3MHz)等频率处电路不满足正反馈条件(因为其等效为一电感)。

(3) 右侧晶体管 VT_2 组成射极输出电路,以减弱负载对振荡电路的影响。

26. 已知石英晶体振荡电路如图 5-2-14(a)所示。试完成以下各题。

(1) 画出它的交流等效电路。

(2) 石英谐振器起什么作用?

(3) 电路的振荡频率是多少?

(4) R_1 的阻值应如何选取?

答:(1) 其交流等效电路如图 5-2-14(b)所示。图中 R_1 为两个场效应管提供栅极电流通路,两场效应管组成互补倒相放大电路。在振荡过程中,它们轮流开启。

(2) 起短路作用,使 280kHz 信号正反馈最强,以满足振荡条件。

(3) 为 280kHz(石英谐振器的频率)。

(4) R_1 一般选用几十兆欧姆,以不影响振荡器的幅度特性与相位特性。

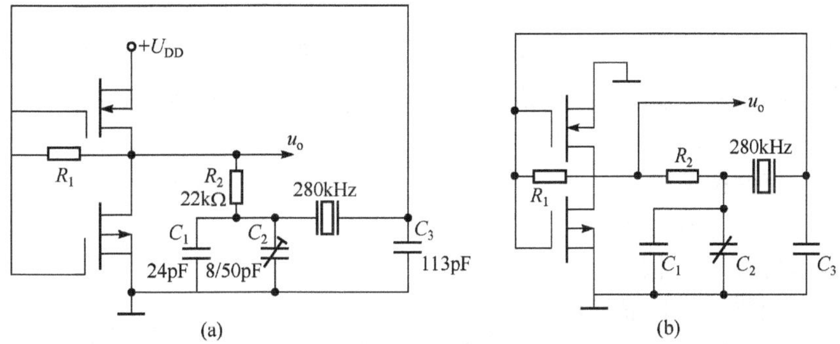

图 5-2-14 题 5-2-26 图

27. 已知正弦波振荡器的电路如图 5-2-15(a)所示。试完成以下各题。

(1) 这是什么类型的振荡电路?

(2) 画出它的交流等效电路。

(3) 求电路的振荡频率。

(4) 求反馈系数 F_v。

(5) 求起振时放大器的增益 A_v。

(6) 若负载电阻 R_L 值较小,会对振荡起什么作用?

答:(1) 这是石英晶体正弦波振荡电路。

(2) 交流等效电路如图 5-2-15(b)所示。

(3) 电路的振荡频率即为石英谐振器的频率 1MHz。

(4) 反馈系数 $F_v=\frac{C_1}{C_2}=\frac{200}{2200}=\frac{1}{11}$。

(5) 起振时的放大器的电压放大倍数为 $A_v>\frac{1}{F_v}=11$。

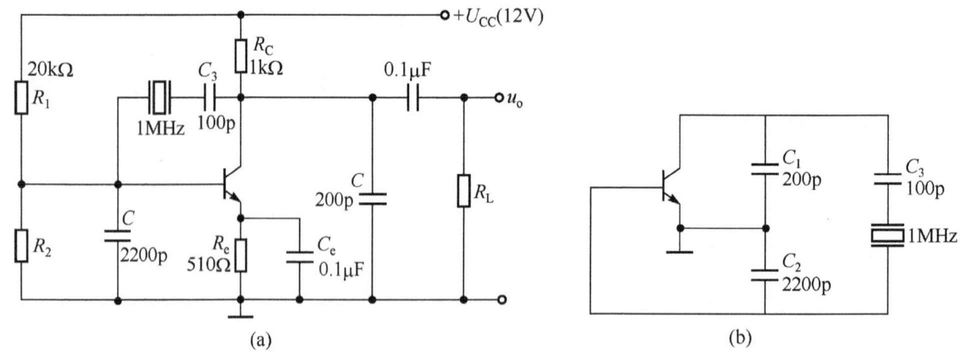

图 5-2-15 题 5-2-27 图

(6) 若 R_L 值较小,则会使振荡回路的 Q 减小,使振荡器的频率稳定性能下降,使放大器的增益下降,严重时使振荡器停振。

28. RC 正弦波振荡器有什么特点?它由几大部分组成?

答:RC 正弦波振荡的特点是:

(1) 振荡频率低而频率范围宽,赫兹级至兆赫兹级。

(2) 电路简单,易于实现。

(3) 频率稳定度较低,为 $10^{-2}\sim10^{-3}$ 量级。

RC 正弦波振荡器是由放大电路、正反馈 RC 选频电路、负反馈电路三大部分组成的。

29. 已知 RC 正弦波振荡器的电路如图 5-2-16 所示。试完成以下各题。

(1) RC 串并联电路起什么作用?

(2) 求解电路的振荡频率?

(3) 电阻 R_1、R_2 起什么作用?

(4) 右侧运放起什么作用?

(5) 如何能调节输出电压的大小?

答:(1) RC 串并联电路起带通选频作用,此电路决定振荡信号的频率值。

(2) 电路的振荡频率为 $f_o=\frac{1}{2\pi RC}$。

(3) 这是负反馈电路,保证振荡器起振时的幅度条件为 $A_vF_v>1$;R_2/R_1 比值过小时,振荡器不起振;过大时负反馈弱,信号的波形易失真。

(4) 起缓冲、隔离作用,以减弱负载 R_L 对振荡电路的影响。

(5) 将右侧的缓冲级改为同相放大电路,调节其放大倍数即可实现对输出电压的调节,更改后的电路如图 5-2-17 所示,其电压放大倍数的计算式为 $A_v=1+\frac{R_4}{R_3}$。

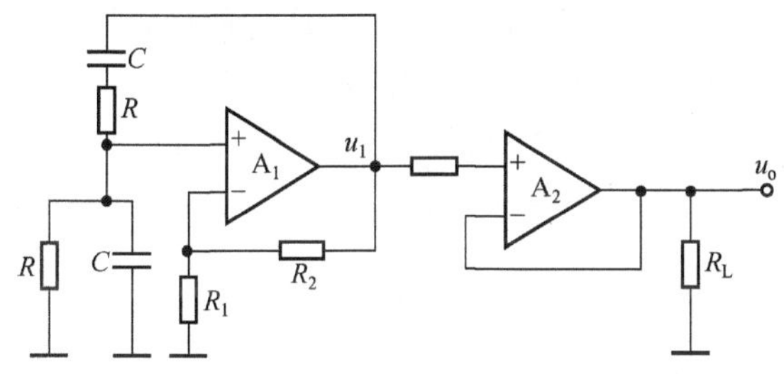

图 5-2-16　题 5-2-29 图

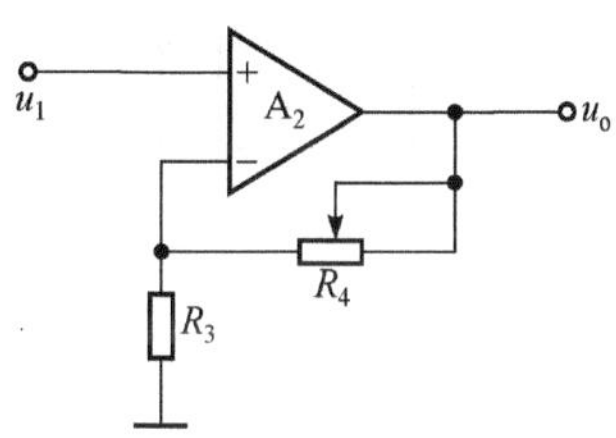

图 5-2-17　题 5-2-29 图

30. 何谓 DDS 信号源?它有什么特点?

答: DDS 信号源是"直接数字频率合成信号"的简称,原为 Direct Digital Frequency Synthesis 英文字头缩写(DDFS,简称 DDS)。这是一种基于全数字技术,从相位概念出发直接合成所需波形(正弦或方波)的一种新型频率合成技术。其特点十分显著:

(1) 频率范围宽。就目前所生产的芯片而言,其频率范围为千分之几赫兹至几百兆赫兹,且频率分辨率甚高,转换速度也很快。

(2) 频率稳定性能好。由于它是由石英晶体振荡器作为基准源,故其频率稳定度可在 10^{-5} 以上。

(3) 能输出正弦波信号、方波信号等,采用软件控制方法也可输出调频(FM、FSK)等信号。

(4) 体积小,高集成化。

(5) 需智能控制,技术难度稍高,要求设计者有一定软硬件电路基础和能力。

31. 画出 DDS 信号源的组成框图。

答: 其组成框图如图 5-2-18 所示。

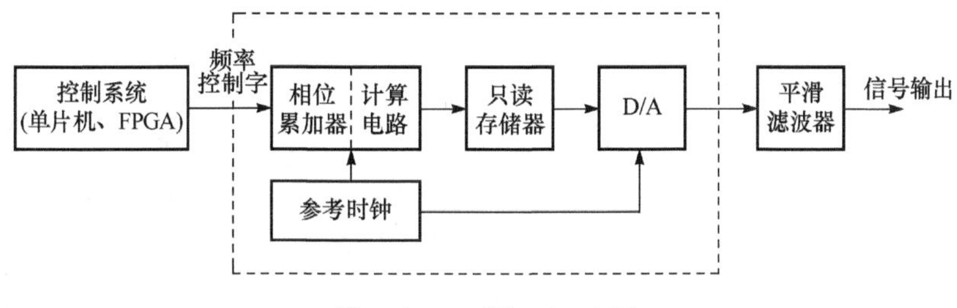

图 5-2-18　题 5-2-31 图

32. 何谓锁相频率合成器信号源?它有什么特点?

答: 锁相频率合成器信号源是以锁相环路为主体的间接式频率合成信号源,这是一种基于锁相技术的同步原理，以一个高精度的石英晶体振荡信号为参考基准(参考频率)，再经分频等措施而产生大量离散频率的一种信号源。其主要特点如下：

(1) 频率稳定性能甚好，因为它是以石英晶体振荡器的信号为参照标准。

(2) 工作频率范围宽，可高至数百兆赫兹。

(3) 频率分辨率(即频点间的频差)可调。

33. 已知频率合成器信号源的组成框图如图 5-2-19 所示。试完成下列各题。

(1) 填出未标框图之名称。

(2) 求 f_x 与 f_0、R、N 之关系式。

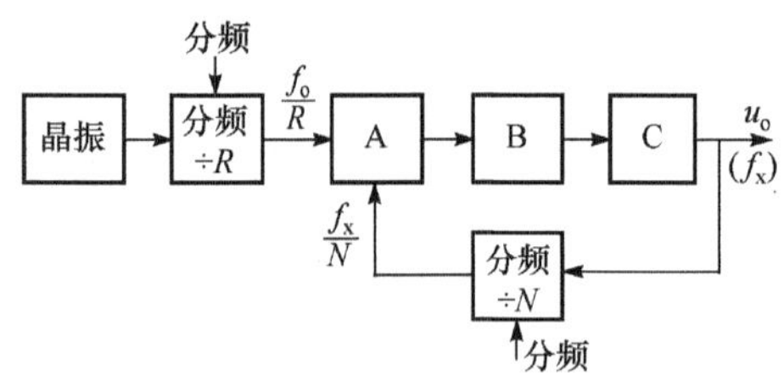

图 5-2-19 题 5-2-33 图

答:(1)A 为鉴相器；B 为环路滤波器；也即低通滤波器；C 为压控振荡器(VCD)。

(2) 根据 $f_o/R=f_x/N$ 的原理(PLL 环路锁定时，鉴相器两输入信号的频率必定相等)，可求得 f_x 的表达式为 $f_x=\frac{N}{R}f_o$。

调整两个分频器的分频系数 N 和 R，即可获得不同的频率值。

34. 如何提高正弦波振荡器的频率稳定性能?

答:主要有如下 5 点(对于非石英晶体振荡器而言)。

(1) 选用高稳定性能的电路，如西勒振荡电路等；LC 回路的设计可用正负温度系数的元件搭配，以保证温度性能；电感 L 的结构紧密牢固，且选高 Q 值元件。

(2) 要求供电电压尽可能稳定，可以采用进一步稳压措施。

(3) 振荡电路与负载间应采用弱耦合，或增加一级缓冲隔离级。

(4) 在条件许可时，可将振荡器置于恒温槽或恒温器皿中。

(5) 振荡电路应远离发热元件及变压器之类的部件，以减弱外部因素对振荡频率的影响。

35. 已知一正弦信号源输出电压为 20dBx、−40dBx。设 0dB 时的参照电平为 0.775V、1mV、1μV 时，试求对应的输出电压为多少?

答:为阅读方便，现将题解列于表 5-2-2。

表 5-2-2

参照电平		20dB 时的输出电压 u_x	−40dB 时的输出电压 u_x
0dB 时的参照电平	0.775V	$20\text{dBv}=20\lg\frac{u_x}{u_o}=20\lg\frac{u_x}{0.775}$，则 $\frac{u_x}{0.775}=10$，$u_x=7.75\text{V}$	$-40\text{dBv}=-40\lg\frac{u_x}{u_o}=-40\lg\frac{u_x}{0.775}$，则 $\frac{u_x}{0.775}=10^{-2}$，$u_x=7.75\text{mV}$
	1mV	$20\text{dBm}=20\lg\frac{u_x}{1\text{mV}}$，则 $\frac{u_x}{1\text{mV}}=10$，$u_x=10\text{mV}$	$-40\text{dBm}=-40\lg\frac{u_x}{1\text{mV}}$，则 $\frac{u_x}{1\text{mV}}=10^{-2}$，$u_x=0.01\text{mV}=10\mu\text{V}$
	1μV	$20\text{dB}\mu=20\lg\frac{u_x}{1\mu\text{V}}$，则 $\frac{u_x}{1\mu\text{V}}=10$，$u_x=10\mu\text{V}$	$-40\text{dB}\mu=-40\lg\frac{u_x}{1\mu\text{V}}$，则 $\frac{u_x}{1\mu\text{V}}=10^{-2}$，$u_x=0.01\mu\text{V}$
所以，0dB 时的参照电平不同，输出电压的大小也会不同			

36. 已知低频信号发生电路如图 5-2-20 所示，输出 u_{o1} 为正弦波信号，u_{o2} 为方波信号。试完成以下各题。

（1）填出未标框图之名称。

（2）说明 A、B、C 电路的作用。

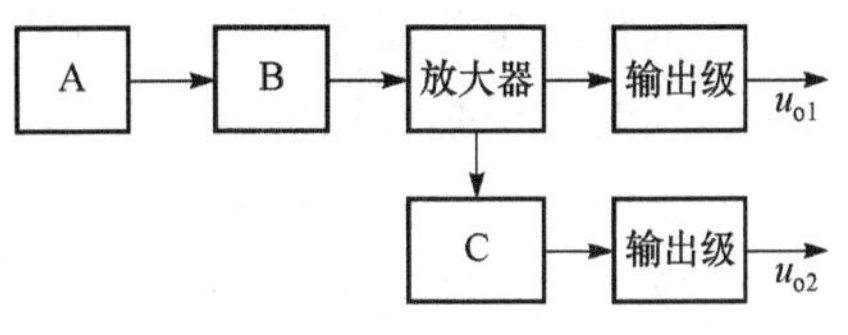

图 5-2-20　题 5-2-36 图

答：（1）A 为 RC 振荡电路，B 为缓冲级、隔离级，C 为比较器。

（2）A 电路的作用是产生正弦波信号。

B 电路的作用是削弱后级电路对振荡电路的影响，通常用共集电极放大电路或同相运算放大电路。

C 电路的作用是电压比较器，能将正弦波信号转换成方波或矩形波输出。

37. 已知某高频信号发生器的电路组成原理性框图如图 5-2-21 所示。试完成下列各题。

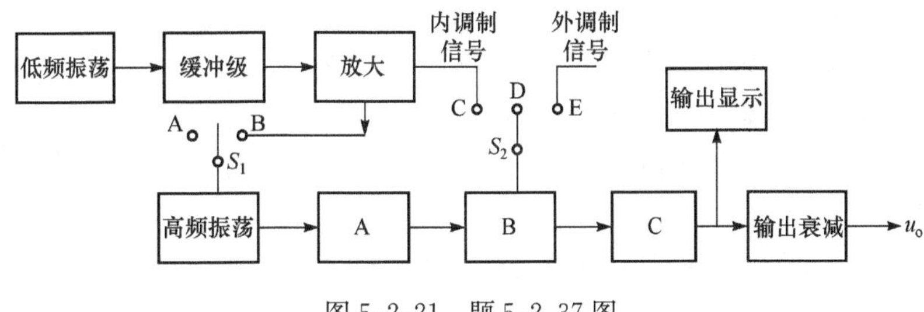

图 5-2-21　题 5-2-37 图

（1）填出未标框图的名称。

（2）当开关 S_1 打至 A，S_2 打至 D，电路 B 起什么作用？此时输出 u_o 是什么样的信号？

（3）当开关 S_1 打至 A，S_2 打至 C 或 E，电路 B 起什么作用？此时输出 u_o 是什么样的信号？

（4）当开关 S_1 打至 B，S_2 打至 D，电路 B 起什么作用？此时输出 u_o 是什么样的信号？

答：（1）A 为缓冲级或隔离级，以减弱后级对高频振荡电路的影响。B 为放大器（S_2 打至 D 时）或调幅器（S_2 打至 C 或 E 时）。C 为输出级，主要作用是功率放大。

（2）开关 S_1 打至 A（空档），S_2 打至 D（空档）时，高频振荡器输出等幅高频信号；B 应为放大电路，输出 u_o 应为高频正弦波信号。

（3）开关 S_1 打至 A，S_2 打至 C 或 E 时，高频振荡信号被调制信号低频信号（内部产生或外部输入的）调制；故 B 电路应为调幅电路，输出 u_o 应为高频调幅波。

（4）开关 S_1 打至 B，S_2 打至 D（空档）时，高频振荡级为调频电路，输出调频信号；B 为调频波放大电路，输出 u_o 为调频信号。

二、填空题

1. 按信号波形区分，信号源可分为______和______两大类。

2. 一切自激振荡电路，都可以用______观点来分析讨论，但习惯上带有放大器和选频回路的正弦波振荡电路常常采用______的理论来加以分析研究。

3. 正弦波振荡器在起振时，电路的工作状态为______；平衡稳定后，电路的工作状态为______。

4. 正弦波振荡器中一定有选频回路，常用的选频回路有______、______、______等多种。

5. 反馈式正弦波振荡器的起振条件为______，平衡条件为______。

6. 反馈式正弦波振荡器起振的振幅条件为______，相位条件为______。

7. 反馈式正弦波振荡器主要由______、______、______三大部分组成。

8. 反馈式正弦波的幅度稳定条件是______，即在平衡点，反馈特性曲线的斜率应______振荡特性曲线的斜率，且两者差别越大，振荡器的幅度越______。

9. 反馈式正弦波的相位稳定条件是其相位特性曲线在工作频率附近的斜率应为______值，且此斜率越大，振荡器的频率越______。

10. 正弦波振荡器的主要技术指标是______、______、______、______等。

11. 各类正弦波振荡器中频率稳定度最差者为______频率稳定度最优者为______、______等。

12. 各类正弦波振荡器中振荡频率能低至赫兹级的为______、______等振荡电路。

13. 能工作在百兆赫兹以上频率的正弦波振荡主要有______、______等电路。

14. BJT 管三点式 LC 正弦波振荡的电路组成原则是放大管 c-e、e-b 间应为______ c-b 间为______。

15. 石英晶体谐振器在正弦波振荡电路中常作______和______元件使用。

16. 在 LC 三点式 BJT 正弦波振荡电路中，为了满足正反馈的相位条件，若 c-e 间为电容，则 c-b 间为______. e-b 间为______.

17. 在 LC 三点式场效应管正弦波振荡电路中，为了满足正反馈的相位条件，若 D-G 向为电感，则 D-S 间为______，G-S 间为______。

18. 正弦波振荡器频率不稳定的主要原因为______、______、______等。

19. 若破坏(影响)正弦波振荡器的相位平衡条件，则振荡器的______将发生变化，这一变化会导致回路的______发生变化，使振荡器在一新的振荡频率下稳定工作。

20. 为了提高正弦波振荡器的频率稳定性能，选频回路的 Q 值应越______越好，负载与振荡回路的耦合程度应越______越好。

21. 石英晶体(片)具有重要的______效应和______效应。

22. 石英晶体(片)的等效电感值很______，等效电容值很______。故其品质因素 Q 值很______。

23. 石英谐振器的串联谐振频率 f_s 与并联谐振频率 f_p 之间的差值很______，为______。

24. 负阻系统的极点位于复平面的______，如此可使电路产生______。

25. 隧道二极管属于______器件，由它所组成的振荡电路的工作频率可达______.

26. 按负阻方法分析振荡系统时，其自激振荡的起振条件应为______，平衡条件是______。

27. 负电阻振荡器的典型电路为______、______。

28. 正弦波振荡器 BJT 管的选用条件是 β 值应______，特征频率 f_T 应______。

29. 在正弦波振荡器中，反馈电路的反馈系数若取得过大，则会引起信号______；若反馈系数取得太小，则不利于______。

30. 振荡器的起始信号来源于______和______。

31. 压控振荡器(VCO)实质上是______电路，通常用______器件来实现这一变换。

三、是非题

1. 一切振荡系统(电路)均可用负阻的概念来作分析。 ( )
2. 信号发生电路中一定存在正反馈。 ( )
3. 正电阻系统与负电阻系统都是消耗能量的系统。 ( )
4. 只要环路增益大于1，电路就能产生自激振荡。 ( )
5. 任何一个自激振荡电路都是一个将直流电能转换成交流电能输出的能量转换系统。 ( )
6. 在一个振荡电路中，若有多个频率的信号均满足振荡条件，则此振荡器的输出信号就不是正弦波。 ( )
7. *LC* 正弦波振荡器的振荡频率应与 *LC* 回路的谐振频率严格相等。 ( )
8. 正弦波振荡器 *LC* 回路的品质因素 *Q* 值越高，其频率稳定性能将越好，发生间歇振荡的概率也小。 ( )
9. 他激振荡器在接通电源后，需外加足够大的激励才能产生振荡输出信号。 ( )
10. 要产生几百至几千赫兹频率的正弦波信号唯有采用 *RC* 振荡电路。 ( )
11. 在实际电路中，BJT 管的 C_{be} 电容也可作为 *LC* 三点式振荡电路中的一个元件使用。 ( )
12. 在 *LC* 三点式正弦波振荡电路中，若 BJT 三极管 c-e 间为电容，则 c-b、e-b 间必为电感，这样才能满足正反馈的相位条件。 ( )
13. *LC* 正弦波振荡器的间歇振荡常常是由于放大管自给偏置电路的时间常数过小及 *LC* 选频回路的 *Q* 值偏高而造成的。 ( )
14. 石英谐振器的品质因素可高达 $10^5 \sim 10^6$ 量级，这是石英晶体振荡器频率稳定度高的主要原因。 ( )
15. 频率较高的石英晶体振荡器常选用泛音晶体。 ( )
16. 石英谐振器在振荡电路中既可作电感使用，也可作电容使用。 ( )
17. 石英谐振器的串联谐振频率通常比并联谐振频率高。 ( )
18. 石英晶体振荡器的振荡频率是严格固定的，无法调节的。 ( )
19. 石英晶体振荡器的振荡频率的调节范围很小，通常有几十赫兹至百赫兹。 ( )
20. 泛音晶体振荡电路中最重要的问题是如何抑制、削弱幅值较大的低次泛音和基波分量的产生。 ( )
21. 陶瓷振子(谐振器)也有选频作用，它和石英谐振器一样，也可作为振荡元件使用，但其 *Q* 值低得多，频率稳定性能也较差。 ( )
22. DDS 信号源一定是由 CPU 控制的智能化的振荡源，其频率稳定度甚高，频率范围甚宽。 ( )
23. DDS 信号源的频率变化是连续的，即频率变化的频差为零。 ( )

24. DDS 信号源的频率稳定性能低于石英晶体振荡器。 （ ）

25. 锁相环式信号源(频率合成器)的频率分隔度(步长)比 DDS 信号源精细。 （ ）

26. 任何二极管都不可能构成自激振荡电路。 （ ）

27. 由隧道二极管组成的振荡电路实质上是一种负阻振荡系统。 （ ）

28. 从负阻观点来看,振荡器是向负载供出能量(电能)的电路,故它可等效为一个负电阻信号源。 （ ）

29. 555 定时器集成芯片只要外接当阻容元件,即可产生正弦波信号输出。 （ ）

30. MAX038 集成芯片能产生质量较好的正弦波、三角波、矩形波等种类信号输出。 （ ）

四、选择题

1. 正弦波振荡器的起振条件为(设 A_v 为基本放大器的电压增益,F_v 为反馈电路的增益)( )。

A. $A_vF_v=1$　B. $A_vF_v>1$　C. $\dot{A}_v\dot{F}_v=1$　D. $\dot{A}_v\dot{F}_v>1$

2. 正弦波振荡器的平衡条件为(设 A_v 为基本放大器的电压增益,F_v 为反馈电路的增益)( )。

A. $A_vF_v=1$　B. $A_vF_v>1$　C. $\dot{A}_v\dot{F}_v=1$　D. $\dot{A}_v\dot{F}_v>1$

3. 他激式与自激式振荡器在开机后,下列哪种叙述是正确的( )。

A. 均工作在$\dot{A}_v\dot{F}_v>1$ 状态,并向平衡点发展

B. 均工作在$\dot{A}_v\dot{F}_v<1$ 状态,并很快返回零点

C. 他激式工作在$\dot{A}_v\dot{F}_v<1$ 状态,并很快返至零点

D. 自激式工作在 $A_vF_v<1$ 状态,并很快返回零点

4. 在下列几类正弦波振荡器中,频率稳定性能最差者为( )。

A. RC 振荡器　B. LC 振荡器　C. 石英晶体振荡器　D. DDS 信号源

5. 在下列几类正弦波振荡器中,频率范围最宽者为( )。

A. RC 振荡器　B. LC 振荡器　C. 石英晶体振荡器　D. DDS 信号源

6. 在下列几类正弦波振荡器中,频率稳定性能最优且频率范围最宽者为( )。

A. RC 振荡器　B. LC 振荡器

C. LC 石英晶体振荡器　D. 石英晶体 DDS 信号源

7. 在一般的电子电路中,RC 正弦波振荡器的频率稳定度为( )。

A. $10^{-2}\sim10^{-3}$　B. $10^{-3}\sim10^{-4}$　C. $10^{-4}\sim10^{-5}$　D. $10^{-5}\sim10^{-6}$

8. 在一般的电子电路中,LC 三点式正弦波振荡器的频率稳定度为( )。

A. $10^{-2}\sim10^{-3}$　B. $10^{-3}\sim10^{-4}$　C. $10^{-4}\sim5\times10^{-5}$　D. $10^{-5}\sim10^{-6}$

9. 在一般的电子电路中,石英晶体与 DDS 信号源的频率稳定度为( )。

A. 低于 5×10^{-5}　B. $10^{-2}\sim10^{-3}$　C. $10^{-3}\sim10^{-4}$　D. $10^{-7}\sim10^{-8}$

10. 要产生频率为 Hz～50MHz 正弦波信号,应选用的振荡器为( )。

A. DDS 信号源　B. RC 信号源

C. 变压器耦合 LC 振荡器　　D. 三点式 LC 正弦波振荡器

11. 要产生频率为 Hz～3MHz 正弦波信号，且电路简单应选用的振荡器为(　　)。

A. DDS 信号源　　B. RC 信号源

C. 变压器耦合 LC 振荡器　　D. 三点式 LC 正弦波振荡器

12. 在下列三点式 LC 正弦波振荡器中，频率稳定度最优者为(　　)。

A. 哈特莱振荡电路　　B. 西勒振荡电路

C. 考毕兹振荡电路　　D. 克拉波振荡电路

13. 在 BJT 三极管组成的三点式 LC 正弦波振荡器中，在满足正反馈相位的条件下，若放大管的 c-e 间为电容，则(　　)。

A. e-b、c-b 间均为电容　　B. e-b、c-b 间均为电感

C. e-b 间为电感、c-b 间为电容　　D. e-b 间为电容、c-b 间为电感

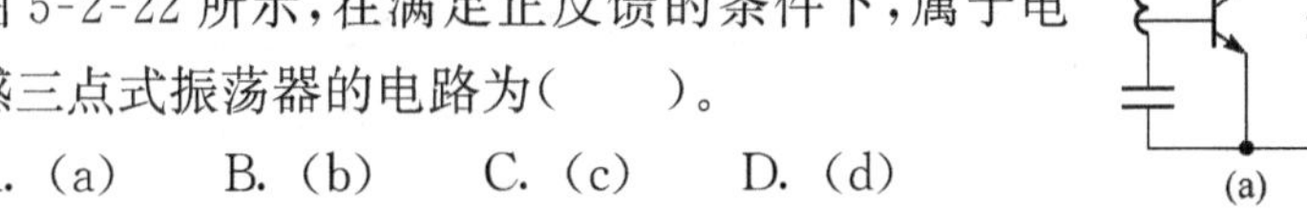

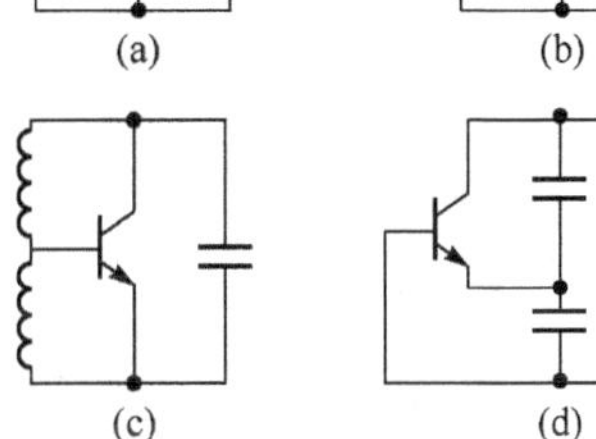

图 5-2-22　题 5-2-14 图

14. 已知三点式 LC 正弦波振荡器的交流等效电路如图 5-2-22 所示，在满足正反馈的条件下，属于电感三点式振荡器的电路为(　　)。

A. (a)　B. (b)　C. (c)　D. (d)

15. 交流等效电路同图 5-2-22，图中不满足相位振荡条件(即正反馈条件)的电路是(　　)。

A. (a)　B. (b)　C. (c)　D. (d)

16. LC 振荡器的交流等效电路如图 5-2-22 所示，属于基本电容三点式振荡器的是(　　)。

A. (a)　B. (b)　C. (c)　D. (d)

17. LC 振荡器的交流等效电路如图 5-2-22 所示，属于克拉波振荡器的是(　　)。

A. (a)　B. (b)　C. (c)　D. (d)

18. 在如图 5-2-22(d)所示电路的电感 L 旁并上一小电容，则此电路属于什么类型的振荡器(　　)。

A. 哈特莱振荡电路　B. 考毕兹振荡电路　C. 克拉波振荡电路　D. 西勒振荡电路

19. 已知石英晶体振荡器的交流等效电路如图 5-2-23 所示，图中石英谐振器等效为(　　)。

A. 电容 C　B. 电感 L　C. 电阻 R　D. 短路元件

20. 已知石英晶体振荡器的交流等效电路如图 5-2-24 所示，图中石英谐振器等效为(　　)。

A. 电容 C　B. 电感 L　C. 电阻 R　D. 短路元件

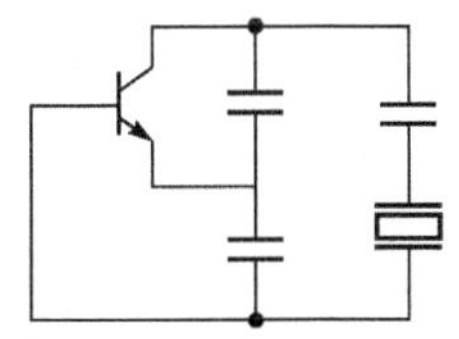

图 5-2-23　题 5-2-19 图

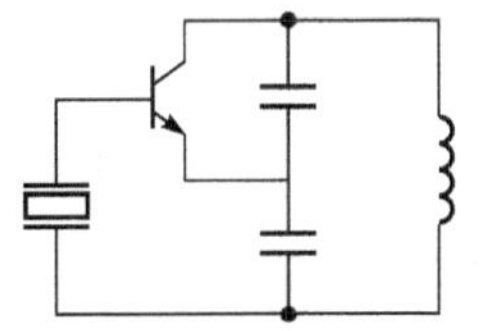

图 5-2-24　题 5-2-20 图

21. 已知 5 次泛音石英晶体振荡器的交流等效电路如图 5-2-25 所示。电路要保证在 25MHz(5 次泛音)的频率上工作,则 L_1C_1 回路的谐振频率应为(　　)。

A. 25MHz　　B. 10MHz　　C. 15MHz　　D. 20MHz

22. 已知三点式 LC 正弦波振荡器的交流等效电路如图 5-2-26 所示。设 L_1C_1 回路的谐振频率为 f_{o1},L_2C_3 的谐振频率为 f_{o2},振荡器的振荡频率为 f_o,则满足正反馈的条件(起振时的相位条件)时,f_o、f_{o1}、f_{o2} 三者的关系为(　　)。

A. $f_{o1}>f_o>f_{o2}$　　B. $f_{o1}<f_o<f_{o2}$　　C. $f_o<f_{o1}$,$f_o>f_{o2}$　　D. $f_o>f_{o1}$,$f_o>f_{o2}$

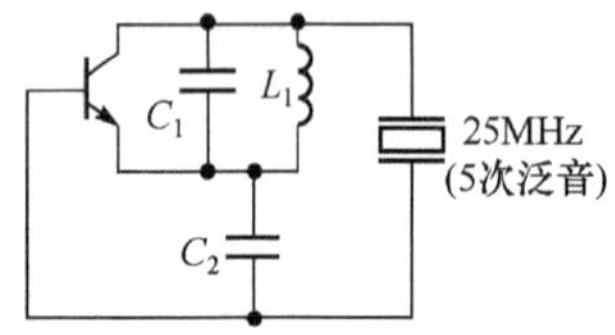

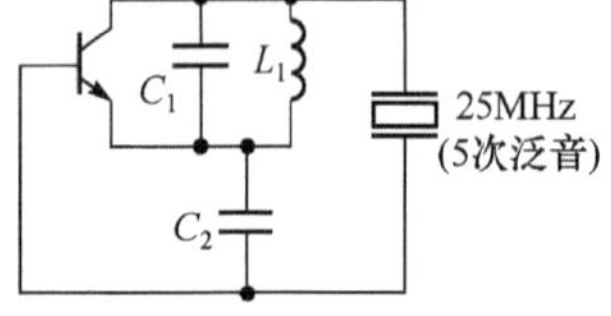

图 5-2-25　题 5-2-21 图

图 5-2-26　题 5-2-22 图

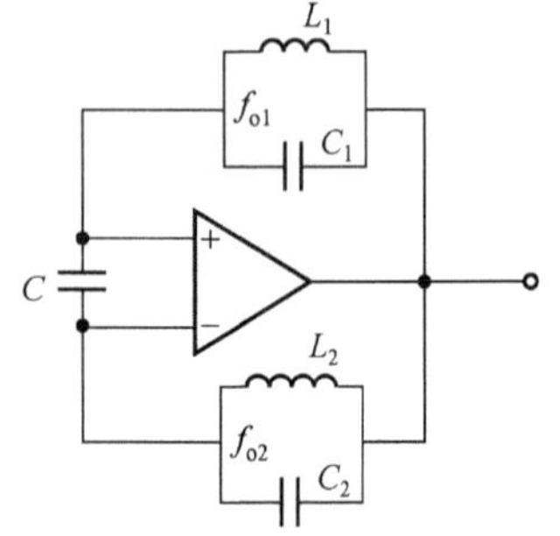

图 5-2-27　题 5-2-23 图

23. 已知由运放组成的正弦波振荡器的交流等效电路如图 5-2-27 所示,其满足正反馈的相位条件时,振荡频率 f_o 与两回路的谐振频率 f_{o1}、f_{o2} 的关系为(　　)。

A. $f_o>f_{o1}$,$f_o<f_{o2}$　　B. $f_o<f_{o1}$,$f_o<f_{o2}$

C. $f_{o2}<f_o<f_{o1}$　　D. $f_{o2}>f_o>f_{o1}$

24. 设计 BJT 管正弦波振荡电路时,振荡管的直流工作点应选择在(　　)。

A. 接近截止区的非线性区　　B. 接近饱和区的非线性区

C. 线性放大区　　D. 任意区均可,无特别要求

25. 设计正弦波振荡器的 LC 回路时,L 与 C 的比值(L/C)应选择在(　　)。

A. $10^2\sim10^3$　　B. $10^3\sim10^4$　　C. $10^4\sim10^5$　　D. $10^5\sim10^6$

26. 设计三点式正弦波振荡器的反馈网络时,反馈系数 F_v 常选择为(　　)。

A. 0.7～0.8　　B. 0.1～0.3　　C. 0.8～0.9　　D. 0.9～1.0

27. 已知 RC 正弦波振荡器的电路如图 5-2-28 所示,其输出信号的频率为(　　)

A. $f_o=\dfrac{1}{2\pi RC}$

B. $f_o=\dfrac{1}{RC}$

C. $f_o=\dfrac{1}{\pi RC}$

D. $f_o=\dfrac{1}{2\pi\sqrt{RC}}$

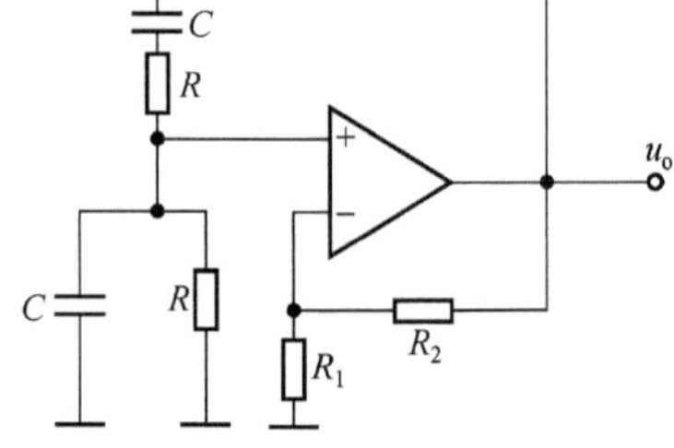

图 5-2-28　题 5-2-27 图

28. 已知 RC 正弦波振荡器的电路如图 5-2-28 所示,R_2 与 R_1 的大小关系为多少时才能输出正弦波信号(　　)。

A. $R_2\geqslant2R_1$　　B. $R_2<2R_1$　　C. $R_2>10R_1$　　D. $R_2<10R_1$

29. 已知 RC 正弦波振荡器的电路如图 5-2-28 所示,图中电阻 $R_1=0$(短路)时,振荡器的

工作将如何(　　)。

A. 输出正弦波　　B. 停振,不工作　C. 输出方波　　D. 输出三角波

30. 已知 RC 正弦波振荡器的电路如图 5-2-28 所示,图中电阻 $R_1=\infty$(开路)时,振荡器的工作将如何(　　)。

A. 输出正弦波　　B. 停振,不工作　C. 输出方波　　D. 输出三角波

31. 由集成芯片 MAX038 组成的信号源可输出的信号为(　　)。

A. 只能输出正弦波　　B. 只能输出方波和矩形波

C. 只能输出三角波和锯齿波　　D. 上述几种信号均能产生输出

32. 由集成芯片 MAX038 组成的信号源输出正弦信号的频率范围为(　　)。

A. 0.1Hz～20MHz　B. 0.1Hz～50MHz　C. 1Hz～5MHz　D. 1Hz～1MHz

33. 由集成芯片 AD9850、AD9852 等组成的 DDS 信号源,可输出的信号为(　　)。

A. 只能输出正弦信号　　B. 只能输正弦波、方波信号

C. 只能输出 FM、FSK 类信号　　D. 上述各类信号均能产生

五、填空题、是非题、选择题答案

(一) 填空题

1. 简谐振荡器,张弛振荡器
2. 负阻,正反馈
3. 线性,非线性
4. RC,LC,石英谐振器
5. $\dot{A}_v\dot{F}_v>1$,$\dot{A}_v\dot{F}_v=1$
6. $A_vF_v>1$,$\varphi_a+\varphi_f=2N\pi$
7. 放大器,正反馈电路,选频电路
8. $\left.\frac{\partial u_o}{\partial u_s}\right|_A<\left.\frac{\partial u_o}{\partial u_f}\right|_A$,大于,稳定
9. 负,稳定
10. 频率,频率稳定度,幅度,波形失真
11. RC 振荡器,石英晶体振荡器,DDS 信号源
12. RC,DDS
13. 电容三点式,DDS
14. 同名称电抗元件(同为 L 或同为 C),异名称电抗元件(为 C 或 L)
15. 电感,短路元件
16. 电感,电容
17. 电容,电容
18. 温度变化,电源电压变化,回路损耗及负载变化
19. 频率,相位
20. 大,弱
21. 压电,反压电
22. 大,小,高
23. 小,几十赫兹至百赫兹
24. 右侧,自激振荡
25. 负阻,几十吉赫兹
26. 负电阻值大于正电阻值,负电阻等于正电阻
27. 隧道二极管振荡器,单结晶体管组成的振荡器
28. 足够大,足够高[$f_T>(2\sim10)f_o$]
29. 波形失真,起振
30. 电路的元器件噪声,阶跃式的直流偏置
31. 电压-频率变换,变容二极管

（二）是非题

1. √ 2. √ 3. × 4. × 5. √ 6. √ 7. × 8. √ 9. √ 10. ×
11. √ 12. × 13. × 14. √ 15. √ 16. × 17. × 18. × 19. √ 20. √
21. √ 22. √ 23. × 24. × 25. × 26. × 27. √ 28. √ 29. × 30. √

（三）选择题

1. D 2. C 3. C 4. A 5. D 6. D 7. A 8. C 9. A 10. A
11. B 12. B 13. D 14. B 15. C 16. A 17. D 18. D 19. B 20. D
21. D 22. B 23. C 24. C 25. D 26. B 27. A 28. A 29. C 30. B
31. D 32. A 33. D

第六章　数字电路

第一部分　基础知识

一、问答题

1. 什么是数字信号？什么是数字电路？

答：表示数字量的信号即为数字信号(Digital Signal)，也可认为具有时间离散、幅值也离散且为限值特征的信号即为数字信号。数字信号的幅值大小和每次增减的变化都是某一最小单位值的整数倍。最常见的数字信号是只有0和1两种数值的信号，图6-1-1是两种数字信号的波形示意图。图6-1-1(b)称多电平(也称为多进制)数字信号，在数字通信中经常用到。

处理数字信号的电路即称数字电路，如门电路、译码电路、触发电路、存储电路，计时电路等。

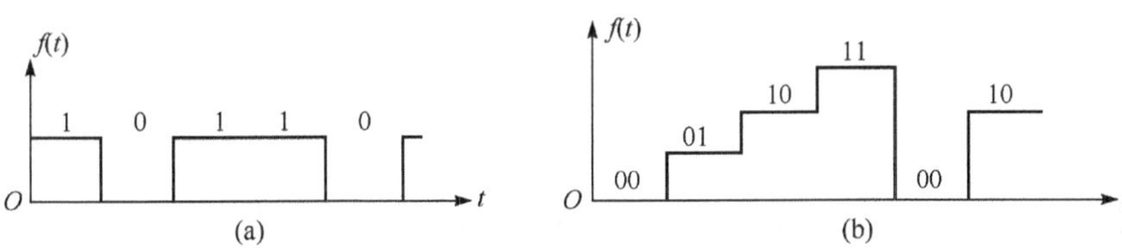

图 6-1-1　题 6-1-1 图

2. 数字电路有何特点？

答：主要有如下特点：

(1) 稳定性能好，抗干扰能力强，可靠。

(2) 可编程性。现代计算机几乎采用数字电路，数字电路能接受(识别)机器语言。另外，硬件描述语言(VHDL)也是针对数字电路的。

(3) 高速，低功耗，便于集成化。集成电路中的单管开关速度已高达10^{-11}s，百万门以上超大规模集成电路芯片的功耗已低至毫瓦级。

(4) 加密性能好，数字电路的加密性能大大优于模拟电路。

(5) 有利于数据存储，延时等处理。

3. 数字电路主要包括哪几大类电路？试举例说明。

答：主要包括：

(1) 组合逻辑电路：各种门电路、加法器、编码器、译码器、选择器等。

(2) 时序逻辑电路：各种触发器、计数器、寄存器、存储器等。

(3) A/D、D/A 转换器等。

4. 在高速脉冲作用下，半导体二极管是否还具有单向导电作用？为什么？

答：有可能失去单向导电性能，主要原因由图6-1-2解释。

(1) 当输入信号突然由低变高(0→1)变化时，须等到二极管PN结内部建立足够强的电位梯度才会有扩散电流形成，故电流i滞后，图中t_1，就对应此电流i的上升沿时间。

(2) 当输入信号突然由高变低(1→0)变化时，此时 PN 结即加上反向电压，此反向电压会使 PN 结中此前存储的一定量的电荷反向流动，形成较大的瞬态反向电流。随着存储电荷的消失，反向电流才随之减小而趋近于零，图中 t_2 即对应此电流消失所需的时间。

(3) 很显然，如果输入信号脉冲宽度 τ 低于 t_1 或 t_2(高速脉冲)，则输出信号 u_o($u_o=iR$)就成为正负双向脉冲，此时二极管就失去单向导电作用，即失去开关功能。

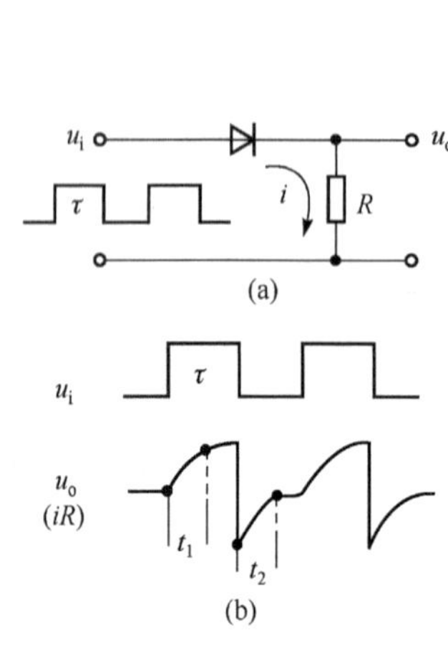

图 6-1-2　题 6-1-4 图

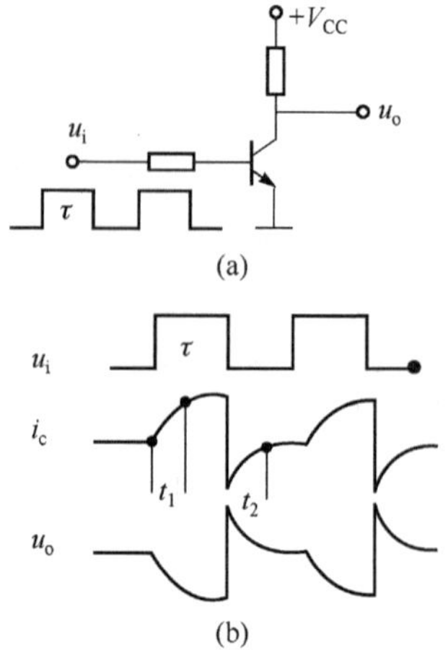

图 6-1-3　题 6-1-5 图

5. 在高速脉冲作用下，半导体三极管是否有反相放大作用？为什么？

答：有可能失去反向放大作用，主要原因可由图 6-1-3 解释。

(1) 当输入信号 u_i 由低突然变高时(0→1)，BJT 管导通，由发射极发生的电子经过基区需有一定时间才能到达集电极而形成电流 i_c，故 i_c 的上升沿存在一定时间(t_1)才能达到设定值(高电平)。

(2) 当输入 u_i 由高突然变低时(1→0)，be 结度为反向电压，原先流程(存储)在基区中的载流子(电子)随即反向运动，返回发射极而形成反向电流，只有当这些电子全部返至发射极，电流 i_c(i_e)才超于零，这就是 t_2 产生的原因。

(3) 很显然，当输入 u_i 的脉冲宽度 τ 低于图中 t_1 或 t_2(t_1、t_2 为 BJT 的性能参数)时，则放大管就会出现反向电流，此时三极管失去反向放大作用，即失去开关作用。

6. 何谓 8421 编码？试举例说明。

答：设有一组 4 位幅值为 0 和 1 的数码，其由左(高位)至右(低位)的权重依次为 8(2^3)、4(2^2)、2(2^1)、1(2^0)，则此数码为 8421 编码。由此拓展，此类编码由右至左的 5、6、7、8 位的权重分别为 16(2^4)、32(2^5)、64(2^6)、128(2^7)，可依此法向左推演至更多位。

8421 码为权重代码，如 $1011=2^3+0+2^1+2^0=11$，如 $1010\ 1100=2^7+2^5+2^3+2^2=172$。

7. 何谓二进制、八进制、十进制、十六进制编码或数制？列表说明之。

答：二进制编码——以 0 和 1 二值电平按逢 2 进 1 的原则所组成的数列(编码)。

八进制编码——以 0 和 1 二值电平按逢 8 进 1 的原则所组成的数列(编码)。

十进制数——以 0、1、2、3、4、5、6、7、8、9 十个数按逢 10 进 1 的原则所组成的数列，十进制是最为人们最熟悉的一种数制。

十六进制编码——以 0 和 1 二值电平按逢 16 进 1 的原则所组成的数列，其 16 个数为 0，

1,…,9,A,B,C,D,E,F。

表 6-1-1 列出 4 种编码的表达式、数例的对照关系。

表 6-1-1

	数列表达式(PQRS·$\underline{YZ}$)	数例(结果均化为十进制)
十进制	$P\times10^3+Q\times10^2+R\times10^1+S\times10^0$ $+\underline{Y\times10^{-1}+Z\times10^{-2}}$	$1234.56=1\times10^3+2\times10^2+3\times10^1$ $+4\times10^0+\underline{5\times10^{-1}+6\times10^{-2}}$
二进制	$P\times2^3+Q\times2^2+R\times2^1+S\times2^0$ $+\underline{Y\times2^{-1}+Z\times2^{-2}}$	$1011.11=1\times2^3+0+1\times2^1+1\times2^0$ $+\underline{1\times2^{-1}+1\times2^{-2}}=11.75$
八进制	$P\times8^3+Q\times8^2+R\times8^1+S\times8^0$ $+\underline{Y\times8^{-1}+Z\times8^{-2}}$	$52.42=5\times8^1+2\times8^0+4\times8^{-1}+2\times8^{-2}=42.75$
十六进制	$P\times16^3+Q\times16^2+R\times16^1$ $+S\times16^0+\underline{Y\times16^{-1}+Z\times16^{-2}}$	$1AB\cdot8A=1\times16^2+10\times16^1+11\times16^0$ $+\underline{8\times16^{-1}+10\times16^{-2}}\approx427.54$

8. 二进制码与十六进制码及八进制码之间有何关系？举例说明。

答:每 4 位二进制可代表一位十六进制,其最小值为$(0000)_2=(0)_{16}$,其最大值为$(1111)_2=(F)_{16}$,反之亦然,例如

$(0001)_2=(1)_{16}=(1)_{10}=(1)_8$;$(1010)_2=(A)_{16}=(10)_{10}=(0001\ 0010)_8$;

$(0011\ 1110)_2=(3E)_{16}=(62)_{10}=(0111\ 0110)_8$;

$(0011\ 1110\ 1000)_2=(3E8)_{16}=(1000)_{10}=(0001\ 0111\ 0101\ 0000)_8$。

9. 何谓二一十进制(BCD)编码？举例说明。

答:逢 10 进 1 的 8421 二进制码即为二一十进制(BCD)编码,即每 4 位二进制码代表一位 BCD 码。此 4 位码的最小值为 0000,最大值为 1001,逢 10 进 1,如

$(0010)_2=(0010)_{BCD}=(2)_{10}$;$(1001)_2=(1001)_{BCD}=(9)_{10}$;

$(1010)_2=(0001\ 0000)_{BCD}=(10)_{10}$;$(0011\ 0001)_2=(0100\ 1001)_{BCD}=(49)_{10}$。

10. 十进制数如何转换成二进制数码和十六进制数码？举例说明。

答:转换的原则是先将十进制数转换成十六进制数,然后再将每位十六进制数转换成 4 位二进制。具体操作过程如下所述。

(1) 小于 256 的十进制数先除 16,其商为十六进制右起第 2 位,余数为右起第 1 位;

(2) 大于 256、小于 4096 的十进制数先除 256,其商为十六进制右起第 3 位,余数再除 16,其商为十六进制右起第 2 位,余数为右起第 1 位。例如

$(100)_{10}=(64)_{16}=(0110\ 0100)_2$

$(1000)_{10}=(3E8)_{16}=(0011\ 1110\ 1000)_2$

$(2000)_{10}=(7D0)_{16}=(0111\ 1101\ 0000)_2$

11. 十进制小数如何转换成二进制码或十六进制码？试举例说明。

答:根据十六进制码的权重概念,其小数点后的第一位的权重为 $16^{-1}\left(即\frac{1}{16}\right)$,仿照上题十进制数转换成十六进制的转换原理。具体方法如下所述。

(1) 先将十进制的小数部分转换成十六进制,方法是用其小数部分乘 16,其乘积的整数部分即为十六进制小数点后的值。

(2) 再按每 1 位十六进制对应 4 位二进制的原则,将十六进制小数点后的数转换成二进

制小数。例如

$$(9.126)_{10}=(9.2)_{16}=(1001.0010)_2$$

$$(10.76)_{10}=(A\cdot C)_{16}=(1010.1100)_2$$

验算：

$(1001.0010)_2=9+\left(0+0+\frac{1}{8}+0\right)=(9.125)_{10}$，与 9.126 有误差；

$(A\cdot C)_{16}=10\times16^0+12\times16^{-1}=(9.75)_{10}$，与 9.76 有误差。

所以，不同数制间小数转换有时会有一定误差存在，不可能绝对相等。

12. 如何进行二制数的加减运算？举例说明。

答：二进制数的加减运算与十进制类似，现举例如下。

例 1

$$(1011+0111)_2=(10010)_2=(18)_{10} \qquad \begin{array}{r} 1011 \\ +0111 \\ \hline 10010 \end{array} \qquad \begin{array}{r} 11 \\ +\ 7 \\ \hline 18 \end{array}$$

例 2

$$(1010-0111)_2=(0011)_2=(3)_{10} \qquad \begin{array}{r} 1010 \\ -0111 \\ \hline 0011 \end{array} \qquad \begin{array}{r} 10 \\ -\ 7 \\ \hline 3 \end{array}$$

13. 如何进行二进制乘除法运算？试举例说明。

答：二进制数的乘除法运算与十进制类似，举例如下。

$(1011\times0101)_2=(0011\ 0111)_2=(11\times5)_{10}=(55)_{10}$

$(0011\ 1100\div0101)_2=(1100)_2=(60\div5)_{10}=(12)_{10}$

$$\begin{array}{r} 1011 \\ \times\ \ 0101 \\ \hline 1011 \\ 0000\ \ \\ 1011\ \ \ \ \\ \hline 110111\ \ \ \ \end{array} \qquad \begin{array}{r} 11 \\ \times\ 5 \\ \hline 55 \end{array} \qquad \begin{array}{r} 1100 \\ 0101\overline{)0011\ 1100} \\ 010\ 1\ \ \ \ \\ \hline 01\ 01\ \ \\ 01\ 01\ \ \\ \hline 00 \end{array} \qquad \begin{array}{r} 12 \\ 5\overline{)60} \\ 5\ \ \\ \hline 10 \\ 10 \\ \hline 0 \end{array}$$

14. 举例证明多位二进制数不带进位的自相加之和为零，并举一应用实例。

答：0111 0101+0111 0101=0000 0000(各位相加均不带进位)。

应用实例：在通信时，若在发射端数据的指定位置加入一组为随机码(0111 0101)，在接收端只有地址码为约定的上述为随机码(0111 0101)与其相加，结果为零时才是被呼叫的用户，相加后不为零的为无关用户。

15. 二进制码如何区别正数与负数？试举例说明。

答：为便于计算机对数据的处理，通常在二进制数码的左侧首位设定一符号位，以区别数值的正负，一般以 0 表示正数，以 1 表示负数，如

$(+102)_{10}=(+0110\ 0110)_2=(0110\ 0110)_2$

$(-102)_{10}=(-0110\ 0110)_2=(1110\ 0110)_2$

16. 何谓原码？反码？补码？它们间有什么关系？试列表对比之。

答：原码、反码、补码的对比如表 6-1-2。

表 6-1-2

	正数例	负数例
原码	0 0101	1 1010
反码	0 0101	1 0101
补码	0 0101	1 0110
说明	原码=反码=补码	① 符号位不动 ② 反码=原码中的 1→0,0→1 ③ 补码=反码+1
应用	计算机中用原码运算较复杂,故常用补码进行运算,如将原码的减法运算变为补码的加法运算	

17. 何谓有权码?何谓无权码?试举例说明。

答:所谓有权码,即数据的每位代码均有固定的权值(权重),如上述 8421 的 4 位码自左至右的每位权重依次为 8、4、2、1;另外,如表 6-1-1 中所列的二进制、八进制、十进制、十六进制码或数据均为有权码。

无权码的每位权重不固定,余三代码、余三循环代码即为无权码,如

$(0011)_{余三}=(0)_{10}$;$(0100)_{余三}=(1)_{10}$;$(0111)_{余三}=(4)_{10}$

18. 何谓余三代码?试举例说明。

答:余三代码的特点是其值比对应的 8421 码多出$(0011)_2=(3)_{10}$,如

$(8)_{10}=(1000)_2=(1011)_{余三}$;$(11)_{10}=(1011)_2=(1110)_{余三}$

两个余三代码相加,其和比所对应的两个十进制数相加之和多 6。

19. 何谓格雷码?它有何特点?有何应用?

答:格雷码是一种常用的无权代码或变权代码,它也是一种循环码,其特点有 3 个。

(1) 相邻:两个相邻代码间只有一位状态不同,如$(0010)_2=(0011)_{格雷}$,$(0011)_2=(0010)_{格雷}$,$(0100)_2=(0110)_{格雷}$;

(2) 循环:码的首尾两位间也相邻(即只有一位状态不同),如 4 位二进制格雷码中的 0 与 15 为$(0000)_{格雷}$和$(1000)_{格雷}$;

(3) 反射:4 位格雷码中以中间为对称的两侧代码仅有一位状态不同,其余各位均相同,如

7 与 8$(0100 与 1100)_{格雷}$,6 与 9$(0101 与 1101)_{格雷}$

1 与 14$(0001 与 1001)_{格雷}$,0 与 15$(0000 与 1000)_{格雷}$

所以,其对称的两组格雷码仅在高位不同,其余 3 位均相同。

据此特点,对格雷码作译码时不会产生竞争冒险现象,故常用于视频编码。另外,格雷码的码间只有一位不同,用于电机调速时,不会产生换挡抖动。

20. 何谓 ASCII 码?它有何特点?有何应用?试举例说明。

答:ASCII 码为英文 American Standard Code for Information Interchange 的英文字头缩写,即为"美国信息交换标准代码"之意。它早由国际标准化组织(ISO)认定为国际通用的标准字符码。计算机输出至打印机的字符代码就采用了 ASCII 码。

ASCII 码是一组 8 位二进制代码,其首位(最高位)为奇偶校验位,其余 7 位分别表示 0～9 十个数字、26 个英文大小写字母、必要的数学符号、常用的控制符号及特殊符号,共计 $2^7=$

128个。例如

(27)$_{16}$代表“,”，　(2A)$_{16}$代表“*”，　(2B)$_{16}$代表“+”，　(31)$_{16}$代表“1”，

(39)$_{16}$代表“9”，　(41)$_{16}$代表“A”，　(61)$_{16}$代表“a”，　(7F)$_{16}$代表“DEL”,等

21. 何谓逻辑代数(即布尔代数)?

答:这是一种以数字运算方法来研究逻辑关系的一种代数系统。这一系统中的变量只有两种取值,即逻辑0和逻辑1,此0与1不代表数值的大小,而只表示相互对立的两种逻辑状态,如有与无,开与关,电平高与低等。

22. 逻辑代数(布尔代数)有哪三种最基本的运算?

答:三种最基本的运算为逻辑“与”(AND)、逻辑“或”(OR)、逻辑“非”(NOT),即“与”、“或”、“非”三种基本逻辑关系。

23. 列表说明并对比“与”、“或”、“非”三种基本逻辑运算。

答:“与”、“或”、“非”三种逻辑运算的对比如表6-1-3。

表 6-1-3

	“与”逻辑(AND)	“或”逻辑(OR)	“非”逻辑(NOT)
含义	当决定某一事件的多个条件均满足时结果才发生的逻辑关系谓之“与”	当决定某一事件的多个条件,只要有一个条件满足结果就发生的逻辑关系谓之“或”	条件具备时,结果不发生,条件不具备结果才发生的逻辑关系谓之“非”
逻辑表达式	$L=A\cdot B\cdot C\cdots$	$L=A+B+C+\cdots$	$L=\overline{A}$
相关门电路	实现“与”逻辑的电路称为“与”门电路	实现或逻辑的电路称为“或”门电路	实现非逻辑的电路称为“非”门电路
电路符号	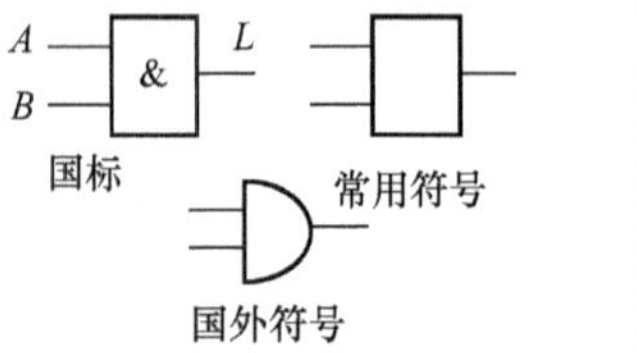 A B & L 国标 常用符号 国外符号	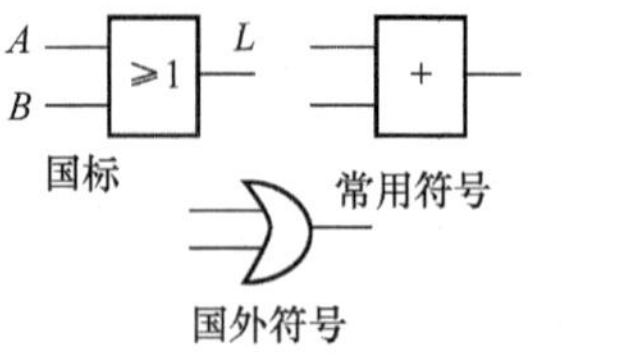 A B ≥1 L + 国标 常用符号 国外符号	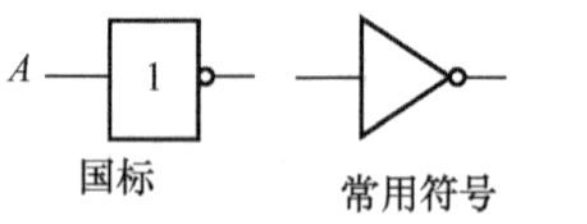 A 1 国标 常用符号
电路示例	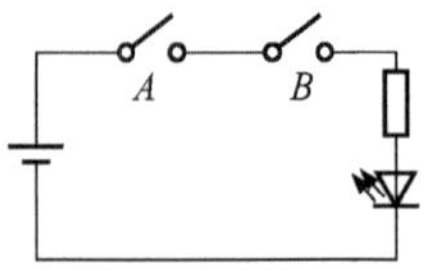 A B 只有两个开关A、B(条件)都合上,发光管才发光(结果发生)	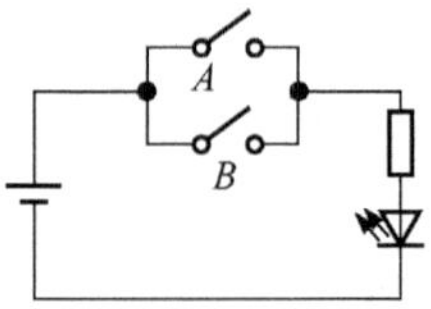 A B A、B两个开关(条件)只要有一个合上,发光管即发光	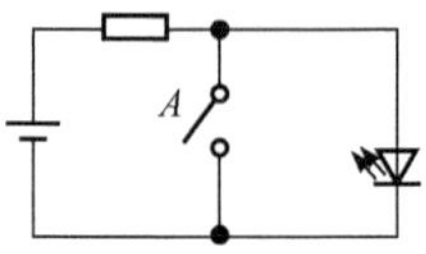 A 开关A合上后(条件满足),发光管不发光,只有A打开,发光管才发光

24. 何谓“与非”逻辑? 何谓“或非”逻辑? 试写出它们的逻辑表达式。

答:(1)“与非”逻辑——“与”逻辑之反即为“与非”逻辑。它可由“与”逻辑和“非”逻辑组合而成,其表达式为

$$L=\overline{A\cdot B\cdot C\cdots}$$

(2)“或非”逻辑——“或”逻辑之反即为“或非”逻辑。它可由“或”逻辑和“非”逻辑组合而成,其表达式为

$$L=\overline{A+B+C+\cdots}$$

25. 何谓“异或”逻辑? 写出它的逻辑表达式,列出它的真值表。

答：当决定某一事例的两个条件相异(一有一无或一为 1，一为 0)时，结果才发生的逻辑关系即为“异或”逻辑，其逻辑表达式为

$$L=\overline{A}B+A\overline{B}=A\oplus B$$

其真值表如下，上述表达式可由表中得到。

A	B	L
0	0	0
0	1	1 ($\overline{A}B$)
1	0	1 ($A\overline{B}$)
1	1	0

26. 何谓“同或”逻辑？写出它的逻辑表达式，列出它的真值表。

答：当决定某一事件的两个条件同时满足(同为 1 或同为 0)时，结果才发生的逻辑关系即为“同或”逻辑。其逻辑表达式可由上题的真值表直接写出，即

$$L=\overline{A}\overline{B}+AB=\overline{\overline{A}B+A\overline{B}}=\overline{A\oplus B}$$

很显然，“同或”的结果是“异或”之反，反之亦然。

27. 以逻辑代数的法则完成下列各式的运算。

(1) $A+0=$　(2) $A+1=$　(3) $A+A=$　(4) $A+\overline{A}=$

(5) $A\cdot A=$　(6) $\overline{\overline{A}}=$　(7) $A+AB=$　(8) $A(A+1)=$

(9) $A(A+B)=$　(10) $A(\overline{A}+B)=$　(11) $A+\overline{A}B=$　(12) $A\overline{A}=$

答：(1) A　(2) 1　(3) A　(4) 1　(5) A　(6) A

(7) A　(8) A　(9) A　(10) AB　(11) $A+B$　(12) 0

28. 试用真值表证明德·摩根(De·Morgan)定理(反演定理)，即证明

$$\overline{A\cdot B}=\overline{A}+\overline{B};\qquad \overline{A+B}=\overline{A}\cdot\overline{B}$$

答：可用真值表证明上述关系。

(1) 两者“与”之“非”等于各自“非”之“或”。

(2) 两者“或”之“非”等于各自“非”之“与”。

A	B	$\overline{A\cdot B}$	$\overline{A}+\overline{B}$	$\overline{A+B}$	$\overline{A}\cdot\overline{B}$
0	0	1	1	1	1
0	1	1	1	0	0
1	0	1	1	0	0
1	1	0	0	0	0

29. 试证明 $A+BC=(A+B)(A+C)$。

答：用反证法解之，即

$$\begin{aligned}(A+B)(A+C)&=AA+AC+AB+BC=A(1+C)+AB+BC\\&=A+AB+BC=A(1+B)+BC\\&=A+BC\text{——与等式之左相同}\end{aligned}$$

30. 试证明 $A+\overline{A}B=A+B$。

答:利用上题结论可得

$$A+\bar{A}B=(A+\bar{A})(A+B)=A+B$$

31. 试证明“异或”之反等于“同或”,即$\overline{\bar{A}B+A\bar{B}}=\bar{A}\bar{B}+AB$。

答:利用摩根定理的关系式证之,即

$$\begin{aligned}\overline{\bar{A}B+A\bar{B}}&=\overline{\bar{A}B}\cdot\overline{A\bar{B}}=(A+\bar{B})(\bar{A}+B)\\&=A\bar{A}+AB+\bar{A}\bar{B}+B\bar{B}=\bar{A}\bar{B}+AB\end{aligned}$$

32. 何谓逻辑函数的最小项?它有何用?试举例说明。

答:在 n 个变量的逻辑关系中,若 m 为 n 个变量之相乘项(“与”逻辑关系,在二进制码中,通常$m=2^n$),且这 m 个相乘变量均以单变量或原变量之反的形式在 m 中仅出现一次,则称 m 为该组变量的最小值。

例如,A、B、C 三个变量(为 0 和 1 值)的组合乘积项有 $\bar{A}\bar{B}\bar{C}$、$\bar{A}\bar{B}C$、$\bar{A}B\bar{C}$、…、$AB\bar{C}$、ABC 等 8 种组合($2^3=8$),此 8 种组合即为 A、B、C 三个变量的逻辑函数最小值。

同理,若有 A、B、C、D 四个变量,则其逻辑函数最小项 $m=2^4=16$ 个,分别为 $\bar{A}\bar{B}\bar{C}\bar{D}$、$\bar{A}\bar{B}\bar{C}D$、…、$ABCD$ 等。

最小项在用卡诺图作逻辑函数化简时用到。

33. 何谓逻辑函数的最大项?试举例说明。

答:在 n 个变量的逻辑关系中,若 M 为 n 个变量之和的项(“或”逻辑关系),且这 M 个变量均以原变量或原变量之反的形式在 M 中出现一次,则称此 M 为该组变量之最大值。在二进制中,M 与 n 的关系为$M=2^n$。

例如,对于 A、B、C 三个变量变量的组合,其最大项共有 $2^3=8$ 个,分别为 $\bar{A}+\bar{B}+\bar{C}$、$\bar{A}+\bar{B}+C$、$\bar{A}+B+\bar{C}$、…、$A+B+\bar{C}$、$A+B+C$ 等。

34. 给定逻辑表达式 $Y=AB\bar{C}+BC$,试求其最小项之和。

答:将 BC 项化成三个变量相乘项后即可得到所需结果,变换中常用配项法解之,即

$$\begin{aligned}AB\bar{C}+BC&=AB\bar{C}+BC(A+\bar{A})=AB\bar{C}+ABC+\bar{A}BC\\&=\bar{A}BC+AB\bar{C}+ABC=m_3(011)+m_6(110)+m_7(111)\\&=\sum m_i(i=3,6,7)\end{aligned}$$

35. 何谓卡诺图?它有何作用?

答:将 n 个变量的全部最小项各用一个小方块(格)表示,并使其逻辑相邻的最小项在几何位置上也作相邻的排列,如此所得的图形就称为 n 个变量的卡诺图。所谓相邻即上下、左右及两边缘间的最小项中应只有一个二进制位不同。

卡诺图的主要作用是作逻辑化简。作逻辑化简时,须将逻辑表达或化成最小项表示(上题即为一例),在某些情况下这是很不方便的。

例如,三变量的卡诺图中各最小项的位置如图 6-1-4 所示。

36. 用卡诺图作逻辑化简的主要步骤是什么?试举例说明。

答:由真值表到卡诺图到逻辑化简的主要步骤有如下 4 个。

(1) 由真值表按设计需求写出逻辑函数最小项的表达式,或由逻辑表达式化成最小项的表达式。

(2) 将各最小项填入卡诺图各方块中(按逻辑相邻原则),如图 6-1-5 所示。

(3) 相邻的最小项可以合并为一项,以消去取值不同(一为 0,一为 1)的因子,留下取值相同的公共因子。

(4) 相邻项可以为左右横项,也可为上下竖项,或边缘间两次。同一最小项可被上下、左右圈用多次。例如,$L=\overline{A}BC+A\overline{B}C+AB\overline{C}+ABC=\sum(3,5,6,7)$。

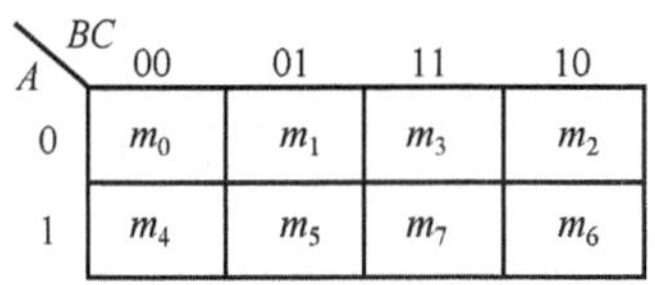

图 6-1-4 题 6-1-35 图

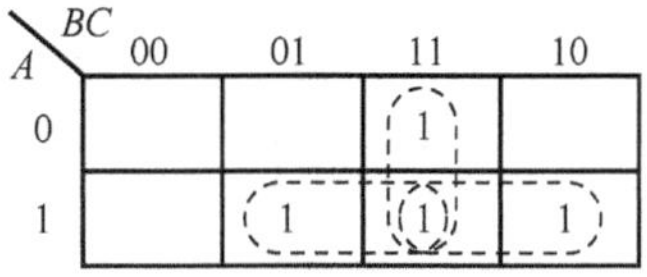

图 6-1-5 题 6-1-36 图

解:(1)填卡诺图。

(2) 相邻项划圈一共有三个圈,其中 ABC 项被上下、左右圈了三次。

(3) 写化简表达式,即

$$L=\underline{\overline{A}BC+ABC}+\underline{A\overline{B}C+ABC}+\underline{ABC+AB\overline{C}}=BC+AC+AB$$

若从逻辑化简的角度分析,Y 中多出了两个 ABC 项,但 $ABC+ABC+ABC=ABC$,故多出的两个 ABC 项不会产生任何影响。

37. 求下述逻辑函数的最简"与或"表达式,并画出最简式的逻辑电路图

$$L=\overline{A}BC+A\overline{B}C+AB\overline{C}+ABC$$

答:(1) 利用 $A+A+A=A$ 的逻辑关系,给上式配 $ABC+ABC$ 两项再化简即可求解,则

$$\begin{aligned}L&=\overline{A}BC+ABC+A\overline{B}C+ABC+AB\overline{C}+ABC\\&=BC+AC+AB\end{aligned}$$

此题利用公式化简,步骤十分简单,故作者不建议用卡诺图求解。

(2) 其逻辑电路如图 6-1-6 所示。

38. 给定上题的逻辑函数,试用逻辑公式化简法求其另一种解。

答:逻辑函数化简有多种方法,也有多种结果,即其解不是唯一的,具体由题目要求、所给元器件的情况而定,如上题的逻辑函数可作另一种化简,即

$$\begin{aligned}L&=\overline{A}BC+A\overline{B}C+AB\overline{C}+ABC\\&=BC(\overline{A}+A)+A(\overline{B}C+B\overline{C})\\&=BC+A(B\oplus C)\end{aligned}$$

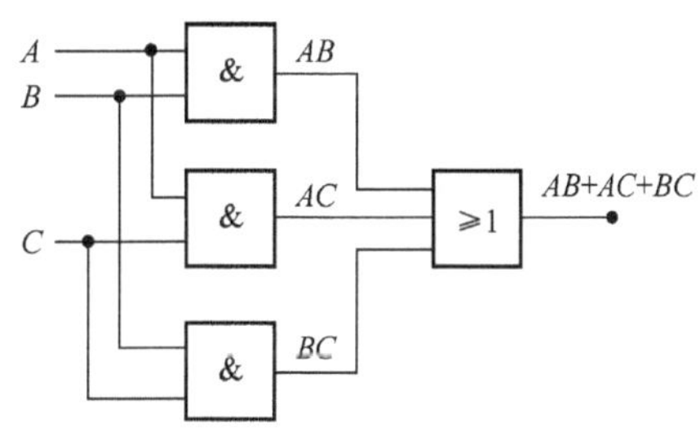

图 6-1-6 题 6-1-37 图

实现此式的逻辑电路如图 6-1-7 所示。

与图 6-1-6 对比,其所用门的种类较多:两个"与"门、一个"异或"门、一个"或"门。

39. 已知"与"门电路如图 6-1-8 所示。试完成以下各题。

(1) 分别写出它们的逻辑表达式。

(2) 由上述表达式能得出什么结论?

答:(1) $L_1=ABC$,$L_2=AB$,$L_3=AB0=0$。

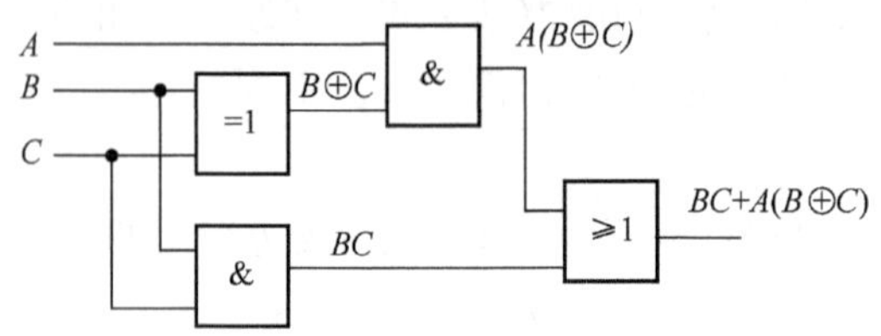

图 6-1-7　题 6-1-38 图

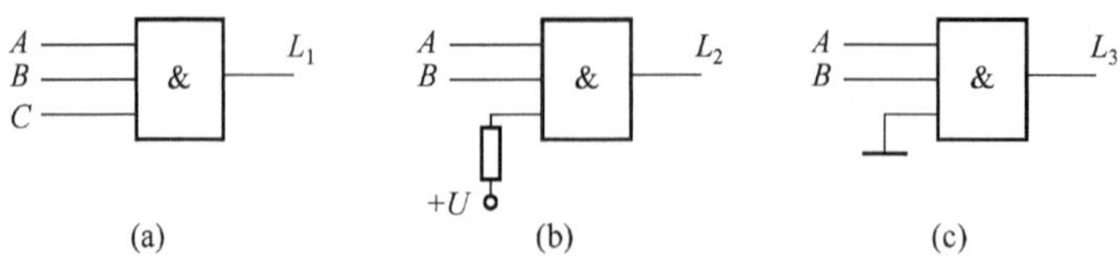

图 6-1-8　题 6-1-39 图

(2)“与”门的一个输入端接高电平时，对输出无任何影响。在实际电路中，通常将“与”门的无用端(多余未用端)接高电平(1)，以免其他干扰信号窜入。

“与”门的一个输入端接低电平地时，其输出为零，此时其他各输入信号(A、B)均对输出不起作用，也可认为低电平地是“与”门的封门电平，这在抢答器等的设计中是很有用的。

40. 已知“或”门电路如图 6-1-9 所示。试完成以下各题。

(1) 分别写出它们的逻辑表达式。

(2) 由上述表达式解得出什么结论?

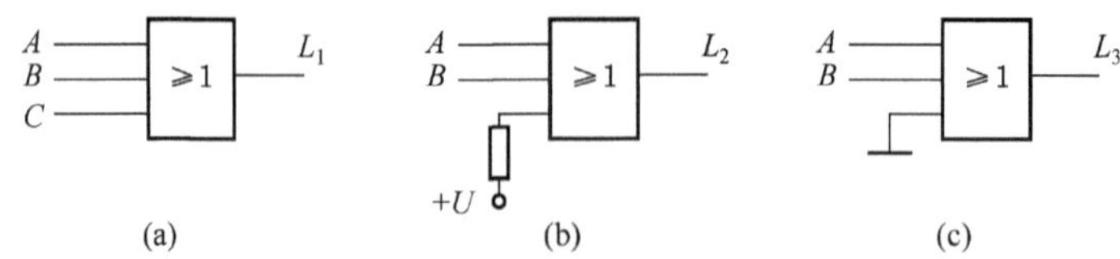

图 6-1-9　题 6-1-40 图

答:(1) $L_1=A+B+C$，$L_2=A+B+1=1$，$L_3=A+B+0=A+B$。

(2)“或”门的一个输入端接高电平(1)时，其输出为高电平(1)，此时其他各输入信号(A、B)均对输出不起作用，也可认为高电平(1)是“或”门的封门电平。这在一些电路设计中是很有用的。

“或”门的一个输入端接低电平地(0)时，对输出无任何影响。在实际电路中，通常将“或”门的无用端(多余未用端)接低电平地。

41. 已知门电路及输入信号 A、B 的波形如图 6-1-10 所示。试完成以下各题。

(1) 这是什么门电路?

(2) 写出输出信号的逻辑表达式。

(3) 对应 A、B 信号画出输出信号 L 的波形图。

答:(1) 这是“与非”门电路。

(2) 输出 $L=\overline{AB}$。

(3) 信号 L 的波形图已画在图 6-1-10 中，A、B 均为高电平时，输出 L 才为低电平。

42. 已知门电路及输入信号 A、B 的波形如图 6-1-11 所示。试完成以下各题。

(1) 这是什么门电路?

(2) 写出输出信号的逻辑表达式。

(3) 对应 A、B 信号画出输出信号 L 的波形图。

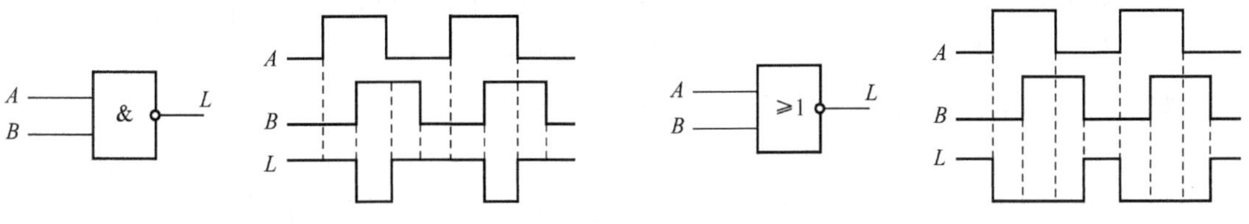

图 6-1-10　题 6-1-41 图　　　图 6-1-11　题 6-1-42 图

答:(1) 这是"或非"门电路。

(2) 输出 $L=\overline{A+B}$。

(3) 信号 L 的波形图已画在图 6-1-11 中,A、B 均为低电平时,输出 L 才为高电平。

43. 已知门电路如图 6-1-12 所示。试完成以下各题。

(1) 这是什么门电路?

(2) 分别写出其输出信号的逻辑表达式。

答:(1) 这是"与"或"非"门电路,即先"与"后"或",再"非"。

(2) $L_1=\overline{ABC+DEF}$,$L_2=\overline{AB\cdot 0+DE\cdot 1}=\overline{DE}$。

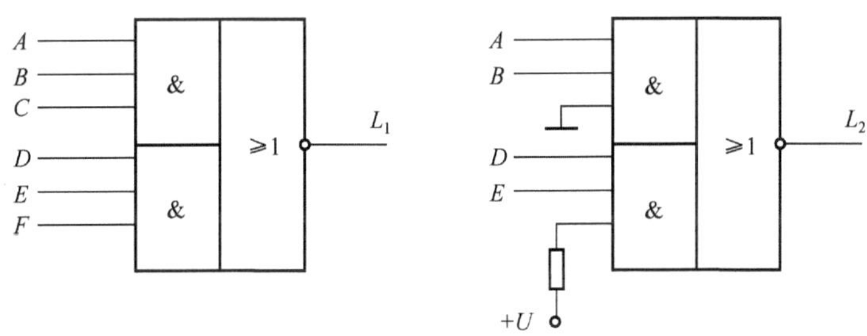

图 6-1-12　题 6-1-43 图

44. 已知"异或"门电路如图 6-1-13 及其输入两信号 A、B 的波形。试完成以下各题。

(1) 写出其输出信号 L 的逻辑表达式。

(2) 对应 A、B 信号画出输出 L 的信号波形图。

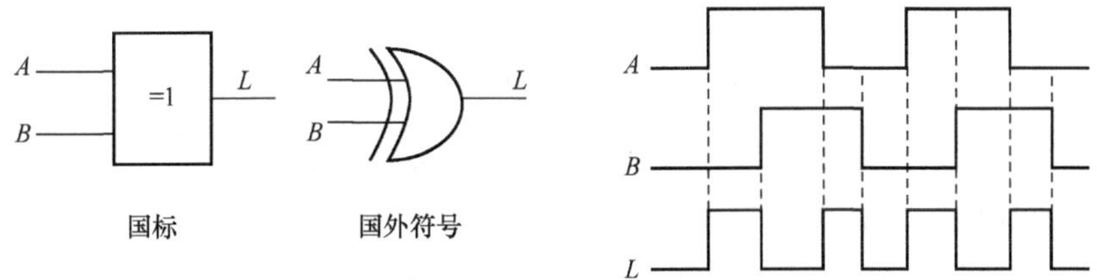

图 6-1-13　题 6-1-44 图

答:(1) "异或"门的逻辑关系式为 $L=\overline{A}B+A\overline{B}=A\oplus B$。

(2) 其波形图已画在图 6-1-13 中。

45. 已知"异或"门与低通的组合电路如图 6-1-14 所示，设输入 A、B 为同频不同相的信号。试完成以下各题。

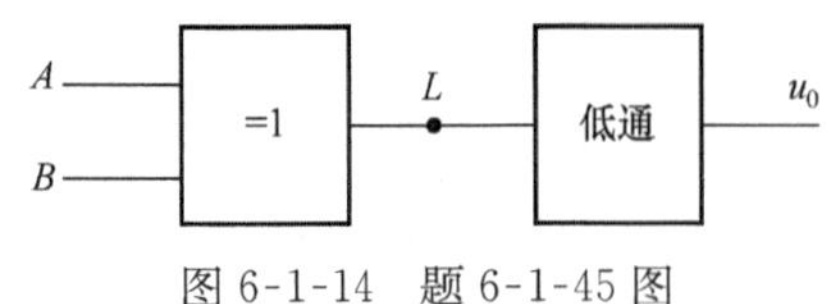

图 6-1-14　题 6-1-45 图

(1) 电路能否将两输入信号的相位差转换成输出电压的变化(即具有鉴相功能)？为什么？

(2) 画出 A、B 两信号相位差与输出信号幅值的关系曲线(鉴相曲线)。

答：(1) 可以，其原理可由图 6-1-15 解释。

a. 若 A 与 $B(B_1)$同相位，即 $\varphi=0°$，则"异或"门输出 L_1 为全 0(即直流分量为最低)；

b. 若 A 与 $B(B_2)$反相，即 $\varphi=180°$，则"异或"门输出 L_2 为 1(即直流分量为最高)；

c. 若 A 与 $B(B_3)$差 90°，即 $\varphi=90°$，则"异或"门输出 L_3 为频率高一倍的方波，其直流分量为 0.5。

"异或"门输出信号 L 中的直流分量经低通滤波后，即可获得反映 A、B 两信号相位差 φ 的直流电压，从而实现鉴相功能。

(2) A、B 两输入信号的相位差 φ 与输出电压 U_o 的关系曲线(即鉴相特性曲线)如图 6-1-15(b)所示。

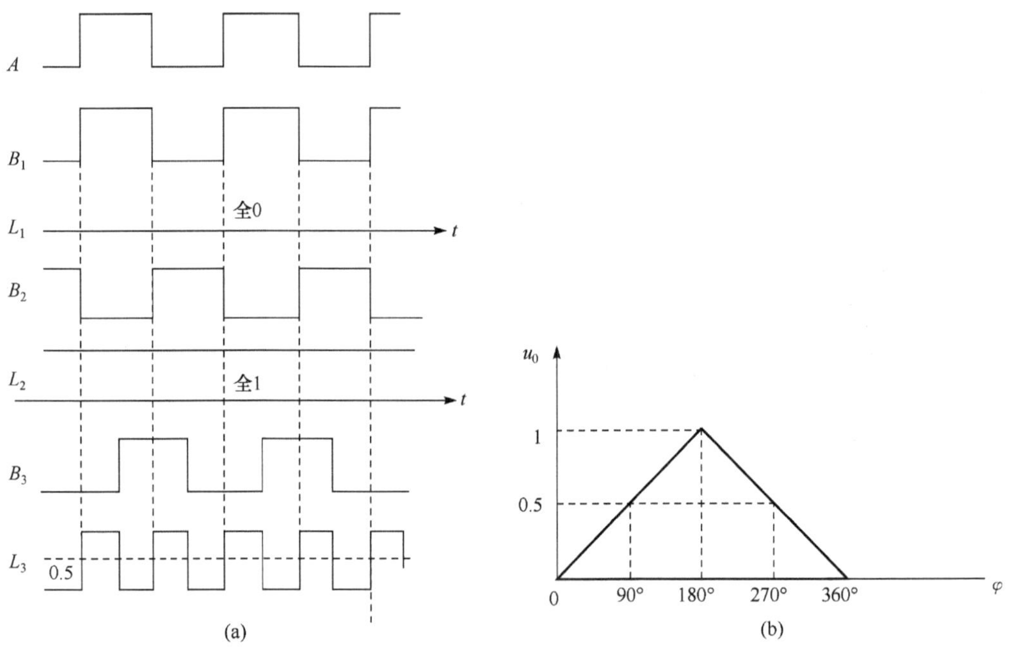

图 6-1-15　题 6-1-45 解

46. 已知"同或"门电路如图 6-1-16 所示。试完成以下各题。

(1) 写出其输出信号 L 的逻辑表达式。

(2) 可否由"异或"门电路及相关电路组成"同或"门电路？

答：(1) "同或"门的逻辑关系为 $L=\overline{A}\,\overline{B}+AB=\overline{\overline{A}B+A\overline{B}}=\overline{A\oplus B}=A\odot B$。

(2) "同或"门(简称"同"门)可由"异或"门加反相器而成。

47. 已知门电路如图 6-1-17(a)所示。试完成以下各题。

(1) 这是什么门电路?

(2) 写出输出信号 L 的逻辑表达式。

(3) 对应 A、B 画出 L 的波形图。

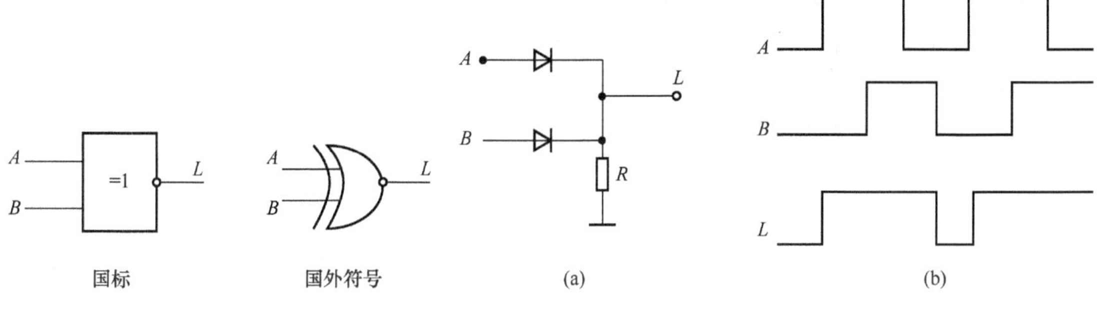

图 6-1-16　题 6-1-46 图　　　　图 6-1-17　题 6-1-47 图

答:(1) 这是“或”门电路,输入 A、B 只要有一个为高电平,L 即为高电平。

(2) 输出 $L=A+B$。

(2) 输出 L 与输入 A、B 的波形关系如图 6-1-17(b)所示。

48. 已知门电路如图 6-1-18 所示。试完成以下各题。

(1) 这是什么门电路?

(2) 写出信号 L_1、L_2 的逻辑表达式。

答:(1) 这是“与非”门电路,输入 A、B 必均为高电平,L_1 才为高电平。

(2) $L_1=AB$,$L_2=\overline{AB}$。

49. 何谓 TTL“与非”门电路?画出它的电路符号。

答:TTL 是英文 Transistor-Transistor Logic 字头缩写,意为“晶体管—晶体管逻辑电路”。这是一种由晶体管组成的多发射极输入的“与非”门电路,是一种很常用的“与非”门电路。它的电路符号如图 6-1-19 所示。

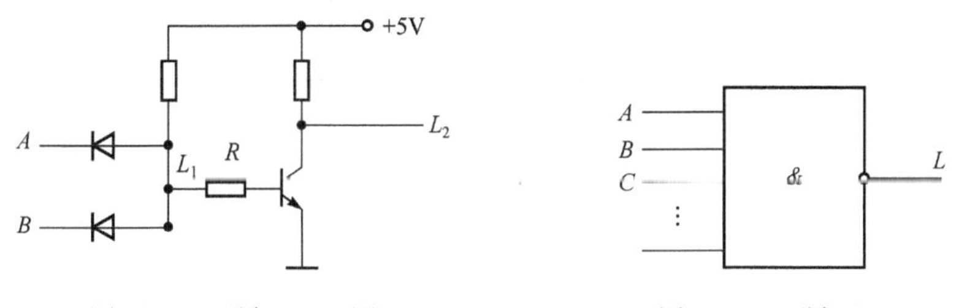

图 6-1-18　题 6-1-48 图　　　　图 6-1-19　题 6-1-49

50. 已知 TTL“与非”门电路如图 6-1-20 所示,R_i 是外接电阻。试完成以下各题。

(1) 何谓 TTL“与非”门的输入端负载特性?

(2) 画出电阻 R_i 与 B 点电位之间的关系曲线(即负载特性曲线)。

(3) R_i 为多少时 B 点量低电平? R_i 为多少时 B 点呈高电平?

(4) 若在电路输出端接 LED 发光管,则在 R_i 为很大很小时,LED 是否发光(设 $A=1$)?

为什么？

答：(1) TTL“与非”门在使用时，往往要在其输入端与地间或在输入端与前级输出端间接入电阻 R_i，工作时由于 TTL 门各输入端(均为晶体管的发射极)要流出很小的电流，此电流会在 R_i 上产生电压降，故电阻的大小决定 B 点电位的高低。这种电阻 R_i 大小与 B 点电位的关系即为 TTL“与非”门的输入端负载特性。

(2) R_i 与 B 点电位间的关系曲线如图 6-1-21 所示，此即负载特性曲线。

(3) $R_i < 1\text{k}\Omega$，B 点为低电平；

$R_i > 1\text{k}\Omega$，B 点为高电平。

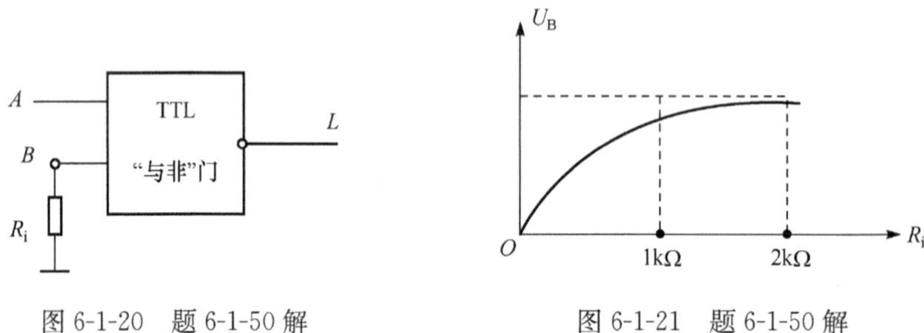

图 6-1-20　题 6-1-50 解　　图 6-1-21　题 6-1-50 解

(4) 在 R_i 很小时，由于 B 点为低电平(0)，则 $L=\overline{A \cdot B}=\overline{1 \cdot 0}=1$，故输出端 LED 发光；在 R_i 很大时(大于 1kΩ)，由于 B 点为高电平(1)，则 $L=\overline{A \cdot B}=\overline{1 \cdot 1}=0$，故输出端的 LED 不发光。

51. 何谓 OC 门电路？它有何特点？画出它的电路符号。

答：OC 门即为集电极开路的 TTL 门，它也是多输入端的“与非”门电路，但其内部电路异于普通的 TTL 门电路。它允许多个 OC 门的输出端并联成“线与”结构，也用于高电压驱动。普通的 TTL“与非”门则不允许将多个门的输出端直接并联使用，否则会损坏门的内部元件或导致逻辑功能混乱。OC 门的电路符号如图 6-1-22 所示。

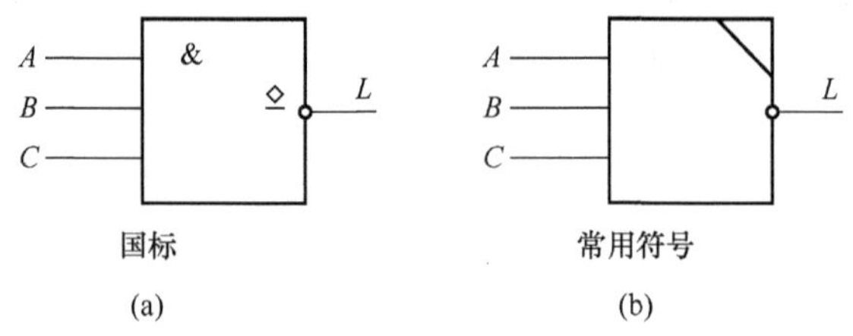

图 6-1-22　题 6-1-51 解

52. 何谓三态输出门电路？它有何特点？画出它的电路符号，列出它的真值表。

答：所谓三态输出门(TSL)是指此门的输出有三种可能的状态——即高电平(1)、低电平(0)、高阻(悬浮)，这三态的控制由控制端的信号所决定，控制信号可以是高电平有效，也可是低电平有效。三态门常用于总线系统中：多路信号均挂在总线上，某路信号要上、下总线时，此路三态输出门打开，其输出呈高低电平(1 或 0)状态，而其他各路信号的三态输出门则呈高阻悬浮状态，与总线不发生关系。

三态输出门的电路符号及其值表如图 6-1-23 所示。

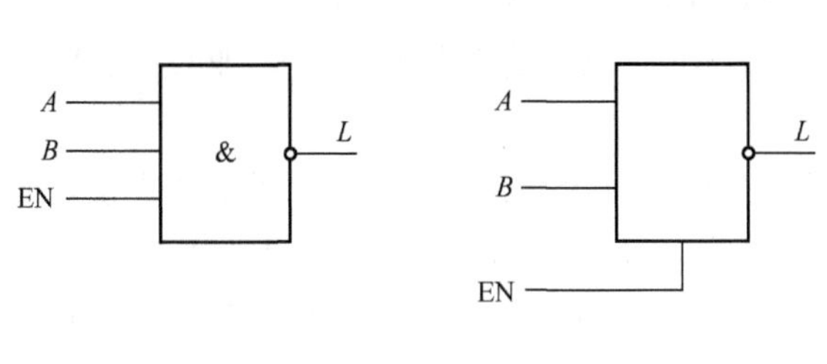

EN	A	B	L	说明
1（选通）	0	0	1	EN=1 时 $L=\overline{AB}$ 电路选通
	0	1	1	
	1	0	1	
	1	1	0	
0（禁止）	×	×	高阻	EN=0 时 L 为高阻

图 6-1-23　题 6-1-52 解

53. 何谓 HTL 电路？它有何特色？

答：HTL 电路为 High Transistor Logic 电路的英文字头缩写，意为“高阈值晶体管逻辑电路”，也属“与非”门电路。其特点是它的阈值电压很高，可达 7～8V（电源电压为 15V 时），故其噪声容限大，抗干扰性能很强，一般也称它为高抗干扰电路。其缺点是它的传输时延长，几乎为 TTL 电路的 10 倍。

54. 何谓 ECL 电路？它有何特点？

答：ECL 电路为 Emitter Coupled Logic 电路的英文字头缩写，意为“发射极耦合逻辑电路”。它的特点是工作速度极快，传输时延可小于 1ns，且其带载能力甚强，开关噪声也低。缺点是功耗较大，输出电平的稳定度较低，抗干扰能力也较差。

55. 何谓 I^2L 电路？它有何特点？

答：I^2L 电路为 Integrated Injection Logic 电路的英文字头缩写，意为“集成注入逻辑电路”。它的特点是功耗最低，常用在双极型集成电路中，缺点是噪声阈值低，抗干扰能力差，开关速度较低。改进型的 STL 电路（肖特基晶体管逻辑电路）的传输时延已低至 2.5ns，其功耗时延积甚小。

56. 何谓 MOS 逻辑门电路？它有几种类型？各有何特点？

答：以半导体场效应管制成的门电路称作为 MOS 逻辑门电路。它通常有两大类型：一为结型场效应管类，二为金属-氧化物-半导体场效应管类。前者的特点是可靠程度高、抗辐射能力强、噪声系数低、输入阻抗较高；缺点是集成工艺较复杂，主要用于分立元件的电路中。后者的特点的输入阻抗甚高（$10^{10}\Omega$ 以上），功耗甚低，集成度甚高，故被广泛应用于数字集成电路中。

57. 何谓 CMOS 逻辑门电路？它有何特点？

答：利用 PMOS 管和 NMOS 管构成的具有特性互补的门电路称为 CMOS 逻辑门电路。其主要特点如下所述。

（1）功耗甚低，集成度高，宜于制作大规模数字集成电路。

（2）输入噪声容限高，抗干扰性能好。

（3）供电电压范围宽，常为 5～15V。其 5V 供电时，输出高电平为 4.95V，低电平为 0.05V；+15V 供电时，高电平可达 14.9V，低电平也在 0.05V 左右。

（4）输入阻抗甚大，输入电流甚小。

（5）易被击穿，使用时应十分小心。

58. 以 TTL 电路驱动 CMOS 电路时，应注意什么问题？两者如何连接？

答：应注意 TTL 电路的输出电平能否满足 CMOS 电路输入电平的要求，即两者电平是否匹配。有两种情况值得注意。

（1）TTL 电路驱动 4000 系列和 74HC 系列的 CMOS 电路时：由于 TTL 的供电电压为 5V，输出高电平为 2.4～2.7V，不满足 4000 系列或 74HC 系列电路 3.5V 的要求，故须用上拉电阻的方法进行补偿，连接的电路如图 6-1-24 所示。若 TTL 和 CMOS 电路不同电源电压供电时，应采用 OC 门电路，同时接上拉电阻。上拉电阻一般为几百欧姆至几千欧姆。

（2）TTL 电路驱动 74HCT 系列和 74AHCT 系列 CMOS 电路时，由于 74HCT 系列与 TTL 电路的电压兼容，故无须外加上拉电阻，两者可直接连接。

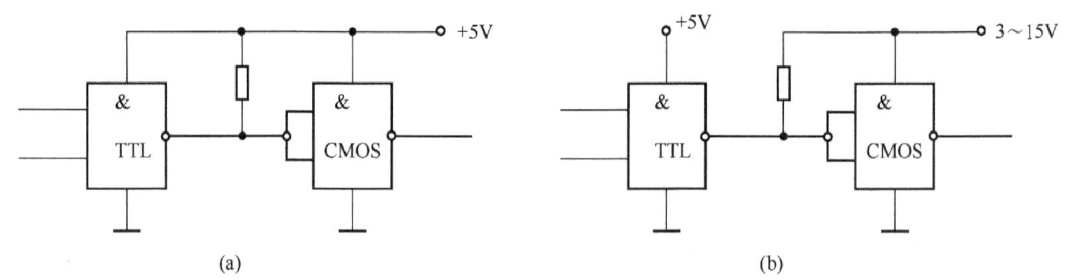

图 6-1-24　题 6-1-58 解

59. CMOS 电路可否直接驱动 TTL 电路？

答：由于 CMOS 电路在输出电平上能满足 TTL 电路的需求，但驱动能力（输出电流）不足，故须用下述两种方法解决驱动问题。

（1）在 CMOS 电路后加驱动电路（脉冲放大电路）以增大驱动功率。

（2）用两个 CMOS 电路并联使用。

60. 何谓 CMOS 传输门电路？它有何作用？画出它的电路符号。

答：信号能作双向传输的门电路称为双向传输门电路。它一般由 PMOS 和 NMOS 的互补电路构成。它的电路符号如图 6-1-25 所示。信号既可以从 A 端输入传至 B，也可由 B 端输入传至 A；C 与 $\bar{C}$ 为控制端，其控制状态见图 6-1-25，双向传输门可作模拟开关使用。

C	$\bar{C}$	TG 门的工作状态
0	1	断开：A 至 B 或 B 至 A 均无通路
1	0	闭合：TG 为传输状态

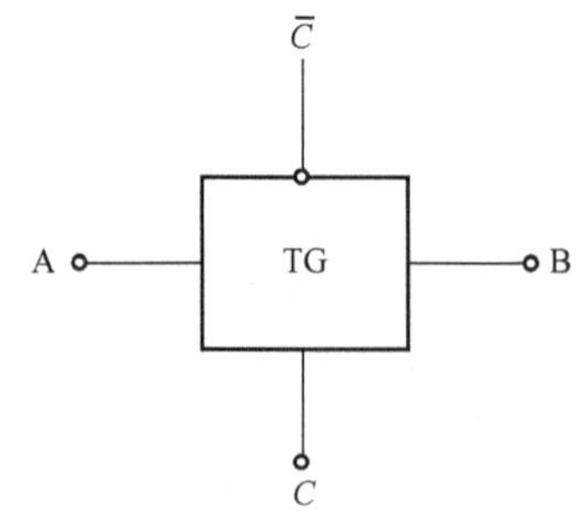

图 6-1-25　题 6-1-60 解

二、填空题

1. 数字信号是______、______都离散(不连续)的信号。

2. 二进制是逢______进 1,相邻位数值之比为______的数制。

3. 八进制是逢______进 1,相邻位数值之比为______的数制,每一位八进制的数对应于______位二进制。

4. 八进制的 57 用二进制表示为______,相当于十进制的______。

5. 十六进制是逢______进 1,相邻位数值之比为______的数制,每一位十六进制的对应于______位二进制。

6. 小于 256 的十进制数在转换成十六进制时,应除______,其商为十六进制右起第______位,余数为右起第______位。

7. 大于 256(2^8),小于 4096(2^{12})的十进制数在转换成十六进制时,应先除 256,其商为十六进制的右起第______位,余数再除 16,其商为十六进制的右起第______位,余数为十六进制的右起第______位。

8. 十六进制数$(1A8)_{16}=(\qquad)_2=(\qquad)_{10}$。

9. 十进制数$(1000)_{10}=(\qquad)_{16}=(\qquad)_2$。

10. BCD 码是______代码,每一位 BCD 码对应______位二进制码,按逢十进 1 的规则进位。

11. 每一位 BCD 码的最小值为______,最大值为______。

12. BCD 码的$(0011\ 1000\ 0111)_{BCD}=(\qquad)_{10}=(\qquad)_{16}=(\qquad)_2$。

13. 每一位八进制码的最小值为______,最大值为______。

14. 每一位十六进制码的最小值为______,最大值为______。

15. 二进制码每位的权重由右向左依次为______,即为十进制的______。

16. 八进制码每位的权重由右向左依次为______,即为十进制的______。

17. 十六进制码每位的权重由右向左依次为______,即为十进制的______。

18. 二进制小数点后每位的权重依次为______等。

19. 十六进制小数点后每位的权重依次为______等。

20. 在逻辑系统中(电路中)的高电平为______,低电平为______,负逻辑系统正相反。

21. 在数字电路或计算机系统中,带符号数据的首位为 0 则表示______数,首位为 1 则表示______数。

22. 对于正的二进制数,其原码与反码______与补码______。

23. 对于负的二进制数,其原码与反码的关系为______。

24. 对于负的二进制数,其原码与补码的关系为______。

25. 对于负的二进制数,其补码与反码的关系为______。

26. 已知正整数二进制的原码为 0100 0101,则其反码为______,补码为______。

27. 已知负整数二进制的原码为 1100 0101,则其反码为______,补码为______。

28. 完成下述数制转换:$(69.5)_{10}=(\qquad)_{16}=(\qquad)_2$。

29. 完成下述数制转换:$(1A.C)_{16}=(\qquad)_{10}=(\qquad)_2$。

30. ASCII 码的原义是______之英文字头缩。

31. ASCII 码是一组 8 位二进制码，其首位作______用，后 7 位用来表示______、______、______等信息。

32. 在数字电路或计算机系统中，1 个字节代表______位二进制位，1KB 代表______个二进制位，64KB 含______个二进制位。

33. 三个变量 A、B、C 所含有的最小项共有______个，任举其中的一项______。

34. 三个变量 A、B、C 所含有的最大项共有______个，任举其中的一项______。

35. 在电路中，“与”门、“与非”门的多余(未用)输入端最好接______，以防干扰信号的窜入，而“或”门、“或非”门的多余输入端最好接______。

36. “与非”门若有一个输入端接低电平 0 时，则其输出必为______；此输入端的低电平称为封门电平，其输出与其他输入端电平______。

37. “或非”门若有一个输入端接高电平 1 时，则其输出必为______；此输入端的高电平称为封门电平，其输出与其他输入端电平______。

38. “异”门(“异或”门)的输出与输入信号的逻辑关系为 $L=$______，同门(同或门)的输出与输入信号的逻辑关系为 $L=$______。

39. “异”门的两输入信号相同时，其输出为______，相“异”时输出为______。

40. “同或”门的两输入信号相同时，其输出为______，相“异”时输出为______。

41. 从组成电路的器件来看，数字集成电路通常有两大类，即______和______。

42. TTL 门电路的含义是______英文字头缩写，其实质是多输入端的______电路。

43. TTL 门电路的供电电压一般为______，其典型的输出高电平为______，典型的输出低电平为______。

44. TTL 门电路的输出端不可直接接______，也不可直接接______。

45. TTL 门电路的传输时延较短，一般为______，可以对脉冲宽度在______级的信号稳定传输，改进型 TTL 门电路的传输时延可达______。

46. 在数字电路中，CMOS 器件是由______和______管组合而构成的互补型场效应管器件。

47. CMOS 门电路的供电电压比较宽泛，一般为______，其典型的输出高电平接近______，典型的输出低电平为______。

48. 三态门的所谓“三态”是指______、______、______。

49. 三态门常用作______、______等。

50. OC 门是电路输出级的双极型晶体管集电极呈______的门电路，OC 门的输出端可作______连接。

51. OD 门是电路输出级的场效应管漏极呈______的门电路。

52. 多个 TTL 门电路共用一个电源时，在门关断的过程中，电源中会出现______，故须在电源与地之间接______，以改善电源特性。

53. TTL 电路的电源接入端须接一容量为______的大电容和一个容量为______的小电容，以消除或削弱电源纹波及脉冲式的高频干扰。

54. TTL 型 74 系列电路的平均功耗每个门约______，平均传输时延约______。

55. TTL 型 74L 系列电路的平均功耗每个门约______，平均传输时延较长，约为______。

56. TTL 型 74LS 系列电路的平均功耗每个门约______，平均传输时延约______。

57. TTL 型 74AS 系列电路的平均功耗每个门约______，平均传输时延很短约______。

58. TTL 型 74ALS 系列电路的平均功耗每个门约______，平均传输时延约______。

59. 高速 CMOS-HC(HCT)系列集成电路平均传输时延______，最高工作频率达______。

60. HC 系列集成电路的供电电压为______，HCT 系列的供电电压为______。

61. 改进型 CMOS-AC(ACT)系列集成电路的特点是工作频率______，功耗______。其 AC 系列的供电电压为______，ACT 的供电电压为______。

三、是非题

1. 开关量属于数字信号范畴。（　）

2. 数字信号的幅值只能有 0 和 1 两种取值。（　）

3. 八进制数码是逢 8 进 1 的数制，每位八进制数对应 4 位二进制。（　）

4. 十六进制数码是逢 16 进 1 的数制，每位十六进制数对应 4 位二进制。（　）

5. BCD 码二-十进制编码，也是逢 10 进 1，它的每一位均由 4 位二进制组成，每一位的最大值为 1001。（　）

6. N 位二进制的最小值为$(0)_{10}$最大值为$(2^{N-1})_{10}$。（　）

7. 十六进制数 3FF 对应于二进制为 10 位，即$(11\ 1111\ 1111)_2$。（　）

8. 对于十六进制数 FFFF，其值对应于十进制数 $2^{16}=65536=64K$。（　）

9. 八进制数$(265)_8=(2\times8^2+6\times8+5)_{10}=(171)_{10}$。（　）

10. 对于容量为 1KB 的存储器，其地址线至少为 9 根。（　）

11. 十进制的 160.5 所对应的十六进制码为 A0.8。（　）

12. 对于正数而言，二进制的原码与补码相等，但与反码不相等。（　）

13. 对于负数而言，二进制的原码与补码、反码均相等。（　）

14. 不管是正数还负数，在作反码、补码变换时，其符号位不变。（　）

15. 在高速脉冲作用时，普通晶体二极管有可能失去单向导电作用。（　）

16. 在高速脉冲作用时，普通晶体三极管有可能失去放大作用。（　）

17. 对于 TTL 门电路而言，信号的重复频率越高，电路对信号传输的延迟时间越长。（　）

18. 对于 TTL 门电路而言，信号的重复频率越高，其电流的平均值不会因此而改变，晶体管(电路)的发热情况也不会改变。（　）

19. 所谓的 TTL 门的扇出系数通常是指它所能驱动同类电路的最大数目，这也表示它的带载能力。（　）

20. TTL 电路在静态与动态工作时，电源的供电电流基本是相同的。（　）

21. 多个 TTL 门的输出端可以并联(线"与")使用。（　）

22. TTL 门的输入电流与 CMOS 门的输入电流大致相等，均很小。（　）

23. 多个集电极开路的 TTL 门电路(OC 门)输出端可以并联(线"与")使用。（　）

24. OC 门是可用来驱动高电压、大电流负载的门电路，故也称这类门电路为驱动器。（　）

25. 三态门的控制信号一定是高电平有效。（　）

26. CMOS 门电路的输入噪声阈值低于 TTL 门电路。（　）

27. CMOS 电路的主要特点是功耗低，抗干扰性能好，开关速度快。（　）

28. 集成注入逻辑 IIL(I^2L)门电路的最大特点是功耗低，开关速度快，电路结构简单。（　）

29. 射极耦合逻辑 ECL 门电路的最大特点是带载能力强，内部噪声低，但功耗大，抗干扰能力差。（　）

30. 在逻辑代数中，存在下述关系：$A+A=A, A\cdot\overline{A}=1, A+\overline{A}=1$。（　）

31. 在逻辑代数中，存在下述关系：$A+B+1=1, A+AB=A$。（　）

32. 在逻辑代数中，存在下述关系：$\overline{A\cdot B}=\overline{A}\cdot\overline{B}, \overline{A+B}=\overline{A}\cdot\overline{B}$。（　）

33. 在逻辑代数中，存在下述关系：$A+\overline{A}\cdot B=A+B, A(A+B)=A$。（　）

34. 在逻辑代数中，存在下述关系：$A+BC=(A+B)(A+C)$。（　）

35. 在逻辑代数中，存在下述关系：$A\cdot\overline{B}+\overline{A}\cdot B+B=A+B$。（　）

36. 8421 型二进制码左移一位，末尾补 0，此移位后的码值为移位前码值的 2 倍（即×2）。（　）

37. 8421 型二进制码右移一位，高位补 0，则移位后的码值为移位前码值的一半（即÷2）。（　）

38. TTL 门电路与 CMOS 门电路在电平上是互不兼容的。（　）

39. 高速 74HCT 系列电路与 TTL 电路在电平上是互不兼容的。（　）

40. CMOS 电路的多余输入端在工作时不允许悬空，应酌情接电源或接地。（　）

41. CMOS 电路的输入端不允许并联使用，即使在低速应用也应如此。（　）

42. 除漏极开路门（OD 门）和三态门外，CMOS 电路的输出端均不允许直接并联使用。（　）

43. CMOS 电路的驱动能力比 TTL 电路强。（　）

44. CMOS 电路的输入阻抗甚高，使用或储存时应注意静止击穿问题。（　）

45. CMOS-AC(ACT)、74ACT 系列电路均属于高速超低功耗器件。它们与 TTL 器件的电平不兼容。（　）

46. 74L 系列电路是低功耗，但平均传输时延较大的集成器件。（　）

47. 74LC 系列电路是低功耗，但平均传输时延很小的集成器件。（　）

48. 74S 系列电路是功耗稍大，但平均传输时延甚低的集成器件。（　）

49. 74ALS 系列电路是低功耗，但平均传输时延甚低的集成器件。（　）

50. 74AS 系列电路是功耗较大，但平均传输时延最低的集成器件。（　）

51. CMOS-AC(ACT)系列电路与 TTL 系列电路在供电电压上是不兼容的。（　）

52. CMOS-HC(HCT)系列电路与 TTL 系列电路在供电电压上是不兼容的。（　）

四、选择题

1. 字和字节的位长为（　）。

A. 两者均为 8 位　　B. 字的位长不定，字节的位为 4 位二进制

C. 字的位长不定，字节的位长为 8 位　　D. 字的位长不定，字节的位长为 16 位

2. 十进制数 100 至少要用多少二进制位来表述？（　）

A. 8 位　　B. 7 位　　C. 6 位　　D. 5 位

3. 十进制数 1024 至少要用多少二进制位来表述？（　　）

A. 8 位　　B. 9 位　　C. 10 位　　D. 11 位

4. 十六位二进制能区分多少种状态？（　　）

A. 64K　　B. 32K　　C. 16K　　D. 8K

5. 十进制数 256 所对应的十六进制数为（　　）。

A. $(FF)_{16}$　　B. $(FE)_{16}$　　C. $(100)_{16}$　　D. $(AF)_{16}$

6. 十进制数 166.5 所对应的十六进制数为（　　）。

A. $(A6.8)_{16}$　　B. $(A6.5)_{16}$　　C. $(106.8)_{16}$　　D. $(106.5)_{16}$

7. 下列数据中最小的数为（　　）。

A. $(0010\ 1001)_2$　　B. $(0010\ 1001)_{BCD}$　　C. $(52)_{10}$　　D. $(23F)_{16}$

8. 下列数据中最大的数为（　　）。

A. $(0010\ 1001)_2$　　B. $(0010\ 1001)_{BCD}$　　C. $(52)_{10}$　　D. $(23F)_{16}$

9. 下列数据中最小的数为（　　）。

A. $(1001\ 0101)_2$　　B. $(1000)_{10}$　　C. $(101\ 111)_8$　　D. $(2FF)_{16}$

10. 下列数据中最大的数为（　　）。

A. $(1001\ 0101)_2$　　B. $(1000)_{10}$　　C. $(101\ 111)_8$　　D. $(2FF)_{16}$

11. 对于带符号的二进制码 0100 0101，其补码为（　　）。

A. 0100 0101　　B. 1011 1010　　C. 0100 1010　　D. 0100 0110

12. 对于带符号的二进制码 0100 0101，其反码为（　　）。

A. 0100 0101　　B. 1011 1010　　C. 0100 1010　　D. 0100 0110

13. 对于带符号的二进制码 1100 0101，其补码为（　　）。

A. 1100 0101　　B. 1011 1011　　C. 1011 1010　　D. 0011 1011

14. 对于带符号的二进制码 1100 0101，其反码为（　　）。

A. 1100 0101　　B. 1011 1011　　C. 1011 1010　　D. 0011 1011

15. 字长为 16 位的二进制数，首位为符号位，若用定点整数表示，其最大正整数为（　　）。

A. $+(2^{15}-1)$　　B. $+2^{16}$　　C. $(1-2^{15})$　　D. $+(1-2^{15})$

16. 字长为 16 位的二进制数，首位为符号位，若用定点整数表示，其最大负整数为（　　）。

A. $-(2^{15}-1)$　　B. -2^{16}　　C. $-(1-2^{15})$　　D. $-(1-2^{16})$

17. 在 ECL、HTL、I^2L、DTL 等数字集成电路中，速度很快。带载能力较强，但功耗较大者为（　　）。

A. ECL　　B. HTL　　C. I^2L　　D. DTL

18. 在 ECL、HTL、I^2L、DTL 等数字集成电路中，功耗很低，开关速度快，集成度很高者为（　　）。

A. ECL　　B. HTL　　C. I^2L　　D. DTL

19. 在 ECL、HTL、I^2L、DTL 等数字集成电路中，抗干扰能力强，输出端噪声阈值大，但开关速度较低者为（　　）。

A. ECL　　B. HTL　　C. I^2L　　D. DTL

20. “与”门及“与非”门的封门电平（所谓封门即此输入端信号加入后，其他各输入端的信号对输出均不起作用)为(　　)。

A. 均为高电平 1　　B. 均为低电平 0

C. 前者为 1,后者为 0　　D. 前者为 0,后者为 1

21. “或”门及“或非”门的封门电平为(　　)。

A. 均为高电平 1　　B. 均为低电平 0

C. 前者为 1,后者为 0　　D. 前者为 0,后者为 1

22. “与”门及“与非”门的多余输入端(未用端)在电路通常作如下处理(　　)。

A. 前者接高电平 1,后者接低电平 0　　B. 前者接低电平 0,后者接高电平 1

C. 均接高电平 1　　D. 均接低电平 0

23. “或”门及“或非”的多余输入端(未用端)在电路中,通常如下处理(　　)。

A. 前者接高电平 1,后者接低电平 0　　B. 前者接低电平 0,后者接高电平 1

C. 均接高电平 1　　D. 均接低电平 0

24. 已知门电路如图 6-1-26 所示,其输出分别为(　　)。

A. $L_1=L_2=0$　　B. $L_1=L_2=1$　　C. $L_1=0,L_2=1$　　D. $L_1=AB,L_2=\overline{AB}$

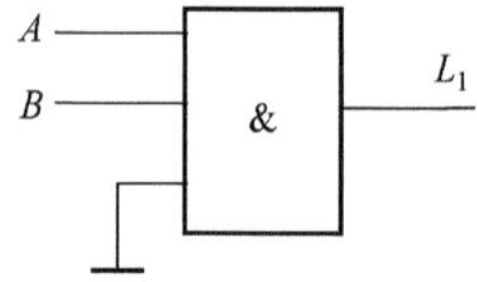

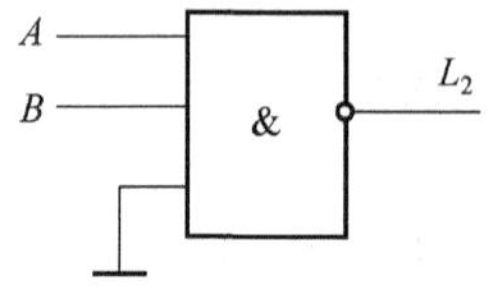

图 6-1-26　题 6-1-24 图

25. 已知门电路如图 6-1-27 所示,其输出分别为(　　)。

A. $L_1=L_2=0$　　B. $L_1=L_2=1$　　C. $L_1=0,L_2=1$　　D. $L_1=AB,L_2=\overline{AB}$

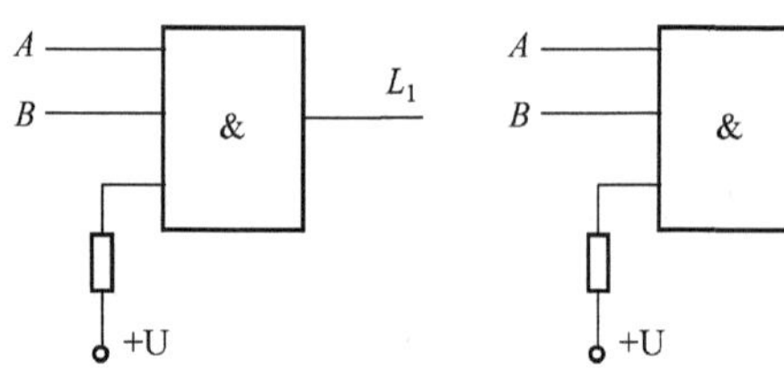

图 6-1-27　题 6-1-25 图

26. 已知门电路如图 6-1-28 所示,其输出分别为(　　)。

A. $L_1=L_2=0$　　B. $L_1=L_2=1$　　C. $L_1=1,L_2=0$　　D. $L_1=A+B,L_2=\overline{A+B}$

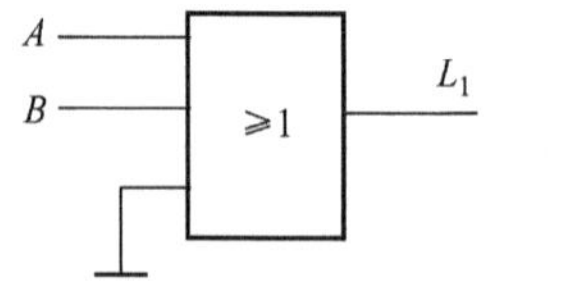

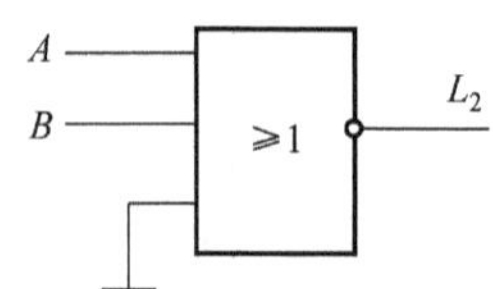

图 6-1-28　题 6-1-26 图

27. 已知门电路如图 6-1-29 所示,其输出分别为(　　)。

A. $L_1=L_2=0$　　B. $L_1=L_2=1$　　C. $L_1=1,L_2=0$　　D. $L_1=A+B,L_2=\overline{A+B}$

28. 已知电路如图 6-1-30 所示,电阻 R 的大小对发光管的发光有何影响?(　　)。

A. R 值无论大小,发光管均发光　　B. R 值无论大小,发光管均不发光

C. 只有 R 值较大时，发光管才能发光　D. 只有 R 值较小时，发光管才能发光

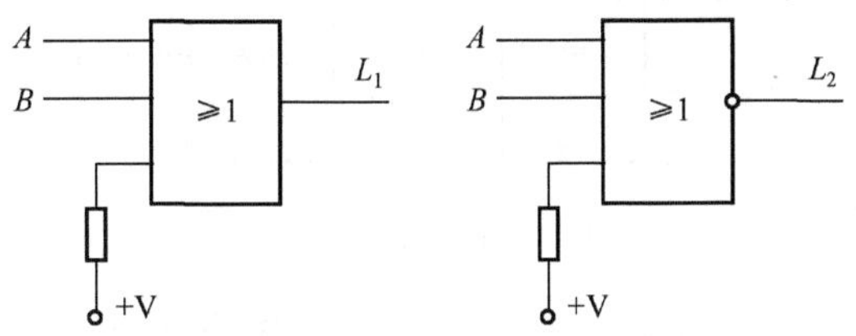

图 6-1-29　题 6-1-27 图

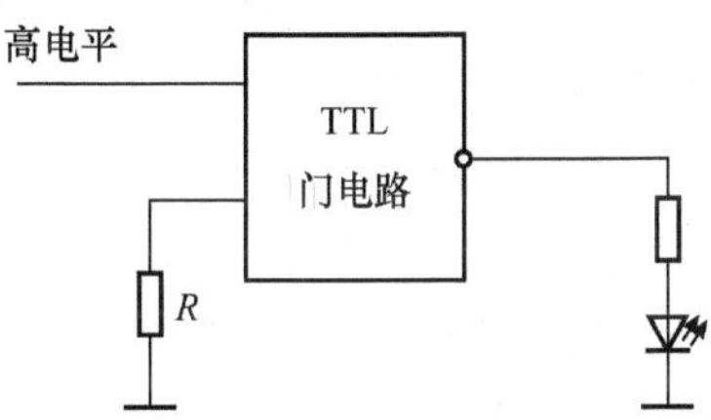

图 6-1-30　题 6-1-28 图

29. 已知电路如图 6-1-31 所示，电阻 R 的大小对发光管的发光有何影响？(　　)。

A. R 值无论大小，发光管均发光　B. R 值无论大小，发光管均不发光

C. 只有 R 值较大时，发光管才能发光　D. 只有 R 值较小时，发光管才能发光

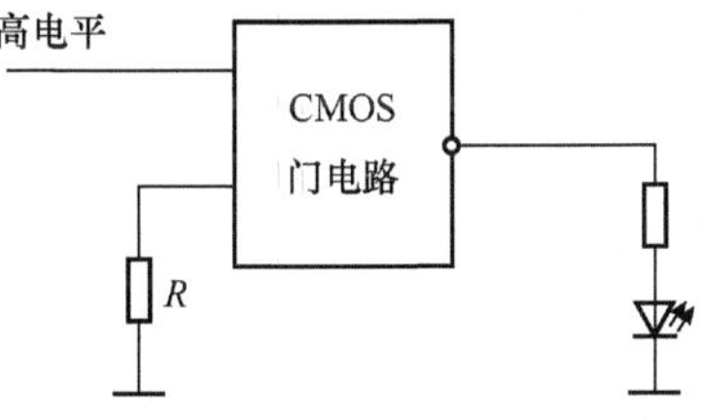

图 6-1-31　题 6-1-29 图

30. 已知"异或"门、"同或"门电路如图 6-1-32 所示，其输出状态分别为(　　)。

A. $L_1=0, L_2=1$　B. $L_1=1, L_2=0$　C. $L_1=L_2=1$　D. $L_1=L_2=0$

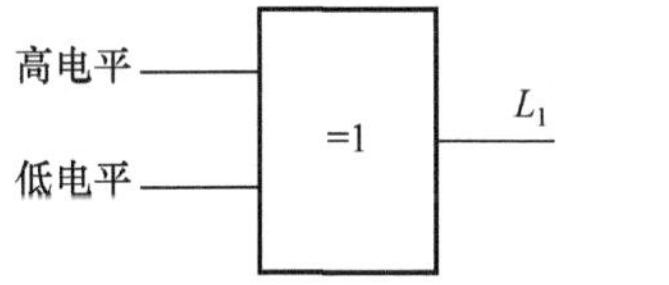

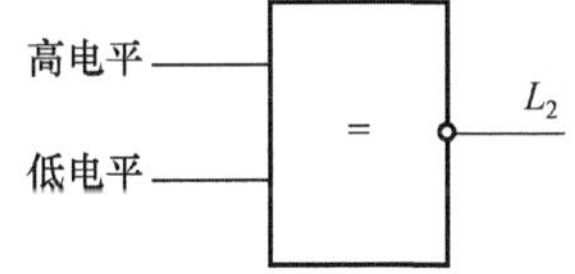

图 6-1-32　题 6-1-30 图

31. 已知"异或"门应用电路如图 6-1-33 所示，输入 A、B 为频率 f_0 相同但相位差 φ 为 0～180°变化的两个信号，则输出 u_o 与输入两信号间的关系为(　　)。

A. $u_o \propto f_0$　B. $u_o \propto \varphi$　C. u_o 为直流不变量　D. $u_o = A \oplus B$

32. 已知"异或"门的应用电路同图 6-1-33，其输出电压的最大值发生在(　　)。

A. A、B 两输入信号为同频同相的矩形波时

B. A、B 两输入信号为同频反相的矩形波时

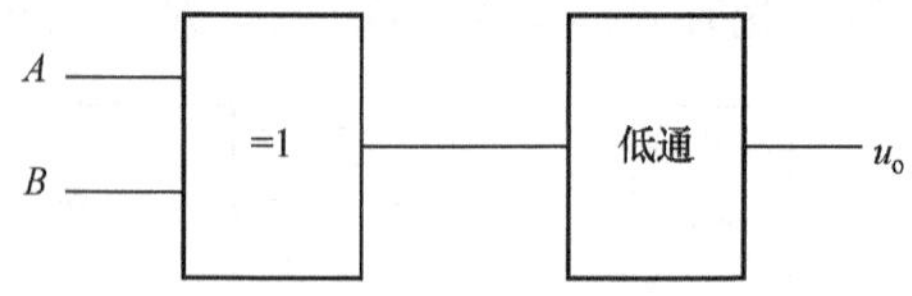

图 6-1-33　题 6-1-31 图

C. A、B 两输入信号为同频但相位差为 90°的矩形波时

D．A、B 两输入信号为同频但相位差为 45°的矩形波时

33. 已知“异或”门的应用电路同图 6-1-33，其输出电压的最小值发生在(　　)。

A. A、B 两输入信号为同频同相的矩形波时

B. A、B 两输入信号为同频反相的矩形波时

C. A、B 两输入信号为同频但相位差为 90°的矩形波时

D. A、B 两输入信号为同频但相位差为 45°的矩形波时

34. 大多数 TTL 门电路的传输时延为(　　)。

A. 十几微秒　B. 几微秒　C. 几百纳秒　D. 几至几十纳秒

35. 5V 供电的 TTL 门电路的标准输出高电平与低电平分别为(　　)。

A. 3～4V，0.1～0.5V　B. 4～4.5V，0.5～1V

C. 4～4.5V，1～1.5V　D. 2.4～2.7V，0.4～0.5V

36. 5V 供电 CMOS 门电路的标准输出高电平与低电平分别为(　　)。

A. 3～4V，0.1～0.5V　B. 4～4.5V，0.5～1V

C. 4.95V，0.05V　D. 2.4～2.7V，0.4～0.5V

37. 5V 供电 CMOS 门电路的标准输入高电平与低电平分别约为(　　)。

A. 3V，1V　B. 3.5V，1.5V　C. 4V，2V　D. 2V，0.5V

38. 5V 供电 TTL 电路的标准输入高电平与低电平分别约为(　　)。

A. 3V，1V　B. 3.5V，1.5V　C. 4V，2V　D. 2V，0.8V

39. 15V 供电 CMOS 门电路的标准输出高电平与低电平分别约为(　　)。

A. 14.95V，0.05V　B. 13V，1V　C. 14V，0.5V　D. 13.5V，0.8V

40. TTL 型 74 系列(CT1000 系列)电路属于下列哪种集成电路？(　　)。

A. 通用或标准集成电路　B. 高速系列集成电路

C. 短平均传输时延的肖特基系列集成电路

D. 低功耗，短平均传输时延的肖特基系列集成电路

41. TTL 型 74H 系列(CT2000 系列)电路属于下列何种集成电路？(　　)。

A. 通用或标准系列集成电路　B. 高速系列集成电路

C. 短平均传输时延的肖特基系列集成电路

D. 低功耗、短平均传输时延的肖特基系列集成电路

42. TTL 型 74S 系列(CT3000 系列)电路属于下列何种集成电路？(　　)。

A. 通用或标准系列集成电路　B. 高速系列集成电路

C. 短平均传输时延的肖特基系列集成电路

D. 低功耗、短平均传输时延的肖特基系列集成电路

43. TTL 型 74LS 系列(C4000、CT4000 系列)电路属于下列何种集成电路?(　　)。

A. 通用或标准系列集成电路　　B. 高速系列集成电路

C. 短平均传输时延的肖特基系列集成电路

D. 低功耗、短平均传输时延的肖特基系列集成电路

44. 在 TTL 型 74 系列、74H 系列、74S 系列、74LS 系列四种电路中,功耗时延积最小者为(　　)。

A. 74 系列　　B. 74H 系列　　C. 74S 系列　　D. 74LS 系列

45. CMOS 型 74HC 系列电路的平均传输时延很短,为(　　)。

A. 纳秒级　　B. 几十纳秒级　　C. 微秒级　　D. 几十微秒级

46. 在高频高速工作时,CMOS 电路的静功耗与动态功耗的大小为(　　)。

A. 两者基本相等,均很小　　B. 两者基本相等,均很大

C. 两者不相等,前者小于后者　　D. 两者不相等,前者大于后者

五、填空题、是非题、选择题答案

(一) 填空题

1. 时间上,幅值上

2. 2,2 或 1/2

3. 8,8 或 1/8,3

4. 101 111,47

5. 16,16 或 1/16,4

6. 16, 2, 1

7. 3, 2, 1

8. 0001 1010 1000, 424

9. 3E8, 0011 1110 1000

10. 二-十进制,4

11. 0000, 1001

12. 387, 183, 0001 1000 0011

13. 000, 111

14. 0000,1111(F)

15. 2^0、2^1、2^2、2^3, 1、2、4、8、16…

16. 8^0、8^1、8^2、8^3, 1、8、64、512…

17. 16^0、16^1、16^2、16^3, 1、16、256、4096…

18. $2^{-1}=0.5$、$2^{-2}=0.25$、$2^{-3}=0.125$

19. $16^{-1}=1/16$、$16^{-2}=1/256$、$16^3=1/4096$、

20. 1, 0

21. 正, 负

22. 相等, 相等

23. 除首位符号位不变外,其他各位均相反(1→0,0→1)

24. 除首位符号位不变外,其他各位均相反,且末位再加 1

25. 补码=反码+1

26. 0100 0101, 0100 0101

27. 1011 1010, 1011 1011

28. 45.8,0100 0101.1000

29. 26.75, 0001 1010 .1100

30. 美国国家信息交换标准码

31. 奇偶校验,0～9 个数字,26 个英文大小写字母,某些数字符号与字符

32. 8,$2^{10}=1024$, $2^{16}=65536$

33. $2^3=8$,$\overline{A}BC$

34. $2^3=8$. $A+\overline{B}+C$

35. 高电平 1,低电平 0

36. 高电平 1,无关

37. 低电平 0,无关

38. $\overline{A}B+A\overline{B}=A\oplus B$, $AB+\overline{A}\overline{B}=\overline{\overline{A}B+A\overline{B}}=\overline{A\oplus B}$

39. 0,1

40. 1,0

41. 双极型数字集成电路，CMOS 型数字集成电路

42. 晶体管-晶体管逻辑电路，“与非”门

43. 5V，2.4～2.7V，0.4～0.5V

44. 电源，地

45. 40ns，微秒，10ns

46. PMOS. NMOS

47. 5～15V，接近供电电压，0.05V

48. 高电平，低电平，高阻(悬浮)

49. 总线驱动器，数据双向传输

50. 开路，线“与”

51. 开路

52. 强脉冲干扰，滤波电容

53. 20～50μF，0.01～0.1μF

54. 10mW，10ns

55. 1mW，33ns

56. 2mW，9ns

57. 20mW，1.5ns

58. 1mW，4ns

59. 小于 10ns，50MHz

60. 2～6V，4.5～5.5V

61. 甚高，超低，1.5～5.5V，4.5～5.5V

(二) 是非题

1. √ 2. × 3. × 4. √ 5. √ 6. √ 7. √ 8. × 9. √ 10. ×
11. √ 12. × 13. × 14. √ 15. √ 16. √ 17. √ 18. × 19. √ 20. ×
21. × 22. × 23. √ 24. √ 25. × 26. × 27. √ 28. √ 29. √ 30. ×
31. √ 32. × 33. √ 34. √ 35. √ 36. √ 37. √ 38. × 39. × 40. √
41. × 42. √ 43. × 44. √ 45. × 46. √ 47. √ 48. √ 49. √ 50. √
51. × 52. ×

(三) 选择题

1. C 2. B 3. D 4. A 5. C 6. A 7. B 8. D 9. C 10. B
11. A 12. A 13. B 14. C 15. A 16. A 17. A 18. C 19. B 20. B
21. A 22. C 23. D 24. C 25. D 26. D 27. C 28. D 29. A 30. B
31. B 32. B 33. A 34. D 35. D 36. C 37. B 38. D 39. A 40. A
41. B 42. C 43. D 44. D 45. A 46. C

第二部分　数字电路及应用

一、问答题

1. 何谓组合逻辑电路？它有何特点？

答：一个任意时刻的输出结果仅取决于此时刻的输入状态，而与历史状态无关的电路即称为组合逻辑电路，这种电路的最大特点是无记忆、存储功能。

2. 哪些逻辑电路属于典型的组合逻辑电路？

答：主要有半加器、全加器、编码器、译码器、数据选择器、数据比较器等。

3. 何谓半加器？设计出一半加器的逻辑电路（列真值表，写逻辑表达式，画逻辑电路图）。

答：不带进位的一位二进制数的相加电路即为半加器。其设计步骤如下所述。

(1) 列真值表。

(2) 写逻辑表达式

$S=\overline{A}B+A\overline{B}$ ——可用“异或”门实现；

$C=AB$ ——可用“与”门实现。

被加数 A	加数 B	和 S	进位 C
0	0	0	0
0	1	1	0
1	0	1	0
1	1	0	1

(3) 画逻辑电路图。

根据逻辑表达式可以画出其逻辑电路图,如图 6-2-1 所示。

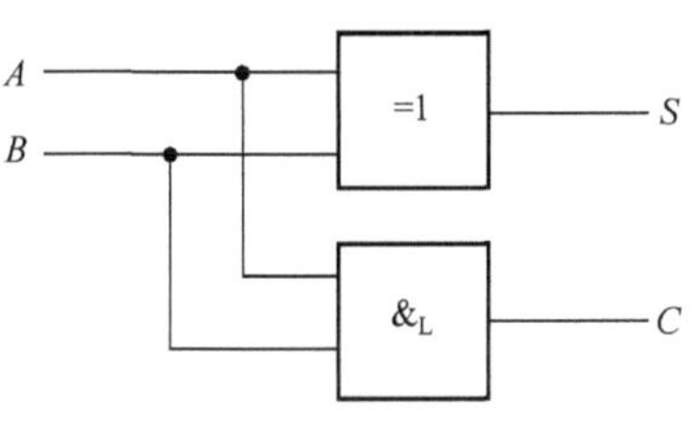

图 6-2-1　题 6-2-3 解

4. 何谓全加器?列出它的真值表,写出相关的逻辑表达式。

答:带进位的一位二进制数的相加电路即为全加器,其真值表如下:

其逻辑表达式为

$$S_i=\overline{A}_i\overline{B}_iC_{i-1}+\overline{A}_iB_i\overline{C}_{i-1}+A_i\overline{B}_i\overline{C}_{i-1}+A_iB_iC_{i-1}=A_i\oplus B_i\oplus C_{i-1}$$

$$\begin{aligned}C_i&=\overline{A}_iB_iC_{i-1}+A_i\overline{B}_iC_{i-1}+A_iB_i\overline{C}_{i-1}+A_iB_iC_{i-1}\\&=\overline{A}_iB_iC_{i-1}+A_i\overline{B}_iC_{i-1}+A_iB_i(\overline{C}_{i-1}+C_{i-1})\\&=\overline{A}_iB_iC_{i-1}+A_i\overline{B}_iC_{i-1}+A_iB_i\\&=C_{i-1}(A_i\oplus B_i)+A_iB_i\end{aligned}$$

被加数 A_i	加数 B_i	上一位的进位 C_{i-1}	和 S_i	进位 C_i
0	0	0	0	0
0	0	1	1	0
0	1	0	1	0
0	1	1	0	1
1	0	0	1	0
1	0	1	0	1
1	1	0	0	1
1	1	1	1	1

5. 组合逻辑电路的设计步骤主要有哪些?

答:主要设计步骤如下所述。

(1) 根据题义,分析归纳,设定自变量(输入量)和因变量(输出量)。

(2) 根据输入输出的逻辑关系列出真值表。

(3) 根据真值表写出逻辑关系表达式,并作逻辑化简(公式法和卡诺图两种方法)。

(4) 根据逻辑表达式(关系式)画出逻辑电路图。

6. 设计一个由三名裁判执法的裁判电路:要求须有两名或 3 名裁判同意,结果才能成立(判为成功),但其中必须有一名主裁。试完成以下各题。

(1) 列出真值表(设三名裁判为 A、B、C,其中 A 为主裁)。

(2) 写出逻辑表达式并化简。

(3) 画出逻辑电路图,并配有 LED 显示。

答:(1) 列真值表(裁判同意为 1,不同意为 0;结果成立为 1,不成立为 0)。

(2) 其逻辑表达式为(并化简)

$$L = A\bar{B}C + AB\bar{C} + ABC = A(\bar{B}C + B\bar{C} + BC)$$
$$= A(\bar{B}C + B(\bar{C} + C))$$
$$= A(\bar{B}C + B) = A(B + C)$$

裁判	A	B	C	L(结果)
	0	0	0	0
	0	0	1	0
	0	1	0	0
	0	1	1	0
	1	0	0	0
	1	0	1	1($A\bar{B}C$)
	1	1	0	1($AB\bar{C}$)
	1	1	1	1(ABC)

(3) 根据逻辑表达式可画出逻辑电路图,如图 6-2-2 所示。

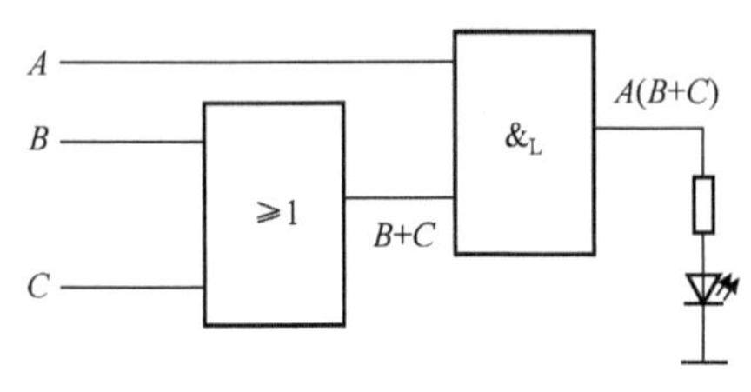

图 6-2-2　题 6-2-6 解

7. 设计一个由三名裁判执法的裁判电路,要求须有两名或 3 名裁判同意,结果才能成立(判为成功)。试完成以下各题。

(1) 列出真值表(设三名裁判为 A、B、C)。

(2) 写出逻辑表达式并化简。

(3) 画出逻辑电路图并配有 LED 显示。

答:(1) 列真值表(裁判同意为 1,不同意为 0;结果成立为 1,不成立为 0)。

(2) 其逻辑表达式为(并化简)

$$L = \bar{A}BC + A\bar{B}C + AB\bar{C} + ABC$$
$$= \bar{A}BC + ABC + A\bar{B}C + ABC + AB\bar{C} + ABC$$
$$= BC(\bar{A} + A) + AC(\bar{B} + B) + AB(\bar{C} + C)$$
$$= BC + AC + AB$$

(3) 根据上述逻辑表达式可画出逻辑电路图如图 6-2-3 所示(图中画出了裁判 C 的判断开关,A 与 B 也与此相同)。

L(结果)	A	B	C
0	0	0	0
0	0	0	1
0	0	1	0
1($\bar{A}BC$)	0	1	1
0	1	0	0
1($A\bar{B}C$)	1	0	1
1($AB\bar{C}$)	1	1	0
1(ABC)	1	1	1

8. 何谓编码器？举例说明常用的编码器。

答:将某些开关量或数字量(如十进制的 0～9)转换成一系列二值函数代码(如进制代码 0 和 1)的电路即为编码器。常用的编码器有以下两种。

(1) 二进制编码器——如将 4 个或 8 个输入量转换成 2 位或 3 位二进制代码输出的电路;

(2) 二-十进制编码器——将 0～9 十个输入状态转换成(编码)BCD 代码输出的电路。

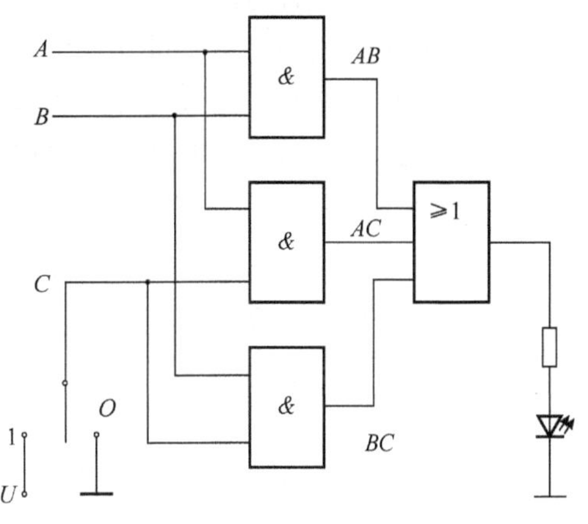

图 6-2-3　题 6-2-7 解

9. 何谓优先编码器？试举一例说明。

答:在编码器中,当 N 个输入信号同时出现时,首先只对其中优先权最高的一个进行编码,然后再按所规定的优先级别由高至低顺序进行编码的编码电器即为优先编码器。74LS148 就是常用的优先编码器之一,这是一种能将 8 路输入数据编成 3 位二进制码输出的编码电路,其中以第 7 路优先级别最高,第 0 路级别最低。另外,此芯片还有使能端(控制端),以控制对输入信号是否编码。

10. 何谓译码器？举例说明常用的译码器。

答:将某种代码翻译成(转换成)所需状态或另一种代码输出的电路即为译码器,常见的译码器有以下 3 种。

(1) 二-四译码器——将输入的两位二进制码译成(转换成)4 种状态输出的电路即所谓的四选一的译码电路。

(2) 三-八译码器——将输入的三位二进制码译成(转换成)8 种状态输出的电路即所谓的八选一的译码电路。

(3) 七段数码管显示的译码器——将输入的二进制码(常为 BCD 码)译成数码管所需代码的电路,如将十进制中的 8(二进制 1000)译成数码管所需的 7F。常用的七段显示译码芯片有 74LS47、74LS48 等。

11. 已知电路如图 6-2-4 所示,要求用开关 S_1、S_2 来控制远处的 4 个发光管 LED 之一发光(四选一)。试完成以下各题。

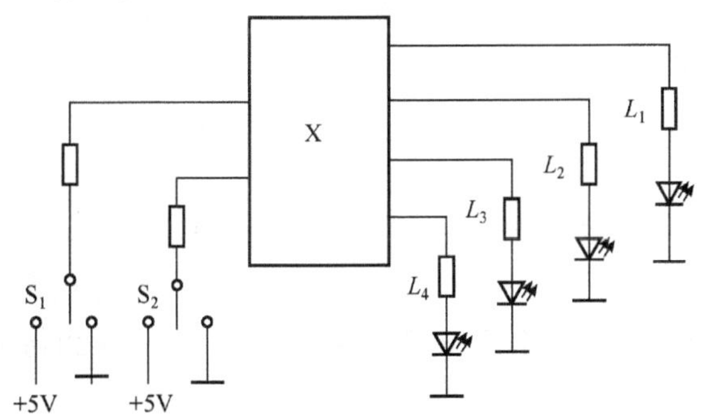

图 6-2-4　题 6-2-11 图

(1) 图中 X 为何种电路?

(2) 列出开关 S_1、S_2 的不同位置与 L_1、L_2、L_3、L_4 之一发光的对应关系。

(3) 写出输出各 L 与输入信号间所对应的逻辑关系。

(4) 若负载 L 所需的功率较大应如何解决?

答:(1) X 为二-四译码电路(即四选一电路)。

(2) 其对应关系表即真值表如下(设输出高电平 1,LED 发光;低电平 0 不发光)。

(3) 所对应的逻辑关系式为:

$$L_1=\overline{S}_1\overline{S}_2, L_2=\overline{S}_1S_2$$

$$L_3=S_1\overline{S}_2, L_4=S_1S_2$$

(4) 应在二-四译码电路之后分别加接驱动电路。

S_1	S_2	L_1	L_2	L_3	L_4
0	0	1(亮)	0(灭)	0	0
0	1	0	1(亮)	0	0
1	0	0	0	1(亮)	0
1	1	0	0	0	1(亮)

12. 根据上题,若要控制某处 8 个发光管 LED 发光或小电机转动,则电路应作怎样的改动?

答:(1) 将方框中的电路改为三-八译码电路,即八选一译码芯片,如选用 74LS138 等。

(2) 将译码器的输入改为 3 路控制信号,每路均设置一个高低电平控制开关。

13. 设计一个二-四译码器电路,要求:

(1) 列出真值表。

(2) 写出逻辑表达式。

(3) 画出相关的逻辑电路图。

答:(1) 真值表与第 11 题的真值表完全相同,不赘述(将 S_1、S_2 改为 A、B 即可)。

(2) 写出逻辑表达式

$$L_1=\overline{A}\overline{B}, L_2=\overline{A}B$$

$$L_3=A\overline{B}, L_4=AB$$

(3) 逻辑电路如图 6-2-5 所示。若输出要求低电平有效,则每个输出端加反向器即可。

14. 何谓数据选择器(即多路数字开关)? 试举几例。

答:(1) 从 N 个输入数字信号中选出一个作为当前输出的电路即为数据选择器,也称为多路数字信号选择开关。

(2) 例如,74LS153 即为两个四选一的数据选择芯片,可作八选一的数据选择开关;如 74LS150 为十六选一的数据选择开关;74LS151 是八选一的数据选择开关等。

15. 图 6-2-6 是四选一的数据选择电路,图中 D_0、D_1、D_2、D_3 为待选数据,L 为输出。试完成以下各题。

(1) 说明信号 A_0、A_1 之作用。

(2) 用表格法说明各参量之间的关系。

答:(1) 作选择控制之用。

(2) 各参量之间的相应关系如表所列。

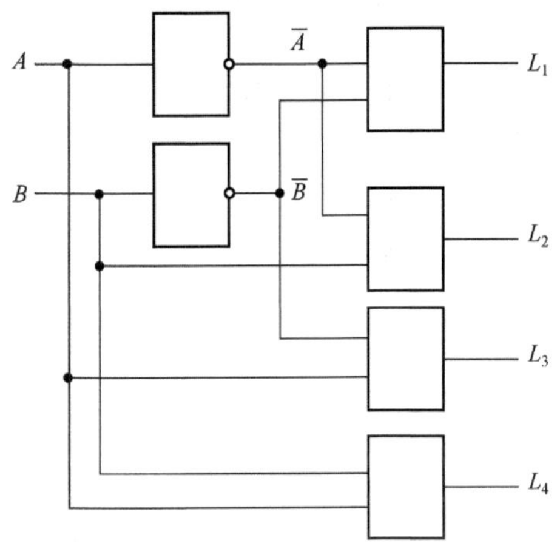

图 6-2-5　题 6-2-13 解

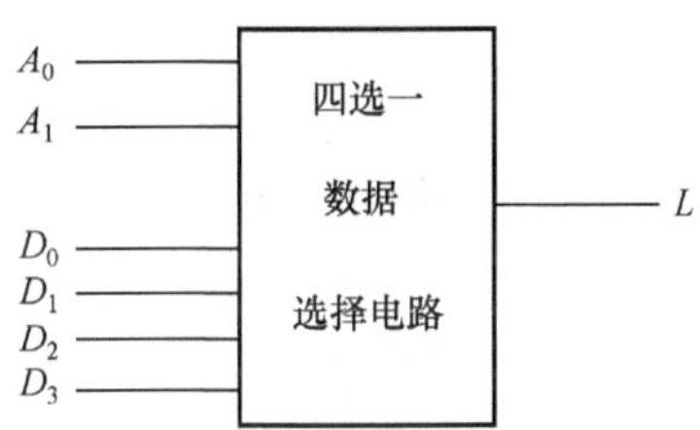

图 6-2-6　题 6-2-15 图

A_0	A_1	L
0	0	D_0
0	1	D_1
1	0	D_2
1	1	D_3

16. 何谓数据比较器？试举例说明。

答:(1) 能对两个二进制数据大小作比较的电路即为数据比较器,常用的有一位数值比较器和多位数值比较器。

(2) 例如,74LS85 芯片除了能比较两个 4 位二进制数据的大小外,还增加了来自低位的比较结果。

17. 在组合逻辑电路中,什么是竞争-冒险？此现象产生的原因是什么？

答:(1) 逻辑电路(如门电路)的两个输入信号同时作相反的逻辑电平跳变(一个从 1 跳至 0,另一个从 0 跳至 1)的现象称为竞争。因为两者均要求电路跳变,此竞争有时会造成电路输出端产生尖峰脉冲(短暂的翻转)的现象称作竞争-冒险。竞争-冒险的结果必然会使电路的输出信号中出现毛刺,从而使电路产生错误动作。

(2) 对于如图 6-2-7 所示的"与"门电路,输入信号 A、B 为一高一低脉冲,电路输出应始终为低电平 0,但在 A 由 1 跳至 0,B 由 0 跳至 1 时,两者若有一前一后的时间差,即在 t_1 至 t_2 时隙,A、B 均有电平较高的状态,电路对应的输出 $L=AB=1$,出现暂短的脉冲尖峰。这就是竞争-冒险,这是门电路产生内部噪声的主要原因(脉冲尖峰的频谱是非常宽的)。

18. 在逻辑电路中,竞争-冒险一般在什么情况下发生？

答:一般在输入信号 A 与 $\overline{A}$ 由不同路径送至一个门电路("与"门、"或"门等)时,则当 A 与 $\overline{A}$ 状态跳变时,电路的输出端必产生竞争-冒险现象,因为不同路径时,电路对信号的延时是不一样的,如此会使 A 由 1 至 0,$\overline{A}$ 由 0 至 1 跳变不在同一时刻。两者间出现一个时隙,使输出 L 出现一个暂短的脉冲尖峰(高电平)。

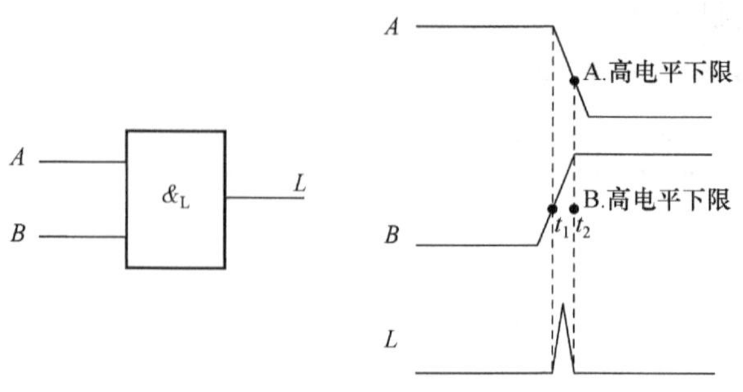

图 6-2-7　题 6-2-17 解

19. 如何防止或消除竞争-冒险的不良影响?

答:主要方法大致有如下 3 点。

(1) 引入选通脉冲(也称为取样脉冲)以控制电路输出,使竞争-冒险可能出现的时段电路无输出,只在稳态工作时电路才有正常输出,如此可避免尖峰脉冲对输出波形的影响。

(2) 滤波法。在电路的输出端并接一小电容(一般为几百皮法量级)以形成低通滤波电路,滤除尖峰脉冲(此脉冲一般很窄,含高频分量丰富,低通可将其滤除),但此方法可能使正常的数据脉冲前后沿由陡变坡。若电路对输出信号的波形要求严格,则其后应加整形电路。

(3) 修改逻辑设计,使电路尽可能优化,如何适当增加多余项(冗余项),使电路消除竞争-冒险,但此时会增加电路的开销,此法也称为增加冗余项法。

20. 何谓时序逻辑电路? 它有何特点?

答:(1) 一个数字电路任意时刻的输出结果既决定于此时刻的电路输入状态,又与电路的历史状态有关,这类电路即为时序逻辑电路,这种电路具有存储功能,即具有记忆能力,可以保存电路过去的输入状态。寄存器、计数器等均属于时序逻辑电路。

(2) 时序逻辑电路有两个显著特点:一是在电路结构上必须包括存储电路。这类存储器通常由若干个触发器组成;二是在逻辑功能上具有存储记忆功能。

21. 时序电路是如何分类的?

答:时序逻辑电路主要两大类。

(1) 同步时序逻辑电路——电路中有同一脉冲时钟源,各触发器状态的变化都是在同一控制脉冲作用下同时发生的。这类电路的特点是工作速度快。

(2) 异步时序逻辑电路——没有统一的时钟脉冲,或者虽有时钟脉冲,但不起同步作用,而只是作为输入变量之一作用于电路。

22. 简述时序逻辑电路的分析方法与步骤。

答:主要的分析方法与步骤如下所述。

(1) 根据给定的逻辑电路图,写出相关的各组方程式(即相关函数)。其中有时钟方程、驱动方程(各触发器的输入端表达式或控制函数)、状态方程、输出方程等。

(2) 根据状态方程和输出方程列出状态转移表。

(3) 根据状态转移表画出状态转移图和时序图(或波形图)。

(4) 综合上述分析,获得电路的逻辑功能。

23. 何谓触发器？常用的触发器有几大类？试举例说明。

答：(1) 一个能自行保持 0 和 1 两种状态，并能在外加合适的信号作用下，从一种稳定状态翻转到另一种稳定状态，且在外加信号撤离后仍能继续保持翻转后状态的电路即为触发器。简而言之，能够存储一位二值(0 和 1)信息的基本单元电路即称为触发器。很显然，触发器具有记忆功能，属于时序逻辑电路大类。

(2) 按逻辑功能区分有 RS 触发器、JK 触发器、D 触发器、T 触发器、T′触发器等，按电路结构区分有基本触发器、同步触发器、主从触发器、边沿触发器等。

24. 已知同步 RS 触发器的电路组成如图 6-2-8 所示。试完成以下各题。

(1) CP 端信号起什么作用？

(2) 写出本触发器的状态方程(即特性方程)。

(3) 画出本触发器的状态转换图。

答：(1) CP 端信号起同步(选通)作用，高电平有效，只有 CP＝1 时，本电路的 S、R 信号才有可能对输出产生影响。

(2) 本触发器的状态方程为

$$\begin{cases} Q_{n+1}=S+\bar{R}Q_n \\ S\cdot R=0 \end{cases}$$ 此为约束条件。

(3) 本触发器的状态转换图如图 6-2-9 所示。

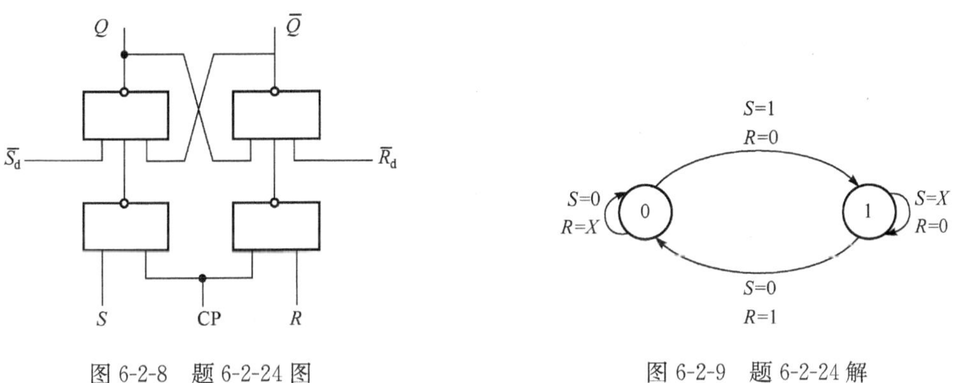

图 6-2-8　题 6-2-24 图　　　图 6-2-9　题 6-2-24 解

25. 已知同步 RS 触发器的电路组成如图 6-2-8 所示。试完成以下各题。

(1) $\bar{S}_d$、$\bar{R}_d$ 端信号起什么作用？

(2) $\bar{S}_d$、$\bar{R}_d$ 端信号至输出端 Q 的传输时延与 S 端至 Q 端的传输时延哪个小？为什么？

答：(1) $\bar{S}_d$ 起置位作用(即置 1 作用)，当 $\bar{S}_d=0$ 时，$Q_{n+1}=1$，故 $\bar{S}_d$ 端为置位端；$\bar{R}_d$ 起复位作用(即置零作用)，当 $\bar{R}_d=0$ 时，$Q_{n+1}=0$，故 $\bar{R}_d$ 端为复位端。

(2) 前者小，后者大，因为 $\bar{S}_d$ 端信号只须经一个"与非"门电路的传输即可到达输出端，而 S、R 端信号须经过两个或两个以上的"与非"门才能到达 Q 端输出。

26. 已知 JK 触发器的电路符号如图 6-2-10 所示。试完成以下各题。

(1) CP 端信号起什么作用？何时起作用？

(2) 写出本触发器的状态方程(即特性方程)。

(3) 画出本触发器的状态转换图。

答:(1) CP 信号起同步作用、控制作用,也可作为计数器计数脉冲的输入端。脉冲下降沿有效。

(2) 本触发器的状态方程为

$$Q_{n+1}=J\bar{Q}_n+\bar{K}Q_n\text{(无约束条件)}$$

(3) 本触发器的状态转换图如图 6-2-11 所示。

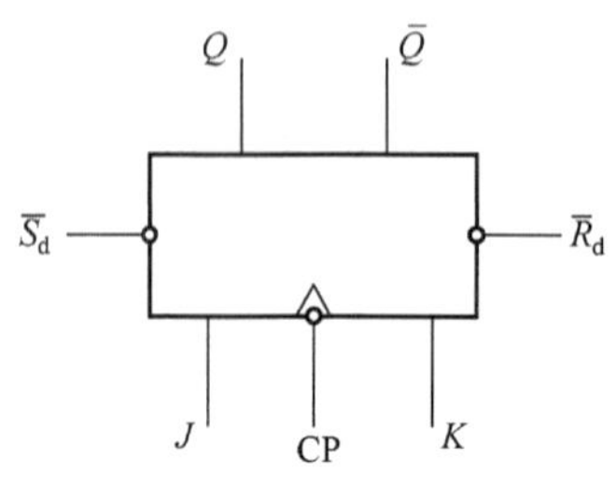

图 6-2-10 题 6-2-26 图

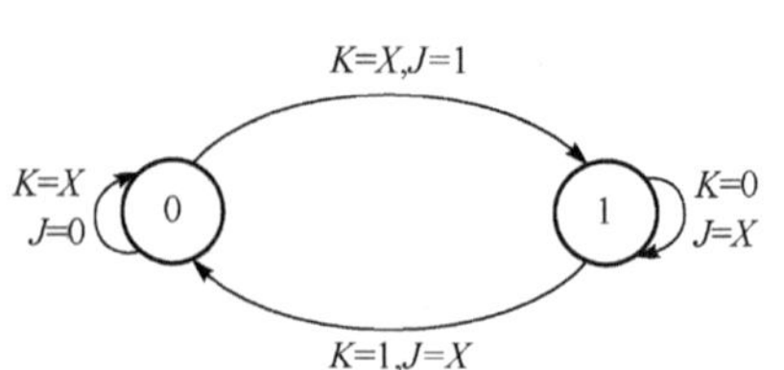

图 6-2-11 题 6-2-26 解

27. 已知 JK 触发器的电路符号如图 6-2-10 所示。试完成以下各题。

(1) 当 $J\neq K$ 时,Q_{n+1}为多少?

(2) 当 $J=K=1$ 时,Q_{n+1}为多少?

(3) 列出本触发器的激励表。

答:(1) 当 $J\neq K$ 时

$$Q_{n+1}=J\,|_{\text{CP下降沿后}}$$

(2) 当 $J=K=1$ 时

$$Q_{n+1}=\bar{Q}_n\,|_{\text{CP下降沿后}}$$

(3) JK 触发器的激励表如表 6-2-1 所示。

表 6-2-1

CP	J	K	Q_{n+1}
↓	0	0	不变
	0	1	0
	1	0	1
	1	1	$Q_{n+1}=\bar{Q}_n$,即来一个 CP 脉冲 Q 状态即改变一次

28. 已知 D 触发器的电路符号如图 6-2-12 所示。试完成以下各题。

(1) 写出本触发器的状态方程(即特性方程)。

(2) 可否用 JK 触发器及门电路构成 D 触发器?试画出电路图。

(3) 举一实例。

答:(1) 本触发器的状态方程为:$Q_{n+1}=D|_{\text{CP}=1}$(无约束条件)。

(2) 可以用 JK 触发器及一个"非"门电路构成一个 D 触发电路,如图 6-2-13 所示。

(3) 例如,74HC74 为一双 D 触发器芯片,其最高工作频率可达 60MHz。

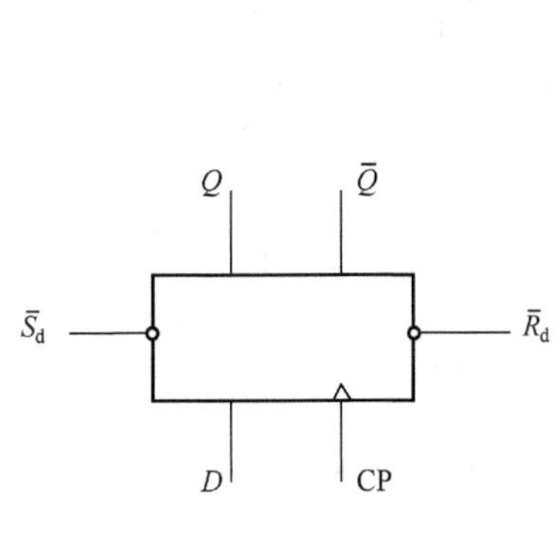

图 6-2-12　题 6-2-28 图

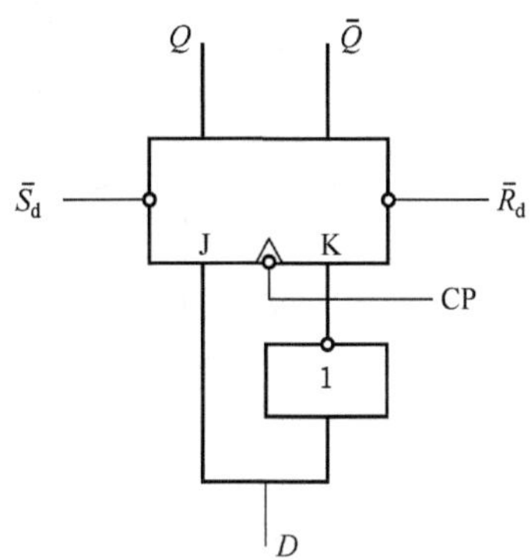

图 6-2-13　题 6-2-28 解

29. 已知 T 触发器的逻辑电路符号如图 6-2-14 所示。试完成以下各题。

(1) 写出它的状态方程。

(2) 用 JK 触发器是否可构成 T 触发器？若可以，试画出其电路图。

(3) 它有何特点？有何应用？

答：(1) T 触发器的状态方程为

$$Q_{n+1}=T\bar{Q}_n+\bar{T}Q_n=T\oplus Q_n\quad（无约束条件）$$

(2) 可以用 JK 触发器构成 T 触发器，其电路如图 6-2-15 所示。

(3) 其主要特点为：只有一个输入端 T，当 T=1 时，产生一个 CP 脉冲，输出 Q 即翻转一次，满足 $Q_{n+1}=\bar{Q}_n$，无约束条件。

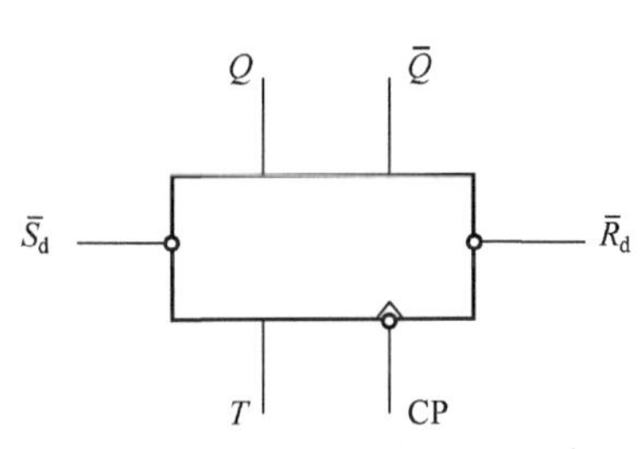

图 6-2-14　题 6-2-29 图

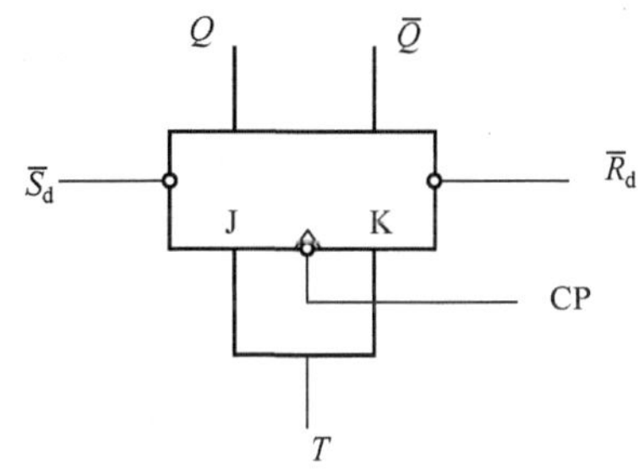

图 6-2-15　题 6-2-29 解

主要应用作计数器的基本单元。

30. 何谓 T′触发器？写出它的状态方程。

答：(1) 将 T 触发器的输入端 T 恒接高电平 1，则此触发器即成 T′触发器。

(2) T′触发器的状态方程为 $Q_{n+1}=\bar{Q}_n$。

31. 已知 D 触发器的逻辑电路符号及各相关信号的时间关系如图 6-2-16 所示。试完成以下各题。

(1) 何谓输入建立时间？

(2) 何谓保持时间？

(3) 何谓输出传输时间？

(4) 何谓触发器的最高时钟频率？

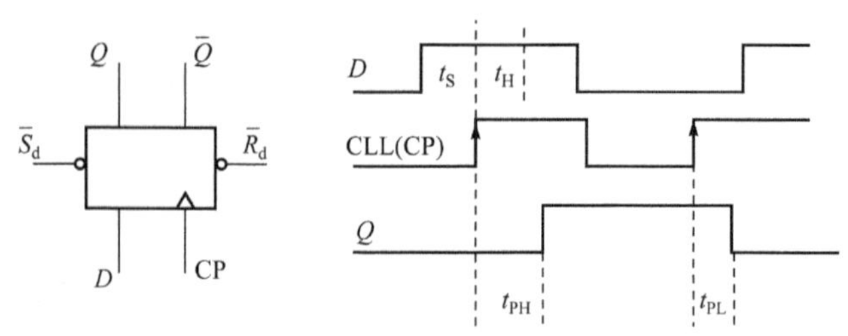

图 6-2-16　题 6-2-31 图

答:(1) 输入建立时间 t_S——简称建立时间,为 D 信号必须提前时钟 CLK(CP)信号到达的一段时间。

(2) 保护时间 t_H——在时钟 CLK(CP)信号上升沿后,D 信号仍须保持一段时间,以防电路误动作。

(3) 延迟时间 t_P——也称为输出的传输延迟时间,为时钟 CLK 上升沿主触发器输出端新的稳态建立所需的时间,此稳态的建立时间含 Q 由 0 至 1 跳变所需的 t_{PH},及 Q 由 1 至 0 跳变所需的 t_{PL},而延迟时间 t_P 为 $t_P=\dfrac{t_{PH}+t_{PL}}{2}$。

(4) 最高时钟频率 f_{max}——保证触发器可靠翻转所允许的时钟信号 CLK(CP)的最高频率,即 $f_{max}=\dfrac{2}{t_P}$。

32. 已知 JK 触发器的相关信号(CP、J、K)的波形关系如图 6-2-17 所示。试完成以下各题。

(1) 画出输出信号 Q 的波形(对应 CP、J、K 信号,下降沿触发,并考虑时延)。

(2) 画 Q 波形时应考虑什么实际问题?

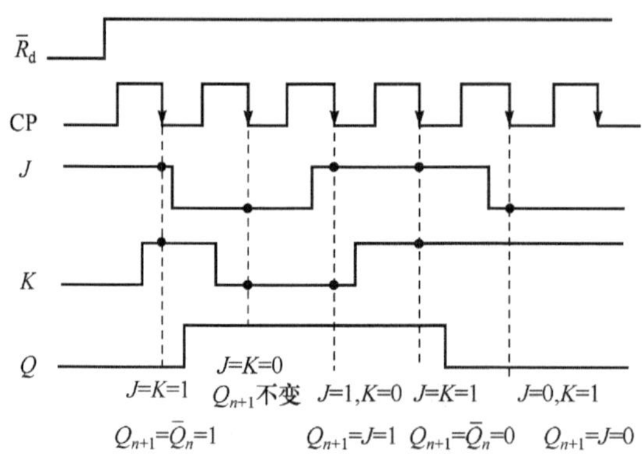

图 6-2-17　题 6-2-32 图及解

答:(1) Q 波形已画在图 6-2-17 中。

(2) 作图时,既要考虑 JK 触发的状态方程及激励表中的信号关系(参看第 26 题),又要考虑触发器工作时的动态特性。

33. 何谓寄存器? 试举一例说明之。

答:能寄存(存储)一组二进制数码的逻辑电路(或器件)即为寄存器。寄存器的基本单元是由触发器组成的，N 位寄存器就包含有 N 个触发器。例如，4 位寄存(存储)芯片 74LS175 就由 4 个边沿 D 触发器构成，其逻辑符号如图 6-2-18 所示。

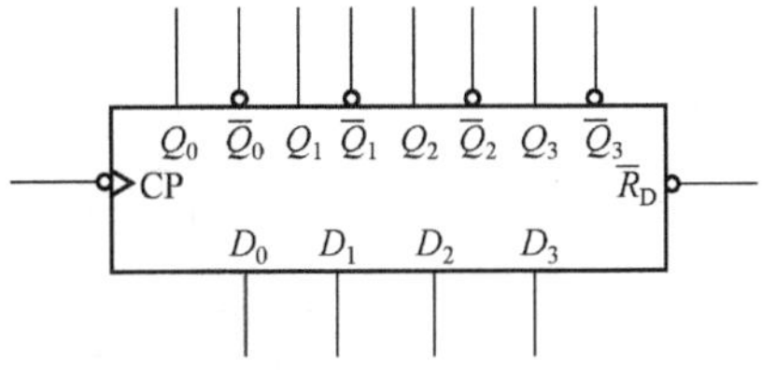

图 6-2-18　题 6-2-34 解

其中，$D_3D_2D_1D_0$ 为数据输入端；$Q_3Q_2Q_1Q_0$ 为数据输出端；CP 为时钟信号输入端；$\overline{R}_D$ 为复位端(清零端)，低电平有效。

另外，常用的单向移位寄存器芯片有 74LS164 和 74LS595 等，4 位双向移位寄存器有 74LS194 等。

34. 何谓移位寄存器？它有几种类型？试举例说明之。

答：既可寄存(存储)一组二进制数码，又可将此数码依次作左移或右移的逻辑电路即称为移位寄存器。它的主要类型有两种。

(1) 单向移位寄存器又分单向左移或单向右移的寄存器；

(2) 双向移位寄存器，在控制信号作用下，既可作左移，又可作右移的移位寄存器，如 74LS194 等成芯片就是双向移位寄存器，其逻辑电路符号如图 6-2-19 所示。其中，$D_3D_2D_1D_0$ 为并行 4 位数据输入端；$Q_3Q_2Q_1Q_0$ 为并行 4 位数据输出端；y_{IR} 为右移数据输入端；y_{IL} 为左移数据输入端；S_1、S_0 为不同工作方式控制端；CP 时钟端、同步端；$\overline{R}_D$ 为复位端、清零端。

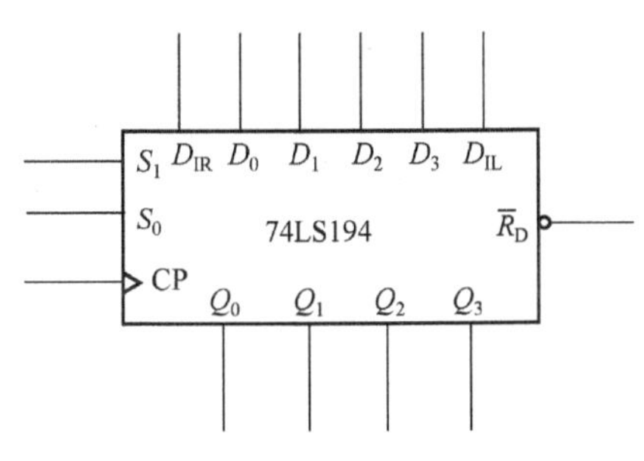

图 6-2-19　题 6-2-34 解

35. 已知移位寄存器的原理电路如图 6-2-20(a)所示，输入的串行数据 U_i 及移位脉冲 CP 的波形已画在图中。试完成以下各题。

(1) 寄存器由何种方式触发或同步？

(2) 忽略电路中各种时延，试画出 Q_3、Q_2、Q_1、Q_0 的波形。

(3) 由 $Q_0Q_1Q_2Q_3$ 同时输出的是并行数据，还是串行数据？需经过多少个 CP 脉冲，才能使 $Q_3Q_2Q_1Q_0$ 脉冲与输入信号 u_i 相同？

(4) 经过多少个 CP 脉冲才能使输出 u_o 等于输入 u_i 信号？

答：(1) 寄存器由 CP 脉冲的上升沿作同步触发。

(2) Q_0、Q_1、Q_2、Q_3 的波形已画在图 6-2-20(b)中。

(3) 为并行数据，需经过 4 个 CP 脉冲。

(4) 为串行数据，需经过 8 个 CP 脉冲。

36. 已知 4 位寄存器的原理电路如图 6-2-21 所示，CP 为寄存器的同步脉冲(或控制脉冲时钟脉冲)，设各触发器均已清零。试完成以下各题。

(1) 在 CP 到来之后，$Q_3Q_2Q_1Q_0$ 为多少？

(2) 若 CP 端一直保持低电平不变，则 $Q_3Q_2Q_1Q_0$ 为多少？

(3) 若 $D_3D_2D_1D_0$ 由 1010 变至 1101，何时才能使 $Q_3Q_2Q_1Q_0=D_3D_2D_1D_0=1101$？

答：(1) CP 的上升沿到达到，各触发器的各输入信号的门被打开，使

$$Q_3Q_2Q_1Q_0=D_3D_2D_1D_0=1010$$

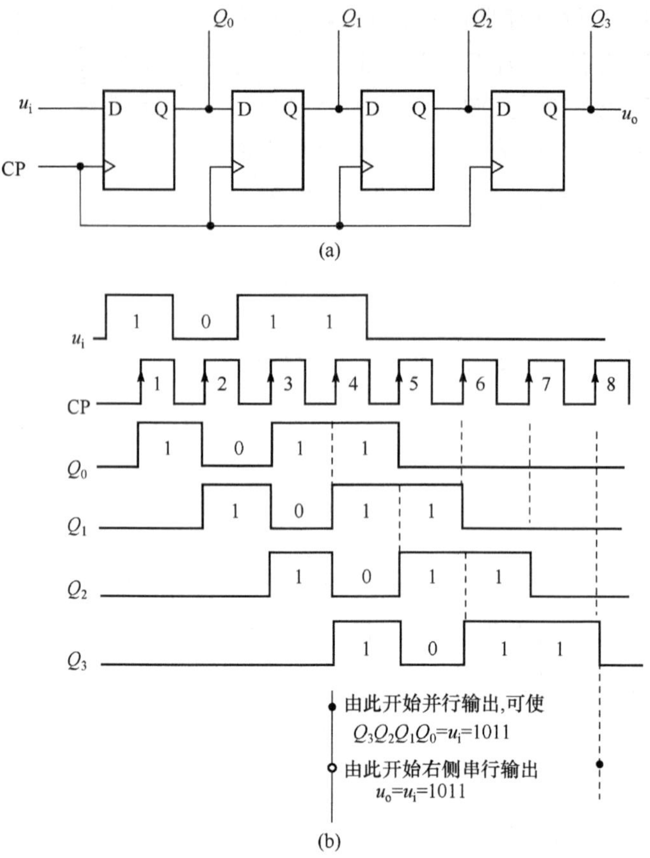

图 6-2-20 题 6-2-35 题与解

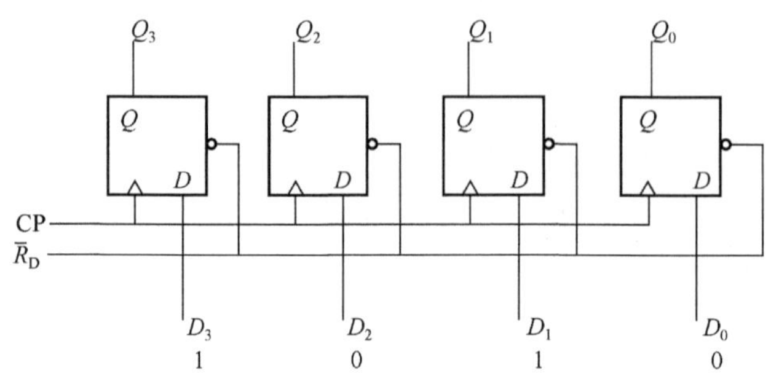

图 6-2-21 题 6-2-36 图

(2) 各触发器的输入信号的门被关闭,各输出状态保持不变。

(3) 各输入信号改变后,只有等到下一个 CP 脉冲的上升沿来到后,各输出状态才能变为新态,即 $Q_3Q_2Q_1Q_0=D_3D_2D_1D_0=1101$。

37. 已知存储器的电路结构原理如图 6-2-22 所示,$A_0 \sim A_{N-1}$ 为地址线,$D_0 \sim D_7$ 为数据线。试完成以下各题。

(1) 若 $N=8$、10、12、16,则存储器的容量为多少?

(2) 若 $N=8$、10、12、16,则最大地址号为多少?(十进制数)。

(3) 若 $N=8$、10、12、16,则存储芯片的片脚引线至少为多少?

答:(1) 分别为 256B、1KB、4KB、64KB,即为 2^N($K=1024=2^{10}$)。

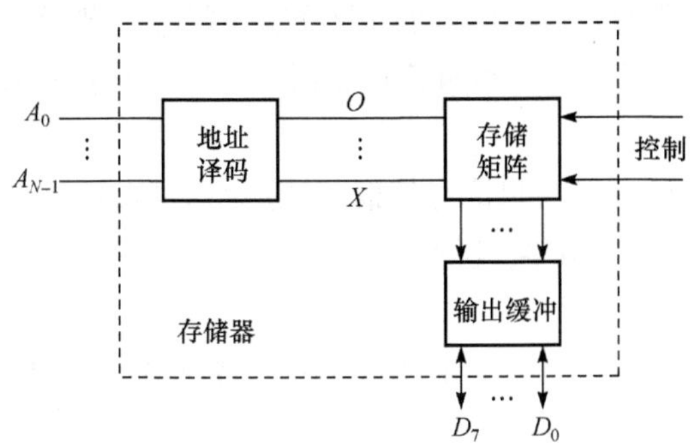

图 6-2-22　题 6-2-37 图

(2) 分别为 255、1023、4095、65535，即为 2^N-1。

(3) 分别至少为 20、22、24、28 片脚。

38. 已知某 4 地址字长为 4 位的存储矩阵(ROM)原理电路如图 6-2-23 所示。试完成以下各题。

(1) 二-四译码器的输出 L 是低电平有效，还是高电平有效(选址有效)?

(2) 每个地址中的存储内容是什么?

(3) 要增加存储容量应如何解决?

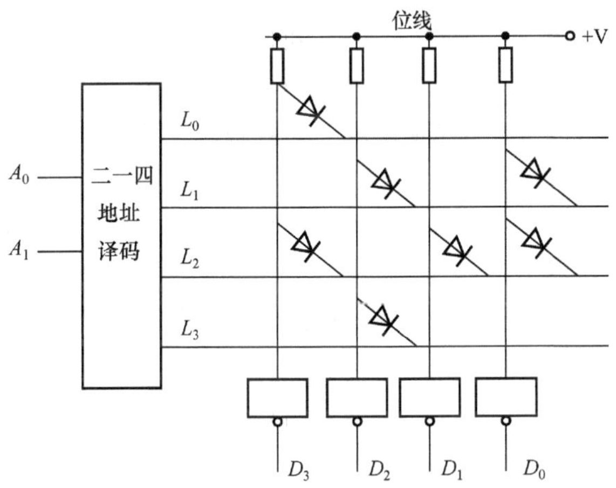

图 6-2-23　题 6-2-38 图

答:(1) 为低电平有效。

(2) 各地址与存储内容的关系为:

L_0 中存 1000(8H)，L_1 中存 0101(5H)，L_2 中存 1011(BH)，L_3 中存 0100(4H)。

(3) 可增加垂直的位线——使字长加大，如加至 8 位(1 个字节长度)；可增加水平的地址线，使存储单元变多。

39. 半导体存储器主要有几大类?试简述之。

答:按掉电后能否保存数据的特点，半导体存储器可分两大类。

(1) 直读型 ROM——常在生产或工作时，以特定方法将数据写入。在正常工作时，对存入的数据只作读出操作，掉电后 ROM 中的内容(数据)不丢失，这类存储器又细分 4 种。

(a) PROM——可编程存储器,用户可用专用编程器对它进行写入。

(b) EPROM——紫外线可擦可写只读存储器,其擦除内容时将芯片单独取出以紫外线方式照射。

(c) E^2PROM——电可擦可写只读存储器,其擦除和写入均需高的电压,但芯片不必由电路中取下,即其可在电路工作时随时进行。

(d) FLASH——闪存。

(2) 随机可存可取型 RAM——又称为随机访问型,掉电后其所存内容丢失,这类存储器又细分两种。

(a) SRAM——静态 RAM,特点是速度快,无须刷新,硬件电路较简单。

(b) DRAM——动态 RAM,容量大,功耗低,成本低,工作时无须随时刷新。

40. 何谓计数器？它是如何分类的？

答:能对输入脉冲(或时钟脉冲)进行计数的逻辑电路即称为计数器。除了用于计数,它还可用作分频、定时,产生节拍脉冲或进行数字运算之用。它的分类有 3 种。

(1) 按计算进制区分——有二进制计数器(也称模 2 计数器)和非二进制计数器,如十二进制、六十进制、八进制等计数器。

(2) 按计数增减区分——有加法计数器、减法计数器、可逆计数器等。

(3) 按触发翻转特点区分——有同步计数器、异步计数器等。

常用的集成计数器芯片有 CT74LS160、CT74LS161、CT74LS163、CT74LS190、CT74LS192 等。

41. 图 6-2-24 是用 4 个 JK 触发器组成的二进制异步加法计数电路,CP 输入的是计数脉冲。试完成以下各题。

(1) 对应 $\overline{R}_d$、CP 脉冲,分别画出 Q_0、Q_1、Q_2、Q_3 信号的波形图(不考虑时延)。

(2) 此电路最多能计多少个数?

(3) 依此电路,若要计数 200 个 CP 脉冲,至少要用多少个 JK 触发点?

(4) 举一芯片实例。

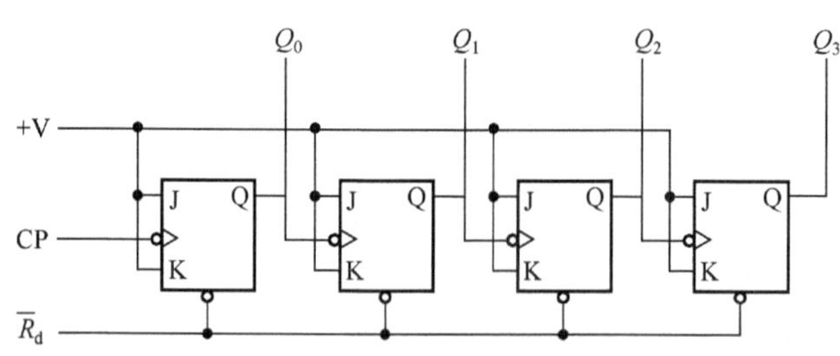

图 6-2-24　题 6-2-41 图

答:(1) Q_0、Q_1、Q_2、Q_3 的波形如图 6-2-25 所示。

作图时注意:为 CP 下降沿触发,且前一触发器输出 Q 的下降沿作为后一级的触发 。

(2) 最多能计 16 个 CP 脉冲数。

(3) 需 8 个同类 JK 触发器,因为 $2^8=256$,含 200 在内。

(4) 74161 是同步二进制(十六进制)加法计数器集成芯片。

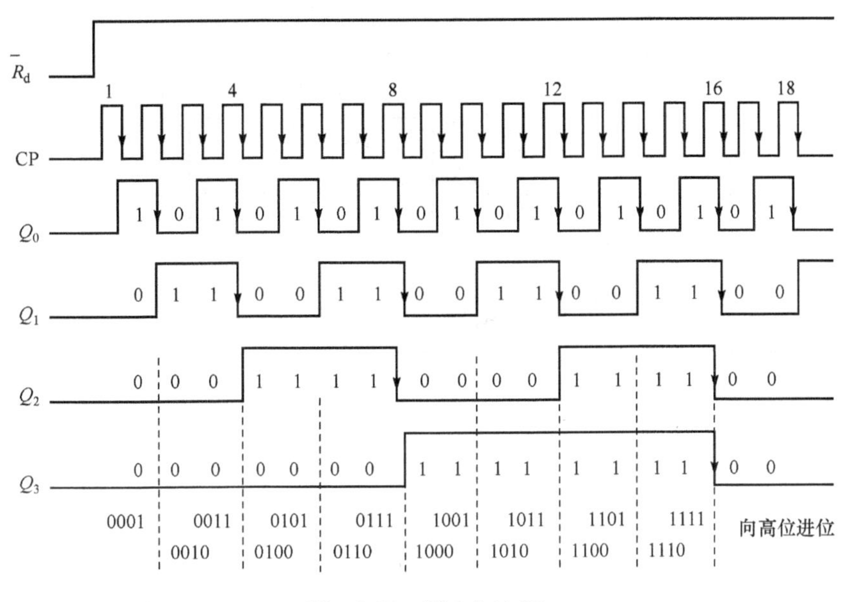

图 6-2-25　题 6-2-41 解

42. 在上题中,若要对输入脉冲 CP 进行二分频、四分频、八分频、十六分频,应从何处输出信号?

答:由图 6-2-25 可见,若要对 CP 脉冲作二分频,可由 Q_0 处输出;若要四分频,可由 Q_1 输出;八分频由 Q_2 输出;十六分频由 Q_3 输出。

计数器也可作分频器应用。

43. 在图 6-2-24 中,若在各输出端 Q_0、Q_1、Q_2、Q_3 外接发光二极管。试完成以下各题。

(1) 在 CP 端输入 4 个脉冲后,有哪几个端口外的发光管发光?

(2) 在 CP 端输入 10 个脉冲后,有哪几个端口外的发光管发光?

(3) 在 CP 端输入 15 个脉冲后,有哪几个端口外的发光管发光?

(4) 在 CP 端输入 16 个脉冲后,有哪几个端口外的发光管发光?

答:(1) 只有 Q_2 端外接的发光管发光,其他均不亮。

(2) 有 Q_3、Q_1 端外接的发光管发光,其他均不亮。

(3) 各端口外的发光管均发光。

(4) 各端口外的发光管均不发光。

44. 图 6-2-26 是用 JK 触发器组成的二进制异步减法计数电路,CP 输入的是计数脉冲。试完成以下各题。

(1) 对应 $\overline{R}_d$、CP 脉冲分别画出 Q_0、Q_1、Q_2 信号的波形图。

(2) 列出计数脉冲 CP 的个数与 Q_2、Q_1、Q_0 的对应关系表。

(3) 此电路最多能对多少个数(脉冲)相减?

(4) 本电路是否也可作为分频器使用?

答:(1) Q_0、Q_1、Q_2 的波形如图 6-2-27 所示。

作图时注意:这里是由前一级触发器 $\overline{Q}$ 的输出作下一级的触发脉冲;须向高位借位相减。

(2) CP 脉冲数与 Q_2、Q_1、Q_0 之间的对应关系如下:

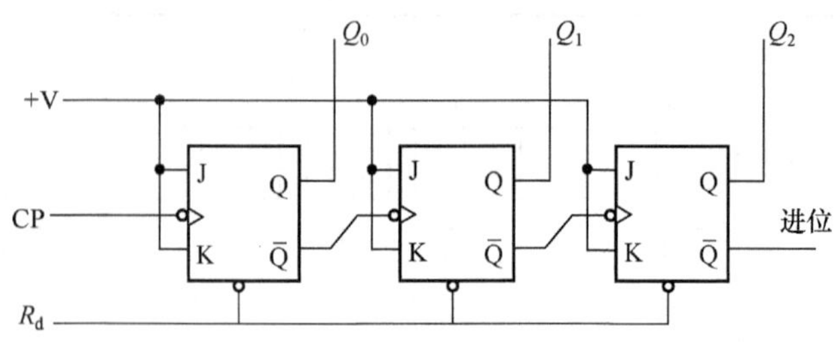

图 6-2-26　题 6-2-44 图

CP	Q_2　Q_1　Q_0	说明
减 0	0　0　0	向高位借 1
减 1	1　1　1	8−1=7
减 2	1　1　0	7−1=6
⋮	⋮	⋮
减 7	0　0　1	2−1=1
减 8	0　0　0	1−1=0

(3) 最多能对 8 个脉冲数进行相减。

(4) 本电路可作分频器使用,由波形图可见,Q_0是 CP 脉冲的二分频,Q_1是 CP 脉冲的四分频,Q_2是 CP 脉冲的八分频。

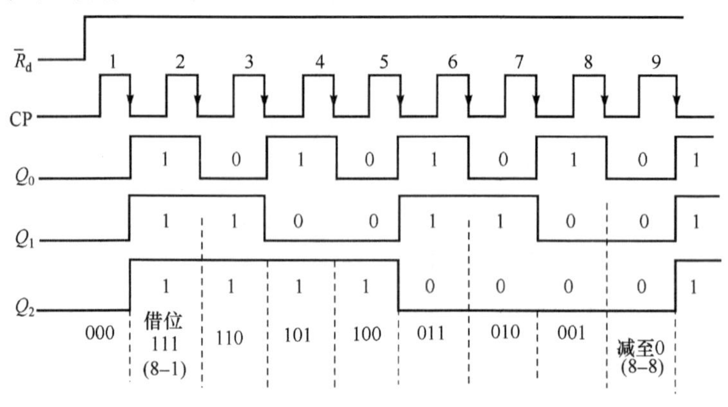

图 6-2-27　题 6-2-44 解

45. 图 6-2-28 中的 74LS161 是 4 位同步二进制加法器集成芯片。图中:$\bar{R}_D$——异步清零端(复位端),低电平有效;$\overline{LD}$——同步并行置位端(置数端),低电平有效;EP、ET——计数控制端;$D_0 \sim D_3$——4 位并行数据输入端;$Q_0 \sim Q_3$——4 位并行数据输出端;CO——进位输出端。

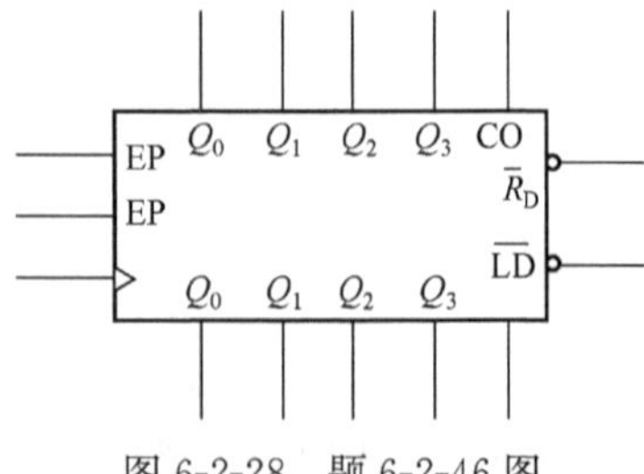

图 6-2-28　题 6-2-46 图

试完成以下各题。

(1) 用此芯片设计一个二-十二进制计数电路。

(2) 简述设计原理,画出逻辑电路图。

答: (1) 可按逢 12 进 1、低位清零的原则进行设计,所得的二-十二进制的计数器逻辑电路如图 6-2-29 所示。

(2) 为了说明设计原理，需将计数脉冲 CP 的个数与输出端 $Q_3Q_1Q_1Q_0$ 的数值关系对应列在下表中。

表 6-2-2

$\overline{R}_d$	CP	Q_3 Q_2 Q_1 Q_0	说明
	0	0 0 0 0	(1) 第 11 个 CP 脉冲(含第 11 个)以内，计数器按二进制计数。 (2) 第 12 个 CP 脉冲到来后，$Q_3=Q_2=1$，此时 Q_3Q_2 经与非门送$\overline{R}_d$，使电路清零，并使 CO=1，产生进位输出。 (3) 电路清零后，第 13 个 CP 脉冲到来时 $Q_3Q_2Q_1Q_0=0000$，重新开始计数
	1	0 0 0 1	
	2	0 0 1 0	
1	3	0 0 1 1	
	⋮	⋮	
	11	1 0 1 1	
	12	**1 1** 0 0	
0	13	0 0 0 0	
1	14	0 0 0 1	
1	15	0 0 1 0	

46. 上题的设计方法存在什么问题？如何解决？

答：(1) 上题二-十二进制计数器的设计方法存在一定问题：即在第 12 个 CP 脉冲到来后，$Q_3=Q_2=1$ 的持续时间极短，基于此状态作异步清零($\overline{R_D}=\overline{Q_3Q_2}=\overline{1}=0$)的有效时间也极短，如果芯片中各触发器的翻转速度不等，就可能出现动作慢的触发器来不及清零，使 1100 迅速变至 0000 的要求失败。

(2) 解决方法：改用图 6-2-30 电路。图中增加了基本 RS 触发电路。此电路有一信号来自 CP 脉冲，故当第 12 个 CP 脉冲到达后，保证了 $Q=0$，$\overline{Q}=1$。由于基本 RS 触发器有保护作用，故能使$\overline{R_D}=Q=0$ 一直保持到第 12 个脉冲过后，如此即可解决上题$\overline{R_D}$只能在暂短时间内存在低电平所引起的问题。

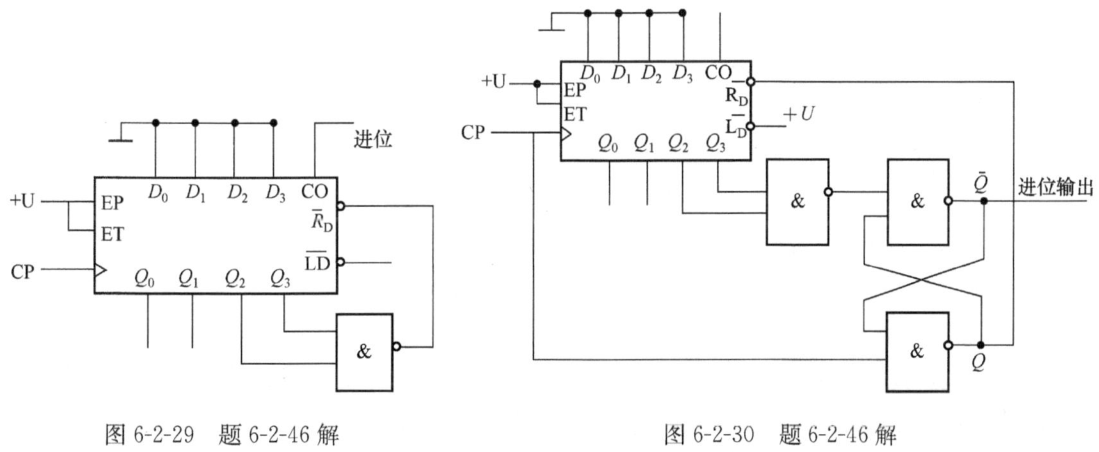

图 6-2-29　题 6-2-46 解　　　　图 6-2-30　题 6-2-46 解

47. 何谓施密特电路(或施密特触发器或滞回比较器)？画出它的电路符号，说明它的特点及主要用途。

答：(1) 具有两个阈值电平，能对其输入信号进行波形变换(整形)的电路即为施密特触发器(或施密特电路)。它的逻辑电路组成与逻辑电路符号如图 6-2-31 所示。

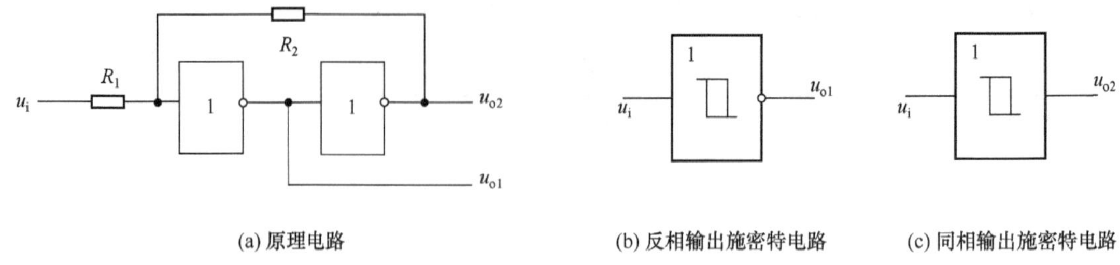

(a) 原理电路　　(b) 反相输出施密特电路　　(c) 同相输出施密特电路

图 6-2-31　题 6-2-47 解

(2) 电路的主要特点为如下两个。

(a) 在输入信号由低电平变至高电平或由高电平变至低电平的两个过程中,使电路发生翻转的输入电平值不同(即有两个阈值),此特性称为滞回特性或回差特性。

(b) 在电路状态发生转换时,由于内部存在正反馈(R_2 支路),使输出电压波形的边缘变得很陡,故电路能对输入信号进行整形,如使正弦信号变换成方波,使叠加在矩形波上的干扰与噪声得以清除。

48. 何谓单稳态触发器?它有何特点?

答:(1) 只有一个稳态和一个暂态,且暂态不能保持长久的触发器即为单稳态触发器。

(2) 单稳态触发器的特点为:

(a) 电路有稳态和暂态两种工作状态。

(b) 在无外加触发信号时,电路处于稳态,在外加触发信号作用下,电路由稳态进入暂稳态。在暂稳态维持一定时间后,电路又自动返回稳态。

(c) 电路在暂稳态维持的时间仅由电路本身的阻塞元件参数决定,与触发脉冲的宽度和幅度无关。

49. 已知单稳态触发电路如图 6-2-32 所示,输入 u_i 为矩形波,设 RC 时间常数较小。试完成以下各题。

(1) 画出 A 点信号的波形图(u_A)。

(2) 画出输出信号的波形图(u_o)。

(3) 本电路有何特点?

答:(1),(2)A 点及输入信号的波形已画在图 6-2-32(b)中。由于 RC 组成微分电路,故 A 点信号为 u_i 信号的微分输出,即将输入的矩形波变成了小尖脉冲,小尖脉冲经过施密特电路整形,又成为矩形波输出,但此矩形波的占宽比不同于输入 u_i。

(3) 电路的特点:输出矩形波的前沿由输入脉冲的前沿决定;输出矩形波的脉宽 T_W 由 RC 时间常数及施密特电路的阈值电压 U_{TL} 决定,而与输入信号的脉宽无关。根据电路的不同参数。输出信号的脉宽既可以比输入信号的脉冲窄,也可以比它宽。

50. 何谓多谐振荡器?它有何特点?

答:这是一种不外加触发信号即可产生自激振荡,输出某一频率和幅值的方波或矩形波的脉冲信号源电路。由于方波或矩形波中含有基波和许许多多高次谐波,故习惯上称此信号源电路为多谐振荡器。其主要特点是:电路有两个暂稳态,此两个暂稳态所停留的时间由电路内

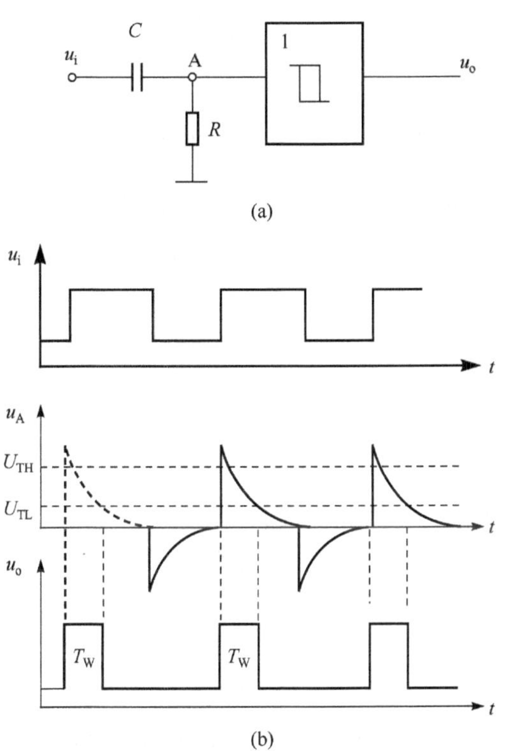

图 6-2-32 题 6-2-49 图与解

的 RC 时间常数所决定。通常也称多谐振荡器为无稳态电路。

51. 已知石英晶体多谐振荡器的电路如图 6-2-33 所示。试完成以下各题。

(1) 简述其工作原理。

(2) 电路输出信号的频率为多少?

(3) 电路有何特点?

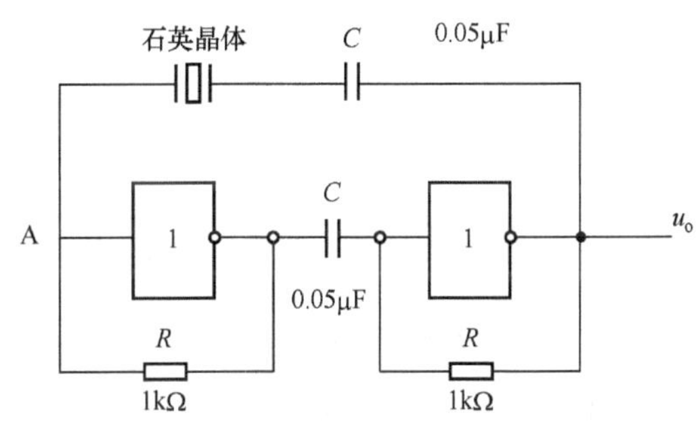

图 6-2-33 题 6-2-51 图

答:(1)石英晶体(石英谐振器)支路将电路的输出信号 u_o 正反馈主输入端 A,只要正反馈信号的幅度足够大,满足电路起振时的振幅条件(即环路增益大于 1),则电路即可自激,产生振荡信号输出。图中电容 C 起隔直耦合作用,对振荡信号呈短路状态。

(2) 输出信号的频率由石英谐振器决定(作短路元件使用),与其他元件基本无关。由于本电路中有多个频率的信号满足振荡条件,故输出信号为方波,而不是正弦波,此点须特别注意。

(3) 由于采用石英谐振器作为振荡元件,故输出信号的频率稳性能甚好(优于 10^{-5}),电路也十分简单,易于制作,工作频率可达数十兆赫兹。

52. 已知方波,三角波信号产生电路如图 6-2-34 所示。试完成以下各题。

(1) 何处引出的信号是方波信号?画出它的波形图。

(2) 何处引出的信号是三角波信号?画出它的波形图。

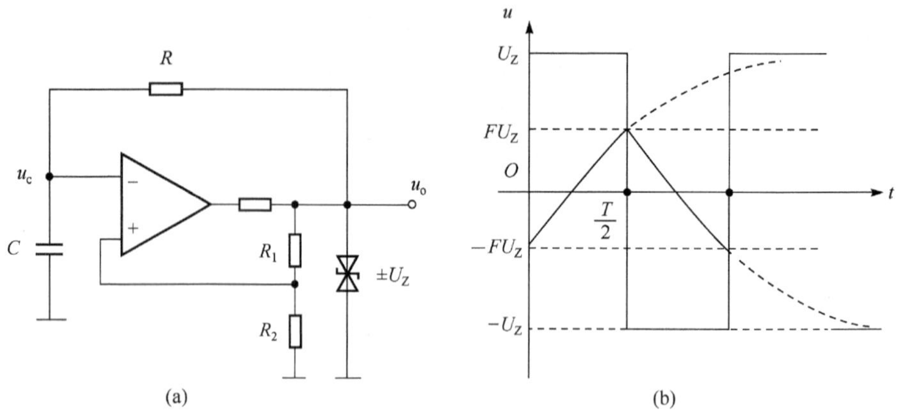

图 6-2-34　题 6-2-52 图与解

(3) 方波的幅值、三角波的幅值由什么因素决定?

(4) 方波、三角波的频率(周期)由什么因素决定?

(5) 三角波的线性由什么因素决定?

答:(1) 方波信号由输出端 u_o 引出,其波形已画在图 6-2-34(b)中。

(2) 三角波信号由电容 C 两端引出(u_c),其波形已画在图 6-2-34(b)中。

(3) 方波 u_o 的幅值为 $\pm u_Z$ 由两只稳压管的稳压值决定;三角波的幅值由 $\pm U_z$ 值及 R_1、R_2 的分压分数 F 的大小决定,其值为 $\pm FU_Z$,式中 $F=\dfrac{R_2}{R_1+R_2}$。

(4) 方波,三角波的频率二者相等,其值由 RC 乘积和 $\pm FU_Z$ 决定,若三角波的幅值 $2FU_Z=0.63(FU_Z+U_Z)=0.63U_Z(F+1)$,此时三角波的线性较好,则 $\dfrac{T}{2}=RC$。故方波、三角波的频率为 $f_0=\dfrac{1}{T}=\dfrac{1}{2RC}$。

(5) 三角波的线性与 RC 之积及分压分数 F 有直接关系,F 值小则三角波线性好,RC 乘积小线性好。

注:用一只运算放大器既能产生方波,又能产生三角波,电路很有特色,在一些大学生电子设计竞赛中常被采用。

53. 何谓 A/D 转换器?其转换过程是怎样的?

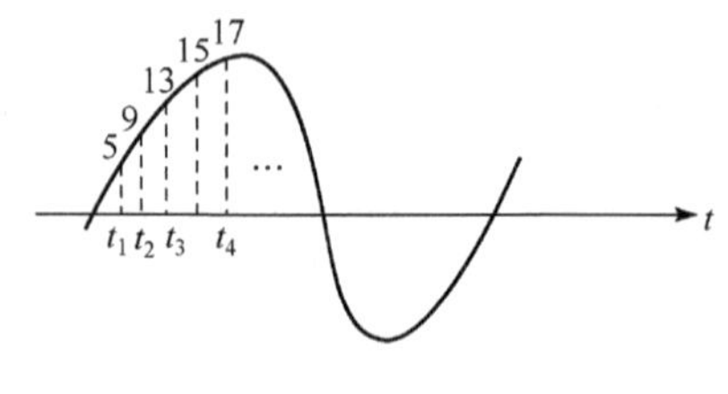

图 6-2-35　题 6-2-53 解

答: 将模拟信号转换成数字信号的电路或芯片即为 A/D 转换器,其主要转换过程为采样→保持量化→编码,如图 6-2-35 所示。

将 t_1、t_2、t_3、t_4……所对应的 5、9、13、15……幅值编成二进制代码 0101、1001、1101、111……

54. A/D 转换器的主要技术指标有哪些?

答:主要技术指标有 3 个。

(1) 转换时间(转换速率)——即将每一取样点模拟信号的样值转换成二进制代码所需要的时间。此时间当然越短越好,但越短则芯片的价格越高,常用的 ADC0809 转换时间为

100μs，当然几纳秒的 A/D 产品也不少。

(2) 转换成的二进制码位数——位数越多，则 A/D 的精度就越高(或分辨率越好)，例如，对于 ADC0809，为 8 位二进制，其转换精度为$\frac{1}{2^8}=\frac{1}{256}$。

(3) 对输入模拟电压的要求——幅值范围、正负极性等。

55. 实现 A/D 转换的主要方法有哪几种？各有什么特色？

答：主要方法与特点如下所述。

(1) 并联比较型——转换速度快、转换时间短(可低至纳秒级)；电路较复杂，占用资源多。

(2) 逐次逼近型(逐次渐进型)——使用较多，电路简单，占用资源少，速度也较快(几十微秒至百纳秒级)。

(3) 双积分型(间接型)——工作稳定，抗干扰性能好，电路结构简单；转换时间较长(几毫秒至几十毫秒)。常用于数字电压表、温度、压力检测系统中。

56. 何谓 D/A 转换器？它的主要技术指标有哪些？

答：将数字信号转换成模拟信号的电路或芯片即为 D/A 转换器。其主要技术指标如下所述。

(1) 转换速度(转换时间)——通常用所有输入数码从全 0 变为全 1(或相反)的建立时间表示为 A/D 产品的转换速度(时间)，一般为几十纳秒至几十微秒，视产品不同而不同。

(2) 分辨率——$\frac{1}{2^{n-1}}$，式中 n 为被转换的二进制数码位数，若 $n=8$，则分辨率$\frac{1}{255}\approx 0.4\%$。

(3) 转换误差——实际转换结果与理想转换结果间的误差。

57. 已知权电阻型 4 位 D/A 转换器的原理电路如图 6-2-36 所示。试完成以下各题。

(1) 写出输出电压 u_o 与各输入信号的关系式。

(2) 说明电路的特点。

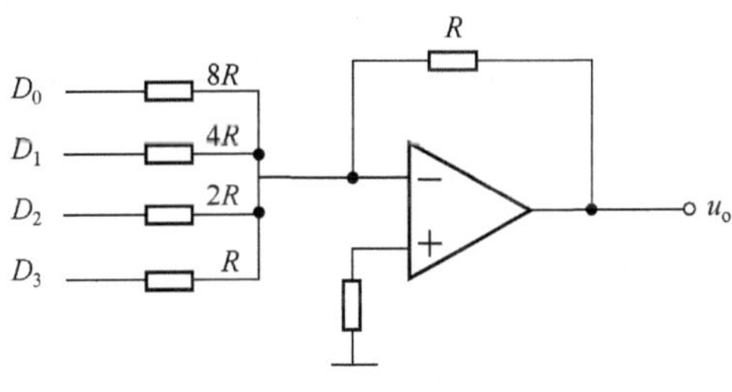

图 6-2-36　题 6-2-57 图

答：(1) 根据运算放大器两输入端间的“虚短”与“虚断”的假设条件，得

$$\frac{D_0}{8R}+\frac{D_1}{4R}+\frac{D_2}{2R}+\frac{D_3}{R}=-\frac{u_o}{R}$$

得

$$u_o=-\left(\frac{D_3}{2^0}+\frac{D_2}{2^1}+\frac{D_1}{2^2}+\frac{D_0}{2^3}\right)$$
$$=-2^3(8D_3+4D_2+2D_1+D_0)$$

由公式可见，对 u_o 而言，D_3、D_2、D_1、D_0 的贡献(权重)符合二进制 8421 码的规律。

(2) 电路特点：电路简单，易于理解，掌握与实现，但要求各电阻的精度高，且符合 8421 的比值关系。

58. 已知 R-2R 梯形网络(也称为 T 形网络)4 位 D/A 转换器的原理电路如图 6-2-37 所示。试完成以下各题。

(1) 按图中各开关的位置，运放的输入、输出信号各为多少？

(2) 写出本电路输出 u_o 的表达式。

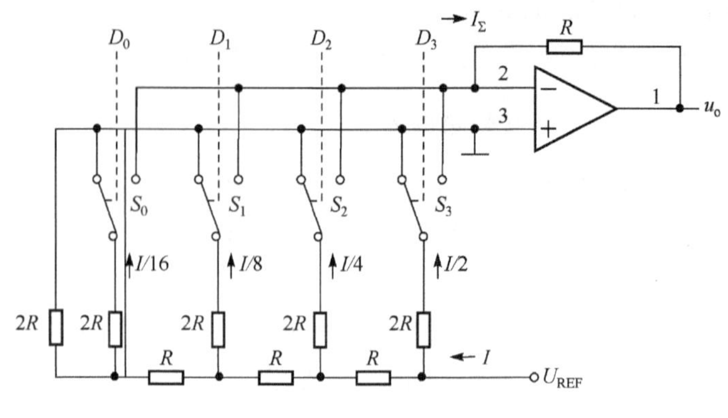

图 6-2-37　题 6-2-58 图

(3) 若参考电压 U_{REF} 为待放大的交流信号，则本电路可否作为程控放大电路使用？

答：(1) 运放的输入、输出信号均为零。

(2) 输出 u_o 的表达式为

$$u_o=U_{REF}\left(\frac{D_3}{2}+\frac{D_2}{4}+\frac{D_1}{8}+\frac{D_0}{16}\right)=\frac{U_{REF}}{16}(8D_3+4D_2+2D_1+D_0)$$

公式清楚表明：D_3、D_2、D_1、D_0 的系数 8、4、2、1 符号 8421 的权重，这是 D/A 变换的目的所在。

(3) 可以作为交流信号的程控放大电路，这一点可由上述的 u_o 公式清楚表明。为此，电路中须用一个 4 位电子转换开关。

59. 何谓 HDL 及 VHDL？

答：HDL 是“硬件描述语言”(Hardware Description Language)的英文字头缩写。它类似于高级程序设计语言，是一种以文本形式描述数字电路及系统硬件结构和行为的语言，易于阅读，此类语言既可以表示逻辑电路图、逻辑函数式，也可以描述较复杂的数字系统逻辑功能。

VHDL 是一种高速集成电路硬件描述语言，它是 20 世纪 80 年代由美国国防部支持开发的一种具有工业标准的硬件描述语言。

60. 简述 VHDL 的几种用途。

答：主要用途有以下三类。

(1) 建立描述数字电路或系统的标准文档。

(2) 逻辑仿真——以计算机仿真软件对数字电路的结构与行为进行预测，并以文本或时序图的形式给出电路的输出结果。

(3) 逻辑综合——从 VHDL 原程序描述的数字电路模型中导出电路的基本元件列表，以及元件之间连接关系(门级网表)的过程，此与高级程序设计语言中的编译过程类似。

61. 在数字技术中，何谓 PLD？它有何特点？

答：PLD 为英文 Programmable Logic Deuice 的字头缩写，意为“可编程逻辑器件”，是常用的通用逻辑器件，其主要特点是：用户不需要芯片制造商帮助即可自由进行逻辑设计，实现所需的逻辑功能。PLD 的特点是：系统可靠度高，成本低，易加密，逻辑设计灵活，设计周期短，系统处理速度快，体积小等。

PLD 由逻辑模块、连线资源和输入输出模块三个基本部分组成。

62. PLD主要有哪几种类型器件?

答:主要有两大类——简单的PLD和复杂的PLD(即CPLD和FPGA)。

(1) 简单的PLD主要包括以下4种。

(a) PROM——可编程只读存储器,电路结构是固定的“与”阵列和可编程的“或”阵列。

(b) PLA——可编程逻辑阵列,使用不很方便。

(c) PAL——可编程阵列逻辑,使用很不方便。

(d) GAL——通用阵列逻辑,使用率较高。

(2) 复杂的PLD主要包括以下两种。

(a) CPLD——Complex PLD,为复杂的可编程逻辑器件。

(b) FPGA——Field Programmable Gate Array,为现场可编程门阵列。

63. CPLD与FPGA各有何特点?

答:CPLD的主要特点是:采用“与或”阵列的乘积项结构,编程工艺采用EEPROM或FLASH布线模式,整齐划一,时延可预测,设计方法也可预测,编程数据不会因掉电而丢失,上电即可工作,特别适合复杂的组合逻辑电路的设计。

新型的FPGA已将放置编程数据的EEPROM嵌入至芯片内部,且上电后下载能自动完成,速度很快,主要缺点目前已作改进,与CPLD相比,FPGA的性能价格比更高,它的应用也列为宽广。

二、填空题

1. 根据不同的逻辑功能,数字电路可分为______、______两大类。
2. 时序逻辑电路除了包含有组合逻辑电路外,还必经包含______。
3. 时序逻辑电路可分为______时序电路和______时序电路两大类。
4. 典型的组合逻辑电路有______、______、______等。
5. 典型的时序逻辑电路有______、______、______等。
6. 常用的触发器______、______、______、______。等
7. 按触发方式区分,触发器可分为______、______、______等。
8. 具有约束条件的触发器有______、______等。
9. 不具有约束条件的触发器有______、______等。
10. D触发器常用作______、______、______等电路的构成。
11. 一个触发器可以存储(寄存)______位二值(0或1)代码。N个触发器可以储存______位二值代码。
12. 在CP(或CLK)触发脉冲过后,D触发器输出信号与输入信号的关系为$Q_{n+1}=$______。
13. 将触发器构成任意进制计数器时,所采用的方法是______和______法。
14. 寄存器中一定含有______电路和______电路,后者基本上都是由门电路组成的。
15. 计数器除了作为脉冲计数外、还可以用作______、______、______之用。
16. 根据计数脉冲不同的输入方式,计数器可分为______和______两大类。
17. 根据计数的增减要求不同,计数器可分为______、______、______等。
18. 常用的集成计数器芯片有______、______、______、______等型号。
19. 空翻是在一个时钟周期内,触发器的输出状态随输入信号的变化发生______翻转的

现象，它降低了触发器的______能力。

20. 空翻是______触发方式的根本缺陷，空翻的不利影响在同步______、______等触发器中尤为突出。

21. 超大规模数字集成电路主要可分为______、______、______等。

22. 半导体存储器的结构特点是______和______。

23. 半导体存储器主要有______和______两大类。

24. 只读型 ROM 芯片主要有______、______、______等类型。

25. 可编程逻辑器件(PLD)主要有______、______、______、______等，其逻辑功能可由用户编程设定。

26. 复杂的可编程逻辑器件主要包含有______、______两大类。

27. 随机可读可写存储器 RAM 可分为______、______两大类。

28. FPGA 是基于______的结构，编程数据工作时存放在______中，掉电后数据会丢失，但新型的 FPGA 已有改进。

29. 单稳态触发器可以用作______、______、______等。

30. 单稳态触发器有两个工作状态，即______和______。在无外加触发信号时，电路处于______。

31. 单稳态触发器的暂稳态维持时间仅由______决定，与______无关。

32. 从电路结构来看，单稳态触发器可分为______型和______型两大类，电路中均含有阻容元件。

33. A/D 转换器的转换过程主要分为______、______、______三个步骤。

34. A/D 转换器对模拟信号的转换方式主要有______和______两种。

35. A/D 转换器的主要性能指标为______、______和输入模拟信号电压幅度等几项。

36. 直接型 A/D 转换器的转换时间为______量级，间接型 A/D 的转换时间为______量级。

37. D/A 转换器的转换时间(转换速度)一般是用所有输入数码从______所需的建立时间来表示的。

38. D/A 转换器的转换时间(转换速度)一般在______至______之间。

39. ADC0809 是常用的______位______转换器芯片，其转换时间为______。

40. DAC0832 是常用的______位______转换器芯片。

41. LED 数码管通常有______和______两种类型(接法)，其段代码是不一样的。

42. 共阴极 LED 数码管显示 0 的十六进制段代码为______显示 8 的十六进制段代码为______。

三、是非题

1. 组合逻辑电路在任一时刻的输出不仅取决于该时刻的输入，同时也与该电路的历史状态有关。 (　　)

2. 同步时序电路的运行速度往往高于异步时序电路。 (　　)

3. 同步时序电路中所有触发器都使用同一(统一)的时钟信号源，而异步时序电路则不一定。 (　　)

4. 译码器是时序逻辑电路，可作电子开关使用。 (　　)

5. 译码器可将输入的某种数码转换成另一种数码或状态输出。（ ）

6. 通常 RS 触发器，JK 触发器均为无约束条件的触发电路。（ ）

7. 触发器属时序逻辑电路，具有记忆功能，它可以存储两位 0 和 1 代码。（ ）

8. 寄存器与触发器一样也能存储(寄存)一位 0 或 1 数码。（ ）

9. 计数器是时序逻辑电路，可作分频器之用。（ ）

10. 触发器置位端(即置 1 端)至输出端的信号时延小于输入端信号至输出端的信号时延。（ ）

11. 触发器复位端(即清零端)主输出端的信号时延大于输入端信号至输出端的信号时延。（ ）

12. 触发器的输出信号与输入时钟信号是同时发生变化的。（ ）

13. 任何数字电路在正常工作时都必须有时钟信号的作用。（ ）

14. 任何数字电路在正常工作时都必须首先复位清零。（ ）

15. 置位端口，复位端口的信号是直接对触发器、计数器、寄存器等电路输出端的门电路进行作用的，故它们是输出端首先响应的信号。（ ）

16. 空翻是边沿触发方式的根本缺陷。（ ）

17. 边沿触发方式的触发器，其防空翻、抗干扰能力是很好的。（ ）

18. 维持阻塞型触发器的抗干扰能力明显优于主从触发器。（ ）

19. 在电平触发的同步 JK、T、T′触发器中，空翻现象尤为突出。（ ）

20. 信号 A 经由不同路径成为 A 与 $\overline{A}$ 后，再由“或”门电路输出，得到 $L=A+\overline{A}$ 时，则可判定此电路一定会出现冒险竞争。（ ）

21. 信号 A 经由不同路径成为 A 与 $\overline{A}$ 后，再由“与”门电路输出，得到 $L=A\cdot\overline{A}$ 时，则可判定此电路不会出现冒险竞争。（ ）

22. N 位移位寄存器只能构成 N 进制计数器，其余的(2^N-N)个状态均为无效状态。（ ）

23. 将 N 位移位寄存器首尾相接，即可构成 N 位环形计数器。（ ）

24. 存储器通常是由若干个触发器组成，它属于组合逻辑电路。（ ）

25. 存储器中的数据字长均为 8 位。（ ）

26. 动态 RAM(DRAM)工作时需不停地刷新才能保持数据不丢失。（ ）

27. 计算机中的内存条多数用的是静态 RAM(SRAM)。（ ）

28. FLASH 型 ROM 又称为内在，它属于随机可读可存的存储器 RAM。（ ）

29. 常用的 U 盘或 SD 卡是用 FLASH 存储器实现的。（ ）

30. 新型 FLASH 芯片上电后的装载可自动完成，速度很快，但掉电后数据丢失。（ ）

31. 现场可编程门阵列 FPGA 是基于静态存储器(SRAM)结构的半导体器件，可重复编程的能力强。（ ）

32. FPGA 芯片的功耗甚小，静态时更小。（ ）

33. 新型的 CPLD 不需要专门的编程器，直接使用下载线就可以完成编程下载和调试工作。（ ）

34. 在可编程器件 PLD 中，通用阵列逻辑(GAL)的使用率是最高的，其综合能力也是很强的。（ ）

35. GAL 中的编程数据掉电后不能保存。 (　　)

36. CPLD 中的编程数据可长期保存，掉电后也不会丢失。 (　　)

37. 新型的 FPGA 编程数据也可长期保存，掉电后不会丢失。 (　　)

38. 相同价格的 CPLD 和 FPGA 芯片，后者具有更加丰富的逻辑单元和引脚，它的性能价格比更高。 (　　)

39. 在 FPGA 中，可以用软件的办法实现 A/D 或 D/A 变换。 (　　)

40. 多谐振荡器有两个稳态，可组成振荡电路，输出脉冲信号。 (　　)

41. 施密特触发器有两个稳定的输出状态，也具有记忆功能。 (　　)

42. 施密特触发器常用于信号波形的整形，它直接受控于输入信号的电平(即电平触发)。 (　　)

43. A/D 转换芯片的转换时间越短，价格也越高。 (　　)

44. A/D 转换后的数字量不可能完全精确地代替原模拟量。 (　　)

45. 8 位 A/D 与 8 位 D/A 的分辨率(精度)是一样的，均为$\frac{1}{256}$。 (　　)

46. 触发器的时钟脉冲宽度是指保证触发器内部各门电路可靠翻转的时钟信号的最大脉冲宽度。 (　　)

47. 触发器的最高时钟频率是指保证触发器可靠翻转所允许的时钟信号的最高频率。 (　　)

四、选择题

1. 通常，具有约束条件的触发器为(　　)。

A. RS 触发器　　B. JK 触发器　　C. D 触发器　　D. T 触发器

2. 只有一个输入端的触发器是(　　)。

A. RS 触发器　　B. D 触发器　　C. JK 触发器　　D. RS、T 触发器

3. 已知触发器的逻辑电路符号如图 6-2-38 所示，该触发器属于哪种类型？(　　)

A. 属于 T 触发器　　B. 属于 T′触发器

C. 属于 D 触发器　　D. 属于 JK 触发器

4. 承上题触发器的特性方程(状态方程)为(　　)。

A. $Q_{n+1}=X$　　B. $Q_{n+1}=\overline{Q}_n$　　C. $Q_{n+1}=\overline{XQ_n}+\overline{X}Q_n$　　D. $Q_{n+1}=Q_n$

5. 已知触发器的逻辑电路如图 6-2-39 所示。它的特性方程(状态方程)为(　　)。

A. $Q_{n+1}=X$　　B. $Q_{n+1}=\overline{Q}_n$　　C. $Q_{n+1}=X\overline{Q}_n+\overline{X}Q_n$　　D. $Q_{n+1}=Q_n$

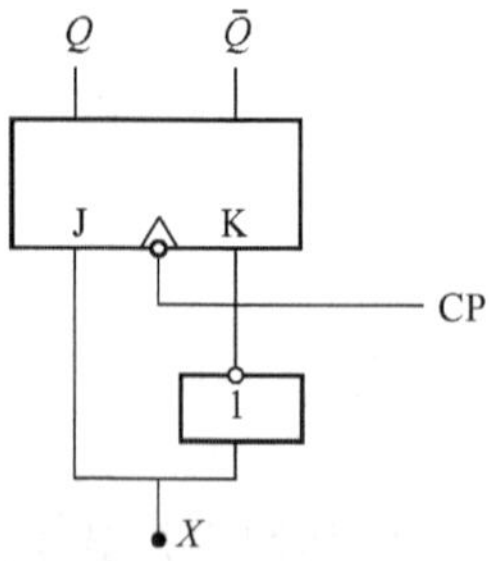

图 6-2-38　题 6-2-3 图

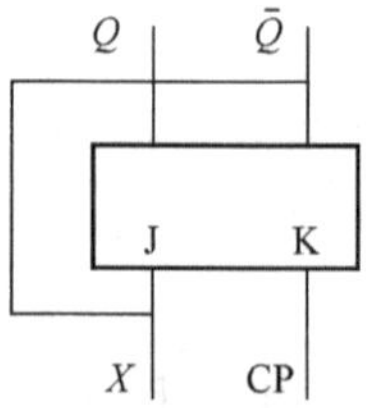

图 6-2-39　题 6-2-5 图

6. 图 6-2-39 电路是什么类型的触发器？（　　）

A. RS 触发器　　B. JK 触发器　　C. T 触发器　　D. T′触发器

7. 已知触发器的逻辑电路如图 6-2-40 所示。该触发器属于何种类型？（　　）

A. JK 触发器　　B. D 触发器　　C. T 触发器　　D. T′触发器

8. 图 6-2-40 触发器的特性方程状态方程是什么？（　　）

A. $Q_{n+1}=X$　　B. $Q_{n+1}=\overline{Q}_n$　　C. $Q_{n+1}=X\overline{Q}_n+\overline{X}Q_n$　　D. $Q_{n+1}=Q_n$

9. 已知触发器的逻辑电路如图 6-2-41 所示。它的特性方程(状态方程)为(　　)。

A. $Q_{n+1}=X$　　B. $Q_{n+1}=\overline{Q}_n$　　C. $Q_{n+1}=X\overline{Q}_n+\overline{X}Q_n$　　D. $Q_{n+1}=Q_n$

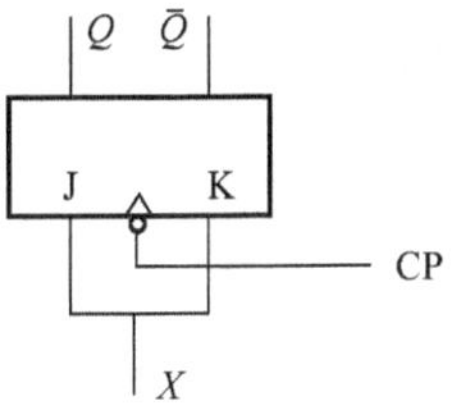

图 6-2-40　题 6-2-7 图

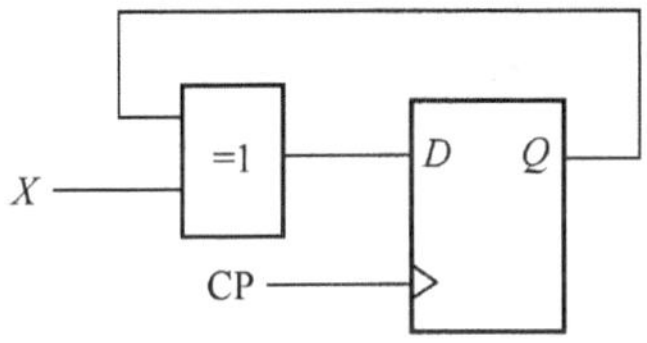

图 6-2-41　题 6-2-9 图

10. 图 6-2-41 电路是什么类型的触发器？（　　）

A. RS 触发器　　B. JK 触发器　　C. T 触发器　　D. T′触发器

11. 设 t_{PLH} 为触发器输出由低电平转为高电平的延迟时间，t_{PHL} 为触发器由高电平转为低电平的延迟时间，则触发器的传输延迟时间为(　　)。

A. $t_{Pd}=t_{PLH}+t_{PHL}$　　B. $t_{Pd}=\dfrac{t_{PLH}+t_{PHL}}{2}$　　C. $t_{Pd}=2t_{PLH}$　　D. $t_{Pd}=2t_{PHL}$

12. 由运算放大器组成的比较器和施密特触发器对同一正弦波信号进行波形变换，所得矩形波(或方波)前后沿的陡度将如何？（　　）

A. 均很陡直　　B. 均很不陡直

C. 前者更陡直，后者稍差　　D. 后者更陡直，前者稍差

13. 二进制加法计算器和减法计数器是否可作分频器？（　　）

A. 均可作分频器　　B. 均不可作分频器

C. 前者可作分频器，后者不可　　D. 后者可作分频器，前者不可

14. 已知逻辑电路如图 6-2-42 所示，P、Q 两电路的时延不一样，则此电路的输出是否会出现竞争冒险，(　　)。

A. 均会出现　　B. 均不会出现

C. (a)电路会出现，(b)电路不会出现　　D. (b)电路会出现，(a)电路不会出现

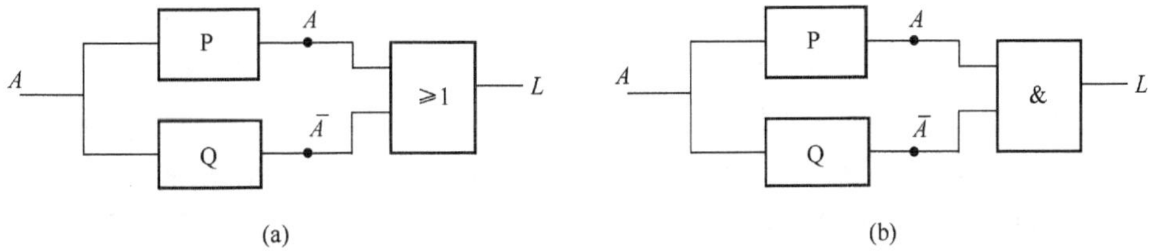

(a)　　(b)

图 6-2-42　题 6-2-14 题

15. 在各类触发器中，清零端(复位端)，置位端、输入端、时钟端(控制端)各信号至输出端

的传输时延长短为(　　)。

A. 前三者时延长,后者时延短　　B. 前三者时延短,后者时延长

C. 前两者时延长,后两者时延短　　D. 前两者时延短,后两者时延长

16. 下列半导体存储芯片用紫外线擦除所存内容的是(　　)。

A. EPROM　　B. ROM　　C. E^2PROM　　D. PROM

17. 下列半导体存储芯片用电擦除所存内容的是(　　)。

A. EPROM　　B. ROM　　C. E^2PROM　　D. PROM

18. U 盘、SD 卡中所用的存储器属于什么类型?(　　)。

A. E^2PROM　　B. DRAM　　C. SRAM　　D. FLASH

19. 数据线为 8 根,容量为 256KB 的存储芯片地址线应为(　　)。

A. 8 根　　B. 16 根　　C. 18 根　　D. 20 根

20. 首末地址分别为 1000H 和 4FFFH 的存储芯片存储容量为(　　)。

A. 8KB　　B. 16KB　　C. 32KB　　D. 64KB

21. 用一片三-八译码器和多片 8K×8bit 的 SRAM 芯片可构成最大容量为多少的存储系统?(　　)。

A. 8KB　　B. 16KB　　C. 32KB　　D. 64KB

22. 多片存储器芯片的片选电路采用的基本逻辑单元是(　　)。

A. 触发器　　B. 编码器　　C. 三态门　　D. 译码器

23. 100 万像素的黑白画面(图像)若以每像素 8 位二进制采样,则存储一幅此类图像所需存储器的容量(空间)至少为(　　)。

A. 1MB　　B. 10MB　　C. 8MB　　D. 10MB

24. 某黑白图像的分辨率为 1024×768 像素,若以每像素 8 位二进制采样,则存储一幅此类图像所需存储器的容量至少约为(　　)。

A. 8MB　　B. 1MB　　C. 512KB　　D. 2MB

25. 某彩色图像有 100 万个像素,每个像素由红、绿、蓝三种彩色组成。若每像素以 3×8 位采样,则存储一幅此类图像所需存储器的容量至少为(　　)。

A. 24MB　　B. 8MB　　C. 3MB　　D. 1MB

26. 多谐振荡器工作,其状态应为(　　)。

A. 有一个稳态,一个暂态　　B. 有两个稳态

C. 只有两个暂稳态　　D. 由具体电路决定

27. 在 FPGA、CPLD、ASIC、SOPC 储器件中,意为"现场可编程门阵列"者为(　　)。

A. FPGA　　B. CPLD　　C. ASIC　　D. SOPC

28. 在 FPGA、CPLD、ASIC、SOPC 储器件中,意为"复杂可编程逻辑器件"者为(　　)。

A. FPGA　　B. CPLD　　C. ASIC　　D. SOPC

29. 在 FPGA、CPLD、ASIC、SOPC 储器件中,意为"片上可编程系统"者为(　　)。

A. FPGA　　B. CPLD　　C. ASIC　　D. SOPC

30. 在 FPGA、CPLD、ASIC、SOPC 储器件中,意为"专用系统集成电路"者为(　　)。

A. FPGA　　B. CPLD　　C. ASIC　　D. SOPC

31. 8 位 A/D、D/A 转换器的分辨率为(　　)。

A. 前者为$\frac{1}{256}$,后者为$\frac{1}{255}$　　B. 与 A 相反　　C. 均为$\frac{1}{256}$　　D. 均为$\frac{1}{255}$

32. 用 10 位 A/D 对 5V 信号作模/数转换,则可分辨的最小电压值约为(　　)。

A. 5mV　　B. 10mV　　C. 20mV　　D. 40mV

33. 若要对−30～+80℃的温度进行 A/D 转换,要求最小能分辨 0.1℃,则所需 A/D 转换芯片的二进制位数至少应为多少?(　　)。

A. 8 位　　B. 10 位　　C. 12 位　　D. 14 位

34. 用转换时间为 100μs 的 ADC0809 芯片对某一模拟信号进行 A/D 转换,则被转换信号的最高频率不应超过多少?(　　)。

A. 40kHz　　B. 20kHz　　C. 10kHz　　D. 5kHz

35. 若要对 20Hz～10kHz 的语言信号进行 A/D 转换,则所需 A/D 转换芯片的转换时间不应大于多少?(　　)。

A. 50ns　　B. 50μs　　C. 100μs　　D. 200μs

36. 若要对 0～6MHz 图像信号进行 A/D 转换,则采样频率和 A/D 的转换时间应为多少?(　　)。

A. ≥6MHz,≤0.167μs　　B. ≥12MHz,≤0.083μs(83ns)

C. ≥6MHz,≥0.167μs　　D. ≥12MHz,≤0.167μs

37. 若 8 位 D/A 转换器的最小分辨率为 0.1V,已知输入数字信号为 10100110,则 D/A 转换后,输出电压为多少?(　　)。

A. 16V　　B. 1.6V　　C. 0.16V　　D. 0.8V

38. 共阴接法 LED 数码管显示十进制 0 和 8 的十六进制代码为(　　)。

A. 00,40　　B. 40,3F　　C. 7F,40　　D. 3F,7F

39. 共阳接法 LED 数码管显示十进制 0 和 8 的十六进制代码为(　　)。

A. 40,00　　B. 00,3F　　C. 7F,40　　D. 3F,7F

五、填空题、是非题、选择题答案

(一) 填空题

1. 组合逻辑电路,时序逻辑电路
2. 存储电路
3. 同步,异步
4. 全加器、编码器、译码器
5. 触发器、计数器、寄存器
6. RS、JK、D、T
7. 电平(电位)触发,主从触发、边沿触发
8. 基本 RS,同步 RS
9. JK,D
10. 计数器,寄存器,储存器
11. 1,N
12. D
13. 反馈清零法,反馈置数法
14. 触发,控制
15. 分频,定时,数字运算
16. 同步计数器,异步计数器
17. 加法计数器,减法计数器,可逆计数器
18. CT74160,CT74161,CT74163,CT74190
19. 两次或两次以上,抗干扰
20. 电平,JK,T
21. 数字逻辑系统,可编程逻辑器件,微处理器及与其配套的接口电路
22. "与"阵列固定,"或"阵列可编程
23. 只读 ROM,随机可读可存型 RAM
24. EPROM,E^2PROM,FLASH

25. PAL,GAL,CPLD,FPGA

26. CPLD,FPGA

27. 静态 RAM(SRAM),动态 RAM(DRAM)

28. 查找表,SRAM

29. 定时选通,脉冲整形,脉冲延时

30. 稳态,暂稳态,稳态

31. 由电路本身的阻容参数,触发脉冲的宽度与幅度

32. 微分,积分

33. 采样,保持,编码

34. 直接型,间接型

35. 转换时间(转换速度),转换精度(二进制位数)

36. 几至几十纳秒,几十毫秒至百毫秒

37. 全 0 变至全 1(或相反)时

38. 几十纳秒,几十微秒

39. 8,A/D,100μs

40. 8,D/A

41. 共阴,共阳

42. 3F,7F

(二) 是非题

1. × 2. √ 3. √ 4. × 5. √ 6. × 7. × 8. √ 9. √ 10. √
11. × 12. × 13. × 14. × 15. √ 16. × 17. √ 18. √ 19. √ 20. √
21. × 22. √ 23. √ 24. × 25. × 26. √ 27. × 28. √ 29. √ 30. ×
31. √ 32. √ 33. √ 34. √ 35. × 36. √ 37. √ 38. √ 39. √ 40. ×
41. × 42. √ 43. √ 44. √ 45. × 46. × 47. √

(三) 选择题

1. A 2. B 3. C 4. A 5. B 6. D 7. C 8. C 9. C 10. C
11. B 12. D 13. A 14. A 15. D 16. A 17. C 18. D 19. C 20. B
21. D 22. D 23. A 24. B 25. C 26. C 27. A 28. B 29. D 30. C
31. A 32. A 33. C 34. D 35. B 36. B 37. B 38. D 39. A

参考文献

董在望. 2002. 通信电路原理. 北京：高等教育出版社

段玉生等. 2004. 电工电子技术与EDA基础(上、下册). 北京：清华大学出版社

高吉祥. 2007. 全国大学生电子设计竞赛培训系列教程. 北京：电子工业出版社

何希才. 2006. 常用电子电路应用365例. 北京：电子工业出版社

何小艇. 2006. 电子系统设计. 杭州：浙江大学出版社

红力等. 2006. 单片机原理与应用技术. 北京：清华大学出版社

华成英等. 模拟电子技术基础. 4版. 北京：高等教育出版社

黄智伟. 2005. 全国大学生电子设计竞赛培训教程. 北京：电子工业出版社

黄智伟. 2006. 全国大学生电子设计竞赛系统设计. 北京：北京航空航天大学出版社

姜威. 2008. 实用电子系统设计基础. 北京：北京理工大学出版社

蒋焕文. 1998. 电子测量. 北京：中国计量出版社

康华光. 2006. 电子技术基础(模拟部分). 5版. 北京：高等教育出版社

康华光. 2006. 电子技术基础(数字部分). 5版. 北京：高等教育出版社

李潮苏. 1979. 电路分析基础. 北京：高等教育出版社

马建国等. 2004. 电子系统设计. 北京：高等教育出版社

宁武等. 2009. 全国大学生电子设计竞赛基本技能指导. 北京：电子工业出版社

秦曾煌. 2003. 电工学(上、下册). 6版. 北京：高等教育出版社

邱关源. 2006. 电路. 5版. 北京：高等教育出版社

全国大学生电子设计竞赛组委会. 2007. 全国大学生电子设计竞赛获奖作品选编. 北京：北京理工大学出版社

沙占友等. 2006. 单片机外围电路设计. 北京：电子工业出版社

孙景琪. 1998. 家用电器维修技术基础鉴定试题解答. 北京：人民邮电出版社

孙景琪. 1998. 家用视频设备维修技能鉴定试题及解答. 北京：人民邮电出版社

孙景琪等. 2004. 通信广播电路原理与应用. 北京：北京工业大学出版社

孙景琪等. 2005. 数字视频技术及应用. 北京：北京工业大学出版社

孙肖子等. 2008. 模拟电子电路及技术基础. 2版. 西安：西安电子科技大学出版社

肖景和. 2006. 集成运算放大器应用精华. 北京：人民邮电出版社

谢自美. 2007. 电子线路设计、实验、测试. 武汉：华中科技大学

邢素霞等. 2006. 电子信息技术基础. 北京：电子工业出版社

闫石. 1998. 数字电路技术基础. 4版. 北京：高等教育出版社

余春暄等. 2008. 80×86/Pentium微机原理与接口技术. 北京：机械工业出版社

张金. 2009. 电子设计与制作100例. 北京：电子工业出版社

张钧良. 2005. 计算机外围设备. 北京：清华大学出版社

张延华等. 2005. 数字信号处理——基础及应用. 北京：机械工业出版社

张延华等. 2011. 信号与系统. 北京：机械工业出版社

郑君里等. 2005. 信号与系统. 3版：北京：高等教育出版社

周惠潮. 2005. 常用电子元件及典型应用. 北京：电子工业出版社

周立功等. 2005. ARM嵌入式系统基础教程. 北京：北京航空航天大学出版社